U0563534

九色鹿

This edition is an authorized translation from the English language edition published by Transaction Publishers,10 Corporate Place South ,Suite 102, Piscataway, New Jersey 08854. All rights reserved.

内蒙古民族文化通鉴·翻译系列

蒙古帝国的兴起及其遗产

The Mongol Empire
Its Rise and Legacy

〔德〕迈克尔·普劳丁／著
赵玲玲／译

Michael Prawdin

社会科学文献出版社

"内蒙古民族文化通鉴"
翻译系列编委会

主　任　吴团英

副主任　刘少坤　李春林

成　员　（以姓氏笔画为序）

　　　　马永真　王来喜　包银山　包斯钦

　　　　冯建忠　李春林　李晓秋　周纯杰

　　　　金　海　胡益华　徐春阳　额尔很巴雅尔

　　　　毅　松

主　编　吴团英

副主编　刘少坤　李春林　金　海　毅　松

　　　　马永真　包斯钦

"内蒙古民族文化通鉴" 总序

乌 兰

"内蒙古民族文化建设研究工程"成果集成——"内蒙古民族文化通鉴"六大系列数百个子项目的出版物将陆续与学界同人和广大读者见面了。这是内蒙古民族文化传承保护建设中的一大盛事，也是对中华文化勃兴具有重要意义的一大幸事。借此"通鉴"出版之际，谨以此文献给所有热爱民族文化，坚守民族文化的根脉，为民族文化薪火相传而殚智竭力、辛勤耕耘的人们。

一

内蒙古自治区位于祖国北部边疆，土地总面积118.3万平方公里，占中国陆地国土总面积的1/8。现设9市3盟2个计划单列市，全区共有102个旗县（市、区），自治区首府为呼和浩特。2014年，内蒙古总人口2504.8万，其中蒙古族人口458.4万，汉族人口1906.2万，包括达斡尔族、鄂温克族、鄂伦春族"三少"民族在内的其他少数民族人口140.2万；少数民族人口约占总人口的23.9%，汉族人口占76.1%，是蒙古族实行区域自治、多民族和睦相处的少数民族自治区。内蒙古由东北向西南斜伸，东西直线距离2400公里，南北跨度1700公里，横跨东北、华北、西北三大区，东含大兴安岭，西包阿拉善高原，南有河套平原、阴山，东南西与8省区毗邻，北与蒙古国、俄罗斯接壤，国境线长达4200公里。内蒙古地处中温带大陆，气温自大兴安岭向东南、西南递增，降水自东南向西北递减，总体上干旱少雨，四季分明，寒暑温差很大。全区地理上大致属蒙古高原南部，从东到西地貌多样，有茂密的森林，广袤的草原，丰富的矿藏，是中国为数不多的资源富集大区。

内蒙古民族文化的主体是自治区主体民族蒙古族的文化，同时也包括达斡尔族、鄂温克族、鄂伦春族等人口较少世居民族多姿多彩的文化和汉族及其他各民族的文化。

"内蒙古"一词源于清代"内札萨克蒙古"，相对于"外札萨克蒙古"即"外蒙古"。自远古以来，这里就是人类繁衍生息的一片热土。1973年在呼和浩特东北发现的大窑文化，与周口店北京人遗址属于同一时期，距今有70万~50万年。1922年在内蒙古伊克昭盟乌审旗萨拉乌苏河发现的河套人及萨拉乌苏文化、1933年在呼伦贝尔扎赉诺尔发现的扎赉诺尔人，分别距今5万~3.5万年和5万~1万多年。到了新石器时代，人类不再完全依赖天然食物，而已经能够通过自己的劳动生产食物了。随着最后一次冰河期迅速消退，气候逐渐转暖，原始农业在中国北方地区开始发展。到了公元前6000~前5000年，内蒙古东部和西部两个亚文化区先后都有了原始农业。

特别是"红山诸文化"（苏秉琦语）和"海生不浪文化"的陆续兴起，使原始定居农业逐渐成为主导的经济类型。红山文化庙、坛、冢的建立，把远古时期的祭祀礼仪制度及其规模推进到一个全新的阶段，使其内容空前丰富，形式更加规范。"中华老祖母雕像""中华第一龙""中华第一凤"——在中华文明史上具有里程碑意义的这些象征物就诞生在内蒙古西辽河流域的红山文化群。红山文化时期的宗教礼仪反映了当时社会的多层次结构，表明"'产生了植根于公社，又凌驾于公社之上的高一级的社会组织形式'（苏秉琦语），这已不是一般意义上的新石器时代文化概念所能包容的，文明的曙光已照耀在东亚大地上"[①]。

然而，由于公元前5000年前后和公元前2500年前后，这里的气候出现几次大的干旱降温，原始农业在这里已经不再适宜，从而迫使这一地区的原住居民去调整和改变生存方式。夏家店文化下层到上层、朱开沟文化一至五段的变迁遗迹，充分证明了这一点。气候和自然环境的变化、生产力的进一步发展，必然使这里的人类寻找更适合当地生态条件、具有更高劳动生产率的生产方式。于是游牧经济、游牧文化诞生了。

历史上的游牧文化区，基本处于北纬40度以北，主要地貌单元包括山脉、高原草原、沙漠，其间又有一些大小河流、淡水咸水湖泊等。处于这一文化带上的蒙古高原现今冬季的平均气温在-10℃～-20℃之间，年降雨量在400毫米以下，干燥指数在1.5～2之间。主要植被是各类耐寒的草本植物和灌木。自更新世以来，以有蹄类为主的哺乳动物在这一地区有广泛分布。这种生态条件，在当时的生产力水平下，对畜牧业以外的经济类型而言，制约因素无疑大于有利因素，而选择畜牧、游牧业，不仅是这种生态环境条件下的最佳选择，而且应该说是伟大的发明。比起从前在原始混合型经济当中饲养少量家畜的方式，逐水草而居，"依天地自然之利，养天地自然之物"的游牧生产、生活方式有了质的飞跃。按照人类学家L.怀特、M.D.萨林斯关于一定文化级差与一定能量控驭能力相对应的理论，游牧人成功驯化和使

---

① 田广金、郭素新：《北方文化与匈奴文明》，江苏教育出版社，2005，第131页。

用大型牲畜，一头大型牲畜的生物能是人体生物能的 1~5 倍，一人足可以驾驭数十头牲畜从事工作，可见真正意义上的畜牧、游牧业的生产能力已经与原始农业经济不可同日而语了。它表明草原地带的人类对自身生存和环境之间的关系有了全新的认识，智慧和技术使生产力有了大幅提高。

特别是马的驯化不但使人类远距离迁徙游牧成为可能，而且让游牧民族获得了在航海时代和热兵器时代到来之前绝对所向披靡的军事能力。游牧民族是个天然的生产、军事合一的聚合体，具有任何其他民族无法比拟的灵活机动性和长距离迁徙的需求与能力。游牧集团的形成和大规模运动，改变了人类历史。欧亚大陆小城邦、小农业公社之间封闭隔绝的状况就此终结，人类社会各个群体之间的大规模交往由此开始，从氏族部落语言向民族语言过渡，乃至大语系的形成，都曾有赖于这种大规模运动；不同部落、不同族群开始通婚杂居，民族融合进程明显加速，使氏族部族文化融合，发展成为一个个特色鲜明的民族，这是人类史上的一次历史性进步，这种进步也大大加快了人类文化整体的发展进程。人类历史上的一次划时代的转折——从母权制向父权制的转折也是由"放牧部落"带到农耕部落中去的。①

对现今中国北方地区而言，到了公元前 1000 年前后，游牧人的时期业已开始，秦汉之际匈奴完成统一草原的大业，此后的游牧民族虽然经历了许多次的起起伏伏，但总体十分强势，一种前所未有的扩张从亚洲北部，由东向西展开来。于是，被称之为"世界历史两极"的定居文明与游牧文明开始在从长城南北到中亚乃至欧洲东部的广阔地域内进行充分的相互交流。到了"蒙古时代"，一幅中世纪"加泰罗

---

① 〔苏联〕Д. Е. 叶列梅耶夫：《游牧民族在民族史上的作用》，冯丽译，《民族译丛》1987 年第 4、5 期。

尼亚地图"（现藏于法国国家图书馆），如实反映了时代的转换，"世界体系"以"蒙古时代"为开端确立起来，"形成了人类史上版图最大的帝国，亚非欧世界的大部分在海陆两个方向上联系到了一起，出现了可谓'世界的世界化'的非凡景象，从而在政治、经济、文化、商业等各个方面出现了东西交流的空前盛况"①。直到航海时代和热兵器时代到来之后，这种由东向西扩张的总趋势才被西方世界扭转和颠倒。而在长达3000年的游牧社会历史上，现今的内蒙古地区始终是游牧文化圈的核心区域之一，也是游牧世界与华夏民族、游牧文明与农耕文明碰撞激荡的最前沿地带。

在漫长的历史过程中，广袤的北方大草原曾经是众多民族繁衍生息的家园，他们在与大自然的抗争和自身的生存发展过程中创造了各民族自己的文化，形成了以文化维系起来的人群——民族。草原各民族有些并存于一个历史时期，毗邻而居或交错居住，而有些则分属于不同历史时期，前者被后者更替，后者取代前者，薪尽而火传。但不论属何种情形，各民族文化之间都有一种彼此吸纳、继承、逐渐完成民族文化自身的进化，然后在较长历史时期内稳定发展的过程。比如，秦汉时期的匈奴文化就是当时众多民族部落文化和此前各"戎""狄"文化的集大成者。魏晋南北朝时期的鲜卑文化，隋唐时期的突厥文化，宋、辽、金时期的契丹、女真、党项文化，元代以来的蒙古族文化都是如此。

二

蒙古民族是草原文化的集大成者，蒙古族文化是草原文

---

① 《杉山正明谈蒙古帝国："元并非中国王朝"一说对错各半》，《东方早报·上海书评》2014年7月27日。

化最具代表性的文化形态,蒙古民族的历史集中反映了历史上草原民族发展变迁的基本规律。

有人曾用"蝴蝶效应"比喻13世纪世界历史上的"蒙古风暴"——斡难河畔那一次蝴蝶翅膀的扇动引起周围空气的扰动,能量在连锁传递中不断增强,最终形成席卷亚欧大陆的铁骑风暴。这场风暴是由一位名叫铁木真的蒙古人掀起的,他把蒙古人从一个部落变成一个民族,于1206年建立了大蒙古汗国。铁木真统一蒙古各部之后,首先废除了氏族和部落世袭贵族的权力,使所有官职归于国家,为蒙古民族的历史进步扫清了重要障碍,并制定世界上第一部具有宪法意义的成文法典,而这部法典要比公认的英国在世界范围内最早制定的宪法性文件还要早了九年。成吉思汗确立了统治者与普通牧民一样,负同等法律责任、宗教信仰自由等法律原则,建立了定期人口普查制度,创建了最早的国际邮政体系。

13、14世纪的世界可被称为"蒙古时代",成吉思汗缔造的大蒙古国囊括了多半个欧亚版图,发达的邮驿系统将东方的中国文明与西方的地中海文明相连接,两大历史文化首度全面接触,对世界史的影响不可谓不深远。蒙古帝国对欧亚大陆后来的政治边界划分产生了深远的影响。成吉思汗的扩张,打破亚欧地区无数个城邦小国、定居部落之间的壁垒阻隔,把欧亚大陆诸文明整合到一个全新的世界秩序之中,因此他被称为"缔造全球化世界的第一人"①。1375年出现在西班牙东北部马略卡岛的一幅世界地图——"加泰罗尼亚地图",之所以被称为"划时代的地图",并非因为它是最早标明马可·波罗行旅路线的地图,而是因为它反映了一个时

---

① 〔美〕杰克·威泽弗德:《成吉思汗与今日世界之形成》(修订版),温海清、姚建根译,重庆出版社,2014。

代的转换。从此，东西方之间的联系和交往变得空前便捷、密切、广泛。造纸术、火药、印刷术、指南针——古代中国的这些伟大发明通过蒙古人，最终真正得以在欧洲推广开来。意大利作家但丁、薄伽丘和英国作家乔叟所用的"鞑靼绸""鞑靼布""鞑靼缎"等纺织品名称，英格兰国王指明要的"鞑靼蓝"，还有西语中的许多词语，都清楚地表明东方文化以蒙古人为中介传播到西方的那段历史；与此同时，蒙古人从中亚细亚、波斯引进许多数学家、工匠和管理人员，以及诸如高粱、棉花等农作物，并将其传播到中国和其他地区，从而培育或杂交出一系列新品种。由此引发的工具、设备、生产工艺的技术革新，其意义当然不可小觑；特别是数学、历法、医学、文学艺术方面的交流与互动，知识和观念的传播、流动，打破了不同文明之间的隔阂，以及对某一文明的偏爱与成见，其结果就是全球文化和世界体系若干核心区的形成。1492年，克里斯托弗·哥伦布说服两位君主，怀揣一部《马可·波罗游记》，信心满满地扬帆远航，为的就是找到元朝的"辽阳省"，重建与蒙古大汗朝廷的海上联系，恢复与之中断的商贸往来。由于蒙古交通体系的瓦解和世界性的瘟疫，他浑然不知此时元朝灭亡已经一百多年的事实，一路漂荡到了加勒比海的古巴，无意间发现了"新大陆"。正如美国人类学家、蒙古史学者杰克·威泽弗德所言，在蒙古帝国终结后的很长一段时间内，新的全球文化继续发展，历经几个世纪，变成现代世界体系的基础。这个体系包含早先蒙古人强调的自由商业、开放交通、知识共享、长期政治策略、宗教共存、国际法则和外交豁免。①

即使我们以中华文明为本位回望这段历史，同样可以发

---

① 〔美〕杰克·威泽弗德：《成吉思汗与今日世界之形成》（修订版），温海清、姚建根译，重庆出版社，2014，第260页。

现蒙古帝国和元朝对中国历史文化的久远而深刻的影响。从成吉思汗到忽必烈，历时近百年，缔造了人类历史上版图最大的帝国，结束了唐末以来国家分裂的状况，基本划定了后世中国的疆界；元代实行开放的民族政策，大力促进各民族间的经济文化交流和边疆地区的开发，开创了中华民族多元一体的新格局，确定了中国统一的多民族国家的根本性质；元代推行农商并重政策，"以农桑为急务安业力农"，城市经济贸易繁荣发展，经贸文化与对外交流全面推进，实行多元一体的文化教育政策，科学技术居于世界前列，文学艺术别开生面，开创了一个新纪元；作为发动有史以来最大规模征服战争的军事领袖，成吉思汗和他的继任者把冷兵器时代的战略战术思想、军事艺术推上了当之无愧的巅峰，创造了人类军事史的一系列"第一"、一系列奇迹，为后人留下了极其丰富的精神财富等。

统一的蒙古民族的形成是蒙古民族历史上具有划时代意义的时间节点。从此，蒙古民族成为具有世界影响的民族，蒙古文化成为中华文化不可或缺的组成部分。漫长的历史岁月见证了蒙古族人民的智慧，他们在文学、史学、天文、地理、医学等诸多领域成就卓然，为中华文明和人类文明的发展做出了不可否认的伟大贡献。20世纪30年代被郑振铎先生称为"最可注意的伟大的白话文作品"的《蒙古秘史》，不单是蒙古族最古老的历史、文学巨著，也是被联合国教科文组织列为世界名著目录（1989年）的经典，至今依然吸引着世界各国无数学者、读者；中国著名的"三大英雄史诗"中，蒙古族《江格尔》《格斯尔》（藏族称《格萨尔》）就占了两部，它们也是目前世界上已知史诗当中规模最大、篇幅最长、艺术表现力最强的史诗作品之一；蒙古民族一向被称之为能歌善舞的民族，马头琴、长调、呼麦被列入世界非物质文化遗产，蒙古族音乐舞蹈成为内蒙古的亮丽名片，风靡全国，感动世界，诠释了音乐不分民族、艺术无国界的真谛；传统悠久、特色独具的蒙古族礼仪习俗、信仰禁忌、衣食住行，还有那些科学简洁而行之有效的生产生活技能、民间知识，那些让人叹为观止的绝艺绝技、超然智慧等极其宝贵的非物质文化遗产，都是在数千年的游牧生产生活实践中形成和积累起来的，也是与独特的生存环境高度适应的，因而也是极富生命力的。迄今，内蒙古已拥有列入联合国非物质文化遗产名录的项目2项（另有马头琴由蒙古国申报列入名录），列入国家级名录的81项，列入自治区及盟市旗县级名录的3844项，各级非遗传承人6442名。其中蒙古族、达斡尔族、鄂温克族、鄂伦春族等内蒙古世居少数民族的非遗项目占了绝大多数。人们或许不熟悉内蒙古三个人口较少民族的文化传统，然而那巧夺天工的达斡尔造型艺术、想象奇特的鄂温克神话传说、栩栩如生的鄂伦春兽皮艺术、闻名遐迩的"三少民族"桦皮文化……这些都是一朝失传则必将遗恨千古的文化瑰宝，我们当倍加珍惜。

内蒙古民族文化当中最具普世意义和现代价值的精神财富，当属其崇尚自然、天人相谐的生态理念、生态文化。游牧，是生态环保型的生产生活方式，是现代以前人类历史上唯一一种以人与自然和谐共存、友好相处的理念为根本价值取向的生产生活方式。游牧和狩猎，尽管也有与外在自然界相对立的一面，但这是以敬畏、崇尚和尊重大自然为最高原则，以和谐友好为前提的非对抗性对立。因为，牧民、猎民要维持生计，必须有良好的草场、清洁的水源和丰富的猎物，而这一切必须以适度索取、生态环保为前提条件。因此，有序利用，保护自然，便成为游牧生产方式的最高原则和内在要求。对亚洲北部草原地区而言，人类在无力改造和控制自然环境的条件下，游牧生产方式是维持草畜平衡，使草场及时得到休整、涵养、恢复的自由而能动的最佳选择。

数千年来，祖国北方的广大地区尽管自然生态环境相当脆弱，如今却能够成为祖国北部边疆的生态屏障，是与草原游牧民族始终如一的精心呵护分不开的。不独蒙古族，达斡尔族、鄂温克族、鄂伦春族等草原世居少数民族在文化传统上与蒙古族共属一个更大的范畴，不论他们的思维方式、信仰文化、价值取向还是生态伦理，都与蒙古族大同小异，有着多源同流、殊途同归的特点。

随着人类历史进程的加速，近代以来，世界各地区、各民族文化变迁、融合的节奏明显加快，草原地区迎来了本土文化和外来文化空前大激荡、大融合的时代。草原民族与汉民族的关系日趋加深、世界各种文化对草原文化的作用和影响进一步增强，农业文明、工业文明、商业文明、城市文明的因素大量涌现，草原各民族的生产生活方式，乃至思想观念、审美情趣、价值取向都发生了巨大变化。虽然，这是一个凤凰涅槃、浴火重生的过程，但以蒙古族文化为代表的草原各民族文化，在空前的文化大碰撞中激流勇进，积极吸纳异质文化养分，或在借鉴吸纳的基础上进行自主的文化创新，使民族文化昂然无惧地走上转型之路。古老的蒙古文化，依然保持着它所固有的本质特征和基本要素，而且，由于吸纳了更多的活性元素，文化生命力更加增强，文化内涵更加丰富，以更加开放包容的姿态迎来了现代文明的曙光。

三

古韵新颜相得益彰，历久弥新异彩纷呈。内蒙古自治区成立以来，草原民族的文化事业有了突飞猛进的发展。我国社会主义制度和民族区域自治、各民族一律平等的宪法准则，党和国家一贯坚持和实施的尊重、关怀少数民族，大力扶持少数民族经济文化事业的一系列方针政策，从根本上保障了我国各民族人民传承和发展民族文化的权利，也为民族文化的发展提供了广阔空间。一些少数民族，如鄂伦春族仅仅用半个世纪，从原始社会过渡到社会主义社会，走过了过去多少个世纪都不曾走完的历程。

一个民族的文化发展水平必然集中体现在科学、文化、教育事业上。历史上的任何一个时期，蒙古民族从来不曾拥有像现在这么多的科学家、文学家、专家教授，从来没有像现在这样以丰富的文化产品供给普通群众去消费，蒙古族大众的整体文化素质从来没有达到现在这样的高度。哪怕最偏远的牧村，电灯、电视不再稀奇，网络、手机、微信、微博业已成为生活的必需。自治区现有7家出版社出版蒙古文图书，全区每年都有成百上千种蒙古文新书出版，各地报刊每天都有数以千百计的文学新作发表。近年来，蒙古族牧民作家、诗人的大量涌现，已经成为内蒙古文学的一大景观，其中有不少作者出版了多部中长篇小说或诗歌散文集。我们再以国民受教育程度为例，它向来是一个民族整体文化水准的重要指标之一。中华人民共和国成立前，绝大多数蒙古人根本没有接受正规教育的机会，能够读书看报的文化人寥若晨星。如今，九年义务教育已经普及，就是上大学、读研考博的高端教育，对普通农牧民子女也不再是什么奢望。据《内蒙古自治区 2014 年国民经济和社会发展统计公报》显示，全自治区 2014 年少数民族在校大学生 10.8 万人，其中蒙古族学生 9.4 万人；全区招收研究生 5987 人，其中，少数民族在校研究生 5130 人，蒙古族研究生 4602 人，蒙古族受高等教育程度可见一斑。

每个时代、每个民族都有一些杰出人物曾经对人类的发展进步产生深远影响。正如爱迪生发明的电灯"点亮了世界"一样，当代蒙古民族也有为数不少的文化巨人为世界增添了光彩：提出"构造体系"概念、创立地质力学学说和学派，提出"新华夏构造体系三个沉降带"理论，开创油气资源勘探和地震预报新纪元的李四光；认定"世界未来的文化就是中国文化复兴"、素有"中国最后一位大儒家"之称的国学大师梁漱溟；在国际上首次探索出山羊、绵羊和牛精子体外诱导获能途径，成功实现试管内杂交育种技术的"世界试管山羊之父"旭日干；著名新闻媒体人、文学家、翻译家萧乾；马克思主义哲学家艾思奇；当代著名作家李准……这些鼎鼎大名，可谓家喻户晓、举世闻名，但人们未必都知道他们来自蒙古族。是的，他们来自蒙古民族，为中华民族的伟大复兴，为全人类的文明进步做出了应有的贡献。

　　历史的进步、社会的发展、蒙古族人民群众整体文化素质的大幅提升，使蒙古族文化的内涵得以空前丰富，文化适应能力、创新能力、竞争能力都有了显著提升。从有形的文化特质，如日常衣食住行，到无形的观念形态，如思想情趣、价值取向，我们可以举出无数个鲜活的例子，说明蒙古文化紧随时代的步伐传承、创新、发展的事实。特别是自2003年自治区实施建设民族文化大区、强区战略以来，全区文化建设呈现出突飞猛进的态势，民族文化建设迎来了一个新的高潮。内蒙古文化长廊计划、文化资源普查、重大历史题材美术创作工程、民族民间文化遗产数据库建设工程、蒙古语语料库建设工程、非物质文化遗产保护、一年一届的草原文化节、草原文化研究工程、北部边疆历史与现状研究项目等等，都是这方面的有力举措，收到了很好的成效。

　　但是，我们也必须清醒地看到，与经济社会的跨越式发展相比，文化建设仍然显得相对滞后，特别是优秀传统文化的传承保护依然任重道远。优秀民族文化资源的发掘整理、研究转化、传承保护以及对外传播能力，尚不能适应形势发展，某些方面甚至落后于国内其他少数民族省区的现实尚未改变。特别是全球化、工业化、信息化和城市化的时代大潮，对少数民族弱势文化的剧烈冲击是显而易见的。全球化浪潮和全方位的对外开放，意味着我们必将面对外来文化，特别是强势文化的冲击。在不同文化之间的交往中，少数民族文化所受到的冲击会更大，所经受的痛苦也会更多。因为，它们对外来文化的输入往往处于被动接受的状态，而对文化传统的保护常常又力不从心，况且这种结果绝非由文化本身的价值所决定。换言之，在此过程中，并非所有得到的都是你所希望得到的，所有失去的都是你应该丢掉的，不同文化之间的输入输出也许根本就不可能"对等"。这正是民族文化的传承保护任务显得分外紧迫、分外繁重的原因。

文化是民族的血脉，内蒙古民族文化是中华文化不可或缺的组成部分，中华文化的全面振兴离不开国内各民族文化的繁荣发展。为了更好地贯彻落实党的十八大关于文化建设的方针部署，切实把自治区党委提出的实现民族文化大区向民族文化强区跨越的要求落到实处，自治区政府于2013年实时启动了"内蒙古民族文化建设研究工程"。"工程"包括文献档案整理出版、内蒙古社会历史调查、研究系列、蒙古学文献翻译出版、内蒙古历史文化推广普及和"走出去""内蒙古民族文化建设研究数据库"建设等广泛内容，计划经过6年左右的时间完成。经过两年来的紧张努力，从2016年开始"工程"的相关成果已经陆续与读者见面了。

建设民族文化强区是一项十分艰巨而复杂的任务，必须加强全区各界研究力量的整合，必须有一整套强有力的措施跟进，必须实施一系列特色文化建设工程来推动。"内蒙古民族文化建设研究工程"就是推动内蒙古区民族文化强区建设的一个重要抓手，推进文化创新、深化人文社会科学可持续发展的一个重要部署。目前，"工程"对全区文化建设的推动效应正在逐步显现。

"内蒙古民族文化建设研究工程"将在近年来蒙古学研

究、"草原文化研究工程"、"北部边疆历史与现状研究"、文化资源普查等科研项目所取得成就的基础上，突出重点，兼顾门类，有计划、有步骤地开展抢救、保护濒临消失的民族文化遗产，搜集记录地方文化和口述历史，使民族文化传承保护工作上一个新台阶；将充分利用新理论、新方法、新材料，有力推进学术创新、学科发展和人才造就，使全区传统优势学科进一步焕发生机，使新兴薄弱学科尽快发展壮大；"工程"将会在科研资料建设、学术研究、特色文化品牌打造、出版、传播、转化等方面取得突破性的成就，推出一批具有创新性、系统性、完整性的标志性成果，助推自治区人文社会科学研究和社会主义文化建设事业蓬勃发展。"内蒙古民族文化建设研究工程"的实施，势必大大增强全区各民族人民群众的文化自觉和文化自信，必将成为社会主义文化大发展大繁荣、实现中华民族伟大复兴中国梦的一个切实而有力的举措，其"功在当代、利在千秋"的重要意义必将被历史证明。

（本文作者为时任内蒙古自治区党委常委、宣传部部长，"内蒙古民族文化建设研究工程"领导小组组长）

交易版序

直到 16 世纪中叶，绰号为"恶魔"的伊凡四世才对从 13 世纪初叶就征服了俄罗斯地区的蒙古人发动了一次成功的反击。

喀山（1556）和阿斯特拉罕（1557）陷落的主因是大炮的使用。大炮是一种新型的致命武器，可以打破亚洲高地这些游牧族群曾经的军事优势。来自东方游牧族群的这股浪潮持续了 2000 多年，现在这股力量从西方开始逆转。在蒙古人崛起之前很多年，匈奴以及其他阿尔泰族群和说突厥语的游牧部落对中原、波斯、印度和拜占庭来说都是一种威胁，他们时不时地会入侵并征服这些地区和帝国。

早在公元前 4 世纪，匈奴人成功地袭击了中原北方。游牧部落入主中原建立北魏王朝。印度的古普塔王朝在侵入波斯的白匈奴的施压之下于公元 5 世纪没落，而此时黑匈奴早已深入西欧腹地。因为惧怕罗马军队的强悍，他们就此止步。从 6 世纪到 10 世纪，东欧和拜占庭需要一次又一次打起精神来对付游牧族群的入侵：阿瓦尔人、保加利亚人、佩切涅格人、钦察人、匈牙利人。说突厥语的来自中亚的人们渐渐深入中东，他们的继承者们建立了长久的帝国——塞尔柱王国、伽色尼王国等。世界上持续时间最长的冲突就是游牧族群和定居族群之间的冲突。中亚成为世界的地理轴心地区，其对欧亚大陆的影响在古代和中世纪是巨大的。

游牧族群之中，蒙古人是最可怖的。中国、伊朗、俄罗斯以及南亚的部分地区被蒙古人统治长达两个世纪之久。中亚的骑射强兵将游牧族群的战斗方式发挥到了极致：机动灵活、易于管理以及毫无瑕疵的交通运输方式。正如迈克尔·普劳丁在《蒙古帝国的兴起及其遗产》一书中所描述的，游牧族群的天才——成吉思汗将游牧族群的战斗特点进一步训练并加强。

成吉思汗诞生于公元1165年，他进行了10年艰难的政治斗争，使得曾经相互争斗的蒙古部落一致拥戴他为蒙古汗王。在这样的威望之下，成吉思汗成为"所有居住在蒙古包的人们"的领袖。然而直到13世纪，和讲突厥语的族群相比，蒙古人在中亚所起到的作用微乎其微。

成吉思汗首要关心的是巩固自己辛苦建立起来的权力。他把原来部落间的联系打破，通过严格的律法建立起新的部落联系。他通过笼络和奖掖出身卑微的战将来获得他们对自己的忠诚。他重新制定了法典并为法典设定了一系列新的内容，法典名为《大札撒》。

和中亚的其他游牧族群一样，蒙古军队的组织是十进制的：十人称阿如本（蒙古语），百人为朝日衮（蒙古语）。成吉思汗制定的是一套非常严苛的纪律，目的是建立在他之前从未有过的凝聚力。意大利天主教小兄弟会僧侣柏朗嘉宾受教皇英诺森四世派遣，于1246年来到蒙古人的宫廷，他的记录如下：

> 当他们作战时，如果十人战队中的一人、两人、三人或更多的人逃跑的话，十人都会被处死。如果百人编制中的十人战队逃跑的话，百人团中剩下的作战人员都会被处死。总之，除非集体撤退，否则任何人逃亡都会被军法处死。同样的，如果编制中的一人、两人或

者更多的人奋勇前冲，其他人不跟随的话会被军法处死；如果有人被俘，其他人不营救的话也会受到军法处置。

军法严明体现了平等之精神，军法面前人人平等，无论军衔的高低和身份的贵贱。平民和他们的上司吃着同样的食物。除了严重的问题，军官们不准苛待自己的士兵。成吉思汗锻造的军事机器是他成功的关键，蒙古人并没有战术上的革新。他们采用的都是最普通的游牧战争方式：消耗战、侧翼机动战和声东击西等战术。当时的成吉思汗掌握了权力，并且征服了邻近的柯尔克孜人和畏兀儿人，他们是当时很有实力的两个部落：一个位于蒙古帝国的南部，在中原附近；一个位于蒙古帝国的西方，在花剌子模。

第一场直接针对中原的战役非常顺利，蒙古人攻陷了北京，但1216年的这场战役并不彻底，成吉思汗从中原退出，将中原交给了他特别信任的大将木华黎进行余下的战役。蒙古人在战争之前进行了周密的准备。军事间谍都化装成商人来收集信息、散播恐怖谣言，并使人们放心绝对可以获得军事自由，他们也勘察地形地貌。部队将主要精力放在进攻花剌子模上。

蒙古人在4个月前攻破花剌子模，占领了布哈拉、撒马尔罕和乌尔根奇，一路向南到达印度河岸边，时间是1221年。与此同时，成吉思汗派出他的两员大将——速不台和哲别奇袭高加索山脉的罗斯南部，在那里他们所向披靡。

成吉思汗在1227年去世，他在生前已经选定好自己的继承人。蒙古帝国在成吉思汗时期占领了亚洲高原的大部分地区，伊朗和阿富汗北部以及中国北方。成吉思汗的儿子们按照约定俗成的方式占领着帝国的属地。第二任大汗窝阔台继位（1229），第二轮征服开始。蒙古人对中国南方的征服颇为艰难，花了将近40年时间才令南宋灭亡。至此，蒙古人完全占领了中原并建立元朝，成吉思汗之孙忽必烈将都城定在北京，元朝入主中原近一个世纪。此时朝鲜也臣服于蒙古人，同时一员猛将在西方继续开疆拓土。

成吉思汗的长孙拔都和大将速不台占领了莫斯科、弗拉基米尔、梁赞和基辅，随后转战中欧。1241年，他们率领军队在莱布尼茨打败条顿骑士团、圣殿骑士团以及波兰军队，继而在格兰附近打败了匈牙利的贝拉国王。此时此刻，哈喇和林传来窝阔台汗去世的消息，这一消息迫使蒙古人返回首都。第二年，蒙古人打败了伊朗的苏丹。

在窝阔台去世到忽必烈继位（1260）不到20年的时间里，旭烈兀建立了伊利汗国。旭烈兀平定了穆斯林的刺客组织并且占领了阿拉穆特。1258年，他占领巴格达并洗劫当地两个星期。两年后，旭烈兀协同一位十字军将领波希蒙德以及亚美尼亚国王海屯一世占领了大马士革。

蒙古人在征服途中有几次重要的挫折。其中一次是在1260年，一支蒙古军队在马穆鲁克人占领的叙利亚城市艾因贾鲁被击溃。30年后，蒙古人无法攻克安南（今越南）北部，后来他们也未能进攻日本，他们的战舰在日本附近的港口被飓风摧毁。成吉思汗死后，两代子孙之间的分歧越来越大。和穆斯林关系密切的蒙古人信仰了伊斯兰教，在他们看来，宗教上的联系比血缘上的联系更加紧密。占据中原的忽必烈则皈依了佛教。

蒙古帝国的开国两代人，从政治上考虑，对其臣民采取宗教自由政策是非常有意义的。蒙古人尽量避免和其属民在宗教事务上产生冲突，并对所有的宗教代表人士的声音都保持开放的态度。然而随着这些南征北战的游牧族群开始接受他们所征服的人群的宗教时，他们就开始走上分崩离析的道路。

可汗在14世纪首先失去中原和波斯的领地。蒙古人保留最久的地区仍然是游牧族群的传统领地——亚欧大草原，从蒙古到罗斯南部。蒙古人所建立的帝国在14世纪中叶到达了顶峰，他们建立了一个从欧洲到中原可以自由安全通行的大帝国。迈克尔·普劳丁的研究并未随着蒙古帝国的衰落而终结，而是将着眼点更多地放在游牧帝国拥有权力的阶段。帖木儿大帝（1336~1405）并不是蒙古人，而是察合台汗国兀鲁思部的一个突厥语族人，是虔诚的穆斯林，他将自己塑造为成吉思汗的继承人。

帖木儿登上王位称自己为埃米尔，他维护着自己是成吉思汗后裔的说法。作为一个穆斯林，他驱逐了统治区域内的其他宗教。他将中亚和中东的聂思脱里教派驱逐出境，但他保留了成吉思汗的法典——《大札撒》。帖木儿成功地利用了一段权力的真空时期。从1258年到13世纪末，没有一个大汗出现，巴格达在旭烈兀屠城和洗劫之后也没有一个哈里发出现，哈里发被埃及的马穆鲁克劫持并控制。

帖木儿首先在察合台汗国的兀鲁思部慢慢建立并巩固自己的权力。他在建立威望之后，频繁将自己的将领和军队派出去打仗。他将原来权势家族中的成员派到边远地区，同时让这些贵族留在身边方便控制他们的动向。和所有的统治者一样，帖木儿急于建立一种新秩序，他鼓励受他恩惠的新兴阶级出现。帖木儿的军事活动基本上都非常成功。他打败了征服途中的所有强敌：马穆鲁克人、突厥语族人、德里的苏丹以及最强的劲敌——金帐汗国的脱脱迷失。脱脱迷失精通游牧族群的所有作战技巧并且拥有和帖木儿一样强大的军队。帖木儿帝国以撒马尔罕为中心，疆域从中亚到印度，他野心勃勃想征服中国，比肩成吉思汗，但在开赴中国的路上去世。这就是颇具文学叙事天赋的迈克尔·普劳丁讲述的历史。此书阅读起来像一部扣人心弦的政治小说，并让人重视亚洲高原的游牧族群卓越的军事才能。如果需要再多写一笔的话，有一点需要我们增加了解，那就是这些草原上的游牧族群一旦定居下来是可以建立起非常稳固持久的帝国的，例如马穆鲁克、奥斯曼帝国或者蒙古帝国。

杰拉德·恰利昂

目录

开篇　欧洲等待大卫王 / 001

第一部分　成吉思汗

幼年铁木真 / 003

扩展权力 / 018

与克烈部联盟 / 032

危机四伏 / 042

成吉思汗 / 059

对蒙古人的集训 / 076

伐　金 / 088

西方世界 / 108

对战波斯王 / 122

歼灭战 / 139

中国哲人 / 156

返回蒙古 / 164

成吉思汗的遗产 / 173

第二部分　蒙古帝国

伟大的治国公 / 183

蒙古人在欧洲 / 195

鞑靼人内部 / 214

成吉思汗的孙辈 / 227

全面侵袭 / 242

忽必烈汗 / 252

"百万先生"马可·波罗 / 270

第三部分　三大汗国

帝国瓦解 / 283

伊利汗国的统治 / 293

元　朝 / 302

金帐汗国 / 309

中部地区 / 320

第四部分　帖木儿

汗国之间的土地 / 325

骑士英雄 / 335

河中之王 / 347

对战脱脱迷失 / 359

五年战争 / 370

花甲之年 / 378

统治世界的梦想 / 392

第五部分　遗　产

继承者们 / 407

黄金家族谱系图 / 417

参考文献 / 418

译后记 / 433

开篇
欧洲等待大卫王

时间是公元1221年。

在此之前的4年里，随着教皇洪诺留三世号召基督教世界发动新的十字军东征，来自北部日耳曼、丹麦和挪威的人们从欧洲涌向东方。在弗里西亚、科隆和不来梅，人们乘船绕过西海岸后在葡萄牙短暂停留，向他们的基督教同胞伸出援手来对付异教徒。这次集结的圣战战士们在此驻留一年后继续他们奔赴叙利亚的旅程，叙利亚是所有民族的十字军战士的集结地。这里形成了一支虔诚又野心勃勃的冒险家队伍，他们来自不同民族，操着各种语言，除了他们衣服上的十字架和对战争的必胜信念之外别无任何共同之处。穆斯林们认为他们组织涣散，在坚不可摧的堡垒里伺机而动。

然而他们在十字军战士们瓦解之前无须等待太长时间。匈牙利国王是第一位返回欧洲的领袖，紧接着是奥地利的利奥波德公爵。那些留在叙利亚的人退到埃及，在埃及他们获得了丰厚的战利品。他们袭击了尼罗河入海口富裕的杜姆亚特港，在围攻了18个月后占领了此地。在此期间，当地的7万人中有6.5万人死于瘟疫和饥荒。

但欧洲因这场胜利和丰厚战利品带来的喜悦并未持续多

久，因为萨拉丁的子嗣、埃及和大马士革的苏丹们联合起来反抗十字军并奋起围攻。发起围攻的人反过来被包围，除了新兵之外无人能救他们。他们将希望寄托在霍亨斯陶芬皇帝腓特烈二世身上，他刚刚被教皇洪诺留三世加冕，教皇也赋予权力让他来掌管十字军。在公众舆论的压力下，腓特烈二世将巴伐利亚的公爵派到埃及指挥一批战舰，他本人没有去充当这支强军的首领，因此在1221年的复活节，欧洲急切地期待着来自东方的这股浪潮。

在这阴沉的气氛中，有一丝希望来自十字军的狂热分子——雅克·德·维特利，他是托勒密的主教。他给很多人和地方写信，包括教皇、奥地利的利奥波德公爵、英格兰的亨利三世国王以及巴黎大学。毋庸置疑的是，主教向欧洲寄出了大量信件，推动了这股浪潮。"一股新的和强大的基督教的佑护者势力大涨"。印度的大卫王，作为一支无可匹敌的军队的首领，开始向那些异教徒开战。

大卫王回应了聂思脱里教主教的请求，出兵打败了花剌子模国王，征服了波斯的广大疆域，在维特利的描述中，从巴格达到摩苏尔只用了五天的时间。大卫王派特使去哈里发处，要求哈里发将巴格达城的六分之五的土地割让给他，使之成为天主教的教区。穆斯林的统治者还要向大卫王缴纳一大笔赔偿金，用金银铸造几年前被摧毁的耶路撒冷的城墙。

当神权干涉的消息传到欧洲时，整个欧洲为之欢欣鼓舞。然而没有人能确切说出大卫王在东方的王国具体在哪儿，也无人知晓这位推翻花剌子模国王的英名远扬的君主。

即便是最有学识之人也无法质疑这一消息的准确性，雅克·德·维特利的描述非常准确，谁不喜欢关于大卫王"摧毁了萨拉森人的王中之王保护神圣的教堂"的故事呢？这个故事的素材源自几十年前人们狂热信奉的传说——在遥远的东方，约翰长老统治着一个巨大的国度，"他的权力胜过世界上所有的国王"。

第二次十字军东征（1147~1149）期间，这种说法甚嚣尘上，人们都相信约翰长老为了援助十字军战士，进攻并推翻了萨拉森人，基督徒们深受这种想法影响。后来这种传说逐渐散去，只有聂思脱里派教徒们在亚洲广泛建立起他们的社区，继续顽固相信东方仍然有一个巨大的基督教帝国。但是苏丹们不肯让西方的基督徒们经过他们的领土去往东方，而约翰长老也对穆斯林人关闭了他的边境。

然而维特利在他的历史叙述中言简意赅地说大卫王是约翰长老的孙子，是"以色列王的儿子"，这支队伍的先锋队到达了美索不达米亚帝国，但在进攻耶路撒冷之前开始了保卫战。他们在北方打败了声称自己是基督徒其实是异端的格鲁吉亚人。

欧洲各地的犹太人和基督徒们同样欢心，他们举办感恩仪式并为大卫王的到来募集善款，雅克·德·维特利在其史书的两卷中，对大卫王的记录是"Rex Judeorum（犹太王）"——这位救星是犹太王，他为了避免犹太人的流散而向西进发。

经过一段时间，在埃及的杜姆亚特，很多手抄本中出现了一些不同的版本，有人将"Rex Judeorum"写成了"Rex Indorum"，同时，犹太人口口相传的"大卫王"成为"大卫的儿子"，"以色列王之孙"代替了"以色列王"。而他军队中的一些人属于散落的以色列部落，在西奈山脚下向金牛犊祈祷。

欧洲等待着大卫王的到来，然而从东方并未传来更多的消息。杜姆亚特在秋季要向异教徒屈服，十字军战士们收到撤退的消息如释重负。

萨拉森人一反常态地仁慈起来，因他们的苏丹下令谨慎行事，这是大卫王即将到来的最新证明。正如波斯王的例子——在他们到来之前一直处于得胜状态，却被打败，失去王位并死于贫穷。在美索不达米亚和里海之间一定有着强敌，然而如果他们去了那里就肯定无法援助十字军。

除此之外，从亚美尼亚、格鲁吉亚和外高加索的基督教公国中传出来情报，说他们的军队覆灭，城市被洗劫一空，堡垒被攻陷。消息传来说攻击者们越过了高加索地区，正在蹂躏黑海北边的平原地区。那里住着可怖的库曼人，他们对北方的突袭一直是罗斯公国的灾难，他们在西部对匈牙利公国来说也是灾难。现在这些库曼人为躲避大卫王的军队，逃过多瑙河恳求支援，拜占庭皇帝允许他们在美索不达米亚和色雷斯附近安顿下来，这令库曼人十分感激。

克里米亚地区的热那亚关卡那边传来消息说，这个地方被暴风雨和火席卷。在维特利那鼓舞人心的信函到达后两年，从罗斯荒原传来的消息慢慢到达西欧——罗斯的王公被灭，整个地区被东方的野人无情摧毁。他们是可怖的侵略者，身长腿短，胸部很宽，肤色黝黑，他们茹毛饮血，而且他们的旗帜上有十字军的徽章。

对其来源和意图的报道还有其他说法：他们是东方三王的后裔，他们去科隆是为了夺回三王曾经的地盘。然后就有了后面的报道。侵略者们突然向东方折返，然后突然消失，就像他们突然出现一样，没有任何踪迹可循。蒙古人走后，欧洲得以自由呼吸。欧亚大陆的首要次序仍然不太明朗，欧洲文明的发展以及游牧族群与定居族群之间一直存在矛盾冲突。

当时无人知晓这次入侵只不过是世界上最后一波颇为强大的游牧族群对文明世界进攻的开端。不到20年，这些凶猛的骑士再次来到欧洲，将欧洲东部变成一片废墟，并将恐怖散布到西方——这些传言的恐怖程度史上未有。维特利眼中的大卫王是不是世界之王不言而喻。这时欧洲才开始意识到远东所发生的事情，随着一个人的出生，一个民族注定要在几百年内改变这世界的方方面面。

第一部分
成吉思汗

幼年铁木真

I

中华的敌人与中华一直并存。敌人是北方的蛮族，赶着他们的牲畜，沿着戈壁沙漠从一个地方到另一个地方游牧。

早在公元前8世纪，当时的中原不过是个松垮的封建联邦，周天子可以说是中华百姓和神灵之间的一个传递者，并非真正意义上的统治者，戈壁沙漠的蛮族侵略了中原并迫使天神的儿子——中华天子将住所向国家的内部迁徙。公元前3世纪时，秦朝用武力统一中国，秦朝皇帝将原来每个封建城邦为了保护自己领土修建的城墙统统连接起来以对付北方的蛮族。这就是保护中国北方免受蛮族侵扰的绵延2000多英里的长城。匈奴部落几十年间经常越过这些堡垒。汉朝的皇帝们最后征服了整个中亚一直到帕米尔高原的地区，使得中国和延伸到小亚细亚的帕提亚帝国建立联系，开通了通往古罗马的丝绸之路，汉朝将戈壁沙漠的蛮族打败并且将他们赶回沙漠。

但匈奴既没有被摧毁也没有屈服。马背上的部落散落各地，在西逃的过程中，蛮族们不断将部落集结起来。这支一直在成长的可怕力量征服了路上的文明之邦，在废墟上建立了短命的政权。或者另一种情况是当他们被围攻，他们总是绕开敌人躲到更偏远的地方，煽动许多新的部落加入战争。

在北方的森林和周围的高山附近出没,越来越多蒙古部落、唐古斯人和突厥语族人占领蒙古和中亚一些空旷的地区,他们渴望好的草场,渴望战利品,对战争和劫掠有着嗜血般的爱好。他们势如破竹地占领土地,而土地上的人已被驱逐。他们时刻留心着这些定居在此的人们留下蛛丝马迹。同时,他们还要进行争夺牧场、牲畜和游牧族群那可怜财产的无休止的内战。将近1000年间,事情就这样周而复始地进行,名字和民族变化不断,而画面始终如一。

这些游牧族群没有文字,他们唯一的记录就是在篝火旁通过故事这一口述形式保存一些历史。后代子孙就从他们先辈的口中了解战事状况,一个拥有贵族血统的蒙古人一般都能了解他以上七代人的世系和家谱。

也速该·巴秃儿,或称强人也速该,可以将他的家族追溯到十一代之前。他的祖先,上溯三十二代,是苍狼,一个来自西藏的王子,他的妻子是忙豁儿·玛额,或称白鹿。也速该的祖父是喀布尔汗,统治所有的也先蒙古人,骁勇善战,曾经拽过远在东南的强大的金朝皇帝的胡子。

然而,金国在宽度达到可以并排骑行六匹马的城墙的保护下,将势力延伸到与虎视眈眈的塔塔儿部接壤的地方,塔塔儿人在蒙古部的东边和东南边放牧,这个位置是在"普尔诺尔湖和兴安山脉之间"。虽然喀布尔汗杀害了许多中原士兵和塔塔儿士兵,但在他被毒死之后,蒙古部的势力开始衰落。他的儿子卡图儿汗——也速该的叔叔以及蒙古部最后的可汗,领导了击退敌人的许多著名战役,战役多如牛毛,塔塔儿部势力越来越强。

很多部落的后人很快便称自己为塔塔儿人,这个英名可以给他们增添荣光,蒙古部的名字逐渐式微。他们的从属部落开始以自己领袖的名字作为部落名。

也速该的三个兄弟和许多他的表兄弟以及亲属们视他为

"灰色眼睛的孛儿只斤部"的英雄，还有4000个蒙古包听从他的调配，因此金国的军队将领派来信使请求与他联盟来对付羽翼渐丰的塔塔儿部。

他打败了塔塔儿部，把他们的首领铁木真抓获并投入监牢，满载着战利品返回位于斡难河上游旁边的迭里温孛勒答黑水域，这是也速该的大本营，他发现他最爱的妻子诃额伦生下一子。根据古时习俗，一个人的名字应该用来纪念他出生时最重要的事件，因此也速该给他的第一个儿子起名铁木真。这个婴儿出生时有不凡征兆，拳头里攥着一块看起来像红珠宝的凝血，萨满巫师预言铁木真一定会成为一名伟大的战将。

这个手握凝血的铁木真在历史上的确成为最伟大的征服者——成吉思汗。他建立了一个东西从地中海横跨到太平洋，南北从西伯利亚寒带针叶林带到喜马拉雅山脉的世界上疆域空前的大帝国。

他的子民和后代将他奉为神明——赛图·博格达，他的生命历程恰好和蒙古日历的神圣的十二年轮回相关。成吉思汗死于公元1227年，也就是猪年。编年史家声称他出生的年份——公元1155年也是猪年，他辉煌的生命持续了72年。但根据中国学者的分析，他出生在1162年，也就是马年。铁木真9岁时，也速该·巴秃儿开始按照习俗为他的儿子从远方的部落招亲。

小铁木真从未走过这么远。在将成群的牲畜从冬牧场赶到夏牧场然后再返回冬牧场的过程中，他们也只是在斡难河（今鄂嫩河）与克鲁伦河中间自己部落的领地内活动。他们穿过群山中间宽阔富饶的山谷，穿越茂密的森林。湍急的溪流随处可见，鹤在溪流旁边漫步，野鹅在河中间的小岛上筑巢，空中飞着灰色水鸟，男孩子们将这些水鸟作为靶子练习射箭。

但这一趟行程中草地稀疏，黑色岩石上像生了锈似的长着苔藓，山不高但峭壁林立，深深的沟壑之间，风声恰似瀑布的声响。他们穿越达尔罕山，穿过一个散落的巨大的黑石群，这个地方至今仍为人所知，民间将其称为"成吉思汗的锻造场"。

他们翻过一座又一座山，每次翻过一座时，铁木真就回头看，发现这些上下坡道没有爬时那么长了。他们到达更高的地方，但没有高大的树木，只有多刺的低矮灌木丛，而草也越来越稀疏。晚上，跋山涉水的人们喜欢在湖边扎营，马儿可以喝水、吃草，人们可以练习箭术。

就在湖边歇息时，他们遇到了德薛禅，弘吉剌部的一个首领。

很多部落住在蒙古大草原上，南部边界是中原的长城。长城以北住着汪古部、塔塔儿部和弘吉剌部。

也速该说他此行正是为了给铁木真找到新娘。德薛禅说他曾经做过一个梦，梦见一只白色的猎鹰用爪子紧紧抓住一只大黑乌鸦。两个男人对梦的寓意都心知肚明。孛儿只斤部落的旗帜正是这个图案。德薛禅有个女儿名叫孛儿帖，和成吉思汗同岁。他们一同骑马来到弘吉剌部的牧场。

他们离开了平坦的大草原，到达贫瘠多岩石的山区，扁扁的石头看起来像是被烤焦了，一阵疾风吹过，将小山和沙丘上的沙子刮到骑马的人身上使人无法前进，他们途经光秃秃的红褐色的高山，最后再一次到达平坦的大草原，他们穿过的戈壁沙漠越走越开阔，最后进入丰富水草区的榆树林，但这里的树林没有斡难河边的那么茂密。

这里住着弘吉剌部，德薛禅率领的弘吉剌部非常富有和强大。也速该知道汉人习惯称汪古部和弘吉剌部为"白鞑靼"，和称其他蒙古部落为"黑鞑靼"相对应。也速该看到他们的蒙古包顶部的毡子比起自己部落的来说装饰得更加华丽,人们的衣着非常精美,他们的武器也装饰得非常精巧,孛儿帖英姿飒爽,身材秀美。

德薛禅很中意小铁木真,这个年轻人像个成年人一样骑着马,从来不知疲倦。从年龄来看,他的个头偏高,骑术纯熟,充满活力。橄榄色的脸庞上狸猫一样的眼睛透着精明的目光,注意着周围发生的一切,没有什么可以逃脱他的眼睛。

也速该将他骁勇英俊的驯马送给德薛禅,也接受了回赠的礼物,两人约定好把铁木真留在这里,一直到两个家族把他们的牲畜赶在一起放牧——这是联盟得以巩固的标志。

II

铁木真很快意识到亲属关系对弘吉剌部的意义。中原商人是常客,他们带来上好的纺织品、涂着亮漆非常结实的盾牌。中原商人擅长做生意,他们给他一些布料,给他象牙的箭筒以及琳琅满目的装饰品来换取他们想要的商品,如毛皮和皮革、马、母羊、阉羊、骆驼和牦牛,当然还有盐,盐是弘吉剌部人从诸多蒙古地域上的湖泊里提炼的。这些商人会给和他们交易的人的妻子一个小装饰品,给孩子们一些糖果。铁木真意识到如果弘吉剌部人蒙古包里的物品就如此丰富,那么中原的物产该丰富到什么程度,可以让他们大量出口这些物品,而且毫不吝惜。

他渴望了解更多女真人的模式,经常加入从远方前来的商人队伍,他非常佩服这些商人的见地和能力,他很快观察到他们依靠敏锐的判断总能从一群牛中挑选出最好的一头,在弘吉剌部人手里的存货中找到最好的皮革。他们告诉他,金国是比他们还要强大百倍的游牧部落,金国子民住在筑有坚固城墙的大城市里,城中财富无人能比。他想知道为什么女真人总是派遣商人拿他们的贵重物品来交换几张皮革和牲畜，而不是直接派遣军队不费口舌地把他们想要的物品拿走。德薛禅告诉他，金国的子民们绝对不是热忱的战士，他们根本不知道如何骑马、打猎、用弓箭或投掷标枪。

得知这些后，小铁木真开始轻视这些关内的人。为什么德薛禅和他们做生意？还不如抓住机会进入金地去掠走这些手艺精巧却孱弱的民族的财富。商人后来告诉他，目前中原皇帝花重金养着数目庞大的军队来抵抗游牧族群的入侵，铁木真也了解了一些中原的战术和战车，手持长矛的步兵一排一排地行进，可以抵御骑兵的冲锋。

这些见闻给少年留下了深刻印象，难道说这些军事上的发明只是这些不善作战的人们因为害怕他父亲或者德薛禅这样的战将而想出的诡计吗？他们会不会是非常英勇的战士呢？这尚不可知。也许从那时起，这位少年的心中就埋下了这样的想法，将来会有这样一个民族：拥有极强的战斗力，可以征服这些定居的人们并掠走他们的财富。

为什么就不能拥有一个君王统治的军事强国呢？父亲也速该可以将蒙古人统一到他的旗下，而弘吉剌部的德薛禅呢？他铁木真将会成为两个部落的继承人。

如果他当时有此想法只会默默埋在心里，他早就知道沉默是金。他友善、机灵、沉默寡言并且颇有人缘，他等待着他14岁可以娶亲的那一刻。

铁木真究竟在弘吉剌部居住了多长时间，我们无法准确知晓。大多数编年史家认为也速该在把铁木真送到新娘家后返回的途中就被塔塔儿人毒死了，但这不太可能是事实，我们熟知的情况是也速该去世时，铁木真13岁。还有一种传闻是说小铁木真在女真生活了几年。但最可靠的说法是弘吉剌人的牧场位于去女真聚居地的路上，如果铁木真只是在德薛禅家住了很短时间的话，德薛禅对他的欣赏似乎有点不可理解。如果孛儿帖的订婚对象4年都缺席的话，她一直未和第二家定亲也说不通。

比较接近事实的说法是铁木真在德薛禅家生活了3年，直到也速该的亲戚蒙力克赶到德薛禅家告诉他，他的父亲非常想念儿子，让他马上回到斡难河畔。德薛禅非常不悦，因为传信人带着如此紧急的任务并不符合常规。他已经渐渐喜欢上了铁木真，所以让他回去后速速回来。

平坦的大草原上，人骑着骏马速度飞快，重要事情的传播速度则更加迅速。草原部落上的人们很快都知道了也速该人之将死。也速该在经过塔塔儿人的地盘时恰好遇到有的部落在举办庆典。他们邀请他参加宴会，如果回绝的话对邀请人来说是极大的耻辱。他们给也速该和他的跟随者留出最好的位置，把部位最好的肉献给这位贵客。他疏忽了最重要的事情：一个明智的客人最好只吃主人尝过的食物，塔塔儿人并未忘记13年前他们遭受的挫败。也速该继续赶路时，吃过的有毒食物毒性大发，死神将至。所以当铁木真日夜兼程赶到父亲所在的帐篷时，大包里已经传来了母亲诃额伦和也速该次妻的哀号声。

Ⅲ

也速该联合了众多部落并把他们纳入自己麾下。这些人如果追随一个孩子也仅仅是因为他们曾效忠也速该。泰赤乌人实力强大，部众很多，能够保护他们的牛羊在草原上不受侵扰。泰赤乌首领塔里忽台第一个离去，脱朵也很快随他离开。诃额伦举着部落战旗（一根长矛绑着四条黑色马尾和一个牛角状物体），骑上战马，由卫队护送追赶背弃者。但是，她的一些部下说："河水也会枯干，巨石也会破碎——我们还和一位妇人及其乳子们有什么关系呢？"这些话在摇摆不定的人心里埋下了怀疑的种子，仅仅靠一个妇人是无法支配一群男人的。一个又一个部落带着大量的马和羊离开也速该家族，他们不断地减少曾经应该给首领的贡奉。

　　谁能制止这些背弃者？蒙力克是也速该临终时托孤的重臣，现在和儿子们并不合心，还能做什么呢？诃额伦看着财产一点点被瓜分，只能沉默，无力制止。最后，也速该的大营里只剩下诃额伦和也速该次妻的帐篷。诃额伦、铁木真、他的弟弟哈撒儿、他们同父异母的弟弟别克帖儿和别勒古台在一起艰难地生存，他们保护剩下的牛羊、狩猎钓鱼、采集浆果、寻找可以吃的植物、挖草根——那时有两个弟弟和一个妹妹还是幼儿。

　　冬天的生活尤其艰难，草料变得异常稀少，牲畜也孱弱瘦小；冬末，情况最为糟糕，已经没有活着的牲畜可以用来宰杀让一家人饱腹。他们经常食不果腹，只能靠野草、草根和糜子粥充饥（这些东西是蒙古人曾经根本不以为然的）。

　　在这艰难时期，一只獾、一只土拨鼠都算是上天的恩赐。虽然铁木真是个好捕手，他的弟弟哈撒儿是最好的弓箭手，箭无虚发，然而他们同父异母的兄弟别克帖儿和别勒古台经常占据上风来抢夺他们的猎物。

　　铁木真年纪最长，理所应当是也速该的继承人。然而他如何在家庭纷争中维护自己的权威呢？等待两个年幼的弟弟长大成人辅佐他，还需要很长一段时间。他和哈撒儿现在是以二敌二，对手比他们强大。趁别勒古台独自外出钓鱼的时候，铁木真示意哈撒儿立即追击别克帖儿并将其射杀。

　　诃额伦从来没有对儿子们如此发过火，也从未如此严厉地责骂他们："你们像狼，像撕咬自己肉的疯狗，像咬母驼后腿的小疯骆驼，像发狂乱撞石头的秃鹰。你们到底做了什么？我们除了影子之外已无其他伙伴，除了双手之外没有武器，你们却剁掉了这仅存的几双手中的一双，毁掉了其中一个影子。也速该自己的儿子之间都不能和睦，那么他的部落又怎么能壮大？我们要继续过这种行尸走肉般的生活吗？我们如何向背信弃义的泰赤乌人复仇，如何向奸诈的塔塔儿人复仇？"

铁木真并不想对母亲的质问做出回应，因为母亲说的对。他今后会同自己的亲人们和睦相处。别克帖儿已经死了，别勒古台现在以一敌二，他也不仅仅是因为害怕才听从指挥。别勒古台认清新的形势后，铁木真便待他如朋友，送给他礼物并让他拿走大部分猎物。最后别勒古台成为铁木真忠诚的助手，面对困难和危险永不背弃。

危险很快就要降临。

新的风波席卷草原。泰赤乌人的首领塔里忽台自命为孛儿只斤家族的最高统治者。

IV

斡难河和克鲁伦河之间的肥沃草场都属于孛儿只斤的首领，小铁木真将他瘦削的牲畜赶到此地吃草，似乎认为这片土地就是他该拥有的。

塔里忽台并未召集他统治的各个部落的族人，只是带着他身边的随从来袭击也速该的后代。但是塔里忽台并不希望损害孛儿只斤的子民和马匹。他也不想伤害诃额伦，让哈撒儿和别勒古台将马赶到安全的地方，他率领队伍将注意力集中在铁木真身上，铁木真逃到了森林里。

对泰赤乌人来讲，这是一次颇为有利而轻松的追捕，然而铁木真逃进了茂密的森林，追捕变得非常困难。塔里忽台把守着峡谷的入口。

他们并不着急，铁木真放养的肥硕的公羊还在草原上。家人们还可以在这里度过一些时日，可以在这里生活到他们将自己的蒙古包和妻儿、牲畜都搬到新的草场之时。

在被围堵的日子里,铁木真在林中异常饥饿,时刻想着逃出去寻找新的避难所。然而泰赤乌人盯得太紧,他第一次突围就被守卫抓住带到塔里忽台面前。

塔里忽台得意地注视着他的俘虏,这个年轻人确是孛儿只斤氏的骨肉,灰色的眼睛,头发泛红,皮肤是橄榄色,脸上带着骄傲和机警——将来他必会成长为一名优秀的勇士。为什么要置他于死地呢?没准儿他能变成自己的得力助手呢。如果杀死铁木真,他的兄弟也会争夺草场。彻底铲除也速该的家人会招来孛儿只斤家族其他人的怀疑和怨恨,最好的办法是把铁木真当作人质。但塔里忽台首先得让他知道,顺从要比反抗更安全。因此,塔里忽台下令用木枷锁住铁木真。

东方的木枷和西方的枷锁很相似,沉重的木框固定在人颈部四周,使戴枷之人无法躺下。铁木真的双手分别被绑在木枷两侧,为了惩戒他的骄横,消磨他的斗志,看押他的甚至不是一名士兵,而是一个和他年龄相仿的少年。族人们聚集在塔里忽台的大帐,庆祝俘获铁木真这件盛事。

夜幕降临,月儿高升。看守铁木真的人盯着塔里忽台的大帐,渴望能到大帐之中享用美味的羊肉。铁木真悄悄绕到那人背后,奋力一扑,连人带枷的冲击力一下子使守卫没缓过神来,铁木真就这样顺利逃脱。

等人们发现昏迷不醒的守卫时,塔里忽台才意识到自己的疏忽。他下令停止庆祝,追捕铁木真。那晚夜色甚好,月光明亮,很容易找到铁木真的行踪,他朝河边逃去。

戴枷的人是不太可能渡过斡难河的,他们沿斡难河上游和下游搜捕。族人们在岸边分散开继续沿着河边搜寻,只有一人留下在岸边全神贯注地看着水面。他的目光在芦苇丛中搜寻,在一支矛投过去的距离处,有一个圆形物体。

另一个骑兵走远后,他说道:"是啊,是啊,人们不喜欢你的原因都是一样的。"然后慢慢地跟上其他骑兵。

铁木真把头露出水面,认出那是锁儿罕失剌老人,他的孩子以前经常和自己在父亲的部落玩耍。待一切平静后,他从芦苇丛中溜出,慢慢摸到岸边。他的双手被铐在与肩膀同高的木枷上,变得又冷又僵,脖子被木枷压得酸痛。有这个束缚,逃亡变得不大可能。他在草地上滚了几次,挤出衣服里大部分的水,然后偷偷进入部落宿营地找到锁儿罕失剌的帐篷,藏进一堆羊毛里。

在这个安全的藏身处,铁木真听到骑兵接连回来,开始随意搜索帐篷。一人把长矛插进羊毛堆,另一个说:"这有什么用,哪有人大热天藏到这里的?"他们后来决定第二天早上再搜索整个营地,如果还找不到铁木真,他们会继续追捕。营地终于安静下来,锁儿罕失剌回到自己的帐篷。

铁木真从藏身处跳出来。

锁儿罕失剌怒声低问:"你还在这里干什么?你没听到他们说明早会更仔细搜查营地吗?如果他们找到你,我的帐篷将不会再有炊烟,我的家族将永远覆灭。"

铁木真答道:"如果塔里忽台知道你看见我藏在羊毛里并没有抓捕我,你也会遭遇你所担忧的灾难。把木枷打开,请给我些吃的。"

锁儿罕失剌这才意识到让铁木真逃跑对自己有利。他拆开木枷并将其烧掉,给了铁木真一张弓和一筒箭,还有一些水和食物。他告诉铁木真,塔里忽台在四处布有岗哨。夜幕降临,铁木真骑马离开营地。

尽管锁儿罕失剌只给铁木真提供过有限的帮助,但铁木真从未忘记。日后他们一起打猎的时候,铁木真总把猎物让给锁儿罕失剌。铁木真成为可汗后,锁儿罕失剌是九个家臣的首领,他的儿子们也拥有高级身份。

铁木真继续逃亡，跑到树木特别茂盛的地方，只有特别熟悉此处的人才能找到路——那个地方位于不儿罕山（今肯特山）的山丘上。那是孛儿只斤氏的发源地和遇到危险时最后的避难所。此后，传说便开始流传，他的族群的祖先发现了这个避难所，远离敌人侵扰，正如人们耳熟能详的那样，上天每天在这里通过猎鹰赐予他食物。

这只猎鹰作为守护神被画在部落旗帜上。孛儿只斤氏的很多财物藏在这些山脉的峡谷中，总能远离敌人，安全存储。铁木真在那里找到了母亲、哈撒儿、别勒古台以及年幼的弟弟妹妹们。所有财物都在塔里忽台的袭击下保存下来，九匹马、几只公羊，几乎没什么损失。

或许是他们逃亡时本身很注重安全，或许是敌人和他们同出一族。但有一天，在别勒古台猎捕地鼠，铁木真和哈撒儿去查看陷阱的时候，放马的空地上出现了一拨泰赤乌人，抢走了他们的八匹马。徒步追击毫无用处，所以他们不得不一直等到晚上别勒古台骑着唯一的马回来，铁木真才能去追赶抢夺者。

他骑马追了三天，放在马背和马鞍间的风干肉吃完了，母马疲惫不堪，行动缓慢，多走一步都很困难。第四天，他碰到一个和自己年龄相仿的少年，问少年是否见过赶着八匹米黄色马的人。铁木真说自己是也速该的儿子，正在追击那些盗马贼。

出乎意料的是，少年把水和食物分给他，把母马拴在草原上自己的马群里，又挑了两匹新马给铁木真，告诉铁木真自己是博尔术（蒙语意为可靠的人），可以帮助新朋友一起追盗马贼。

后来三天的骑行中，两个年轻人成为好朋友。铁木真从博尔术口中得知，草原上传颂着他从塔里忽台营地顺利逃脱的事迹，他的勇气和行为受到钦佩，人们将他不屈的精神当成信仰，部落的所有年轻人都以他为榜样。

他们很快便看到了远处的泰赤乌人，找到了他们一直在寻找的马匹。到了晚上，他们偷走马匹，把它们从草场上带走。

第二天早上，泰赤乌人开始追击他们。

博尔术坚持断后让铁木真赶马前行，但铁木真不同意。他时不时回头观察追击者，他们呈一字分布，队伍一直延伸到地平线。每次铁木真朝前看时都很满意。

他喊道："我们的马更好，如果马累了，我们可以快速换骑。"

博尔术也不时回头看泰赤乌人，但是他面色越来越凝重。追击者的队伍越来越长，领头的仍然穷追不舍。领头的是一名骑着快马的士兵，可以想见，不久他就会将"阿尔坎"（套马索）套在他们的脖子上。

博尔术再也受不了这种压力，他说："我断后，我要和他们决一死战。"

铁木真回答："博尔术，现在还不行。等他再靠近一点，那时他会脱离大部队。时机一到，我们都停下，以二对一。我们必须得用同样的方法，让他们每次只有一个人靠近咱们。"

那个士兵离他们很近了，他已经松开套马索。铁木真停下，告诉博尔术准备放箭。

然后，他大喊一声："放！"

博尔术拉弓射箭，与此同时，铁木真把两马调头继续急速前奔。

博尔术射中了，那个骑兵摔落马下。

过了一会儿，两个年轻人回头看，发现跑在前面的泰赤乌人赶去救助伤者。又过了一会儿，他们再回头看时发现更多追击者赶上来，在伤者旁边驻足。没人再追击铁木真二人，他们继续快速前行。

现在博尔术也笑了，他说："这又是一次胜利，这次胜利将会让你名声远扬，让我们的年轻士兵心潮澎湃。"

铁木真把抢来的马分给博尔术一半，但是博尔术不接受任何馈赠。

他喊道："如果接受你的馈赠，那咱们还算什么朋友？"

两个少年骑马去看博尔术的父亲，博尔术因擅自丢弃放牧的马群向父亲领罪。但老人为博尔术和他新朋友的事迹感到自豪，他给博尔术马匹、少量衣物和帐篷，告诉他一定要和铁木真做好朋友，永不分离。

这样，铁木真由其第一个将领陪同，返回营地。

很快，曾在也速该麾下的一个男人来营地见铁木真，要求他收者勒蔑作为第二个将领。铁木真非常乐意接纳追随者的消息很快传遍草原，很多年轻的蒙古人从四面八方赶来加入其麾下。铁木真17岁时，再也不是被世界抛弃的穷困少年，也不再为给弟弟妹妹捕鱼狩猎提供食物发愁。现在的营地虽然很小，但是他已经成长为一名领袖。他在草原赢得了崇高荣誉，不同营地的篝火旁遍传他的英勇事迹。

V

4年后，铁木真在他同父异母弟弟别勒古台的陪伴下，再次回到德薛禅的领地，来迎娶他的新娘孛儿帖。孛儿帖一直在等待他的到来，这一点他从未有一丝怀疑，他也不怀疑德薛禅，德薛禅曾经放下话让他将来成为弘吉剌部4万户家族的继承人，这位少年现在还身份卑微，与弘吉剌部的族长们攀附亲缘关系可以让他远离贫穷和困难，但他自尊心很强，并未要求德薛禅兑现4年前的承诺。铁木真经常这样想："如果你自己身份卑微，没人瞧得上你。"

现在铁木真拥有了与之相配的名气，虽然他并未带什么贵重的聘礼或大队人马前来娶亲，但他完全可以堂堂正正地将殷实的新娘娶回家。

人们欢呼着迎接他的到来，还说着善意的俏皮话。

"真高兴你能活着回来而且还这么神采奕奕，"德薛禅说，"真没敢想还能再见到你，你敌人众多。"

铁木真听说他的冒险经历传播得如此之远颇感欣慰，他简直是人们钦羡的传奇人物。

4年的时光，他已经长得高高大大，肩膀宽阔，他那狸猫一样的眼睛和原来一样深邃、专注，但他的目光越来越老练、坚定。他比原来更加少言寡语，无论所言何事都字斟句酌。

娶亲宴热闹非凡，漫长而华丽，当时的阵势就好像他带来了很多娶亲的人，而不是只有他同父异母的弟弟。他收到一件深褐色貂皮大衣作为嫁妆。这件嫁妆的价值超过了他全身上下全部行头的总和。他返回家中时，孛儿帖带着她的很多男女随从来到了斡难河边。一位族长家的新娘是有权力带着自己的帐篷和用人的，她带着他们一起嫁过来。

铁木真的部落突然之间变得非常富有和兴旺，将领们和他们的首领一样年轻有为。

扩展权力

I

在不儿罕山山脚下的这个游牧部落，人们的生活充满生机，呈现繁荣之象，壮年男子打猎、狂欢。白天这里欢声笑语，夜晚人们高枕而眠。没有侦察员在森林里穿梭，也无须哨兵在休息时巡逻，人们过着轻松愉快的生活。

突然有一天，夜幕低垂之时，残暴的叫声打破了夜的宁静。一群陌生人冲进部落，把燃烧着的木头扔向蒙古包，并赶走了部落的牛和马。

铁木真随即醒来。是不是塔里忽台和他的泰赤乌部发起了反攻？他穿上他的貂皮斗篷，抓起弓箭，跳上马，径直躲进山谷中的树林里，家臣们紧随其后。他的兄弟们和部落的其他人朝不同方向四散逃开，大家都在寻找安全的庇护地。

就这样，大家在不安中度过了几日。铁木真和随从们发现很多骑着马的人在山坡上搜寻着他们的踪迹。又过了几日，一切都恢复了平静，铁木真派出一名密探返回部落侦察情况。

部落被洗劫一空。

部落的女人们以及往日的蒙古包、马车和大部分的牲畜都不见了踪影。从突袭者的行踪来看，他们并不是去向东边泰赤乌部的牧场，而是一路向北，深入树林。

四散逃开的部落成员陆续聚集在一起。一些人近距离看到了那群突袭者，一些人听到了他们的谈话。这些突袭者是蔑儿乞惕人，他们为人凶狠残暴，来自北部的林地，正是20年前也速该强娶妻子诃额伦的部落。蔑儿乞惕部抓到铁木真后会如何处置他呢？他们既不会关押他，也不会要求他承认塔里忽台的首领地位，而是要奴役他或者杀了他。

铁木真登上不儿罕山的最高峰，解下腰带，将其挂在颈上志其羞辱，将帽子翻过来放在手上，跪了九次，洒了一遍马奶酒，为这次几乎不可能的逃生向长生天致谢。

他虔诚地说："不儿罕山又一次拯救了我的贱命，我今后要永远献祭报答，我的子孙后代将沿袭此礼。"

之后他戴上帽子，系上腰带，这些重获自由的蒙古人该下山了。

从那场偷袭中逃脱的部众聚集在不儿罕山山脚下，可是孛儿帖却不在其中。孛儿帖习惯了父族部落的安逸生活，从未经历过这样的夜晚突袭，她落队并未逃走。有人说，他们看到孛儿帖被蔑儿乞惕部带走，他们在洗劫营地之后，急匆匆地带着全部能拿走的抢劫来的财物撤回森林，以防其他的蒙古部落前来施援。

铁木真既没有抱怨也没有叹气，而是责怪自己，是他的大意使孛儿帖遭此厄运。由于孛儿帖被劫，铁木真决心做在他最危难时都未做过的事，为了孛儿帖收起他黄金家族的高贵去寻求帮助。他一路西行，前往远处克烈部的领地。

克烈部是蒙古各部中最负盛名的部落。他们的牧场位于图拉河和鄂尔浑河之间，此外他们还有一些固定的放牧区。金国的商旅队要去往乃蛮部和畏兀儿部必须经过他们的领地。克烈部的属地在西边，直至阿尔泰山脉和准格尔。其部众中有许多人信仰聂思脱里教和伊斯兰教。

克烈部的首领、强大的脱斡邻勒汗是铁木真父亲也速该的安答，也就是结盟兄弟。铁木真早该向脱斡邻勒汗求助，可直到他失去孛儿帖之时，他才下决心前来求援。即便如此，他并没有两手空空地登门，而是将孛儿帖陪嫁的黑貂斗篷作为礼物献给了脱斡邻勒汗，并且提及克烈部的可汗和其父也速该的结盟兄弟关系，并祈求成为脱斡邻勒汗的义子。

脱斡邻勒汗对蔑儿乞惕部突袭铁木真的部落已有耳闻。蔑儿乞惕部和克烈部相邻而居，经常发生争斗。如今老友的儿子前来向他求援攻打蔑儿乞惕部，铁木真的孝心令人感动，他的黑貂斗篷更是让人感到他的敬意，加之又想到也速该在战争中帮助过自己和亲人，脱斡邻勒汗决定派出重兵接受铁木真调遣。

II

草原上骏马奔腾之速赶不上传闻流传之快。铁木真如今是强大的脱斡邻勒汗的义子，他的地位刹那间发生了转变。很多蒙古部族的人从四面八方蜂拥而至投奔铁木真。

一些5年前抛弃他的人前来投奔他，似乎想让他赶快忘掉过去。另外一些人将也速该的儿子当作他们对抗野心勃勃的泰赤乌部首领塔里忽台强有力的后盾。还有一些人则期待分享打败蔑儿乞惕部的丰富的战利品。曾经与铁木真在斡难河玩耍并结为安答的札答兰部的首领札木合·薛禅也迅速加入了铁木真的战队。

《蒙古秘史》记载了这次报复蔑儿乞惕部的战争："来到不儿罕山的三百人，被杀得片甲不留，他们的妻子活下来的成为铁木真部族中人的妻子，他们的奴隶活下来的成为奴隶。"

铁木真在蔑儿乞惕部首领的帐篷里再次和他的孛儿帖重逢，她怀里还抱着一个新生的男婴。由于怀疑这个孩子的血统，铁木真给其取名为术赤，蒙语意为客人。

到此，铁木真下令结束战争，他说："我已经找到了我要找的人。"他将脱斡邻勒汗的兵马归还，并将他抢夺的战利品作为礼物献给脱斡邻勒汗。

蒙古部的人并不理解铁木真结束战争的做法，因为附近还有许多归属蔑儿乞惕部的其他部落。有脱斡邻勒汗强兵壮马的协助，铁木真可以轻易击败蔑儿乞惕部，并获取丰富的战利品。铁木真的盟友们也不满足，因为他剥夺了他们彻底击败蔑儿乞惕部的可能，或者说抓获他们的老对手蔑儿乞惕部首领脱黑脱阿的机会。

人们摸不透这个年轻人、这个不苟言笑的蒙古部领袖在想什么。没有人猜得到他的意愿是让蒙古各部力量保持现状，直到他自己强大到扭转乾坤。这就是他归还克烈部兵马的原因，不彻底打垮脱黑脱阿，是为了让其对脱斡邻勒汗的疆域继续形成威胁。或许他认为脱黑脱阿的存在对保护自己的领地有益，可防止泰赤乌部的塔里忽台与其他部落结成联盟。在这片土地，没有永恒的朋友，昨天的敌人会成为今天的盟友，今天的盟友也会决裂成为敌人。

III

铁木真取得对蔑儿乞惕人的胜利后，不再那么孤立。在战役中，他和札答兰部的首领札木合·薛禅再续友谊。现在两个少年英才又可以在蒙古草原上一起骑马驰骋。塔里忽台在远处关注着对手的一举一动，但他心知肚明，此时对处处提防的铁木真部发动进攻是莽撞的行为。铁木真似乎并不为他的前敌所扰，他谨慎地避开泰赤乌部首领放牧的斡难河下游最好的牧场，但他有意和归附塔里忽台的一些部落联络。铁木真开明慷慨，邀请他们赴宴，赠送他们礼物，邀请他们和自己打猎，并为他们隆重举办开始打猎的仪式。草原上很快口口相传这样的话语："泰赤乌部的首领压迫和骚扰我们，他们将我们最好的马匹和皮子抢走。但铁木真脱下他自己的貂皮斗篷赠予他人，从自己的马上下来，将马当作礼物赠送。"

一个又一个的部落前来投靠铁木真，他的追随者越来越多，很快他的亲随们就开始拥有雄心壮志了。

他的战士们围聚在火堆旁，用干牛粪添火，他们唱着歌，歌颂老可汗的英雄事迹，传颂着广为流传的神谕，至高无上的长生天决定一位新的英雄很快就会诞生，来重新统一蒙古部落并且要向他们所有的敌人复仇。木华黎——铁木真最热忱的随从，甚至公开宣称他们年轻的首领将会是这位英雄，而不会是其他任何人。

札木合亦是雄心勃勃，他的追随者越来越多。可是他却未能清楚地分辨出这些投靠者谁带领几百号人，谁只带了妻儿。他特别器重一个叫哈剌楚的平民，氏族的酋长和部落首领认为札木合并未给他们足够的尊重。

追随铁木真的部落首领们显然得到更多的尊重。他从未忘记自己也是贵族出身，他的目标自始至终是要把大草原的权贵们吸引到他的麾下，他知道只有这样他才能赢得威望和权力。在他统辖的地域内，古风古俗、尊卑次序是要被严格遵循的，然而他在贵族的血统和出身方面并不冥顽不化和狭隘。博尔术、者勒蔑和木华黎是铁木真最早的追随者，他们都不是贵族出身，但他们的勇猛、审慎和忠心让他们脱颖而出。正因为他们如此卓越，他们也拥有特权，在贵族的议事厅有一席之地，议事厅曾是以铁木真为中心，贵族环绕的地方。通过这样的方式，荣耀之门向勇士和才子打开，这对于所有勇士而言都是一种诱惑。

一个阵营里出现了两种不同的观点。铁木真的拥护者牧养马和家牛，而札木合的追随者则拥有羯羊和母羊。造成摩擦的原因有很多，铁木真的母亲诃额伦和妻子孛儿帖不断敦促铁木真与他的安答札木合断绝关系，因为他不知道得体和分寸。

铁木真犹豫了很长时间。在一年半的时间里，他们兄弟俩集结在一起，另起炉灶的话势必会减少铁木真一半的兵力。尽管如此，铁木真还是听从了他母亲和妻子的建议，认识到其建议的合理性。两人最终的决裂已有迹可寻。贵族出身的族人们有很多是不属于任何部落的牧民，他们一直生活在这里，他们不愿依附任何傲慢无礼的首领。但此时此刻他们愿意追随也速该的儿子。达林台，喀布尔汗的孙子；卡图儿汗之子，铁木真的叔叔俺答；库察儿，铁木真所属古老的孛儿只斤氏一脉的亲人，每一个这样的氏族的加入又带来其他的部落，这些部落首领很喜欢在蒙古贵族之间游移（便于他们选择更有前途的首领）。

铁木真的人马就这样迅速扩大，达到 1.3 万人，他清楚地知道该如何对待前来归顺他的每个人，对他们既尊重又殷勤。他的领地里有一种非同寻常的、堪称楷模的秩序。每个人都知道自己的位置，知道自己应受到的礼遇，年轻的领袖铁木真不容忍任何不端或不公的行为。铁木真很受百姓爱戴，他的百姓认为从所分配的杂税中谋私利或者少报一牛一羊都是可耻的。当然他自己也并非小气或贪得无厌之人。对于按时按量交税之人，他可能会送他们一份价值更大的礼物，或是允予他们热切需要之物。他是一位永远不会忘记他的部众所需的首领。

他甚至做了一些之前的统治者从未做过的事情，他为他的战士们发明了一种运动，一种像打猎或战争一样有趣的消遣，因为这是一场模拟战斗，一种为战争而做的训练。

他将 1.3 万人分成 13 个群体，每个群体作为一个整体进行攻击、撤退以及行车训练。他们必须想办法绕过敌人，练习在侧翼擒住对手或者从中心突围。这是一个游戏，激发了他们的好战之心，铁木真经常参与其中，以防模拟战斗变得针锋相对，因为每个群体、每个团队都由同族之人组成，这样同族兄弟、表兄弟和朋友并肩作战，即使是模拟战斗，失败也被看作一种耻辱。

然而即便是对于最野蛮的游牧族群，他也要灌输军纪严明与协同作战的重要性。

铁木真排兵布阵，调遣骑兵在大规模战斗中作战的想法从何而来我们不得而知。也许在弘吉剌部度过孩提时代时听说过的关于汉人战争艺术的故事，他一直铭记于心。这可能就是他在1.3万人的军队中开展"战争游戏"的出处。随着统治地域的扩大，他同样需要加强队伍的战斗力，使其训练有素。因为每一个蒙古人，从孩童时代起就是绝佳的骑手和一流的弓箭手，铁木真很快就创造了一个世界上从未有过的武装骑兵的国家。

IV

每逢春天和秋天，牧民们拔营赶着他们的羊群和牛群去寻找新的牧场，危险时刻就此到来，因为牧民们常会在此时被他们的敌人围攻。既要照料庞大的牲畜群，又要照顾家眷和孩子，还会被货物和动产所累，此时他们的战斗力被大大地削弱。年轻时的鲁莽已经成为过去，铁木真发现每季的迁徙已经成为一件令人头疼的事情。从本质上来说，他是谨慎的，他深思熟虑后制定了一项法令，旨在确保每年春季和秋季的迁徙顺利进行，此项法令已经成为他后来在三月的竞选活动时重点考虑的对象。

骑兵先行，向扇子一样四处散开前去侦察。他们前去寻找合适的扎营地点，检查此地区的水井和牧草情况，了解清楚这些以后，频繁报告给后继部队。如果有部落根据情况预料到敌人的攻击，他们就会对埋伏和间谍保持高度警惕，他们紧随先锋部队，先锋部队非常强大，可以独立作战。在和平行进的时候，这支先锋部队就得安排夜间安营扎寨的事情了，他们要确保此处有足够的水源，还要安排主体部队有序取水。在双重保护下，大部队随之出行，大队人马携带着帐篷，拉着运送游牧族群财物的车辆和牲畜一起缓缓行进，妻儿紧随其后。后卫部队协助掉队人员，捕捉走兽，时刻准备抵御来自后方的攻击。

在一次迁徙中，有消息称有人发现了全副武装的泰赤乌部人。先锋部队和他们开战并把战俘带了回来。

塔里忽台决定坚决回击，他召集所有希望得到丰厚战利品的泰赤乌部人，如果铁木真被击败，他就能赢得一些邻近部落的归顺，这样就能集结一支3万人的军队在他的指挥之下。

1.3万人的部队将要和3万人的部队开战。

在以后的日子里，逆境作战成了铁木真最常面对的场景。他的许多战役面对的都是兵力强劲的对手，除了两次失手，几乎全胜。但这是他的第一次激战，塔里忽台的兵力是他的两倍还多，并且占尽优势，因为泰赤乌部人是没有女人和牲畜拖累的骑兵。而蒙古部人则有妻儿跟随，有羊群和牛群，这就是他们必须要战斗的原因，因为逃跑意味着失去游牧民所拥有的一切以及游牧民赖以生存的一切。

在需要做出决定的关键时刻，铁木真打破了传统。由于非常了解敌人的心态和品性——这是他在困难情况下形成的特质——这位年轻的蒙古将领改变了整个作战计划。

游牧族群战斗的惯例是把羊群牛群赶到车阵里，与此同时战士们从马车上下来，骑着马向敌人攻去，或者在车阵的保护下撤退。铁木真命令马车要在较远的一支部队处围成一个圈,而将这个圈的防御任务交给用弓和箭武装的女人和孩子们。之后他把13个分队有序排成一列,直到他军队的一翼接近一个无法被骑兵穿透的森林。每一个分队像在模拟战斗中一样连接起来:一百个骑兵宽,十个骑兵纵深下去,前面和侧翼被重型骑兵所控制,他们有用铁板加固的坚固盔甲,以保护他们自己和他们的坐骑。

泰赤乌部的队伍列为五列全线前进。前两列由同样身着铠甲的骑兵组成,他们突然停止前行,让身着棕褐色兽皮盔甲的轻骑兵通过,在他们之间向前推进,投掷标枪,用弓箭雨来压倒蒙古部人。

铁木真的数千将士坚守阵地,用武器做回应,他们的标枪和箭以势不可挡之势逼迫泰赤乌部人撤退,或许他们应该更早撤退。

常规作战的方式是重骑兵掩护,让轻骑兵穿过他们的后方,他们自己全速前进抵御敌人,敌人会被他们的初步攻击扰乱秩序,这样后两列全副武装的重骑兵就可以冲破敌人的防线。轻骑兵一撤退,铁木真命令他的弓箭手进行反击,在塔里忽台的两列全副武装的骑兵再次集结之前,铁木真的部队先于他们,从13个地方用矛渗透到敌人薄弱的地方。

现在,按照传统,这场战斗应该会降格为骑兵和骑兵之间一系列无序的决斗。然而这次的情形并非如此,卫戍部队的士兵们再次围成圆形阵,每次分散的泰赤乌部人重新集结之时,他们总是遭遇到组织严密的骑兵猛烈的进攻并被驱散。

如今,铁木真新阵形的意义已经很明显,他牵制了敌人的大部分兵力,这远远超出了他自己的兵力,这种悬殊从他决定要出击时就存在了。轻骑们在初步进攻中已经完成了使命,他们放弃了主战场,转而攻击车阵,认为先到达这里会赢得最丰厚的战利品。但是在战胜女人和孩子的艰苦防御而穿过车阵之前,他们自己被距离最近的分队困在了后方,在那里他们被无情地撂倒。

加入塔里忽台的队伍并希望获得丰厚战利品的那些部落是最先冲入战场的。

黄昏时分,蒙古部人已取得了胜利。6000泰赤乌部人被杀,70个小首领被俘。

然而蒙古部人也损失惨重。铁木真脖子中箭受伤,忠心的者勒蔑冒着牺牲自己的危险把他从战场上带了出来。

铁木真清醒后,下令将这70个小首领处死,将塔里忽台砍头。

这是游牧族群在战利品分配方面的新举措。他们可以带走一个战俘,让他成为奴隶,或者向他索要赎金,但是他们只能杀死一个敌人,杀死在战争中争权夺利的敌人,否则就是叛徒。依据这一史无前例的规定,铁木真谴责那些已被定罪的首领们,他们是反叛者,是在反抗他作为也速该之子继承父王的王者地位。他率领他的部众迁徙到坐落在斡难河下游他们部族的新牧场,通过这一举措来进一步巩固自己的地位。

据波斯编年史家记载,他把泰赤乌部的部落首领们投入七十口锅里,把他们活活煮死,而根据俄国权威史料记载,他把塔里忽台的头盖骨镶嵌上白银,制成了一个饮水杯,后来又在杯子里刻上了"成吉思汗之怒"的字样。但是这样的故事并未在蒙文和汉文史料中找到。毫无目的的残忍和野蛮与其他资料里记载的铁木真的性格不符。他也有残酷的一面,将一座繁荣的城市变为废墟,如果他们不归顺于他,他会把富裕省份的浪费行为看作对他的反抗,然而他的残暴行为是有目的的,他觉得这是出于军事或复仇的需要,或者是出于威吓敌人的需要。他的确轻视生命的价值,他摧毁人命的时候正如我们视老鼠为祸害时便要将之消灭一样，认为这是理所当然的。但他并没有因为纯粹的残忍而残忍，他甚至可以原谅一个曾经的敌人。

在他们向斡难河迁徙的途中，一名骑士出现在蒙古军队中，他策马加鞭来到铁木真面前下马，拜倒在铁木真脚下，说道："我是别速部人只儿豁阿歹，是我在战场上用箭将您射伤的。如果您杀了我，您只会玷污一片土地，但如果您让我为您效力，我将为您日夜奔波，把岩石粉碎成沙粒。"

铁木真队伍里的首领们正在等待一个号令去砍下那个让主人流了血的人的头颅，但是铁木真并没有发出任何号令。他若有所思地打量着在扬沙中跪在他面前的年轻武士。

铁木真说："敌人想要杀死某个人的时候会保密。既然你已经向我坦白，你就是我的同伴。为了纪念你的所作所为，我要给你取个新的名字——哲别，也就是箭的意思。"

铁木真扶起了这位请罪之人，允许他在将士中挑选九人接受他的领导和差遣。

这也正是铁木真终其一生的典型性格——坦率、大胆、忠诚，即使是在敌人面前也总能得到赏识。收服这样的人在他身边，铁木真确信自己得益颇丰，坚信哲别虽然曾经与他为敌，但收服这员猛将显然利大于弊。他从来没有在选人择人方面失过手。这名年轻的武士成为弓箭之王哲别诺颜，他是一个打进中原的大将，他骑着马穿过帕米尔高原，与速不台一起越过波斯，爬过高加索高原，打败了罗斯公国的诸多王子。

V

铁木真是正统的孛儿只斤氏的最高首领，其他人都是被他处死的叛乱者。铁木真再一次掌控他生长于斯的部落，凡是不想被当作叛徒的都要服从于他，对他效忠。

现在，被驱散的泰赤乌部游民和那些在也速该死后曾经背弃铁木真的人又返回斡难河。

铁木真友善地接纳他们，甚至包括蒙力克。也速该曾将自己的一家人托付给蒙力克，他却背信弃义抛弃了他们。现在，他重返铁木真的部落，不仅没有受到一丝责备，还在贵族中占据一席之地。

不过，蒙力克心知肚明，铁木真不会忘记过往，为了弥补曾经的背信弃义，他相当热心，从一个部落到另一个部落，从一个氏族到另一个氏族，四处宣扬：现在是再选出蒙古人的可汗之时了。

铁木真的近臣们都热情拥护蒙力克的主张。蒙力克的儿子阔阔出尽管年少，已经是颇有威望的萨满。阔阔出大声地宣布，长生天（蒙哥阔阔·腾格里）已经选出蒙古人的可汗，这人正是铁木真，大家再无异议。

在部落首领中，有几人认为自己出身更好，更适合当选，但是他们彼此之间互相猜忌。为何喀布尔汗的孙子达林台要臣服于他的堂兄撒察·别乞？或者为何他俩要臣服于卡图儿汗的儿子俺答？抑或为何他们都要臣服于他们的堂兄库察儿？铁木真在他们之中地位最低，当他们选他成为可汗时，他们并不想做出什么牺牲。铁木真非常明智地知道他们地位的意义，无论在什么场合，他都对他们表示敬重。

即使蒙力克在贵族面前提议选铁木真为可汗时，铁木真还是认为他们四个按资格按年龄都比他更适合拥有这个首领地位。但他们都坚决主张铁木真为可汗："我们希望您成为可汗。如您坐可汗之位，我们在打仗杀敌之时，一定会勇往直前，战争中夺来的美女和最好的战利品都会贡奉给您。打猎也会冲在前头，将猎物呈给您。倘若战斗之时，我们没有听从您的号令，或者在和平时期做了错事，请您剥夺一切，带走我们的妻妾和牲畜,将我们丢在荒无人烟的沙漠,任由大自然处置。"

这话说得漂亮,其他贵族们喜闻乐见,显然也彰显了铁木真在蒙古部人心中的地位。他要领导他们走向胜利,这样蒙古部族人就会获得游牧民心驰的美人、骏马、锋利的武器和华贵的衣衫。他要发现打猎的良机,为牲畜找到肥沃的牧场。这就是他们心甘情愿给他最好的战利品、在战斗时听从指挥的原因。但是战争一结束,他们唯一该做的是凡事避让,不妨碍铁木真的计划。

铁木真知道权力与责任并存,说道:"聚集在此的,都是决心要加入我并推举我为可汗的人。在长生天的庇佑和帮助下,你们将成为我最初的拥护者和有福气的伙伴。"

铁木真举行盛宴来庆祝自己当选。这个28岁的可汗出手阔绰,不吝吃喝招待他的拥戴者们。他拿出普通马奶酒(发酵的马乳),还呈给大家上好的马奶酒(忽迷思),马乳经过长时间的搅拌,黏稠的部分都沉淀下来,酒液清澈透明,酒香沁人心脾。

此外还有别的狂欢,蒙力克正迎娶铁木真的母亲诃额伦。这桩婚事的确不同寻常,按照蒙古人的规矩,寡妇不能再婚,女人们去世后要同第一个丈夫合葬。这就解释了为何儿子可以迎娶除了他们亲生母亲之外的父亲的其他妻子。蒙力克迎娶诃额伦是为显示他对也速该的忠诚,他要通过婚姻给她提供庇护。这样的事情需要特别庆祝,无论是诃额伦还是蒙力克,都不想在热情宴客方面给新可汗拖后腿。

在这次宴会中,人们的确喝了不少马奶酒。突然一个贵族首领的妻子开始抱怨她不如另一个贵族首领的妻子有地位,两个丈夫开始争吵起来。别勒古台——铁木真的异母兄弟是主宴者,他想法恢复秩序,结果争论的两人反过来对付他并伤了他的肩膀。其他首领过来帮助别勒古台,很快就演变成一场贵族之间的混战，他们把锅和壶当成武器，直到最后铁木真的随从把其他人赶出了蒙古包。

铁木真自己没有参与这场混战，这位年轻的可汗自始至终一动不动威严地坐在白马皮的王座上，即使他们中的两个人——撒察·别乞和他的朋友泰出被逐出蒙古包，没有接受他的赏赐，怒气冲天并且绝尘而去。铁木真没说一句话。事实上，他派出了几个使者跟随他们，所以，至少表面上恢复了和平。宴会重新开始，好像什么事也没有发生一样。但是铁木真记住了发生的一切，什么都没忘。

与克烈部联盟

I

"蒙古部人终于学乖了,"克烈部的可汗脱斡邻勒说,"没有可汗如何能行?"

义子能够得到这样的荣誉他也感到高兴。在蒙古部中有一支叫"伯速",是游牧族群里人数最少的一支,他们居住在草原和戈壁沙漠的边缘,几乎每支都有一个可汗、一个首领或一些王子,在其领地内维持着秩序。

然而,这些游牧民头目的权力是有严格限制的。各个氏族的首领和民众彼此忠诚,他们可以并肩作战,有时会群起攻击氏族中较弱的统治者。

这就解释了为何经历过游牧生活兴衰变迁的铁木真没把他新得到的尊贵身份看得太重。他倾尽全力加强他部落的实力。他热爱勇敢的战士们,这些战士在博尔术、者勒蔑、木华黎和别勒古台手下效忠,别勒古台是铁木真四个首席家臣中最忠诚的,被铁木真封为众臣之长。他们先在有规模限制的小部队中演练,练习箭术、学习打仗,然后加入现有的军队。这个年轻的可汗以这种方式建立了一支小规模的正规军。这支正规军集合了精英力量,随时准备战斗,并完全效忠于他。

然而,铁木真不只关心和他关系最紧密的部落,他心怀整个领地。

为了提高属下福利,加快其援助的速度以备不时之需,他下令在其管辖范围内的所有部落发生任何重大事件都应立即通知他。他亲自掌管着一些最好的骑手,让他们充当信使。信使们所到之处,每个部落都要为他们提供最好的坐骑,好让他们"像箭一样"继续执行可汗的命令。

以前,可汗并不想知道他统辖下的各个部落都在做什么。然而现在向铁木真报告的密使所到之处都会得到热情的招待并收到很多礼物,当回到可汗身边时,他们会将这些礼物展示给可汗看。这样一来,勇士们很愿意在斡难河边骑马巡行,他们总能发现一些可以通报给可汗的事情:牧场开始发生了变化、部落之间有了友好的来往、商贩们开始在草原上露面和走动。铁木真用忽迷思(马奶酒)招待这些密使,同时了解了各个部落首领的计划和活动。

正是在这样的流通之中,一个信使告诉他,一位来自金国的使者去拜访了克烈部可汗脱斡邻勒。于是,铁木真派出传令兵邀请使者到他的部落做客。

来自中原的使者肩负很多职责,其中一个就是汇报所有发生在这个蛮夷之地上的大事,所以这些使者喜欢在斡难河畔绕道而行,好查明这个新可汗究竟是何等人物。

这次会面双方都很满意。铁木真友好地招待使者,礼数周到,这些是他从妻子所在的弘吉剌部人那里学到的。金人很清楚铁木真的妻子是紧挨金国边界部落首领的女儿,他们因为这种机缘也信任她的丈夫。使者告诉铁木真,塔塔儿人的部落又越过金国的边境挑起战争,金章宗下令一定要严惩入侵者。但金朝皇帝威武的士兵一出现,塔塔儿人就在草原上消失了,这次拜访脱斡邻勒汗的目的就是要求克烈部领袖能够阻挡塔塔儿人的撤退。

铁木真认为这是一个非常有利的机会,不仅可以向塔塔儿人报杀父之仇，还能巩固自己新可汗的位置，巩固蒙古部人在草原上的重要地位。他立即派出速度最快的一个使者去脱斡邻勒汗那里提议联手作战。他又向边界地区可靠的蒙古部落派出使者，指示他们伪装成无辜的游牧民，打入塔塔儿人内部，刺探出他们兵力和营地的情报。

　　被金国步兵紧追不舍，又遭受到克烈部人和蒙古部人的突袭，塔塔儿人惨败。塔塔儿人突袭金国掠夺来的战利品都被克烈部人和蒙古部人瓜分，不用说，他们根本不打算将这些战利品还给金国。铁木真把一件草原上从没见过的古董带回到他的部落——一个带着镶金遮篷的银制摇篮。

　　对于铁木真来说，最重要的是蒙古部落团结一致，在他的领导下，为了共同的目标赢得辉煌的胜利。此外，金国的将军并没有要求归还战利品，他汇报了胜利，还提到他在战争中得到了游牧族群的帮助。作为奖励，金章宗封脱斡邻勒汗为"王汗"，封铁木真为"札兀惕忽里"，迄今为止，这个封号的含义还没有被完全弄清，也没有记载说蒙古首领接受过比这更不知名的封号——在边境对抗叛军的统领。这样的荣誉，或多或少使铁木真与金国至高无上的皇帝有了关联，也会在草原上给他带来一些威望。

　　顶着"札兀惕忽里"的头衔，1194年，这个征服世界的成吉思汗第一次出现在中国的编年史中。

II

　　脱斡邻勒汗，现自称王汗，极为喜爱他的义子。铁木真则利用一切机会来表现他对克烈部可汗的忠心。此时铁木真奉脱斡邻勒为座上宾，他们一起庆祝胜利和刚刚获得的封号。他们一起在铁木真的领地上狩猎，蒙古部人把他们最好的毛皮动物赶过来供克烈部首领射杀，并把猎物献给他。两人发誓友谊永存，理解万岁，如果彼此间出现任何冲突，绝对不会相信谗言，而要开诚布公，和平解决。

王汗对铁木真的礼遇笃信不疑。

撒察·别乞和他的朋友泰出没有听从铁木真要他们出征攻打塔塔儿人的命令。"他们在我的帐篷里打伤了我同父异母的弟弟别勒古台，现在又拒不出征，我还是他们的可汗不是？"铁木真向他义父问道。王汗加入了惩罚抗命者的征讨。两个部落被彻底歼灭，两位难以驾驭的首领被处死。

边疆部落乃蛮部是西突厥的一个部落，趁脱斡邻勒汗出外征战时偷袭了克烈部领地，于是铁木真急忙赶来帮助义父，他们出兵打败了乃蛮人。

很快，西部、北部、东部和东北部的牧民们开始意识到联盟对他们来说意味着什么。年复一年，脱斡邻勒汗的部队由铁木真做伴，或者铁木真精挑细选的部队有王汗陪同，一起同周边的部落作战，这些部落的抵抗毫无成效。任何拒绝无条件投降的部落都被打败，被掠夺，被赶到森林或沙漠里。他们的财产和牲畜都被征服者瓜分。

克烈人把俘虏当作奴隶使用，而铁木真却挑出最好的武士，将其编入自己的军队，令蒙古部女人们嫁给他们，分给他们出征获得的战利品，因此每打一场新的战争，他的军队都得到一次扩充，壮大了战斗力量。

战事频仍，屈指已度过6年。第七年也就是1201年，那是中国农历的鸡年，各大部落的王公们注意到，王汗和铁木真联盟攻打并征服他们只是时间问题。札木合·薛禅是首要目标，他是铁木真的兄弟，自他们20年前分手时就满怀忌恨地看着他少年时代的伙伴崛起，一直想建立一个反对联盟。过了一段时间，他召集起一批人：蔑儿乞惕部首领脱脱以及巴尔古特人、塞尔柱人、哈达克茨人、尚未归顺的塔塔儿部和不想被没有修养的蒙古部人消灭的惶恐的弘吉剌部。

这些部落集结在一起，想与札木合齐心合力抵抗野心勃勃又危险的铁木真。

他们一致认为铁木真是造成他们困境的始作俑者，因为脱斡邻勒汗在位几十年来，从未想过扩大克烈部的领地。因此他们聚集在阿尔贡河岸边，发出游牧部族团结在一起的誓言。

在宣誓之前，他们持剑宰杀了一匹白色种马、一头公牛、一只公羊还有一只猎犬作为献祭，然后庄重地跟札木合宣读誓言。

"神啊，天啊，地啊，这些牲畜的造物主，倾听我们的誓言吧。如果我们违背誓言，背叛我们宣誓效忠的神圣联盟，就让我们落得跟这些牲畜一样的下场。"

然后他们冲向高耸的河岸，砍下矗立在那里的树木，把它们扔下陡坡，抬脚把土踢进河水，说道："如果我们当中有人背约，就让他落得跟这土和树一样的下场。"

他们随即推举札木合·薛禅为古儿汗——意为人民的可汗——领导他们反抗共同的敌人。札木合现在必须做出决定，是立刻出征讨伐铁木真还是等待他出征的联盟回来——最重要的是脱脱还有弘吉剌的一些部落。如果等待，他就面临对手会集结兵力的风险，而此时脱斡邻勒汗正在距他百里之外的图拉河边的主帐，铁木真也毫无察觉，驻扎在斡难河岸边。因此他决定采取闪电攻势。

然而札木合在组队时忽略了弘吉剌部的德薛禅是铁木真的岳父这一层关系，德薛禅部落甚至没有如约出现在阿尔贡河岸边，札木合还给他送了邀请。德薛禅预料到大事不好，即刻给他的女婿发出警报。铁木真的眼线们轻松地获得情报，获知那些不怀好意的游牧部落集合的地点和缘由。

札木合出发去斡难河还没有走到一半，就突然遭遇铁木真的军队，他们占据了札木合联军事先精心选择的位置，做好了战斗的准备。大局几乎在出击之前就已确定，札木合战败逃走。

现在，附近部落的属地对铁木真来说如囊中之物。但是铁木真在战争打响之前，召开法令大会，希望以此巩固他的权力。

战斗开始之前，他颁布了后来被引入其法令——《大札撒》中的命令，"在决胜时刻必须全力追敌，不得因思虑缴获财物而迟缓。战利品将在战后按功行赏"。

但是他的亲戚们——俺答、库察儿和达林台非常不愿接受这种制约，原来他们可以获得自己抢来的全部战利品。他们会任由铁木真来决定他们获得战利品的多少吗？他们比他的身份高贵，他们推选他为大汗的目的可不在于此。

战斗局势既定，他们就冲向札木合的营帐，让别人去追击敌军。

铁木真看着他们掠夺财物，看到了他们明知道有人观察却仍目中无人的神情。他未发一言，一直等到全军追敌归来。他命令他的武士把这些亲戚及其随从包围起来，夺走他们洗劫的财物，公平地分给其他人。俺答、库察儿和达林台不仅被剥夺了一切财物，在铁木真出发去征服邻近领土时还被遣送回家。

这些血统最尊贵的蒙古部人敢怒不敢言，不得不忍受侮辱默然离开军队。他们意识到自己推选的大汗不是为他们的利益服务的谦卑奴仆，而是冷酷严厉的统治者时，为时已晚。这些野性难驯、狂傲不羁的蒙古部王公们是不愿受人管辖的。

Ⅲ

胜利者铁木真率军征服了一个又一个家族、一个又一个部落，用弓和剑招募新的支持者。现在只有极少数人敢于反抗。那些无法在山区和森林中找到避难所的部落带着礼物前来，宣誓效忠，交出最好的武士供铁木真差遣。

铁木真在西部攻打蔑儿乞惕部时，脱斡邻勒汗赶来助了他一臂之力，但是在北部和东部征服巴尔古特部、塔塔儿部和弘吉剌部时，则全凭蒙古部军队的一己之力。炎炎夏日，他在树木覆盖的山区的阴凉处扎营。寒冬时节，他向蒙古南部寻找更安全的地区。如果有浅而宽的河流挡住他的去路，马鞍被拴在一起的几千匹战马被驱赶过河，士兵则骑在马背上过河。羊肉和马奶酒随处可得，女人也一样唾手可得。

在休整时，剑被磨得光亮，新箭被削好，箭头也锻造好了。

夏季，蒙古马恢复了在战斗中消耗的体力；冬季，它们用马蹄刨开积雪为自己寻找食物。他们不知遮风避雨的马厩和燕麦为何物，一如他们的主人不知什么是石头砌的房屋和软床。

蒙古人扎营之处即为家。日日晴好，夜夜欢歌。与好友臣属啖食对饮极为惬意，武士的生活甚为美好。

这一天铁木真问他的大将们：人生最大的乐事是什么？众说纷纭：有的说打猎，有的说骑马是最好的运动，另一个更爱猎鹰，还有的喜欢把最凶猛的野兽射杀在地。人对抗猎物——这是最好的运动。但是每个回答铁木真都摇头以对。

"人所知之最大乐趣是征服敌人，在其身后驱赶他们，乘其坐骑，夺其财物，观其爱人脸上布满泪珠，拥其妻女入怀抱。"

铁木真如今年届四十。过去十年中他身经百战，为达既定目标，他打败很多对手，巩固并扩大了大汗的权力，蒙古部在草原上已重获荣耀。他的拥护者们在战争中跟随他，获得战利品而逐渐富足起来。他有四个儿子，其中年长的三个——术赤、察合台和窝阔台随他征战，按照习俗，最年幼的儿子拖雷是"家族卫士",留在母亲孛儿帖身边,保护斡难河边的大本营。铁木真还有一女,尚不知要许配给哪个王公贵族,总之一定是他认为要与之联姻的非常重要的人。与此同时,有几个部落的态度他尚未摸清。

随后一位密使从斡难河赶来,他给铁木真带来如下消息:"夫人孛儿帖愿您知悉,您的王子公主,您领土之上的王公贵族,您的优秀臣民皆安康。鹰在一棵高树上筑巢,只是有时当他信赖这棵大树的庇护时,鹰巢却被小鸟捣毁,鹰雏及卵均被吞食。"

铁木真即刻停战,派各部落首领带领部下归乡,自己则带兵返回斡难河大本营。

可是他离乡越近越陷入沉思,最终叫停军队,召集将领们和英勇的家臣们到他帐篷里开了一个重要会议。

他们强大的大汗,游牧部落的征服者,其命令无人敢违抗的人,残忍而无情地报复忤逆者的人,令周围敌人闻风而逃的人,现在吐露了心中的忧虑,众人都很吃惊。

在他们策马穿过蔑儿乞惕部的领地时,脱黑脱阿战败后躲进森林避难,蔑儿乞惕部的一位王爷将他的女儿忽兰及豹皮帐篷献给了铁木真,作为臣服的表示。这女孩相貌极美,铁木真立即收她为妻。现在在回大本营的路上,他斟酌再三,还是说出了自己的顾虑。

"我的发妻孛儿帖,年少时即与我定有婚约,是我尊贵的父亲为我选定的贤妻和家主。征战时我喜爱上忽兰,现在我难以面对等我归来的孛儿帖。如我和孛儿帖见面时气氛尴尬,在新近归顺的部属面前我会蒙羞。我的大将们,你们其中一人要火速回去,在我跟孛儿帖会面之前,以我的名义与她交谈。"

九位勇敢的家臣,其英勇经过无数战争考验,注视着大汗,与他们的大汗在讲这番话时一样尴尬,无人请愿去执行这一光荣使命。忠诚的者勒蔑不愿去，勇猛的哲别不愿去，首席家臣博尔术不愿去，锁儿罕失刺——当年铁木真被塔里忽台拘禁时救助并帮他逃脱的老人也不愿去。最后，当初第一个推动铁木真称汗的木华黎说他愿意赴命，众人都松了口气。

《蒙古秘史》讲述了木华黎到达本部，向孛儿帖深深鞠躬行礼，然后落座，不发一言的情形。按照习俗，孛儿帖问候大汗的身体状况，问候木华黎本人，询问铁木真随从中她的熟人的情况，最后，再无可问时她问到他的来意。

木华黎一定被他的使命压得沉重，他坦然相告，丝毫没有为主人开脱："他未遵守习俗，也未像贵族一样行事。他喜欢豹皮帐篷的斑斓色彩，甚至未等到天黑就在座椅上占有了忽兰。"

孛儿帖并未回应，她现在知道铁木真并非像对待其他被俘的公主一样，仅把忽兰当作小妾，而是想让忽兰和她的地位一样。木华黎认为此刻应该为大汗开脱："他娶忽兰为妻是为统治远方部族。大汗派我来告诉您此事。"木华黎话虽说出口内心却很迟疑。

孛儿帖还是不置可否，只是想知晓铁木真现在人在何处。她得知可汗与大军只有几天的路程即可抵达，并且正在等待她的答复。

她的回答比铁木真和木华黎预期的要温和，"我的意愿和族人的意愿都要顺从大汗的意愿"，深明大义的孛儿帖说道："要由大汗来决定他与谁交好或结盟。芦苇中有很多的天鹅和鹅，我的主公应该自知，在手指疲惫之前要发射多少支箭。俗语说得好：'一匹好马希望被套上鞍子吗？男人的发妻希望丈夫娶二房吗？太多了不好，太少了更糟。'"她沉思了一会儿，然后坚毅地说："我希望主公给他的新妻另建一个斡尔朵。"

铁木真得知孛儿帖的反应后如释重负。他给忽兰一块地盘，有单独的营帐、牲畜和仆人。此时此刻他向着斡难河前进，忽兰的营帐就建在孛儿帖的旁边。

尽管机缘际会，铁木真娶了很多女人，其中还有中华显贵和波斯公主，他最爱的却是忽兰。尽管忽兰所属的部落后来背叛了他，他杀了所有蔑儿乞惕人，却放过了她的兄长，甚至任命其为一支贴身侍卫分队的首领。有一次铁木真疑心胞弟哈撒儿向忽兰示好，差点就杀了他。忽兰是唯一一位他征服花剌子模帝国时带在身边的女人，唯一一位可以去参观远方国度的女人。

然而，当铁木真加冕为可汗时，只有孛儿帖坐在他的身边。也只有孛儿帖的儿子们可以继承他的世界帝国，只有他们两个的子孙才可以继承汗位。即使他曾怀疑术赤不是他的亲生儿子，术赤的子嗣们还是统治了四分之一的蒙古帝国，而他和忽兰所生的孩子及其子孙则随着蒙古人的纷争而失势。只有孛儿帖是"我高贵的父亲赐予我的贤妻良母"。

危机四伏

I

孛儿帖看到西部危机临近。脱斡邻勒之子桑昆结识了新的朋友——札木合,他战败之后与克烈部人一同避难。两人经常出入为伴,制造事端。桑昆对脱斡邻勒与铁木真之间的友谊一直以来都持反对态度,蒙古部的族长野心太大了。如今,桑昆一部已是反对成吉思汗势力集结的中心,他还对接受过铁木真教训但仍心怀不满的亲族们敞开双臂,例如俺答、库察尔和达林台,他们的族人跟着族长们来到克烈部属地并宣誓效忠王汗。现在他们成为桑昆的心腹。这些就是孛儿帖要向铁木真报告的内容,难道这些不是不忠的预示吗?

铁木真尽力让孛儿帖不再心存疑虑,他解释道,经认真严肃的思考,他与王汗取得一致意见——对另一部落不怀好意的报告置之不理,并友善解决争端。因此双方的友谊保持数年未变。

但孛儿帖提醒她的丈夫,在与乃蛮部开战之前的一个深夜,王汗曾抛弃过铁木真,在另一个场合,王汗也没有给予他应得的战利品。不可置疑的是,此后脱斡邻勒承认了自身的错误并懊悔不已,但这仅仅是由于乃蛮部曾对他进行了攻击,铁木真却安然无恙。因脱斡邻勒之兄已奋起反叛,即将到来的动乱已隐约可见,于是脱斡邻勒佯装友好,只因他需要铁木真的帮助。如今的克烈部赶走敌人，局势安定和平，孛儿帖却焦虑不安，似乎感觉到有事要发生。

铁木真与孛儿帖讨论了许久，然后派遣密使潜入脱斡邻勒一部，他请求王汗把女儿嫁给自己的大儿子为妻。与此同时，铁木真把自己的女儿嫁给脱斡邻勒之孙。

这并不是一次明智的外交行为。桑昆急着让父亲对铁木真的行为产生怀疑：

"现如今您应该明白铁木真一直以来都觊觎克烈部王座之位。只要等父亲您过世，铁木真就会宣布所有遗产为术赤所有。这也正解释了为何他给予克烈部的战利品要远多于自己，他一直都好用如此狡猾的手段去为自己赢得支持者。铁木真野心勃勃。他请求王汗把女儿嫁与术赤，但术赤可能不是他的嫡亲，这难道还不算是一个疯狂的举动吗？"

即使脱斡邻勒漠视流言，却不可能完全不为所动。脱斡邻勒总是能够发现铁木真所具有的宽宏大量以及值得他人敬佩之处，但脱斡邻勒的坚持成了徒劳。

"我已是白发苍苍，垂暮之年只望于平静中离世，"脱斡邻勒在儿子的谗言与刺激下如是说道。

然而，由札木合所支持的桑昆"坚持不懈"，又发现了怀疑铁木真的理由。

即将到来的铁木真对克烈部统治者毕恭毕敬。他需要脱斡邻勒的援助，只因脱斡邻勒部是能够助他强大的不二选择。但在其他方面铁木真该如何行事？孛儿帖被蔑儿乞惕人夺去之时，札木合并未伸出援手，那么札木合还能够保护铁木真一部免于泰赤乌部的攻击吗？古儿汗之位为札木合所属，札木合的地位也因此远高于铁木真，但铁木真未曾掩饰过他对札木合的嫉妒。铁木真又该如何对待蒙古部的贵族？是宣布放弃他们的自身特权并推选自己为可汗吗？然而，铁木真杀了自己的亲族——塔里忽台与撒察·别乞。那么他又是如何对待俺答、库察儿和达林台的呢？答案是，他们只有通过逃跑才能躲过被铁木真杀害的命运。除自行决定权外，铁木真对战利品一事也心存不满。铁木真外表慷慨大方，实则心思缜密，因此他在克烈部拥有众多的拥护者。只要脱斡邻勒离世，铁木真便会开始发动长期的复仇计划，转而考虑于各部落间挑起事端。而作为部落统治者的脱斡邻勒，暂时不能考虑自己年事已高应该休憩，他的职责是保证其所在领土的安定，使其生生不息。

在相当长的一段时期内，统治克烈部的老可汗对阴谋诡计之事嗤之以鼻。他想过儿子的想法也可能有道理，应该阻止铁木真的野心继续蔓延。然而他脱斡邻勒仍然健在，且依然是大权在握的王汗。他深知儿子桑昆多疑又冷酷残忍，所属的各部首领未必会唯他马首是瞻。若是位于边陲远塞野心勃勃的铁木真成为可汗，那未来之事将无法预料。

"好，如你所愿。但我不会参与其中。"最终脱斡邻勒做出了决定。

来自父汗如此勉强的许可对于桑昆来说已是足够。他派遣使者前往蒙古部落统治者之地，告知铁木真最好亲自前来商议婚约一事，与此同时开始集结克烈各部。预谋在欢迎仪式上害死铁木真，在大将们发动复仇战役之前，随着可汗的去世，蒙古部将面临入侵。

铁木真已启程去往克烈部，竟遇到了母亲诃额伦与继父蒙力克，母亲与继父再三提醒他。他难道真的相信他的敌人集聚在桑昆部落仅是为了参加订婚仪式？母亲诃额伦告诉铁木真，在草原上，各式诡计层出不穷，人们通常以下毒的方式摆脱来自对手的威胁，除此之外，还会在其座位之下设陷阱，无所不用其极。母亲早已怀疑有陷阱在等待着铁木真。于是铁木真最终决定不再孤身一人前往克烈部，而是差遣信使送去婚约一事的消息，自己则返回到了部落。

显而易见，铁木真并不相信他与脱斡邻勒间的友谊。而桑昆极力劝说父亲使他相信，目前立即采取行动并先发制人才是对付蒙古部可汗的唯一方法。幸运的是克烈部早已整装待发，于是，王汗同家臣及他的整支部队随即向东进发。

克烈部的突然进攻，让铁木真大为震惊。当从前线回来的两个牧人向铁木真禀报克烈部正向他的部落行进时，铁木真只有自己部落的一部分士兵——常备军4600人，连同与士兵在一起的妻子、财物、羊群与牛群。这时逃离这场战役为时已晚。看来当晚与克烈部的战斗是在所难免的了。

随即，疾行报信者从四面八方赶到蒙古一部，要求人们立即准备，加速前往可汗的部落。与此同时，人们牵出牛马，把它们赶到草原，妇女和孩子们坐上马车，骆驼背上装满了重要的器物与财宝，一齐被送出。而铁木真由全副武装的士兵陪同，率领部队撤退半日，到达一处山地，在此地，他可以据守。而克烈部仍如以往，把营地设在左方，夜幕降临，者勒蔑会同一小部人点燃火把，加速集合队伍。

克烈部人已在战争中对铁木真的奇袭部队十分了解，他们并不想与铁木真部队展开搏斗，而是想要让敌人措手不及，铁木真这样就不会有时间部署战斗，也就不会进行有效的防御。

克烈部人见到营地火光在不远处，已等候多时的士兵们接到立即包围营地的命令，毫无声息地向营地围去。终于，随着一声声号角声响起，士兵们高声呼喊，从四面八方向营地冲去，本来想突袭睡眼惺忪混乱不堪的敌人，结果却发现他们突袭的是一处没有人的废弃营地。

他们只见到迁徙之后的营地，餐具与残羹剩饭散落满地。克烈部人认为，蒙古部落一定发现了正在进行的包围计划，于是立即逃走了。但蒙古部人带着妇女、孩子和牲畜，所以不可能全力备战。因此，入夜之后克烈部出发开始搜寻。

而这时的铁木真有充足的时间备战，并且给军队各部分派了作战任务。等到脱斡邻勒率领的主力部队同他的敌人交锋时，他的先头部队已是七零八落地分散各处了。山地阻碍了克烈部的进攻，原本对地形利用十分熟悉的克烈部无法发挥其优势。然而，纵使蒙古部士兵有着铁一般的纪律，纵使他们英勇善战、坚定不移并且人数众多，他们仍然退却并做出了让步。

铁木真保留了一部分实力极佳的士兵，计划转向敌人侧翼进行攻击。毫无疑问，这是一步险棋，这会大大削弱原本实力就较弱的那部分军队，而保留下来的一小部分实力军，会分散打入克烈部的主力队伍中去。然而，这一计划大获成功。最后关头，铁木真一部的旗帜飘扬在了克烈部后方的山间之上。此时的王汗正受两面夹击在双线作战。蒙古部的这一小部军队士气已是势不可挡，可抵挡得了任何攻击，所以直至桑昆身受箭伤之际，脱斡邻勒已然明白这场战争在当晚不会结束，于是他下令撤退，并且占领了山后的营地，而此地便是蒙古部保留军所在之处。

事实上，脱斡邻勒完全不必害怕袭击，因为铁木真的军队已疲惫不堪。蒙古可汗一部的英勇战士大部阵亡，将领身受重伤。两位大将——铁木真的首位封臣博尔术与之后结识的好友忽必来已失踪，而铁木真的三王子——窝阔台，同样无迹可寻。

收到蒙古部大将与三王子失踪的消息后，可汗面容未改，只说道："他们几人总是经常为伴，不愿分开，现如今他们也许都已不在人世了。"

然而并不多时，博尔术归来并且安然无恙。之后忽必来也归来，满脸是血，他用嘴将窝阔台身受箭伤部位的毒血吸出，而窝阔台在马鞍上昏迷不醒，失去知觉。

铁木真见到这一幕,眼噙泪水,在战场上屹立许久并未离开,他下令把伤员送达安全之处。

第二天早晨,兵力短缺的铁木真还会继续作战吗?继续战斗,也许会使他一无所有。唯有撤退,即使是匆忙的撤退也可逃脱追捕,保全蒙古一部。铁木真一生中的首次败仗会让他盲目下判断吗?

然而家臣力劝铁木真让其下令撤退之时,他拒绝了。不,他绝不会离开此地,他要等那位占领山地后方的士兵返回。铁木真本该尽早撤退,但他更愿意直面危险,即便是放弃忠诚的部下能够自保。直至最后一位士兵在挫败敌人返回之时,铁木真才下令撤退。有着无情冷酷一面的铁木真下令,士兵要尽全力让马匹以最快的速度向前进发。

之后,成为居住营帐各族人之首的铁木真把所有人集结为同一个战队,并且以一种极端的律法方式,给予他们所谓的彼此间的"友谊"。军队中最小的集体,由九人构成,这九人生死相连。他们可单独作战,但若有伤者,不可抛弃任何一人。如有抛弃同伴之人,毫不留情立即处死。

II

尽管蒙古部落顽强抵抗,克烈部首次放弃战场,但遭遇战一事的结果已十分明显,那便是铁木真吃了败仗。

铁木真立即召集各部落以求援助,但本应集聚的各部落并未出现。

封臣们一致宣称,作为可汗的铁木真已越权。例如由信使召集各部一事,不属于可汗的权限;是战是和应当由大家共同商议决定。而在战事来临时,封臣们却只是诚心宣誓,决议也无非是一致同意罢了。如今这些部落首领为何要挑起战事?在铁木真打下的无数战斗之中,部落首领获得的战利品不计其数，他们拥有足够数量的妇女、奴仆和牛，在肥沃的草原之上建造家园，为何还要放弃安定执意挑起事端？他们若是在其家园安稳平静地生活，便不会有任何伤害到来。但如果他们能团结一心支持铁木真，毫无疑问，敌人脱斡邻勒将对其妻子孩子们进行报复并赶走畜群、掠夺财物。这场战争是铁木真个人的事，若铁木真吃了败仗，那这些部落首领们便再次重归自由，并将在新可汗选任之前游移不定。

对于铁木真和他的部下来说，这次的撤退糟糕至极。他们无法依靠任何支持或援助，必须避开人群及肥沃的牧场，避开通达之路，唯恐泄露行踪。他们专寻不毛之地进行逃离，在那里唯有泥坑中的污水供人畜解渴。

但铁木真与其忠心耿耿的部下决心同甘共苦，绝不抛弃任何一人。对着恶臭的泥水，他们相互许诺，若有人未遵守誓约，就如同这污水一般。铁木真设立了特尔汗，特尔汗可以不受最高地位可汗权力的约束，并且可自由出入铁木真大帐。他们彼此享有保留战争中所获战利品之权。

之后，他继续向东往更远处行进，逃离克烈部军队的追寻。

撤退期间，戴于铁木真额头的红锁变为白色，大将们看到铁木真的白发后，惊奇地问道："可汗还未到长白发之时，为何如此之早？"铁木真未加思索地说道："因上天让我成为一名统治者，便给予我代表年龄的象征，这也是尊贵的象征。"

铁木真没有听取任何人的忠告，也没有做任何讨论，以其一人之意派遣信使去往脱斡邻勒一部，让信使告诉克烈部可汗他的所作所为，希望脱斡邻勒能记起曾经的并肩作战，让克烈部的可汗明白，如双方产生争执，要以友好讨论的方式进行解决。信使把这些内容牢记在心，因为他们很有可能要准确地复述给克烈部可汗。

"可汗，我的父王，为何您对我如此盛怒，让我害怕？若是我违背了任何同您的约定，您可尽管责备我，不必毁坏我的土地与财物。为什么您怕我？为什么您不享受战争所得的战利品。"

"可汗，我的父王，您为了寻求和平，向我派遣了使者。我的结拜兄弟桑昆与札木合以及其他亲人，其实他们都应当向我部派遣使者，这样我们便可以讨论我们的分歧。"

同样，铁木真也派遣了信使给俺答、库察儿和达林台这三人送信，目的是提醒他们，让他们明白当初给予他们尊贵无上的可汗之位时，是他们自己拒绝并选定了铁木真作为可汗。铁木真不禁回想起了当时几人的誓约。铁木真曾如此确信，他不会隐藏任何的不仁之心与不轨之意，因此他遵守诺言，尽职尽责，他带领俺答、库察儿和达林台战胜敌人并享胜利果实，他为他们三个进攻狩猎，然而他们却在作战时违背了曾经的誓约。但即便如此，铁木真并不怀恨于心，仍愿让他们送来三个部落的使臣，共商和平安定之事。

然而，桑昆根本不为所动，代表三个部落做出回应："出战。"

铁木真的汗位众人觊觎已久。脱斡邻勒部的威胁使铁木真带领全军撤退，向东行进数百里直至今东北地区边境，才得以逃脱追捕，这里的巴勒渚纳湖被盐碱滩包围。

铁木真在这里得到了帮助。东部的一些部落受脱斡邻勒部的控制，若是不为脱斡邻勒修筑工事将会遭到灭顶之灾。他们为了摆脱苦役加入铁木真的军队，而且一些逃离克烈部的亲族也以士兵身份加入。

最终令人大为吃惊的是，铁木真的叔父达林台也给予他帮助并放弃自己的职位。

此次逃亡一定事出有因。

听了达林台以及达林台部下带来的消息，铁木真脑海里立即浮现出近来在克烈部营地所发生的一幕幕画面。脱斡邻勒在处理与蒙古亲王贵族、札木合以及他的一些封臣相关之事时显现了他自身的独裁专制。他一味下达命令却不给予他们充足的战利品。而且他们认为，铁木真最终会成为他们的手下败将，他们再无危险可言。因此，他们决定抓获脱斡邻勒并将其处死，这样，生活便会恢复，如同以往的亲王贵族一样拥有自主权，自由自在。然而，他们遭人出卖，计划泄露。扭转局面的脱斡邻勒对他们进行攻击，抢夺他们的财产，以更为激烈的方式对他们进行惩罚。俺答、库察儿和札木合向东逃走，逃向乃蛮一部，而达林台由使臣劝服归顺了他的侄子铁木真。

但对铁木真来说，即使是王汗与之前提到的各部首领各自分离，要同他正面作战依然不可掉以轻心。因此铁木真盼望兄弟哈撒儿的到来，哈撒儿率领的部落作为援军倾巢出动。然而始料未及的是，王汗的军队给了哈撒儿及他的部下致命一击。

当最终出现在成吉思汗面前时哈撒儿已疲惫不堪、饥饿难耐，由为数不多的几个一心想逃离的同伴作陪，铁木真见到其弟遂下定决心要有所作为。当时已是深秋，铁木真心想，蒙古之地的冬天寒冷艰苦，军中士兵一定难以忍受。因此，他想出了一个计策：让哈撒儿两个值得信任的部下拖着饥饿疲惫之身，骑上劳累不堪的马匹，去往脱斡邻勒部，以哈撒儿之名佯装投降。

脱斡邻勒对二人所言深信不疑。他认得前来的这两人，是之前战场上的老相识了。脱斡邻勒十分确信，哈撒儿不会冒险使此假投降之计，况且他的妻儿、大帐与战马还受控于脱斡邻勒。脱斡邻勒自己的密使也已相信铁木真下落不明的消息。如果铁木真的亲兄弟哈撒儿投靠了脱斡邻勒一部，对蒙古部人相信的年轻可汗来说，将会是一次危机警告吗？

作为和解的保证,脱斡邻勒派人带去一只牛角,角内盛有些许他的血(就像之前,他刺破手指,盛血于牛角中,以此为证,送与新王一样)。他发誓不会伤害哈撒儿并愿意接受哈撒儿为自己的封臣。之后,脱斡邻勒派遣使臣同信使一道,前去寻找哈撒儿。

　　与此同时,克烈部已开始为迎接新的封臣而设金帐大筵,以此来示意他们对蒙古部落的决定性胜利。

　　而当脱斡邻勒的使臣被带到铁木真面前,而非哈撒儿面前之时,他并不吃惊。蒙古部可汗并未立即询问而让使臣为难。随即铁木真下令,召集军队,日夜兼程。

　　脱斡邻勒原本已设宴欢迎哈撒儿,但始料未及,毫无准备地受到了铁木真的攻击。脱斡邻勒的诸多战争中,这次是一击即溃的战争,由于毫无防备,组织松散而被铁木真击败。近乎疯狂的蒙古部骑兵挫败了脱斡邻勒部每一次抵抗。脱斡邻勒的军队被打得四分五裂,各自逃散。脱斡邻勒和他的儿子桑昆乘机逃走,而他们的军队也分散各处。

　　这样一来,昨日的铁木真还是一名极力赶往目的地,拼尽全力要扩大领土范围的所谓的"逃亡者",现如今他不仅再一次称王于自己的领土,脚下还拥有了无人保卫的克烈部的领地。而这对于铁木真来说意味着什么呢?他是会把曾经被夺走的物品拿回到自己身边,还是会占有由敌人引发的战争留下的财物?他把足以填饱肚子的财物分给了几名忠诚的部下。而唯一让铁木真心存不满的是部下休憩一事,因为他要求军队不可停歇片刻,要马不停蹄地追赶敌人。

　　且说敌人桑昆,他向西逃去,西部是畏兀儿人的居住地,后来畏兀儿人落败于新迁徙而来的游牧部落并被带到了中亚地区,最终,他们成为哈剌契丹(西辽)最高统治者的臣民。尽管在政治上没有权力,但他们仍于周边诸国之中保留着自身重要的文化特性。他们有自己的文字,其语言为中亚通用语。他们的国度拥有富裕的商业城市以及发达的农业。桑昆同他的游牧队伍在这里掠夺过着安定生活的农民的畜群，他被畏兀儿人视为敌人而杀掉。

再说脱斡邻勒，他向西北逃窜，到了曾与畏兀儿为敌现为邻的乃蛮一部，落入两位守将之手，这两位守将曾在一次突袭中遭受脱斡邻勒的掠夺，于是，二人立即结果了脱斡邻勒的性命。这二人以期望奖赏之心，把脱斡邻勒的首级带到乃蛮王塔阳面前，原以为会得到赏赐，却被告知应当带活着的王汗来面见塔阳汗拜不花，并受到责备。

III

乃蛮部所属之地大部分为山地，一直延伸至阿尔泰山脉整个地区，它分别由两兄弟统治。西部，阿尔泰山脉以及它的边远之地，由不欲鲁汗统治；东部地区由塔阳汗统治。在两兄弟分裂之前，通过战争的征服，两兄弟曾统治着众多游牧部落中最为强大的一支。其父死后，两兄弟的分裂大大削弱了部落实力，因而导致克烈部不时对塔阳汗造成威胁。然而战争带来的机遇与胜利使得铁木真扩大其领土直至乃蛮部边境之时，脱斡邻勒之首在塔阳汗王室的出现，将会是对后来者——铁木真的欢迎。塔阳汗可利用脱斡邻勒牵制蒙古可汗——铁木真，如果情况需要，他将会以煽动克烈部人发起叛乱的手段对铁木真进行袭击，而此时的札木合与铁木真的亲戚已做好作战准备，事实证明塔阳汗确实是一个令人头疼的家伙。

但是脱斡邻勒已经离世，当务之急是从混乱中理出头绪。拜不花把已故可汗的头颅镶上白银，将其面朝东方固定在他的宝座后面，拜不花这样提醒自己，他不会忘记克烈部的土地。与此同时，他还向汪古部可汗阿拉古·特钦发出了联盟的信号。

同乃蛮部一样,汪古部的文明程度较高。居住于西方的乃蛮人受畏兀儿人和哈剌契丹的影响较大,而占据戈壁沙漠东南方的汪占部人与中原为邻。位于他们两部落之间的便是整个蒙古部,铁木真的思想现在在这里十分盛行,有不可阻挡之势。然而塔阳汗散布的消息使铁木真的邻近部落认为,他是蒙古部傲慢自负的可汗。

"我们知道,在我们临近的部落中有一位自称'蒙古可汗'之人。他的野心比天高,要征服太阳和月亮。但一个剑鞘里容不得两把剑,同一片领土范围内不可有两个统治的存在,因此我请求你成为我的右手,助我一臂之力夺取他的弓箭。"

但汪古部的兴趣所在与乃蛮部并不一样。对汪古部来说,在铁木真的统治下,一个有着稳固有力组织的部落,要远远胜过大小部落与宗族间的混乱,而且富裕的定居人群总是受到劫掠。此外,游牧部落对定居的金国进行袭击时,总会在途中劫掠使汪古部受到牵连和损耗,而且在中原派出远征队对其进行反击之时,汪古部也总是首先被侵扰。汪古部自然希望应该有一位严格的统治者对这些毫无组织纪律的部落进行管教,如果有交易的需要,他们也能和蒙古部首领达成一致意见。汪古部有着自己的打算。

因此,汪古部的可汗没有对乃蛮部可汗伸出援手,而是派出信使告诉铁木真塔阳汗后来计划的目的所在。

在打败脱斡邻勒之后,铁木真一冬天都在重新整顿脱斡邻勒毫无组织的军队。带头造反的首领被一一清除,这些新加入蒙古部的部落必须接受征服者将他们的属地和居民以神圣数字九来划分的规矩。每九个营帐的人中出一个头人来统领,每九个这样的头人会服从于第十个人的统领,当然这个人也会拥有他自己的十个营帐,他一共统领着一百多个营帐。这样一来，组织形式尽管表面上是以神圣数字九来划分的，成吉思汗得到的其实是十进制的组织结构。

虽然成吉思汗采取了整顿建制的种种措施，但他不会在没有征询属下意见的情况下去宣战，在和脱斡邻勒交战时，头领们突然宣布不再效忠铁木真，这教训仍然历历在目。现在一切事宜都要严格依照律法和规矩来实行。

他召集了一次忽里勒台大会，所有首领都必须出席这次大会，铁木真要向大家报告乃蛮部人的意图和汪古部人的警告。

他确保了这次集会中自己期待的投票结果。大家达成共识的是一场新的战争在所难免，但头领们没有立即开战的打算。现在正值春季，熬过贫乏冬日的马匹十分瘦弱，需要草原的新鲜青草给它们提供新的力量，让马匹现在就出现在充满艰难困苦的战役中，将会是对它们的毁灭。因此等到夏季开战会更好，秋季则更佳。

在召开忽里勒台大会时，铁木真就已经预想到了这些反对之声，尽管如此，依照律法和习俗，他还是允许贵族集会进行决议，他不想让他们的意愿束缚自己。在预先安排之时，他同父异母的兄弟别勒古台主张，突然的袭击要比精力充沛的马匹重要得多。铁木真的兄弟们以及他的叔父达林台（达林台想要弥补过失）表达了相同的观点，并且由于同蒙力克、鄂尔勒克和特尔汗站在一方的人占多数，因此主战派以多数票击败了反对者。最终决定立即开战。

像往常一样，铁木真希望他占据主动来选择双方战斗的地点。他选择了一处位于乃蛮部领土边境牧草茂盛的平原地区，在那里等待塔阳汗的到来。

然而这一次与他作战的不是毫无纪律的部落而是一支有组织的军队。与此同时，塔阳汗已在山地之中占领了他的位置，在那里耐心等待铁木真的到来。在他的旗帜之下，有多达8万人，除乃蛮部的军队外，还包括蔑儿乞惕人、鞑靼人、分散后剩余的克烈部人、札木合和他的士兵们。

铁木真一看到他的敌人不愿在他选择的地点作战就改变了作战计划。蒙古部落的先头部队在哲别的指挥下，向乃蛮部地区进发，而铁木真自己同主力军跟随在后随时准备作战。先头部队得到命令，只要有严重的对战迹象就立即撤退。

当乃蛮部人察觉到，或根据蛛丝马迹发现敌人不想战斗时，并且当他们看到蒙古部落的马匹是如此瘦弱时，他们就力劝可汗做出决定马上开战。塔阳汗拜不花本来打算撤退到更偏远的山区中引诱蒙古部人在其后追赶，以消耗马匹体力的手段削弱其马的力量。然而，他的军队却不像铁木真军队那样纪律严明，他的将领面对实力较弱、装备简陋的军队在撤退时毫无战略战术可言。将士们指责塔阳汗胆小怯懦，并且大叫道："将士们在您父亲的麾下之时，从来没有用脊背对着敌人。"他们还奚落塔阳汗说，等将士们打败蒙古部时，塔阳汗应该去和他的妇女做伴。他们自吹自擂道："我们会像对待阉羊和母羊一样去驱赶他们，绝不会留下一蹄或一角。"

愤怒的塔阳汗觉得深受屈辱，遂下令军队前进。

在铁木真军队已经摆列完战阵之时，塔阳汗与其军队遭遇，塔阳汗的部队核心受到哈撒儿军队的重创。铁木真自己率领军队在侧翼进行反击。艰难战事之中指挥要格外谨慎小心。

关于这场战争，一位编年史家曾充满诗意地进行叙述。他描述了塔阳汗以及投奔其麾下的札木合怎样看待战斗的发展，还有塔阳汗更为关切地询问："这些追逐我们的人是谁，就像狼追逐羊群一样？"

札木合回答道："他们是我的安答铁木真所养的四只猎

狗,他给他们喂食人肉,平日用铁链拴着他们。猎狗的额头似青铜铸造,牙齿坚硬如石,舌头像锥子一般尖利,心像钢铁一样坚强。代替马鞭的是弯刀。他们饮露水,乘风而行。作战时,他们以人肉为食。现在,他们挣脱了铁链。他们的口水顺着嘴流。他们精神十足。这四只猎狗是哲别、博尔术、者勒蔑和速不台。"

塔阳汗又问道:"继他们之后,如饿鹰一般奔来的人是谁啊?"

札木合回答道:"这是我的安答铁木真。他用铁甲全副武装,如饿鹰一般飞驰而来。你看到他如此奋力向你而来了吗?你的将领们曾说过,只要蒙古部的人一出现,他们就会像羔羊一样被四下驱散,连一蹄或是一角都不留。现在就看!"

札木合与塔阳汗以及所有的乃蛮人已经倾尽全力做出勇猛之举,但当时蒙古部人的胜利不可阻挡,札木合与他的随从们也开始撤退,塔阳汗战斗到最后一刻,在其倒下后他的将领们仍继续作战。直至其他的同盟者,包括脱黑脱阿和蔑儿乞惕人都逃走后,乃蛮部军队已无回天之力,四处分散而去。

在战事开始时,铁木真以同样的方法改变他的计划来适应不断变化的情况,当时他改变了对待俘虏的行为。他禁止士兵抢夺乃蛮人,不允许首领和将士们杀害他们的俘虏。铁木真把武器还给了乃蛮人并要求他们要对自己忠心耿耿,像对待他们死去的汗一样。他娶了塔阳汗的妻子,让他最小的儿子拖雷娶乃蛮公主为妻,他尽其所能让两部落人融合并引导他的蒙古部人接受乃蛮部的文化,乃蛮部是当时所有游牧部落中文化水平最高的。

《蒙古秘史》记载,在这场战争后不久,蒙古部人俘获了一位衣着讲究但手无寸铁的男子,他手持奇物。这人被带到铁木真面前,他自称塔塔统阿,出生在畏兀儿,曾作为国臣效力于塔阳汗门下。他手中的这一物件是他至高无上的印章。他让铁木真了解这印的用途和刻在印上的畏兀儿文的具体含义。铁木真及其部落确实是蛮人,在当时还没有自己的书面文字。当时铁木真立即意识到这些文字的价值和重要性。铁木真自己既不识字也不能写,因而任命塔塔统阿为金印掌管之臣,并要塔塔统阿教他的儿子们与大将的孩子们读书写字。

因此,畏兀儿文就成了蒙古人的官方文字,铁木真后来与中原、伊斯兰文化产生密切联系之后仍然使用这种文字。尽管铁木真以最高职位任命某些汉人和穆斯林为他效力,但他个人拒绝了汉人和穆斯林的文明。他认为他们身居城市和游牧族群并不相似,他自始至终认为他和这些文明是格格不入的,对铁木真来说,畏兀儿人与其部落相似,因为他们本身也是游牧族群。

IV

铁木真对乃蛮人的仁慈,并不能表明那就是他自此以后的统治特点。对其他对手,他依然残酷无情。

他派术赤和首席家臣们去攻打最难征服的塔塔儿部,此时父子之间产生了第一次冲突。对于术赤来说,他爱他塔塔儿部的妻子,想要放过这个部落,只是父亲毫不动摇,他要承担这一任务,那就是最终瓦解他们的力量并把剩余之人归入他自己的军队之下。

脱黑脱阿随着蔑儿乞惕人逃到森林深处摆脱了追逐。

古出鲁克[①]是塔阳汗之子,他曾第一个加入脱黑脱阿的

---

① 也译作"屈出律"。——译者注

队伍，现在逃到阿尔泰山脉之中，投奔其叔叔不欲鲁汗去了。

铁木真两个造反的亲属——俺答和库察儿都被抓获并处以死刑。最终，札木合也看到了他的命运。到处都有人在追捕他，他的同部人通过背叛和出卖以求自保，将他的行踪告诉了铁木真的士兵。当铁木真获悉札木合被抓一事时，他下令消灭这一宗族，不留一个男子和孩子。他愤怒地大声喊道："我们如何能活着离开并且我们如何能信任这些背叛他们君主之人。"据蒙古人的信仰，灵魂存于血，所以铁木真赐札木合不流血之死。

成吉思汗

I

1206年是虎年，驻扎长城的金国大将军拥有西部边陲守护者的封号，他向皇帝汇报，荒蛮之地一切宁静。

这个消息是如此不同寻常，着实令人激动。金章宗这位老皇帝已经在位17年，他转而想到了札兀惕忽里，那个边界地区的看守，并疑惑为什么这个看守忘记送来承诺过的贡品。皇帝立即派出他的侄子卫王永济去"荒蛮之地"提醒札兀惕忽里他的义务。

卫王永济在途中遇到各个部落派来的代表，他们居住在边境之地，与永济此行有着同样的目的。他们走向迭里温孛勒答黑的分水岭地区，这里是斡难河的源头，铁木真在这儿已建立起他的部落，这里有很多巨大的蒙古包，用来储存丰富的、珍贵的战利品。这里的人像蚂蚁一样多。在他们到达之前，密使已经骑着马绕过庞大的马群和牧群，成千上万的人在挤马奶并准备马奶酒。成千上万的妇女在挤牛奶，制作阿基卡，一种将牛奶发酵后蒸馏而成的类似白兰地的酒。

虽然铁木真非常忙碌，但他还是立刻迎接了这位来自金国的卫王，只不过这个卫王并没有得到他认为作为大使应得的尊重。然而可汗还是按惯例给永济带了贡品让他拿给皇上，但是接见的时间和往常不同，马匹和骆驼已经上好鞍，载满了兽皮和皮草。这种匆忙似乎不太礼貌，就像打发不速之客一样。但永济有足够的时间发现这里到底发生了什么，铁木真要当选为可汗了——可汗中的可汗，统治者中的统治者。

永济赶回朝廷告知皇帝，游牧族群正在集结——这一趋势很不妙。这对中原来说无疑是一个威胁。游牧族群之间一直发生争端，一旦争端停止，他们就会抓住机会入侵中原。卫王永济主张应该备好一支强大的军队，抓住时机必要时对铁木真发起进攻。

但是金章宗年事已高，不愿再冒风险。此外铁木真还担任着朝廷封他的官衔，他也如数奉上对朝廷的贡奉。他的行为举止不太符合朝廷礼节，而且他轻慢对待来访的皇亲国戚，然而在戈壁沙漠的另一边，唐古特和长城之间，铁木真的军队已蓄势待发。皇帝也认识到需要密切关注"蛮夷之地"上人民的动态，金国编年史上有一个警示性的记录："蒙古乞颜部落铁木真在斡难河畔称汗。"从那之后又过了12年，铁木真以成吉思汗的名字第二次出现在金国的编年史中。

与此同时，忽里勒台大会召开，场面极为宏大。大殿中央支起一个巨大的白色帐篷，帐篷内装饰着锦缎。金块装饰的木头柱子支撑着穹窿顶端，通向营帐入口处的前方，一面挥动着的是九尾白旄纛，孛儿只斤家族传统是用白色装饰，印有猎鹰和乌鸦的图案分成九点，每个点都绑着长长的白色牦牛尾，是蒙古部权力的象征。这九条牦牛尾巴象征着铁木真的九员大将。另一面竖立着可汗的战旗，装饰着牦牛角并绑扎着四条马尾。

营帐前面空间广阔，目力所及一片平坦。自此以后，蒙古人无论身在何处，都以此种形式来建他们的营帐，他们的营帐一般朝向南方，中间隔开一大块空地。在可汗营帐的后方数里之外，头领们的营帐、军队将领的营帐、政要的营帐以及他们妻妾的营帐按照等级次序营建。营帐大小不同，他们都有自己的家臣和仆人。大帐前面的空地上集合了可汗所有部族的子民、军队将领和部落的首领，他们都高声拥护支持铁木真。蒙力克的儿子萨满阔阔出·贴卜·腾格里（"通天"之意）17年前宣布铁木真为汗。现在铁木真一出现，他立刻声称长生天吩咐他告知所有蒙古人，铁木真被神任命统治所有的部落，"成吉思汗"这一汗王的名称就此诞生。

阔阔出的神力随年龄增长而加强。人们所熟知的是他习惯骑着白马驰向天空，与神明进行交谈。他感觉不到饥寒，他的速度可以快到无止境，赤身坐在雪地上直到他身上的温暖将雪转化为蒸汽。为了实现长生天的意愿，每个人都和他一起对着铁木真呐喊："我们希望，我们祈求，我们命令你成为我们所有人的神，我们所有人的统治者。"

可汗的亲眷和其他的王公们在地上铺了一片黑色的毛毯，铁木真坐在上面，他们抓住毯子的四角将可汗抬起来，在人们的欢呼声中，将可汗抬到王位上。人们已经了解可汗和古尔汗，但是合汗是可汗中的可汗、统治者中的统治者，这对于出席这次盛会的游牧民来说是个新鲜事物。游牧部落现在一致认同的"成吉思汗"这个名字没有任何的先例可循，现在铁木真用了这个名字。它一定和神有关，因为这个名字听上去不错，听上去很好也很好战，这个名字还有"伟大、坚定、无敌"的意思。没有人比他们的合汗更适合这个名字了。

铁木真现在44岁，早已不是10多年前靠有高贵血统的亲戚推举才得到可汗称号的那个人了。虽然那时成吉思汗也是经忽里勒台推选的，但是现在所有的贵族都知道，他们只不过是被召集到一起表态支持铁木真成为他们的合汗，然后再公布这个早已既成的事实而已。事实上，自从铁木真在与王汗对战之际被臣子背叛，他就意识到彰显他的权力和必须严格执行其命令的重要性。面对着参加大会的人，他问道：

"如果你们希望我成为你们的统治者，你们是否准备好，是否已经下定好决心要执行我所有的要求？我一召唤，你们就要来；无论我派你们去哪里，你们都要去；我让你们杀谁，你们就送谁去死，并对此没有异议？"

合汗就是统治者中的统治者。他向下属的可汗、将军、那颜（各部首领）和蒙古部人，也就是向各部落的首领下发指令，无论多大的头衔，他们以铁木真之名吩咐他们的下属，跨越不同的等级，将命令传达到普通群众那里。在铁木真掌控的地盘之中有严格的等级秩序，这些管理者们现在高声向他们的统治者宣布他们愿意服从他的每一项法令。

铁木真回复道："从今以后，我说的话就如同我的刀剑。"

他们跪在他的面前，表示要效忠于他，每个人都行了四次礼。然后他们起身用肩膀抬起铁木真坐的宝座，绕空地一圈，与此同时，聚集群众都跪了下来。

大家现在开始庆祝，"在这些住毛毡营帐的人中，从来都没有过如此智慧的人"。所有在场的人都是成吉思汗的客人。千户那颜、将军们和贵族们同他们的妻子一起坐在大帐篷里，所有人都在大帐内被款待。人们用勒勒车推着巨大的锅，锅里满满地装着煮熟的马肉，还有巨大的壶装着咸味调料，散发出浓郁的香气让人嘴馋，勾起了人们强烈的食欲。

但是不管他们胃口有多大，也不管他们酒量有多大，勒勒车上的供应是取之不尽用之不竭的，大水壶里的马奶酒始终在起着泡沫。他们醉酒吐完后又重新喝了起来，躺在他们刚坐着或者站着的地方睡几个小时之后，又开始重新填饱自己的肚子。很多乐师在大会上演奏。人们唱着歌、跳着舞，吹嘘着自己的英雄事迹，显摆在共同参加的无数次战役中掠夺的那些战利品,炫耀他们的饰品和华贵衣衫。

对着大帐北面的是一个高台,宝座就在高台之上。成吉思汗坐在宝座之上,旁边坐着他的正妻孛儿帖。右边,低一点的座位坐着他的儿子、亲戚和各个等级的将军和首领。左边,孛儿帖的旁边坐着他的侧妃、母亲、女儿和宾客的妻子。在铁木真的前面摆放着一堆金色和银色的器皿、皮草、锦缎和丝绸。他大加赏赐。这一天,进入大帐的蒙古人没人空手而归,他们都得到丰厚的封赏。

成吉思汗情绪高涨,所有人都分享着他的喜悦和力量。他是神派来的"赛图·博格达",肩负的不仅是自己的部落,还有40万全部蒙古人。此时他宣称:"这就是蒙古人,顽强、勇敢、不惧艰难困苦,始终对我忠实,安然地与我共享快乐、分担痛苦。蒙古人是世界上最高贵的人群。在每一个危险的时刻,是你们给了我最大的忠诚,直到我竭尽全力达成目标,从今以后我们就是阔阔——蒙古人,长生天的子民。"

伴随着这个高贵的名字,成吉思汗唤起了这个游牧部落的一种前所未有的情感,那就是民族自豪感。蒙古部人从此再不会成为奴隶或是仆人,他们唯一的责任就是拿起武器。所有"住毛毡帐篷的人"都认为自己可以通过受命于成吉思汗得到晋升提拔,自此以后,无论属于哪个部落,他们都以蒙古人自居。这个名字凝成了一股团结的力量,这股力量犹如飓风穿过100个经度,越过整个地球。他们拥有的是"只要蒙古人铁骑经过,无一不被踏平"的力量。40年后,柏朗嘉宾,这位方济各会的修道士奉罗马教皇英诺森四世之命出使蒙古,谒见拔都汗(成吉思汗之孙)。他写信汇报说:"他们轻视所有人,他们的国家没有边界,但是他们也许是高贵的。因此,在朝堂(大汗的朝堂)之上,我们看见了罗斯大公、格鲁吉亚国王的儿子、数不尽的穆斯林苏丹和其他伟大的领主。但是,他们并没有受到特别的尊重和对待。不仅没有,相反,地位低下的塔塔儿人(蒙古人)被命令和这些人一起出席,他们完全不把这些君主放在眼里,他们坐在更好的座位上,这些君主只好坐在这些随从的后面。"

但是没有人知道赛图·博格达将使他的民族拥有怎样的力量。蒙古人相信他们已经达到了他们想要达到的目标。成吉思汗的领地由东到西延伸数千英里,从阿尔泰山脉一直到兴安岭山脉,由北向南从贝加尔湖一直到戈壁沙漠的南边。31个部落构成的200多万人都听从他的指挥。部落的人因被他选为属下都非常开心。

成吉思汗和数千宾客的笑声响彻整个营帐。成吉思汗想要喝酒,庆典的主持大喊一声"哈",在大帐入口处的乐师们奏起音乐,男女老少都站了起来,男人们在成吉思汗面前舞蹈,女人们在大妃孛儿帖面前舞蹈。当成吉思汗切下一片美味的肉并送给其中一个将军时,大家都会羡慕这个享受特殊恩惠的人,世上任何东西都不会诱使他分一小口给别人。如果他吃得很饱了,就把这块肉放到口袋里,这样他第二天一早就可以吃到成吉思汗给予的礼物。但这不仅仅是拜占庭的风格。在蒙古的朝堂上,规矩已经形成,没有尚未定下的礼仪。这里充满爱和崇拜,同情心促使者勒蔑帮成吉思汗吸出箭伤处的淤血,尽管他知道箭上有毒。有一次,在一场战役中,他们的主人睡在地上,天开始下起雪来,博尔术和速不台整晚都支撑着一张毯子,保护成吉思汗,不让雪花落在他的身上。

成吉思汗的目光从这边的参会者扫到那边的参会者,当他的目光停到其中一个对他无比忠诚的追随者身上的时候,他大声地说出这个人的功勋事迹,提名表扬这个人,赋予这个人头衔,告诉这个人应该接受的使命。他的朋友们为显示他们的敬意,在他面前舞蹈,唱歌给他听,给他斟满酒。他们三四次假装要递给他酒杯，可当他伸手去接的时候，他们又缩了回去，接着又再次开始这个游戏，直到最后他从他们的手里把酒杯抢走。然后他们鼓起掌，唱起歌，用脚打着拍子，成吉思汗喝着酒。

令人费解的一点是，成吉思汗虽然看似霸道，但他很慷慨地给予人们恩惠。他知人善任的天性得以完美地体现，这位统治者从未后悔也从未废除过任何任命。他在这些事情的抉择上明智得令人无不称奇。成吉思汗对他的一个最英勇最强壮的首领委以重任，这让将军们感到不解，此人在许多艰苦的战斗中勇敢作战，这个职位貌似重要却不自由，成吉思汗这样说道：

"没有英雄能够比得上也速该，也没有人像也速该一样机敏。他不知疲惫，笑对困难。他相信所有伙伴和下属都和他一样，就因为这一点，他不应该指挥部队作战。一个指挥官必须感受到饥渴，这样才能从他自己的角度体会到下属的感受。这样他才不会让自己的部下忍受饥渴，也不会让自己的马匹消瘦。"

一波又一波的惊喜封赏使参会的人非常高兴。从偏远部落来的使臣们给可汗带来了礼物，参会的大部分人也收到了成吉思汗的回赠。畏兀儿人塔塔统阿奉上新的印章，是玉石雕刻而成的，蒙古人对这块玉石上奇怪的符号感到好奇和惊讶，其大意是说："天有神明，地有成吉思汗，神赐力量，人类君主之印。"

成吉思汗沉思后说："长生天委任我统治万民，迄今为止，草原上还没有任何规矩。孩子不听父亲的话，弟弟违抗兄长，丈夫不信任妻子，妻子不听从丈夫；下级不服从上级，上级没有履行对下级的义务；富人不拥护统治者，处处不满。部族内没有规矩，互不理解。这就是为什么到处有叛徒、骗子、小偷和强盗。但是成吉思汗的好运尽显以后，把一切置于自己统治之下。他颁布固定的法律进行统治，世上布满平和、幸福。"

成吉思汗转向塔塔统阿，继续说道：你须记下我所说的每一句话，因为我说的都是札撒（律法），约束所有追随我的人。我的继任者们将统治五百年、一千年或者一万年，替代我的人将继续遵循成吉思汗制定的法律和习俗，不许有任何更改。上天将给予他们帮助，赐予他们祝福。他们会长寿并享受人生乐趣。但是如果他们背弃了札撒，整个王国会崩塌动摇。他们会再次呼唤成吉思汗，但不会找到他。

他的目光环视一周，停在年轻的失吉忽秃忽身上。这个塔塔儿人还在襁褓中时，就戴着金色的手镯和黑貂绒镶边腰带，显示着他高贵的出身。他是成吉思汗从战场上捡回来的，委托给孛儿帖收养。

成吉思汗说："失吉忽秃忽，掌印者塔塔统阿的热心门徒，你现在就是我的眼睛和耳朵。现在我把审判罪犯的权力交给你，让你负责惩治盗贼和欺诈者。你务必按法律办事，所有人不得违抗你的命令。你的判决将被记录在案，后世子孙不得更改。"

无论今日看来这个决定有多突然，虽然任命最高断事官看似非常武断，可汗没有选错。上述两条原则加在一起使失吉忽秃忽的决定成为蒙古法律程序的支柱。逼供得来的证据没有价值；蒙古人除非当场被抓或自己认罪，否则不会被判有罪。在成吉思汗的统治下，蒙古人中的谋杀、暴力抢劫、盗窃和通奸消失了，他们的荣誉感升得如此之高，没有一个人会因为正当指控而矢口否认，许多人都自愿向断事官承认罪行，要求得到惩罚。

成吉思汗去世前命人将这部法律以畏兀儿文的形式写在铁册上，但传下来的只有零星条文。正如成吉思汗的王国消失了一样，即便蒙古人自己也遗忘了这部法律。值得注意的是，成吉思汗离世一个半世纪蒙古帝国衰败后，新的伟大征服者帖木儿，把自己的成功归结为严格地遵循了成吉思汗的法律；300年后，莫卧儿大帝巴布尔根据这部法律在印度斯坦建立了王国。

盛宴越来越喧闹，人们尽情狂欢。但晚上成吉思汗和孛儿帖独处时，她责备说：

"你给了所有人恩惠，那些微不足道的人都注意到了，唯独最重要的人你却忘记了。你在极度贫困和苦难之时，难道不是博尔术第一个与你为伍，成为你最忠实的伙伴？难道不是他为你立下不朽的功勋？难道不是他总是为你冒生命危险？"

成吉思汗笑道："我希望他没有抱怨，只说我的好话。那么，我将授予他最高荣誉，这荣誉会超过所有他现在可能羡慕的人。"

于是，成吉思汗派仆人到博尔术的帐篷去听他的大将在说什么。

第二日清晨在大帐内集合时，成吉思汗说："昨天，我对你们所有人都施以恩惠，赐予你们荣誉，好像忽视了博尔术，甚至我的妻子孛儿帖都为此责备我。因此，我派仆人去博尔术的营帐旁边，听到他正跟妻子辩说，即使饿死也要继续为我而战，留下来与我为伍。他的原话是：'我的圣主怎么会忘了我？我怎么可能忘了他？赛图·博格达与我内心深处的想法紧密相连。'"成吉思汗的声音越来越大，泪光闪烁，他继续说道："我的九员大将，我相信在你们当中不会有人嫉妒博尔术。我的博尔术，弓箭从他疲倦的手里掉下来的时候，他还是说着友善的话；在我最需要帮助之时，他是我忠诚的伙伴；我的博尔术从来没有懦弱过；我的博尔术一心一意追随我，越危险越是紧紧追随；我的博尔术不顾生死。如果我不能看出你卓尔不群，那我就辜负了人们对我的热切期盼。你将位于众将军之上,手持召集子民的伟大震天号角。你记住你会是整个国家军队的最高指挥官,整个帝国的事务将由你照管。从今以后,你就是库鲁克·博尔术,那是这片土地上的至高头衔。"

他拥抱着最忠诚的伙伴,他少年时期的第一个追随者。他们一起从泰赤乌人手里夺回被偷走的八匹马,那是铁木真当时仅有的财产。

II

一周接着一周,成吉思汗显然不关心其他事情,继续款待将军、首领和贵宾们。但与此同时,95个军队的首领已经被分配到特殊岗位去执行特殊的任务。他们去清点所有部落的人数,不是人头数、死亡人数或者出生人数,而是营帐的数量。参谋部依照部落的大小分配夏季和冬季的牧场。此外,他们还负责跟踪邻近国家的消息,决定战时每十户分派多少人参军,制定行军路线。参谋部的官员们会解决争端,军士会确保道路的安全,并负责管理走失的畜群,喂养它们直至找到它们的主人。成吉思汗什么也没忘记,他们切身理解马群和牦牛被盗对牧民来说是多么痛苦,他颁布法令对这种盗贼处以极刑。这项法令产生的影响之一就是在如今蒙古和土耳其的偏远地区依旧保持着这个习惯,走失的骆驼不会因为饮用陌生人的井水而受惩罚,它自己会回到主人的身边。

成吉思汗非常重视信使的任务,细心布置,并吩咐信使直接听命于者勒蔑,者勒蔑是仅次于博尔术的第二要臣。每一个为成吉思汗传递口谕的信使都是神圣的。马铃声响起,即使地位最高的贵族也必须为他让路。如果他的马疲倦了,所到之处的人们必须无条件地为他提供最好的马匹。这些信使日夜穿行于草原和沙漠，几天时间就可以走过通常需要几周才能走完的距离。"弓箭"信使的头和身体都有很好的包裹，帮助他忍受漫长的旅程。他们骑着战马拼死赶路，睡在马鞍上，蒙古广阔的土地上没有不能及时传达给可汗的消息。

　　成吉思汗建立的这套秩序无论在战时抑或和平时期都是行之有效的，王族、首领、部落头领在战时指挥万户那颜、千户那颜、百户那颜。邻近的部落联合起来成为一个个部门，相邻的游牧部落在战场上比肩作战。在和平时期，每一个指挥官都在幕僚的指导下训练臣民，确保所有装备整齐划一。他对人民负责，一旦有令，即率众到达战场，即便夜晚也随时准备整装上马，投身战场。如果他奔赴前线，必须指定一个副手，副手拥有全部权力。指挥官必须亲力亲为，如果他失败就会被降级，每个杰出的战士都有成为军队最高指挥官的可能。成吉思汗派人召集草原上所有无依无靠的家庭，这些家庭服从召集人的领导。他从这些集结部落的首领中挑选几人分配给另一个人。这样，两个人都成为游牧部落的首领并成为数千人的领袖。

　　至此，13世纪的中亚兴起了一支尚武的民族。即使在宴请大将和大小头领时，成吉思汗也立下军事国家的框架，每个人无论战争时期还是和平时期都要参军，和平也不过是战争的准备。战争和追逐是男人最有价值的技艺；蒙古人以打猎作为实战训练，国家的建制在各个方面都是军事性的。每个人都有服兵役的义务，从15岁到70岁；没被征召的人必须劳动，看守畜群、打造兵器并训练马匹。在成吉思汗的国度，没有任何军饷。相反，每个人拥有的财产都有一小部分属于成吉思汗。

　　这些没被征召的人可以免除兵役及制作军械，也不用缴纳多重赋税，成吉思汗把女人编入组织之中。不同于当时的其他亚洲国家,他赋予女人权力和特权。女人可以根据自己的意愿掌管家庭的财产,在购买、销售和交换方面完全做主。他宣布男人必须信任自己的妻子,但反过来妻子必须服从丈夫,通奸会被判处死刑。女人最大的职责就是帮助丈夫晋升。在成吉思汗的言行录中,他谈道:"如果女人愚蠢、懒散、不解人意也没有规矩,她丈夫的品质也不值得认可。但如果她管家有方,热情地招待客人和使者,她就会提高丈夫的声望,让他在众人面前拥有好的声誉。贤妻彰显夫德。"

女人最重要的义务就是照顾丈夫,确保丈夫随时做好准备,在成吉思汗召唤时,把皮帽换成带着护颈的皮盔上战场杀敌。而丈夫仅需保存好武器,使之有序安放并状态良好。妻子必须负责他的"达查"(羊皮斗篷,皮里皮面都是羊毛),使之随时能够投入使用,要备好需要的马靴和厚袜子。鞍囊里必须始终有备好的马肉干和奶饼,马鞍上必须有装好马奶酒——忽迷思的皮袋。

她们其次关心的是准备冬天的储备,从夏天马奶酒充裕的时候就开始准备,蒙古人对其他东西需要的不多。女人们要从牛奶中提炼出奶油,烧开后将其储存在羊肠里,这样不会腐臭,并将剩下的乳酪发酵后煮沸成凝乳,然后风干到像铁一样硬。冬日到来时,她们会将热水泼在这些奶酪干上,使劲摇动,就能制作出酸味饮料,这在蒙古是一种奢侈品,因为水在蒙古地区容易被污染并散发尿臭味。就这个问题成吉思汗做出过改革,他禁止牛群直接在源头饮水以防水井被污染。之后,随着成吉思汗的札撒被遗忘,这项明智的卫生措施也遭废弃,今天在蒙古旅行的人抱怨那里的水质差是情有可原的。

在宰杀牲畜的季节,节俭的游牧族群选择虚弱和生病的牲畜宰杀。蒙古人将肉切成条在阳光下风干,肉干得很彻底,可以放置多年不腐坏。蒙古女人用内脏和血做成香肠,这种香肠人们不储存而是趁新鲜吃掉。他们用牛皮做成袋子，用马皮缝制靴子。蒙古人的地位不再是铁木真时代之前的那个样子，那时铁马镫是只有首领才拥有的奢侈品，在首领的帐篷之外，很少见到女仆和奴隶。蒙古人的妻子要时刻辛苦劳作。

Ⅲ

"如今，上天委托我统治万民，我将从万户、千户和百户中选出一万人作为我的私人卫队。这些人是我的贴身护卫，他们将近距离与我接触，他们必须高大、强壮、敏捷，是首领、政要的子弟或是独立的士兵，"成吉思汗命令道。这支卫队在军中被赐予高位。"卫队的指挥官等级高于千户那颜。"但即便千户那颜也无权惩罚卫兵，后者由成吉思汗直接管辖。成吉思汗建立的这支队伍不仅凝聚了精英力量，还体现了他的个人号召力。他清楚地知道每个人的能力和天赋所在，他从中挑选人填补空缺的职位。这个机构实现了另一个目标，他通过组建这支护卫队成功确立了自己和家族在草原上的高贵地位。这群人迄今仍不受约束，他们为其自主性感到骄傲，还有点排他主义的倾向。只要首领和王公的儿子们仍然在他的部落，他们就是人质，他们的父亲就能举止良好并死心塌地。甚至在他们回到父亲的部落后，也还是成吉思汗的重要将领和官员。因此，他把游牧的松散组织以及不断制造混乱的拥有土地的权贵们转变成他的禁卫军，成吉思汗依靠这些人建立了帝国组织的贵族建制。

从这一万个卫兵中，他选了一千名作为永久贴身护卫。成吉思汗向他们讲话："是你们，我的护卫，无论狂风暴雨还是严寒飘雪，无论深夜还是清晨，无论和平时期还是动乱时期抑或与敌作战，我都将我的全部身心交给你们。我将此作为指示传与后人，让后人对待我的贴身护卫要像我对待他们一样必须给予最好的照顾。"亲军护卫由查干那颜指挥，他是藏人，从小就被孛儿帖收养，像亲生儿子一样带大，查干那颜一直形影不离陪伴成吉思汗，甚至王公也要遵循他的指令。

这个整顿过程并不是过分谨慎的结果。成吉思汗的帝国正在形成过程中，牧民们尚未习惯服从一个人的统治，把一个人的话当成法律。人们为了争夺权力使用各种阴谋诡计，各个群体之间相互钩心斗角。有一个臣服成吉思汗的人，精明程度不亚于成吉思汗，他狡猾地扩大自己的影响力，此人就是萨满阔阔出·贴卜·腾格里，他自称是天神的使者，所有人在他面前都战战兢兢。

萨满是可汗心头一患。成吉思汗知晓阔阔出是个危险人物。他在所有部门的最高职位上安排了自己的亲信，但神职人员是个例外。

所有人都认为阔阔出是萨满的首领，是传达上天旨意的人，是他称大汗为成吉思汗。但成吉思汗对他的地位持保留态度。

阔阔出却对此毫不担心，作为天地的中介，他自认为是圣主的第一顾问。他无视等级秩序，在忽里勒台大会上，大将和头领们还没讲话，他就开始讲起来，成吉思汗的兄弟和儿子们也都注意到这一点。尽管成吉思汗的脸色阴沉，还是认真地倾听阔阔出的见解并按其意愿行事。

很快，成吉思汗家族和阔阔出公开对立。有一次，成吉思汗的幼弟帖木格对萨满敷衍了事，萨满当着所有人的面训斥帖木格。成吉思汗并未表态。

如今，萨满开始在成吉思汗最亲近的拥护者面前发表意见，国民们都知晓此事。

可汗没说一句话但心中升起一丝怀疑。他暗中悄悄地观察兄弟的行为。有一天,他看见哈撒儿按住自己最为宠幸的爱妃忽兰的手。看来阔阔出说得不错。

成吉思汗阴沉地坐在帐内,宴会一结束,阔阔出立即进入大帐内。一丝胜利的微笑浮现在这个苦行萨满瘦弱的脸上,他说:

"您看见哈撒儿刚才按着您的爱妃忽兰的手了吗?"

成吉思汗心中有了想法。深夜,他召来护卫队的军官,派他带人马来到哈撒儿的帐篷。他下令脱掉哈撒儿的象征着自由之身的蒙古人的帽子和腰带,并把这个罪犯绑了起来。

成吉思汗亲自督办。

哈撒儿的妻妾们急忙哭着去找诃额伦,诃额伦从她的卧榻上跳起并抄起一把刀,急忙赶到哈撒儿的帐内。护卫队想要阻止她入内,但没人敢抓住可汗母亲的手腕。

成吉思汗面色阴沉地站在那里,咄咄逼人地看着他的兄弟。哈撒儿被绑躺在他面前,一派大义凛然。

诃额伦扑到两兄弟之间,切断绑着哈撒儿的绳子,把帽子和腰带还给他,撕开衣服指着自己的乳房说:

"看!这是喂养你们的乳房。为什么你要亲手毁掉自己的亲人?哈撒儿犯了什么罪?他总是帮你阻挡敌人的进攻。如今,敌人被消灭了,他对你来说没用了是吗?"

铁木真沉默不语也无法定夺,没有回答母亲的质问。

他突然转身离去,一言不发离开了帐篷。

他发现孛儿帖正在自己的帐内等他。

她说:"你到底建立了什么样的秩序?自己的亲兄弟的生命都无法保证。你到底是什么样的可汗?凡事听信一个萨满。如果阔阔出现在就无视你,等你去世他会做出什么?谁还会服从你的儿子们?你是为自己还是为阔阔出在建立国家?"

当日夜晚,铁木真派人叫来他的幼弟帖木格说道:

"如果阔阔出明天过来,如何对待他任你行事。"

次日,成吉思汗听到的第一件事就是哈撒儿和他的随从们骑马离开了。他派遣速不台去追,速不台很快追上了哈撒儿。速不台说:"你也许会找到支持者,但你不会找到血亲。你也许能赢得目标,但是你不会赢得兄弟。"

哈撒儿又返回来。

这时,阔阔出正和他的父亲蒙力克还有六个兄弟向成吉思汗请安。

帖木格壮起胆来对阔阔出恶语相向。

阔阔出傲慢地嘲笑他。

帖木格跳起来抓住这个萨满的领子。

他们扭打到了一起。

成吉思汗说道:"不可在可汗面前扭打,你们出去解决!"

但俩人一出去,事先安排好的人就冲上去,扭断了阔阔出的脊椎。

帖木格回到大帐内报告:"他赖在地上,一动不动。"

阔阔出的兄弟们感觉事情不妙。

成吉思汗说:"让我们去营帐外看看。"

他怒骂道:

"你撒谎,蒙力克,你来是因为你不敢不来。我对你没说过一句狠话,我将你置于荣誉的高台。我赐予你的儿子们高官并给他们荣誉。但是你没有管教好他们,让他们懂得谦虚,分清主次。阔阔出希望地位在我儿子和兄弟之上,甚至觊觎我的高位。你的誓言呢?你在浑水边发誓会无条件效忠我。现在,你想推翻自己的誓言,难道不是吗?那些誓言的价值何在?昨天晚上的话今天早上还能回想起,这件事就这样算了。"

蒙力克对成吉思汗的诘问没有做出回应,成吉思汗也没有再提及此事。蒙力克继续参加将军议事会,他的儿子们在军中仍保留高位。但后来的大会上塔塔统阿宣布了一项新札撒。无论是王族还是高官显贵，一旦触犯法律，不管有何凭借，无须告知可汗就能判其死刑，这同样适用于外国的统治者。

人们听说通天巫阔阔出·贴卜·腾格里死了都感到惊慌失措，有说法称他一定是升天了，因为他的尸体找不到了。于是铁木真宣布："萨满阔阔出诽谤成吉思汗的兄弟，长生天夺走了他的生命和尸体作为惩罚，长生天保佑可汗和他的整个家族，毁灭一切与其作对的人。"

同时，他任命家族另一个分支巴阿邻部年长的也遂为众萨满的首领，命令他身穿白衣、骑白马，拥有荣耀之位。

对蒙古人的集训

I

现在，成吉思汗的领土与三个大国接壤。

东部和东南部以及长城以北是金人的领地；南部是党项人建立的西夏国；西部是中亚王国哈剌契丹，其领土延伸至整个帕米尔高原（世界屋脊，山脉直耸云霄）。

军队的参谋部门在这三个地区分别安插了密探，为可汗提供他想要掌握的最准确的情报。成吉思汗的掌印官畏兀儿人塔塔统阿，在哈剌契丹的一个附属小国出生，给成吉思汗提供了很多有用的信息。

这三个王国最早都属于中国这个历史悠久且规模庞大的国家，该国领土从全年都是冬季的地区延伸至全年皆为夏季的地区。然而其统治已然无力。300多年前，中国分裂为两部分，北部的辽国和南部的宋国。又过了一段时间，宋朝皇帝被迫承认在西夏地区驻守的党项王子的独立王权。约200年前，统治古中国北部的辽国被金国取代。但是辽国的亲王不愿接受藩属之地位，向西迁移建立了哈剌契丹王国。至此，分离出去的王国各自为政。

一个年迈的皇帝统治着西方的哈剌契丹王国，他已无力再战。他对太守们的管理极为严苛，畏兀儿人塔塔统阿的家乡作为附属国只能忍受他们的压迫。蒙古人的军队进一步深入阿尔泰地区，结束了乃蛮王子不欲鲁汗的统治，整个畏兀儿地区夹在成吉思汗和哈剌契丹的领土中间。现在，成吉思汗派了一个使者前往畏兀儿王子的斤那里，建议他归附成吉思汗而不是哈剌契丹。的斤开始向蒙古统治者进贡，后来他亲自去拜见成吉思汗并成为他的诸侯。

党项人的西夏国已和成吉思汗有过交锋。成吉思汗战胜乃蛮人之后，又试探性地进攻过西夏，放火烧了几个边境的城镇，匆匆地看了看这个城市化程度较高身居窄巷并不好战的民族，党项人首次与他的骑兵部队兵戎相见，骑兵部队已经赶上几批长枪兵，但在先行部队到达之前撤退，他们将总部设于斡难河旁。西夏人以为，成吉思汗的这次露面，不过是一次游牧部落的突袭。

第三个邻居是在长城背后的帝国，他们一直是游牧族群劫掠的目标。精致的纺织品、缎带、服饰、武器和器皿一直以来都只有通过劫掠才能得到，这些东西无法与经过的穆斯林商队手上的物品相比。这些穆斯林商人从事宋朝和中亚之间的贸易，还会带来与这个中原大国相关的故事。

成吉思汗喜欢与这些游历各国的人交谈，他乐于在朝中招待这些商旅队。在弘吉剌部度过那段孩提时光时他已经结识了他们；行走在克烈部时，对他们更加熟悉；他在乃蛮部也见过这些商旅队伍；而现在这些商旅队所有的贸易路线都要经过他的领地。他们广博的见识和精明的经商头脑总会取悦成吉思汗，他在《圣主箴言》里提出，蒙古人应以这些商人为模范。就骑术和战术而言，他的臣民训练有素、经验丰富，但经商他们还差之甚远。

交往在开始之时难免有误会和摩擦。这些商人见他们的货物很受这个游牧首领的喜爱，便开始哄抬价格，这种行为招致成吉思汗发怒，他下令他的战士们可以随意抢掠不用付账，并将这些商人驱逐出去。

后来，有一位商人，其所属的商队已经到达可汗的领地，遇到了劫掠队伍，他做了顺水人情，将全部货品分文不取呈给成吉思汗。可汗隆重地接待了他，称赞他的贡奉，并将货品分发给大将们。可汗邀这位商人在汗廷居住了些时日，并嘱托他回乡后速速返回。这位本来惴惴不安的商人即将毫发无损地离开可汗营地并回到营帐前，发现畜群竟然是自己的骆驼，而且载满了回赠的礼物——价值不菲的皮草、金子和银子，他惊诧不已。

此事发生后，成吉思汗和商人们的关系始终友好。成吉思汗这种非同寻常的做生意的方式，虽然商人们有生死未卜的风险，但得到了广泛认可。商人们开始迫不及待地要拜访成吉思汗的属地，把他们最好的商品当成礼物贡奉给他，商人们作为蒙古部可汗的客人受到款待。这位可汗庄严地坐在他的毛毡帐篷里，喝着马奶酒，关注着这些拜访者的言谈举止，乐此不疲地听他们讲游历冒险的故事。虽一直不谈价格，可当他们离开的时候，成吉思汗赐予他们的礼物总会让他们感觉没有煞费苦心。

现在，成吉思汗开始向这些商人打听金国的方方面面。他们讲得神乎其神。他们告诉他跨越河流之上的拱形上有石板铺就的道路（蒙古人在此之前从未听说过桥梁）。巨大的可漂浮的房屋在溪流中上下航行。这个国家的名流贵族不像蒙古人那样骑在马背上，而是坐在镀金的椅子上被人抬着在街道上穿行。这个国家的一切是如此壮观和富饶，而且兵力强大。金国的城镇规模很大而且人口众多，其中任何一个城镇都能安置所有的蒙古人。这些城镇都被高墙包围，世界上任何骏马都无法越过，任何士兵都无法攻城。皇帝的常备军数量比成吉思汗的军队多得多，这还不包括预备部队。弓箭之大需要20名士兵才能拉开，还有需要20匹马拉的战车。他们有向敌人发射火药的大炮，发射物爆炸会发出雷鸣般的巨响，将周围的一切都摧毁成碎片。

成吉思汗听到的越多就越审慎，人们说的内容几乎相同。金国的皇帝拥有至高无上的权力、难以计数的军队、坚不可摧的要塞和数量庞大的军火。即便对手如此强悍，成吉思汗早已下定决心，早晚有一天他会发动一场硬战和强大的金国进行殊死较量。这难道只为了保卫新兴的蒙古帝国吗？征服金国自然是一个巨大的诱惑。他想亲眼看看在长城另一边土地上的神奇景象，但这场战役只能采取他父亲经常使用的战术——突袭。现在他正在酝酿发起一场比先前规模更大的决定性的征服战。

金国怎么可能对游牧族群的统一视而不见呢？几个世纪以来，金国的主要政策就是打压离间游牧部落以防他们的势力增长，金国在这方面的功夫已经炉火纯青：以夷制夷，总是将任何统一的苗头扼杀在摇篮中。喀布尔汗被毒害，卡图儿汗被摧毁，孛儿只斤氏的两个可汗被处死，全都源出于此。金国通过这些离间法使游牧部落无法壮大。铁木真行动如此迅速，总是与金国将军们认为比他更危险的强敌作战，比如王汗、脱黑脱阿和塔阳汗拜不花。这使得在长城另一边的人们放弃了将蒙古分裂的诡计。之后，这些对手都对他俯首称臣，金人对蒙古部统一的速度着实感到震惊。直到危急时刻，金国的使者卫王永济穿过沙漠，行路2000里（大约1000英里），去蒙古部一探究竟。但他还是来得太迟了。金国的同盟所剩无几。金人要想对成吉思汗发动战争就必须派兵穿越沙漠。然而10年前，在对塔塔儿人的战役中，成吉思汗已经了解了这些军队的实力，让他们来好了。

他所担心的不是金国士兵，而是臣民的狡猾。这些臣民不仅支持一切他们发觉的不满情绪，还煽动人们起来反抗。他自己对这些伎俩并不害怕，但他的子嗣们是否能够继续执行自己的铁律，摆平那些野心勃勃、不守规矩的首领们？是否能设法团结起形形色色的民族呢？当金人试图在儿子们之间挑拨离间，用头衔和远大前景诱惑他们的时候，他们能够立场坚定吗？相邻的哈剌契丹和西夏并不危险，但只要金国还在边境，他的王国就会不断地受到内部纠纷和分裂的威胁。他一部分年轻时的梦想已经达成，马背上的民族在他的麾下实现统一，现在是进一步实现他梦想的时候了——拼命与城中人作战。

不过，成吉思汗虽然早已下定决心要与金国打一场硬战，但商人们和自己派出的密探们使他意识到无论是他自己还是整个蒙古部，都未对这场决定性的战役做好准备。所以，成吉思汗发挥他本性中所有的谨慎和细致，开始准备大干一场。

II

位于南部的党项人的国度西夏国，完全按中原人的模式建立，拥有中原模式的军队和堡垒。成吉思汗决定拿西夏作为检验其实力的试金石。进攻西夏时，他可以衡量军队的实力并训练他的蒙古士兵如何在中原作战。

刚刚坐上可汗宝座的第二年，成吉思汗和他的骑兵们就开始进攻西夏，打败被派来迎战的军队，占领了几处无关紧要之地，在名叫兀剌海的第一个大要塞前停止了进攻。

冲动的蒙古人催促他们的统帅通过猛攻拿下这个地方。成吉思汗许可了。然而这次进攻招致更为惨烈的屠杀。

成吉思汗开始进行系统的围攻，很快他意识到他充满野性的骑手们并不擅长这种战术。他们心急无法等待时机而且不满缓慢的进展，无法步步为营。不满和慌乱开始在蒙古军营里普遍存在。

成吉思汗不会听那些解围的话。在任何情况下，对绘有猎鹰的白旗、守护神和象征可汗的九尾旄纛所持有的信仰不能被动摇,所以他巧妙地进行了旁敲侧击。

他传信给前线要塞驻守的西夏将领:如果想让蒙古人撤围就必须上交1000只猫和1万只麻雀。前线要塞的统帅听到这个消息颇感蹊跷,但仍捕获了城中所有的猫,用网圈住所有的麻雀,将这一请求停止围城的砝码献给蒙古人,他们注意在捕捉猫和麻雀时紧关城门,以免放敌进城。然而此时成吉思汗却不再为攻开城门苦恼,他命令士兵将每只猫和麻雀的尾部系上一撮棉絮,然后把棉絮点燃后放走这些动物。受到惊吓的麻雀到处寻找他们的鸟巢,惊慌失措的猫到处乱窜寻找藏身之处。城中居民倾尽全力去追杀这些火种,然而于事无补。一时间,城镇中数百处地方着起火来,正当大火肆虐之时,蒙古人入侵并袭击了这座城市。

成吉思汗的士兵为此欢呼雀跃。"我们拿下要塞啦,"他们高喊着。什么也阻挡不了他们的可汗。整个城市被迅速攻陷。

但是可汗自己保持着清醒的头脑。这次他靠不太光彩的诡计取得了胜利,但是同样的诡计不可能第二次奏效,再次遇到城墙堡垒他该怎么办?蒙古人并不擅长攻城。

他统帅的蒙古人无法理解为什么他没有乘胜追击,而此时,党项人的君主正倾其所能、快马加鞭装备另一支军队,加强全国范围内所有城镇的防御工事。这项工作正在进行之时,成吉思汗的使者来到中兴府(今宁夏银川)的皇宫讲出他们可汗的条件。可汗意欲讲和,条件是西夏要年年进贡,他们准备停战。

愤怒的西夏国王本想对游牧首领的这一无礼要求置之不理。他,一个伟大王国的国王,就要成为蒙古可汗的属臣吗?他的将领们提醒他,虽然中原地区的皇帝们想要摆脱纠缠,曾给那些入侵中原的游牧首领们贡奉,然而他们会等待时机，悄悄地集结军队，趁其不备重击这些入侵者的后方。

议和之后，成吉思汗得到贡奉，迅速返回他的部落。他已经得到了他想要的——胜利。他率领的蒙古人渴望投入新的战争与进一步征服中，他已了解到城镇的优势和自己王国的弱势。他必须将他新得到的经验付诸实践。

III

成吉思汗的总参谋部忙于政事。来自全国各地的官员和部落首领都受命集合在他的大帐。"如果有人胆敢不来接受调遣，他将被绑上石头沉入水中"，成吉思汗对他的掌印官塔塔统阿如是说。这圣谕在13世纪已经被编入律法并传承下来。成吉思汗业已统一了全民武装的民族，现在他要创建一支军官团，使其持续接受更加有效的军事训练，让这支精英队伍学会适应各种情况并克服各种困难。也正是如此，他做到了将他的蒙古人塑造成普天之下最为卓越的族群。在指定这种路线的30年后，成吉思汗的孙子拔都作为金帐汗国的大汗，在战场上能够支配60万大军，其中只有四分之一是蒙古人，蒙古人在军中地位最高，从最高级别到最低级别的军官都由蒙古人担任。他们的指挥官能够毫不犹豫地执行最艰巨的任务，他们的军队征服了从波兰到巴尔干半岛，从第聂伯河到亚得里亚海的广阔区域。而且，在所有的决定性战役中，他们都能够全部集结在一起。这超越了当时任何欧洲最高统帅的能力。

蒙古军事大会首要商讨的是围攻的战术；使用大量梯子和沙袋，放置和利用巨大的盾牌保护围攻者，使他们可以接近堡垒的城墙。每个部落都必须准备围攻用的战车，将它们储藏在特别的军火库中，由指定的军官监管。当战争开始时，他们指派特定的战士来使用这些战车。

蒙古每个部落都在军官的指导下回到自己的属地试验这种新的战术并开始进行恰当的训练，成吉思汗派出了一支由长子术赤带领的军队，术赤由他最好的将军速不台和哲别陪同，北上处理最后一个滋事并干扰蒙古边境和平的部落。无论行动有多么迫在眉睫，他也不用亲自上阵。新一代已经成长起来，在身经百战的将领指导下掌握了这种新战术。他是至高无上的君主，负责在战士们即将奔赴前线之前，用他的言语来鼓励他们。

"你们——我忠实的将领们，就如同军队前方的明月，你们是我皇冠上的珠宝。你们是地上的中坚力量，像岩石一样坚硬。还有你们——我的军队，像城墙一样围绕着我，排排列队就像一片芦苇来接受我的训诫。你们要和谐相处，情同手足，要像猎鹰猛扑猎物般发起进攻。消遣娱乐时要如同成群结队的蜜蜂；作战时，要像猎鹰攻击猎物一般打击敌人。"

速不台代表军队答道："我们能做还是不能做，未来见分晓；我们是否完成使命，君主的守护神知晓。守护神与我们同在。"

他们向乃蛮人的领地进军，使最后顽抗的部落臣服，然后穿越阿尔泰山脉，进入吉尔吉斯人居住的草原，吉尔吉斯人和他们一样是游牧族群，但是不好战，基本不用他们怎么进攻就准备投降。他们了解这个部落在受到攻击时习惯撤回到难以追击的森林里，军队便绕塞恩斯克山一圈。然后在蔑儿乞惕人的后方进行攻击。这一地区还居住着斡亦剌人，他们经常遭受蔑儿乞惕人的突袭，所以他们情愿成为蒙古人的奴仆，给军队指路。最后，成吉思汗的老对头蔑儿乞惕人的首领脱黑脱阿被迫与蒙古人决一死战，在战争中失败被杀。

尽管另一个长期存在的敌人古出鲁克（乃蛮部首领塔阳汗拜不花之子）还活着，成功投奔到哈剌契丹国王的朝廷，成吉思汗对术赤取得的胜利还是相当满意。他为这位胜利归来的将军准备了盛大的欢迎仪式，并分给他一些自己的封地，他说道：

"你是我的长子。这是你第一次独立指挥作战，军队并没有对你抱有太大的期望，但你已经征服了林中百姓。我把这些百姓都赐予你，让他们服从你的统治。"

这样的封赏使成吉思汗建立了一个术赤王朝，并在此之上建立了西部汗国钦察，就是我们所熟知的金帐汗国。术赤的后代被俄罗斯的王公们奉为可汗。数百年来，俄罗斯的王公贵族需要得到可汗的恩准，发誓效忠他们，才能获得统治权。直到最后，俄罗斯的沙皇被亚洲人习惯性地称为"白色沙皇"，这表明人们把沙皇看作"西方王国"的本位继承人，因为蒙古人将罗盘的四个方向各配以一种颜色，白色是西方的颜色。

Ⅳ

对战西夏两年后，金国的老皇帝金章宗去世的消息传到了斡难河边，卫王永济继承皇位。卫王永济正是在斡难河边赶上忽里勒台大会被成吉思汗傲慢相待之人。

现在是做决策的时候了，成吉思汗已做好打仗的准备。但他认为在入侵中原之前，还要对自己的实力再进行一次锤炼。议和第二年，西夏的部落如期前来进贡，第三年却不再进贡。这表明党项人的君主已胸有成竹，认为可以迎战，否则他不会这么明目张胆地拖欠他的"贡品"。

因此，成吉思汗入侵西夏，派军队进行镇压，突袭了重新构建的要塞城市兀剌海，占领了第二个堡垒，还越过了长城。等待他的是一支由西夏储君率领的新的军队。这支军队同样遭到惨败，逃到位于黄河上游区域的国都中兴府。成吉思汗追赶军队并包围城镇。

这再一次证明蒙古铁骑不可战胜的神话。毫无疑问,他的蒙古将士还能够拿下很多小要塞,但是他们无法突破人口稠密、防御完善的大城市所带来的阻碍。

成吉思汗没有时间可以耽误。在他所有的征服大业中,他现在最关心的是金国。金国应该也在做对战的准备,他不能在这个帝国的远郊地区恋战。他听说金国曾切断被困城镇的供水,所以他将可聚集的党项人集结在一起,迫使他们劳动。他的目的是建起一个大坝,将黄河水引流到城镇。但大坝建到一半时就破裂了,洪水不仅没有破坏城市,反倒淹没了蒙古人扎营的平原。成吉思汗不仅没有解除围城,反而在洪水来临之前全速撤退到山上。

尽管如此,党项人的处境也丝毫没有得到改善。蒙古人驻扎在西夏,而西夏已经没有了自己的部队,这些入侵者随心所欲地劫掠财物。溃败的部队躲在中兴府城墙后面,不敢公开行走,这种情况还要持续多久?

成吉思汗的使者前来议和,即使提出的条件比之前更加严苛,西夏国王还是大大地松了口气。他亲口保证,西夏不仅要向成吉思汗进贡,还要为蒙古君主之后的征服大业提供武装援助。为进一步表示屈服,他将自己的女儿献给成吉思汗为妻。这个不幸的西夏君主别无选择,他接受了所有的条件并隆重举行了讲和与宣誓效忠的仪式。在进贡与回礼的过程中举行了订婚仪式。成吉思汗不再为西夏担心,他现在头脑中只有金国,所以他带着他年轻的妻子走在部队的前面返程。

V

在他返回蒙古营地的途中,他的"弓箭"信使迅疾地从东部带来报告,说中原使团已经到达长城这边。成吉思汗立即止步等着信使的到来。

在他的大帐前，他接见了金国皇帝派来的使臣。使团首领通过翻译说他带来了皇帝的口谕，前来接旨的人必须叩头。

成吉思汗问道："现在谁是金国的皇帝？"假装自己还没听说皇位发生了变化。

使者答道："原来的永济亲王——卫王继位。"

按照金国礼仪，成吉思汗转身向南，但是他并未像金国使臣预想的那样叩拜而是轻蔑地吐了口唾沫。

他说："我还以为标榜自己是'天子'的金国皇帝最起码得有个人样。但是如果白痴都能当皇帝，那就根本不值得向他的使者叩头。"

成吉思汗派人牵来他的马，骑行而去。

使团回程时非常郁闷。他们尽可能拖延面见皇帝的时间。这个不幸的大使一路都在思考如何向天子汇报这个蛮夷首领粗鲁的言语才能不掉脑袋。然而，当大使将成吉思汗的言行尽可能以克制的语言汇报给皇帝时，皇帝盛怒，大使还是没有摆脱他预想的厄运，他被打入大牢。

后来金国在北京的皇宫里召开会议商讨是否开战，并开设宴席。依照古风，地位最低之人最先呈奏。权贵们和往常一样各持己见，最后的决策由皇帝做出。主战的将军应亲自率兵进入蛮夷之地，如遇蛮夷头领定要赶尽杀绝。皇帝命令主战派的将领在最接近长城的入口处着手建造一个新的要塞来观察蛮夷的举动，万一蒙古入侵，金人好有准备。

两位胆大的将军按照旨意出征了。但想到行军穿越戈壁沙漠太过危险，他的士兵抢掠到一些财物，他已心满意足。这些被抢掠的部落距长城较远，是爱好和平的党项部落，是金国的藩属部落。他的小心谨慎并未让他幸免于难，成吉思汗派哲别那颜率领几万户东征，哲别一收到消息立刻袭击了皇帝的要塞，打败了他们并摧毁了新建的要塞，为其圣主解散了党项人密谋造反的组织。

在第一次示威之后，永济的好战之心大打折扣。然而这是新皇继位的第一场战役，以失败告终毕竟是个不祥征兆。至此，金国上下严格封锁有关出征"长城之外的叛军"失利的消息，任何相关消息都不得泄露。

然而此时，驻扎长城边塞的将军出现在天子面前，叩首启奏皇帝蒙古人正在武装准备入侵。他的出现并未得到朝廷的重视，人们甚至认为他在说谎，金人与蛮夷正在和平共处。

然而这位将军不顾朝廷礼仪，坚信蒙古人正在削箭、锻造箭头和制作盾牌，积极为作战准备。

他的耿直为他招来牢狱之灾，他被投入大牢。

成吉思汗则拥有了整整一年的时间，为他一生中最重要的战争做着充分的准备。

伐　金

I

　　1211年春,成吉思汗召集所有的武装力量,即阿尔泰山和兴安岭之间所有能携武器上阵的人。他们聚集在克鲁伦河营地。他现在所谋之大业对游牧族群来说至关重要,意义重大。成吉思汗为此召开规模空前的军事大会。他向全体军官宣布,金国数百年来镇压和迫害住在毡房的民族,报仇时机已到。他们要报复金人,为以往可汗所受到的全部不公和背叛报仇雪恨。

　　战士们得知常胜的可汗要率领他们进入他们觊觎已久的神奇土地,那里的战利品比以往全部战利品都多。这个消息令他们群情激昂,大声欢呼。

　　只有成吉思汗本人对这次作战所冒的风险有着清醒的认识,他知晓刚刚统一的蒙古所面临的危局。如果他在离他汗位1000英里远的异国土地上战败,他会永远失去所拥有的一切。他费尽气力征服的邻国会乘虚而入,入侵并摧毁他的国家;归顺的众多部落会再次起来造反;在他的钢铁意志影响下团结起来的民族会再次分裂。他为孛儿只斤家族带来的荣耀也将不复存在,甚至"蒙古人"这个代表着荣誉的名称都会消失。他赌上所有——生命和王国,孤注一掷。

　　他不遗余力地做好一切备战工作。目前境内和平,境外到处都是盟友。他最不信任的西夏国力大大削弱，应该多年不会开战；如果说自己土地上的首领中，一小部分向往自由不想被束缚的将领要造反，那就带他们一起上战场，连同他们的儿子、亲戚和士兵。留下来的人很少，全部是妇女、儿童和老人。一个不超过2000人的队伍留在这片广阔的领土上，而随他去金国的有20万骑兵。

任务太过艰巨，风险太大，所以他没有让任何萨满祈求神明保佑。确保胜利太重要，不能依赖巫师的预言来决定。作为赛图·博格达，神明派来的人，成吉思汗自己祈求上天帮助，愿上天赐予力量。外面的人不断地向天高呼"腾格里"时，成吉思汗在大帐内独自祈祷，与众神进行亲密交谈，向他们解释金人杀害了自己的祖先，他就是想为祖先报仇。他说出之前惨遭金人毒手、被这个宿敌所害的可汗名字，列举城中人对英勇的游牧族群发起的众多突袭，还陈述了狡猾的金人各种背信弃义的罪状。长生天怎么会希望上天挑选的人永受这样的不幸。这就是他为什么祈求长生天派下善恶诸神相助，因为恶神的力量同样巨大。当然，上天还会命令世界上所有民族联合起来对抗金人。

他禁食三天，不吃不喝，只与神明交谈。第四天，可汗走出大帐，向欢欣鼓舞的部众们宣布：长生天赐予他胜利。

II

军队以侦察兵为先导呈扇形行进，没发现逃兵，没有井水，没有适合夜营的地方，也没有一个密探。紧随其后的三路大军，分别由最勇猛的将军木华黎、速不台和哲别带领。接下来，主力部队同样分成三个部分，由中路、左翼和右翼构成。蒙古大军以这种阵型横穿将克鲁伦河和金国分隔开来的450英里，穿越山脉，行军于戈壁沙漠东部，没有一人掉队。设立后卫军或者建立沟通渠道并无必要。战士们有需要的一切，每个骑兵都有一匹备用战马。随军牛群是战士们在沙漠中的食物来源。成吉思汗深谋远虑，选择冰雪融化的季节行军，因为这时戈壁沙漠有充足的水和饲料。一旦进入到敌国境内，就以战养战。蒙古军队的供给就在前面，在他们要征服的国家中。

金国首都设在燕京，后来数百年都称北京。如果成吉思汗不打算只是抢掠，目标必然定在首都。事实上，先头部队剑指北京，那里有两道坚不可摧的长城，长30～60英里，用于保卫华北平原不受北方蛮夷侵犯。

尽管金国朝廷对外粉饰太平，实际却做好了充足的作战准备。蒙古大军逼近其首都，刚得知蒙古人进军后，金人打算在关口阻止这些蛮夷，布下陷阱将他们巧妙地困在堡垒中并于两道城墙之间的难攻之地将其歼灭。北面的蒙古军队佯装进攻，成吉思汗兵不血刃使主力穿越长城，又向西行进120英里来到了只有党项雇佣兵把守的地方。成吉思汗以迅雷不及掩耳之势攻打了富庶的山西省。

金军尚未行军到预想的歼敌要塞不得不迅速西进，长途跋涉穿过难以逾越的山脉（蒙古人的先头部队同样西行，由于是骑兵队伍，比以步兵为主的金军行进速度要快很多），金人遭到前后夹击，被彻底击溃。密集编队的金国步兵自然成了蒙古弓箭手的活靶子。冰雹般的箭头产生了破坏性影响，即使是世界上装备最精良的步兵也对抗不了20万骑兵的追赶。金军精锐首战就彻底瓦解，山西门户完全向入侵者敞开。

现在成吉思汗把大军分散，蒙古人要用这个国家的丰饶物产补给军队，他们必须尽可能广泛地分布在各个区域。如果联络顺畅，就不存在危险，新的敌军一旦出现，他们就一两天都待在马背上，全力支援受威胁地区。事实上，无论是现在还是在后续的战役中,他和将军们的通信都未曾中断过,不管路途有多遥远。成吉思汗完美地运用了单独行军与团结作战相结合的策略。所以蒙古人总能出乎敌人的意料,在敌人最想不到的地方集结,而且决定性战役发生时,所有的军队又重新集结在一起。

现在,三路大军在成吉思汗之子术赤、察合台和窝阔台的带领下以扇形展开,进攻山西这个富庶的省份。成吉思汗带着小儿子托雷包围西部重镇大同府,派哲别率五分之一的军队向东侦察通往华北平原的关口。

哲别突袭并攻占了一个防御较弱的关口后,成吉思汗包围了大同这个西部重镇,他的三个儿子撤离了要塞,一举攻克众多城市,成吉思汗率全部蒙古大军穿过金国东部低洼的平原直逼北京城下。

面对这座巨大的城池,成吉思汗第一次真正意识到他近乎疯狂想要成就的大业是多么的艰难。战壕、护城河还有城墙,他围绕着这个重镇骑行。太宏伟了!他从来没有想到有居住区的规模竟然如此之大。

他该怎么做?他永远都不可能攻破这些由成千上万士兵把守的、气势宏伟的巨大城墙。他从来没想过要成为金国的君主。

他内心萌生了一个想法。放弃计划不切实际,金国上下还未妥协。他已经实现了其他重要意图。他已经击败金军精锐,蒙古人已获得大量战利品和奴隶,极大地增强了可汗的重要性。哲别开始了新的东征,穿越海洋,到达世界的尽头。成吉思汗还想要什么呢?他是一个征服者,但是如果现在就开始围攻的话,之后他就不得不放弃北京,那样他将失去声誉。成吉思汗和军队面朝家乡的方向,也许最好的做法就是暂时不回蒙古,就近过冬,时刻注意金人举动。但成吉思汗还没有决定是在直隶、山西还是在长城以北过冬。

III

  金将抵达蒙古营地时，敌军已撤离。蛮夷的屡次胜利引起北京朝野上下的恐慌，金国遭受如此侵犯已是 80 年前的事了。此前，这些强盗总是等金军一出现，就直接逃走，但是这次他们摩拳擦掌，几乎没有军队像这个游牧族群一样，从四面八方聚集而来进行攻击。他们的首领让人捉摸不透。他最后陈兵首都城下，守军正寻找机会攻击他的军队，希望惨重的损失可以让蛮夷满意，丰盛的礼物可以让他们返回家乡。但是，成吉思汗不允许任何骑兵走进城墙上弓箭手的射程。从远处看，他们正绕城疾驰。现在没有任何谈判，也没提出任何要求，他们却撤退了。这个人脑子里在想什么？他要去哪儿？金人决定最好还是谈判。

  金国派将军和成吉思汗谈判，打探他的意图，说卫王对他的行为感到吃惊。蒙古人和金人确实能够和平相处吗？成吉思汗是天子的札兀惕忽里、部族军之长，为什么此时要入侵金国？

  使者让成吉思汗大吃一惊，他已经摧毁金国两个最繁华的省份，然而它强大的统治者还相信有议和的可能。整个国家幅员辽阔，坚不可摧的堡垒和大城市仍服从金国皇帝的统治。然而现在，他并没有整编军队而是质问入侵者为何发起无端攻击。难道他忽略了金国的一些致命弱点？

  成吉思汗给予这位将军应有的礼遇，然后开始询问他。

  金国选错了使者，他向可汗透漏了帝国的内部情况。

  虽然金国皇帝已经统治中国北部近百年，但仍被汉人视为篡权者。尽管他们统一了这个国家，战胜了南宋王朝，占领了黄河以北所有省份；尽管他们彻底接受了汉人的风俗习惯，但是他们是来自北方的蛮夷，推翻了辽朝，汉人永远不会视他们为正统。人们视他们为压迫者,人们受到奴役,永远不会爱戴这些篡权者。在南方,南宋皇帝是他们的敌人;燕京和朝鲜之间的东北地区,辽国故地上还有王子活着,虽然他只不过是金帝的诸侯。如果成吉思汗愿意帮忙复辽,这位本身是辽人的将军愿意为蒙古人服务。全国许多人有同样的想法。

成吉思汗仔细地考虑了他的处境。在旷野之上,他的骑兵胜过任何一支金国军队。但是他们无法拿下那些巨大的城池,即便成功拿下也不能坚守,任何蒙古驻军都会迷失在人潮中。但是他该怎么做才能在辽人的帮助下赢得民众?为什么不让辽人在他的最高统治下摄政呢?

决心已下,战争继续。他没有留在直隶或是山西,而是向北方行军。北方还有两道屏障用来阻止他入侵中原。由内而外看,成吉思汗和军队大可不必恐惧,长城内外之间有数不尽的皇家马群,为金国骑兵供应马匹。他一下子就拥有了这些种母马,再也不用为骑兵换马而焦虑,同时切断了金军的马匹供应。此后,皇帝只能派为数不多的骑兵配合步兵作战,而他随时随地都能用骑兵冲散他们。

他在长城外驻扎准备过冬,距离很远足以免受突袭,然后他向契丹的辽朝王子派去使团。

IV

1212年春,契丹辽人起兵叛金,同时,成吉思汗开始进攻长城以北的金国省份。他击败援军,紧追逃兵,再次穿过长城,又一次出现在山西。情况不太妙,城镇已被夺回并重新组织防卫,之前摧毁的堡垒已经重建,他必须重新攻占。

他快速决断,不理会小据点,而是集中攻打西路金军驻地大同府。援军迅速赶来并且很快被打败。他随后试图迅速攻克堡垒，但是城池固若金汤，骑兵猛攻无果。他亲率突击队攻城时，中箭受伤。

现在，契丹传来坏消息。皇帝的军队抵达那里进行镇压，战胜了反叛者，辽王子受到威胁。

对他来说，金国太强大了。

其他任何首领都会绝望地放弃这个游戏，撤回到安全的草原。但是一年前成吉思汗就已经做好计划，现在退出似乎不可能，因为在这期间他已经争取到盟友，并告知他要推翻金王朝。他必须战斗到最后。

他再次退回到长城外，率领蒙古人实施围攻战术。他派出哲别那颜和几万户去援助辽王子。在一次冬季作战中，哲别在契丹地区与金军多次交兵，试图攻下东部首府辽阳。但是他失败了，就像成吉思汗攻打大同府一样。蒙古人面前的这些堡垒坚不可摧。

后来，他尝试了蒙古人最擅长的战术。他假传金国援军正在赶来，解除包围，下令迅速撤退，慌乱间把行李和帐篷都扔在辽阳城下。部队连续撤退两天，然后骑手换上新马仅用一晚上就杀了回来。他的策略成功了，卫戍部队和一些不参战的居民都来抢夺他们故意遗弃的营地，所有的大门都敞开了。他骑马赶上这些抢夺者，一举攻下该城。

由于蒙古人获胜，曾经犹豫不决的契丹王子宣布自己是辽东王，其国家受成吉思汗保护。

次年春，蒙古人发起一次更为猛烈的进攻。第三次战争以一系列对北方省份的征服开始。无论大小，没有落下一个城市。在进攻防守不严的地方时，蒙古人学会了如何攻打有着高高城墙防守森严的城镇。成吉思汗的小儿子托雷和养子（失吉忽秃忽）身先士卒攀登城墙，其他子弟和将军连克关卡。最后，金帝派来和成吉思汗谈判的辽将兑现诺言。如今一切都已明了，蒙古人的入侵不是劫掠、突袭，而是精心策划的征服，许多契丹将军都率领部下投奔成吉思汗。

很快，他不仅控制了山西，还封锁了华北平原的入口。

此刻，危机不断，中都发生宫廷政变。金帝情急之下宣布大赦，重新委任被革职的将军。重掌军队的宦官胡沙虎突然占领北京，杀死官员，攻入皇宫并弑杀永济。

成吉思汗从战场脱身，急忙赶回北京，满心期待着城池大门能为他打开。这场政变与辽朝支持者的反叛有什么不同呢？他不知道辽朝的契丹人被多数汉人视为陌生的外国人，就如同金国的女真人一样。女真人和契丹人一样，300年前是外来的征服者，如同所有中原的征服者，他们吸收了被征服者的风俗礼仪和思维方式。表面上，这些被征服者没有任何反抗，在朝廷将军的率领下，对抗新的侵略者，只要"上天仍赐予他们中央王朝的统治权"。但是正统的汉人从来没把这些外来统治者当作真正的汉人。

宦官胡沙虎完全不可能支持辽人，也不可能支持"北方蛮夷"，他的政变是内部斗争。杀死永济后，他宣称自己为金军统帅，拥立自己支持的金国王子为帝，史称金宣宗。而后他出征对战成吉思汗。

他在北京城外的一个堡垒附近突袭成吉思汗。宦官胡沙虎虽然腿瘸，仍然坐在轮椅上亲自指挥，结果蒙古人自蒙金开战以来首次战败，这是成吉思汗一生中第二次也是最后一次败北。幸亏金将高琪率领的夹击部队行动迟缓，蒙古军队才免于覆灭，成吉思汗得以重整军队秩序。

胡沙虎想要处死高琪这个行动迟缓的将军，他的延误导致功亏一篑，但是新帝金宣宗相信了他的借口，因此，胡沙虎给了这个罪犯第二次机会。由于自己病重无法亲自指挥，胡沙虎派增援部队给高琪，命令他对蒙古人展开新一轮进攻。

高琪听从命令，殊死对战蒙古军队，但成吉思汗再次包抄并召集后备部队。战斗持续一天一夜，军士顽强作战。高琪败退，回到北京郊区。

他知道这次胡沙虎不会再给他机会，所以他抓住时机，率领撤退部队冲进主帅宫中。

胡沙虎尝试逃跑，但双腿被长袍绊住。高琪抓住他并砍下了他的头，随即拎着胡沙虎的头在士兵护卫下走向金宣宗继位的皇宫。

他双手沾满胜利的鲜血，恳求皇帝在他和死去的主帅之间做出判断。

来自这个将军的威胁显而易见。他的士兵包围了整个皇宫，而胡沙虎只不过是像末代皇帝一样的英雄。皇帝突然想起胡沙虎一直以来就是叛徒、弑君凶手，篡夺了步兵元帅的称号。因此，懦弱的皇帝褫夺了拥立自己、唯一能抗击蒙古大军的胡沙虎的所有头衔和荣誉。他的罪行被公诸于世，高琪因诛杀胡沙虎得到赞赏，被任命为元帅，接替胡沙虎的位置。凡是冲进胡沙虎宫殿的士兵都得到了奖赏。

这些事件发生时，成吉思汗还在北京城门外，北京的城门依旧牢不可破。

他失去耐心，愤怒不已。难道金人躲在坚固的城墙后面就可以轻视他吗？他们怎么能够一次又一次地讨价还价，好像他成吉思汗并未在此一样？难道金国还没有意识到这是一场战争？他很快就会告诉他们他绝不含糊。

成吉思汗不再想退回到冬季营地休养，也没有命令蒙古大军飞蛾扑火般尝试攻克坚不可摧的城池。他把军队，包括归降将军率领的 46 支金国军队分成三路大军，命他的弟弟哈撒儿率领其中一路军队向东进入东北北部；第二路军队分成三个部分，分别由他的三个儿子率领，向南进军穿过山西高原；而他自己和托雷还有中路军向东南朝山东进发，穿过金国低洼的平原。

整个秋天和冬天，蒙古大军都在烧杀掳掠，这三路大军劫掠整个金国，所到之处，房屋被焚毁，城市人口减少，废墟上尽是浓烟。

金国的将军们闭城不出，召集附近的农民前来防御。因此每次攻打城镇，成吉思汗下令抓住那些留在乡村的老人、妇女和孩子，把他们放在大军前面。这些农民拒绝朝自己的父亲、妻子和孩子使用火球、扔燃烧的沥青。他们不会投入战斗。

只有少数地方因为驻军迅速归降蒙古大军才幸免于难，剩下的都被夷为平地。不到6个月，90座封闭的要塞城镇被洗劫一空后遭到焚毁。黄河经山东南部注入黄海，在那里还有11座堡垒无论怎样进攻仍坚不可摧，像岛屿一样存在。整个国家都被摧毁了。蒙古大军所到之处遍地饥荒和瘟疫，战场上的死尸要么曝露，要么顺着河流漂浮。这就是成吉思汗愤怒的后果。

春天，他下令军队返回，在北京城外会师。但是由于返回路上要经过灾区，他们自己也受到瘟疫的重创。北京城外重新整编的蒙古大军军力下降，远不如当年出发时。

然而军官们被胜利冲昏了头脑，沉醉于每年成车成车送往蒙古的战利品。他们坚持让可汗乘胜追击，带领他们攻下北京。

成吉思汗否定了这一想法。他意识到，即使攻下北京也无法坚守，更何况他还要征服这个伟大王国的5000万居民。无论契丹人还是金人统治对他来说有什么关系呢？金国已经被充分地削弱和羞辱。此外，瘟疫影响了自己的军队和金人，这是上天的警告。

因此，他向金宣宗派出特使，说："黄河以北所有的金国土地都在我手上，你只剩下国都。上天既然要让你灭亡，而我又把你逼到如此地步，上天会怎么说我呢？我害怕上天发怒,因此宁愿撤回军队。你难道不能给我的将军们一些礼物,好让他们满意这个决定吗?"

皇帝在北京举行了一次皇家会议。按金人往常的经验,两方对峙只有弱者才会向对方求和,步兵元帅高琪宣称决战时机已到,因为成吉思汗的军队已经疲惫不堪,他们的马匹肯定已经虚弱。但是大臣们强烈反对这个计划,再做挣扎简直太疯狂了。多年以来,他们除了打仗什么也没做。结果是什么?精锐部队被歼,他们已经派出了第二支、第三支甚至第十支军队,全部被歼。他们把自己关在高墙后的城堡中,其他地方却被攻占、焚毁。这些蒙古军队是战争机器,拥有强大的战斗力,这些蒙古妖魔甚至蔑视那些投掷出来的可怕炸药。什么样的防御措施都没有用。难道他们还要激怒敌人、拒绝和谈吗?

金宣宗派其中一个大臣与成吉思汗和谈。

金国皇帝承诺大赦,承认契丹王子为辽东独立的统治者(成吉思汗从来没有让他的盟友陷入困境也没有背弃诺言)。为了显示议和诚意,金宣宗要把先皇永济的女儿献给成吉思汗为妻,要有丰厚的嫁妆和庞大的送亲队伍。

和平协定已经签署,1214年末,距他首次入侵金国已有3年,成吉思汗出发回家,金国大臣一路护送到边境。此后,可汗再也没有踏足金国疆土。

他足以为自己的成功感到满意。无论是金国的长城、要塞的隘口、高山还是要塞城镇巨大的城墙,都没能从20万蒙古骑兵的手里救出金国5000万人口。金国已经被击败和摧毁,需要几十年来重建。成吉思汗没有任何理由去担心金人的阴谋。他们要过很长时间之后才会向他挑衅。

他一度被边境出现的新问题耽搁,他曾在战争期间强迫劳工为攻城而挖壕沟,如何处置这成千上万的囚犯?他们也许携带瘟疫,不可能运送大部分人穿越戈壁沙漠,遣送他们回家也不明智，因为他们已经掌握了很多蒙古人的战术，如果被编入金国军队，很可能会成为危险的敌人。金人是生是死，成吉思汗一点也不关心。他下令赦免那些技术娴熟的工匠、艺术家和学徒，其余的一律杀死。

V

此时穿越戈壁有些晚，夏天非常炎热，所以成吉思汗在沙漠边缘的多伦淖尔绿洲暂时驻军。

金国传来的第一个消息就是，金宣宗发布告示通知子民，他从北京迁都到黄河另一边的南方都城，即今开封。大臣们极力阻挠，他们认为他的离开会被视为逃跑，而且相当于放弃北方诸地。但这无济于事，皇帝决心已下，要远离蒙古人驻扎的地方。他的首辅步兵元帅高琪支持他的想法，表示愿意同皇帝南下。为了安抚民众，表明皇帝还惦念着北方省份的安宁，告示明确宣布，金国太子、军事统帅完颜王子将留守北京。

成吉思汗得到这些消息时，愤怒地喊道："他不相信我的话。"接着又若有所思地说道："他讲和是为了入侵南方。"

恰似为证实这些话，宋朝使节来到蒙古大营，信使绕远道而来让成吉思汗知道他的主人为金宣宗的意图感到焦虑。

宋朝庆祝蒙古大军的节节胜利，就如同他们自己获胜了一般，认为金帝被打败是上天对金国对宋开战、抢劫其黄河以南诸多省份以及征收贡品的惩罚。

去年，南宋皇帝首次拒绝向金国进贡15万两黄金和25万匹丝绸，而此时蒙古人突然撤军，金国正在向南迁都，靠近宋朝边境。不难理解为什么这个南部王国上下焦虑不堪，要派特使试图探查蒙古大军的明确意图，告诉成吉思汗给金国重建的机会带来的危险是非常严重的。

这位大臣来自高度文明的国家,这个国家的文学和艺术处于兴盛时期,辉煌壮丽的宫廷上下说官话,礼仪高度发达(甚至连金国皇帝都被认为是自命不凡的蛮夷)。他需要时间慢慢习惯多伦淖尔的环境。他仔细询问谒见时要遵守的各种礼仪细节,被告知进入大帐时不能踩门槛,进入之后不能倚靠支撑华盖的柱子,否则就会被判处死刑。在任何情况下,等待判决期间他将受到守卫的鞭刑。

穿着华丽长袍的使者不得不走在两团火中间,这个儒生被告知这样可以去除身上所有的邪恶。

他还得带着献给蒙古统治者的丰厚礼物走到火中间,尽管这些奢华精致的东西被烧焦了。

紧接着的7天,这些贡品要放在室外,向众神展示,太阳和风使它们褪色,许多本打算用于遮盖成吉思汗大帐的珍贵纺织品都毁掉了。

最后可汗准他进入帐内。里面的一切都被奇怪的暮光笼罩着,唯一的光源来自篷顶上圆形的洞口和入口处窗帘之间的缝隙。对着入口帐篷的尽头处,是一个巨大的木质平台,覆盖着毯子,上面是成吉思汗和王妃的宝座。在宝座旁边相对较低的位置,是六个侧妃。凳子和长椅围成一个巨大的圆圈,上面坐着王子、军队的首领还有其他贵族,他们对面是从金国掠来的女人,她们成了这些贵族的妻子。所有人都有太多的装饰,打扮夸张,戴着珠宝和黄金饰品。入口处,一边是张巨大的桌子,上面有装满马奶酒的金杯、银杯,装满熟肉的大锅咕嘟咕嘟作响;另一边是由20个最好的金国乐师组成的乐队。暗光洒在王座上,高高在上的是仪表堂堂的成吉思汗,唯一一个没戴任何饰品的人。每当可汗伸手接过他的酒杯,乐师们就开始演奏,帐篷里的人就骚动起来,男男女女都站起来,跳舞、拍手鼓掌。整个画面是那么的离奇、粗野。

宋朝的使者发现在这种环境中，他很难用温文尔雅的方式精心选择只言片语来说明他的任务。成吉思汗让他说完，中间没有任何打断，他如释重负。

等他停下来，成吉思汗一言不发，深不可测地瞥了一眼，从他眼中看不出任何端倪。唯一的答复就是使者可以尽情享用马奶酒。成吉思汗示意他坐在左边，那是女人们坐的地方。但这并不是有意要侮辱他，因为他坐的地方比地面要高，紧挨着可汗的妻子们。他可以和她们一同饮米酒，用母语交谈。使者喝酒时，乐师就奏起音乐，蒙古的士兵在他面前跳起舞来。

但是始终没有谈起使者传来的消息。那天没有，之后也没有，他的任务似乎已经被遗忘了。没有召开任何会议，也没有再次接见。

可汗没有公开表明意愿，使者做的一切都是徒劳的，仿效金人的做法，他尝试从朝臣那里打听蒙古人的意图。蒙古人没有什么意图。

他们骑马、练习射箭、打猎和君主在帐前巨大的空地上玩球，使者从自己的帐篷里看到这一切。他看见成吉思汗威风凛凛，与儿子和将军们竞相追赶着球，拿到球时再投出去，当他比别人投得更好时，他开心地笑得像一个孩子。

最后使者在可汗外出骑行时与他见面。成吉思汗勒住坐骑，翻译官翻译："你为什么不来和我们一起玩球？我们有一场精彩的比赛。"

"为什么你要因为一个邀请而烦恼呢？如果你想来，就来吧。"

于是，他参加晚宴时，因为先前的缺席被罚喝下很多米酒，他喝得太多以至于被人送回帐篷。后来他向可汗说了一些宋朝的焦虑却得到简短生硬的答复：

"我已经和金宣宗议和了。"

VI

经过三年的破坏和残忍的战争后,和平只维持了几个月的时间。但在这短短的几个月时间里,金国已经重整旗鼓。

精力充沛的北京指挥官完颜得到一心想要采取行动的太子帮助,已经在北方省份组织起一支全国的武装反抗力量。被摧毁的城镇再次重建,被攻破的城墙上再次垒起石头,高耸入云。一支新的军队从无到有,向契丹行进,尽管和平条约中的条款明确规定辽东王子已经独立。接连的战斗明显表明,金国没有丧失战斗精神和攻击能力。数周之内,契丹王子的军队战败,都城辽阳被攻破,他自己也被赶了出来。

一部分由契丹人组成的皇家护卫队随金宣宗从北京向南行进,一抵达开封府,皇帝就命令他们交出马匹和装备。他们知道要被遣散,所以拒绝服从命令。他们杀死指挥官叛变,推举出新的指挥官,新指挥官立即变节,率兵返回北方。

金国派兵追赶,其他部队也进行阻拦,但是在紧要关头,这些契丹人派出使团拜见成吉思汗,称自己愿意成为可汗之奴并请求可汗的援助。

这是个转折点。成吉思汗犹豫要不要干涉,包括帮助不幸的辽国王子。但是现在,这支军队愿意听命于他,不再站在金国或者辽国一边,而自愿站在蒙古人这边。成吉思汗会眼睁睁看着他们毁灭吗?他知道金国依旧强大,它从重创中恢复得如此之快。如果他允许事态照常发展,数月之内,新的更加强大的金国就会建立起来,这会更加危险,因为金国已经意识到蒙古人强大的力量,会竭尽所能去摧毁这个危险的邻居。

木华黎被派去援助辽王子,速不台被委任去金国故地东北侦察，第三路大军向南奔驰援救起义的卫兵。

速不台穿过东北，抵达海岸，沿着海岸边行进，给可汗带来朝鲜君主投降的消息。

木华黎发现辽国王子已经落入金军手里，开封府的总督正赶往那里。木华黎袭击了金军士兵，扼住去往都城辽阳的道路，擒获了金国总督，派归降成吉思汗的将军代替他管理。这个将军正式来到宫殿，举行了极为隆重的就职仪式，接管了政府，给官员们放假，对蒙古人敞开城门。木华黎想要严厉惩罚辽阳，因辽阳极力反抗辽朝，但是这位金国将军说服了木华黎，让他凭仁厚之心来赢得契丹人的信任。木华黎采纳了这个绝佳的建议，很多其他契丹人的城镇都归降了蒙古人。整个辽王国转眼间清除了金国军队。

第三路蒙古大军为反叛的卫兵们开路，与他们亲善，攻克通往北京的各路关口，再次出现在这座城市的大门前。但就在成功封锁首都之际，金宣宗下旨，大意是命皇太子立即离开中都，在开封府与皇帝会合。

完颜王子苦劝无果，即使他提醒皇太子到达开封府就意味着北方省份叛乱，会造成混乱。可警告是徒劳的，其他将军和官员都请求遵守皇帝的旨意。

他们问指挥官："你能保证守住城市，抵御侵略者的入侵吗？"

完颜不会做出这样的保证。在短暂的和平间隙，这座巨大的城市一直由周边城镇提供补给，但是补给并不充足，已经出现明显的粮食短缺。不过皇太子肯定可以从开封府运来物资。

他动身离开，整个北方省份如预料一般陷入混乱。各省和城镇都宣布独立，总督都宣称自己是正统。一些人投奔成吉思汗，一有机会就背弃他；他们彼此对抗，对抗蒙古人，对抗仍然效忠于皇帝的军队。木华黎收到最高指令，指示他消灭反抗势力。秋冬两季，他率领蒙古大军一举攻下800多个城镇和乡村，其中一些被摧毁，另一些在金国总督的指挥下未受损害。

北京尽管出现饥荒和瘟疫，整个冬天仍然拼死抵抗。蒙古人接二连三地打败了南部派来的援兵，但是完颜还是守住了北京。春天的时候，蒙古人拦截并打败了最后一支从开封府急运粮食补给的军队。待援无望，完颜提议整个卫戍部队拼死突围，全副武装，孤注一掷。但是其他将领不想服从命令。

完颜离开议事厅，回到自己宫中。他写信给金宣宗描述了托付给自己的首都的形势，提醒皇帝注意早先的警告，控告皇帝的主要顾问步兵元帅高琪叛国。接着他请求主人原谅自己没有继续守卫北京。北京入冬以后，他将信交给一个忠实的仆人带到开封府之后，告别亲属和随从，分给他们仅存的一些财物后服毒自杀。

第二天晚上，完颜的副将和他的妻子逃出宫殿，留下了皇宫和皇宫里的女人任凭金国驻军摆布，他们早已开始洗劫。

木华黎率五千蒙古大军和归附于他的金兵攻进了这个异常坚固的城池，这是成吉思汗自己曾竭尽全力率整个蒙古大军两次仍未能攻克的要塞。

成吉思汗在多伦淖尔绿洲得知这一消息时并没有激动。金国已经激发不起他的兴趣。金国的百姓和他的游牧族群完全不是一类人，与他们纠缠不清只会伤害到蒙古人。金国人朝秦暮楚，可以在任何时候变成墙头草，只考虑个人的晋升和财产。这种人不值得信任。他曾让蒙古人、契丹人、畏兀儿人和乃蛮人成为一体，但不会与金人为伍。与金人进行贸易的人会失去草原骑士的最高美德：英勇、视死如归、忠于部落和圣主。

金国人狡猾、危险，所以他们必须成为附庸。他们为财产和生命担心，所以必须受制于让他们继续担心财产和生命的人。此外，他们能够制造游牧族群急需的东西，所以他们可以为游牧族群添砖加瓦。他派失吉忽秃忽去北京将皇宫里的宝物带回给蒙古人。可汗的使臣受到至高礼遇。朝臣们都挖空心思奉上丰厚的礼物以赢得使者欢心。掌管御马的官员为他备上最好的坐骑，掌管皇家服饰的人送出昂贵的锦缎，管理艺术珍品的人献出金色酒杯。

每次收到新礼物，失吉忽秃忽都流露出强烈的对新事物的好奇。

他最后问道："这些都是皇宫里的东西？"

朝臣们赶紧解释："是的，是的，我们这些可怜的仆人还能上哪儿为您找到这样的珍宝啊。"

失吉忽秃忽说："这样的话它们就属于皇帝。"他接着说道："既然我们征服了你们，这些珍宝就属于我们的可汗。你们怎么胆敢把属于可汗的东西送给我？"

连续数周，满载着大量物品的车马从北京出发，向多伦淖尔绿洲的大营运送金国皇宫里的珍宝，它们全都被详细地登载下来。所有车辆都被编目分类，同样，许多"有用"的人也按照姓名和职业进行编号，包括艺术家、占星家、哲学家、工程师和手工业者。

一日，成吉思汗审视着这些新来之人，一个黑色长髯、身材修长的英俊男士吸引了他的注意。此人正是辽人耶律楚材——一位圣人和占星家。

成吉思汗说："辽室和金朝世代为敌，我已为你们报仇雪恨。"

耶律楚材说道："我的父亲、祖父还有我都是金廷奴仆。如果我对我的父亲和皇帝怀有敌意，那么我和一根没有感情的木头以及一个伪君子毫无两样。"

这个回答让成吉思汗满意,定居的城邦之民还保留着恰当的廉耻之心,效忠并不出于恐惧也不为索利,单纯是因为忠诚和信念,这样的人定为人中龙凤。他和这个俘虏相谈甚欢。

他们谈完后,成吉思汗邀请耶律楚材作为预言者和谋士为自己建言献策。

这次交谈之后,成吉思汗的看法有所改变。在城市居民中能保持个性不变的人一定是人类中最高贵的。遗憾的是,他们的做法往往让人难以理解。比如,完颜就是个例子。这位北京城忠诚的指挥官怎么能阻止其他将军叛变呢?还有,只要完颜和少数忠诚于他的将领战斗到最后,那么成吉思汗肯定能活捉他,像对待耶律楚材一样,询问他是否可以效忠自己。完颜可以重新执掌京城,也许可以执掌整个金国……人不惧死亡,又何苦自杀?这超乎了成吉思汗的理解。

VII

金国的皇帝意欲议和。

可汗说道:"当麋鹿和母鹿被杀时,只剩下一只野兔是活的,为什么不给他自由呢?"

但是议和的条件无法让人接受。皇帝打算放弃黄河以北所有地区,放弃他的皇帝头衔作为成吉思汗的附庸,成为河南王。

战争仍在继续。

秋天,成吉思汗向南派兵但遭遇失败,只能穿过黄河的冰面撤退。许多偏远的城镇都已叛变。游击作战即将展开,漫长的战争使无数金国军民筋疲力尽。这还不需要可汗亲自出现。然而蒙古传来了令人担忧的消息。

蒙古人在阿尔泰山取胜后,塔阳汗拜不花的儿子——乃蛮王子古出鲁克逃往哈剌契丹，现在成为那个国家的最高统治者。乃蛮人酝酿着反抗，畏兀儿人人心惶惶、动荡不安。

因此，1216年夏天，可汗和整个军队带着大量战利品向斡难河旁的营地进军。

成吉思汗把木华黎留在金国，留下2.3万名蒙古人和2万契丹军队，派他指挥将来可能归顺的全部军队。木华黎被任命为整个金国、朝鲜和辽国的总督，成吉思汗向他辞别时说：

"我已征服霍山以北，南部由你来征服。"

西方世界

I

成吉思汗返回蒙古这件事超越了一位君主获得政权返回故地的意义。他带领的是统一的民族返回曾经失去的土地。蒙古高原、贝加尔湖和阿尔泰山脉所有的游牧部落，五年光景几乎没有男丁，如今再次充满生机。骑兵们将代表自己荣耀的战利品带回营帐。与这些财富相比，游牧民在此之前在他们的袭击中所保卫的一切东西，就少得可怜了。所有奴隶不分男女、所有马匹和骆驼都携带着沉重的货物，这种景象以前只在王公的宴会上出现过。现在每个蒙古人都过着像王公一样的生活，人人都很富裕，有很多仆人和奴隶。在金国阵亡的战士的家眷们也得到了一份战利品，庆功和盛宴没有停歇，人们在营帐内的炉火边听着故事，年迈的人只恨自己不再年轻，那些父辈出征打仗时还是孩童而现在已经长大成人的青年，渴望加入故事里的战争和冒险之中。

游牧族群与城镇之中定居的子民相比大不相同。他们当中很少有人关心享乐之事，或执着于生命与财产，他们不会厌倦战争。没有人视安居乐业为生存的根本目标。长生天派来的可汗——成吉思汗，教会了他们如何去享受充满战争与杀戮、富有男子气概的生活，除了继续进行无休止的战争外，他们别无他愿。

成吉思汗曾说，人最大的乐趣就是征服并奴役他的敌人，夺走其所有财产，看着他们泪水涟涟的脸庞，将他们的妻子和女儿揽入怀中。多少年来，这些话语已铭刻于蒙古人的心中并融进他们的行动之中。部落之间的敌意早已消失。对金国发动的战争持续了五年。五年来，留下的蒙古部落和氏族无人保卫也无人监督，然而在这五年之内，没有一个人造反，也没有任何部队离开。在团结作战之中，他们更加紧密地结合成一个团结的民族，一个全民皆兵的马背民族。每个部落和氏族都只有一个志向：在成吉思汗的眼中脱颖而出。

时代更迭，所有的力量都致力于攻克共同的敌人，他们是可汗手中最强有力的工具，他们严格遵守军纪，随时准备在可汗指向的任何国家竭尽全力，倾巢而出。

但对成吉思汗而言，无论一个人的价值是大是小，他对他的蒙古战士总是宽宏大量，他赞扬每一个完成使命的指挥官，"同时不能让他的人或马过度劳累"。成吉思汗委托其大儿子术赤向着已经赐给他的西北领土进发，蔑儿乞惕部就在西北的森林中聚集驻扎，没有了金国军队的震慑，他们经常侵扰蒙古的边境。他派自己机敏的大将速不台作为总参谋长来辅助长子术赤，但未给速不台部队。他派哲别那颜来对抗强大的哈剌契丹，他给哲别的部队不超过2万人。

II

哈剌契丹面积辽阔、实力雄厚，拥有许多人口稠密的城市。其军队骁勇善战、富有经验，在东部与北部的游牧部落以及伊斯兰战士进行着较量，很多时候他们不是为了自保。只有2万蒙古骑兵的哲别，如今要向这一片跨越20个经度的危险地区发起挑战了。

在与金国作战期间，成吉思汗通过他的总参谋部靠密探们了解着哈剌契丹的一举一动。

乃蛮部王子古出鲁克，在躲避蒙古人的逃亡途中，娶了哈剌契丹皇帝的孙女。在皇帝的帮助下，他将乃蛮部的残兵集结在他周围。作为这支军队的首脑，古出鲁克袭击了正在狩猎远征的老皇帝，使其成为俘虏。这位老君主去世后，他篡夺了皇位。古出鲁克的统治严酷残忍，他以前是一名聂思脱里派的教徒，因为深爱其妻，皈依了喇嘛教，迫害了占帝国城市人口大部分的穆斯林。他关闭清真寺并没收他们的财产，在城镇中安置了强大的卫戍部队，为了支援士兵，从居民那里征收苛捐杂税。

在派哲别率领不到2万人攻打哈剌契丹时，成吉思汗就已经想好要依靠哈剌契丹人民的不满情绪来战斗。他像往常一样让哲别自己独立行使权力，他指示哲别一旦入境要马上重新开放清真寺，要立即宣布他对爱好和平的人民没有任何敌意，只是反对他们的欺压者——古出鲁克。游牧民和萨满教的支持者，一个呼吁要平等对待一切善与恶之灵的人，一个尊重所有宗教的人，一个对所有可以想到的宗教（萨满教、喇嘛教、佛教、摩尼教、聂思脱里教）的信条都尊重的人，立即成为城镇和伊斯兰教的保护者。显然，成吉思汗清楚地意识到了宗教狂热的重要与力量，他希望通过宗教来保护和拯救自己的战士们。

哲别重新开放清真寺的命令，激起了闪电般迅速的回应。当蒙古骑兵出现在城镇外时，穆斯林们在里面欢呼起义，护城的卫戍部队如未逃走则会被杀死。在哲别到来之前，所有的门都打开了，所有的穆斯林高呼他是他们的救星。哲别信守诺言，他禁止训练有素的军队到处抢夺焚烧，所以，整个东部地区，包括哈密、和田、喀什噶尔（今中国新疆西部）这些重镇在内都迅速地掌握在他手中。

蒙古人的突然出现，他们前进的速度，以及领土内最坚固城池的丢失，让古出鲁克大为震惊。他不止一次想在开放的旷野中卷土重来，但军队已经泄气，已没有与穆斯林作战之心，所以他战败了，逃到了帕米尔高原。

在世界屋脊的各个角落，哲别的骑兵追捕着古出鲁克。古出鲁克军队的残兵余勇也弃他而去，身边只剩下少数几个还忠于他的手下，在巴达克山的边界处寻找着避难所。蒙古勇士的精力不会浪费在溃败之主身上。这些勇士此时以俘获著名的白口马为乐趣，多年以来中国人从费尔干纳盆地引进这种马来为当地马匹配种。受哲别委托，一些当地的狩猎者一路追赶古出鲁克，在大山最深处抓住了他，并将他交给蒙古人，获得了赏金。

哲别那颜将古出鲁克和1000匹神圣的白口马作为礼物献给可汗。

"务必铭记，力戒骄傲。骄傲自满让王汗、塔阳汗以及金朝皇帝走向灭亡。"这是成吉思汗对其大将的忠告，可汗对这次出征哈剌契丹的结果非常满意。

他现在正处于权力的顶峰。从高耸入云的山脉到标志世界尽头的海洋，他的话一说出就是法律。忠诚的木华黎在东部兢兢业业做着征服金朝的收尾工作。哲别的骑兵在西部穿越山谷，越过帕米尔高原关口，寻找那些还未做好投降圣主准备的部落。

同样，术赤也完成了他的任务。35年前，年轻的铁木真得到外援，孛儿帖才失而复得，但他并未冒险报复，以免扰乱蒙古各部落的安定。如今，成吉思汗一举报仇雪恨，虽然有些迟了，但更为彻底地报复了蔑儿乞惕人，毁坏了他们居住的森林，根除了蔑儿乞惕部一个又一个氏族。

术赤想赦免的只有一人——脱黑脱阿之子。蔑儿乞惕部小主（即脱黑脱阿之子）是一名杰出的弓箭手，整个蒙古部落乃至整个世界无不佩服他的超凡技术。术赤从个人情面考虑，请求成吉思汗对他网开一面。

但成吉思汗拒绝了术赤的请求，对敌人的仁慈将会招致新的战争。

成吉思汗说："蔑儿乞惕部是最该严惩的部落。脱黑脱阿之子会像蚂蚁一样长得飞快，成为狡猾之辈，成为我们整个部落的敌人。正是为你，我才派了诸多亲王和军队跟随你，为何还要为此人求情？"

父亲的拒绝让术赤颇为愤怒，但他并未鲁莽行事暴露这种情绪。蔑儿乞惕部王子被处死。于是，术赤行军至钦察草原，他在吉尔吉斯人和秃麻人的草原上发泄了之前的郁闷，而草原上的吉尔吉斯人和秃麻人，早已忘记他们曾是封臣，现在他们成为术赤统治的一部分。

III

哈剌契丹的溃败，以及在额尔齐斯河西部的一支蒙古军队的出现，在中亚地区引起了诸多的关注。

根据当时此地人的认知，成吉思汗这个名字是和穆斯林商人联系在一起的。就像30年前对金国人来说，成吉思汗不过是一名有着金国小官头衔的年轻蛮族首领，所以，在整个伊斯兰世界，他只是被当作一名在他的统治下喜爱规则的游牧首领，一个禁止掠夺商人的人，一个可以和他做上好生意的人。

后来，商人们带来了可汗征服了遥远的金国的消息，生活在西亚地区的人们再也无须愁容满面，穆斯林们开始注意到，他们现在处在伟大的征服者——花剌子模国王阿拉丁·摩诃末的统治之下。

位于阿姆河与锡尔河之间面积较小的花剌子模国，与咸海南部十分接近，这里提到的花剌子模国与更大的花剌子模帝国有所区分，后者是因为摩诃末的征服而得以扩大的。

突厥奴隶的后代、塞尔柱的苏丹王（某些伊斯兰国家统治者的称号）任命摩诃末为阿姆河下游花剌子模的总督，他是突厥奴隶的后代。摩诃末从父亲手中继承了花剌子模领土，其领土范围从里海延伸至布哈拉地区附近，从咸海至波斯高原。连续征战期间，他向四面八方扩大其领土范围，曾一度越过锡尔河一直向北，前进至吉尔吉斯大草原。他征服了东部连同撒马尔罕和费尔干纳在内的河间地带，收服了南部的阿富汗山区部落，向西越过伊拉克，扩大了其统治范围。作为世上的"保护之神"、"第二个亚历山大"和"伟人"的摩诃末，早就觊觎整个伊斯兰世界，他要求巴格达的哈里发（曾写信给欧洲统治者，在信中曾提到过十字军东征的传教士维特利）承认其苏丹和最高统治者的地位。

巴格达哈里发的世俗权力已经变得无足轻重。他现在仅仅统治着美索不达米亚地区（位于亚洲西南部）。但根据先知的教义，作为伊斯兰教信徒的最高精神领袖，哈里发仍然有十分重要的地位。每一个新兴王朝都想要统治全世界，哈里发对待新兴王朝的政策和德国教皇对待诸位新兴德国君主的政策非常相似，每个新兴王朝都想进行普遍统治。哈里发纳西尔不承认摩诃末为苏丹王，也不把摩诃末的名字加入大众的祈祷中，还企图煽动那些尚未屈服的王公加入反对花剌子模君主的联盟之中。而密谋造反的信件落入摩诃末手中，当时他正忙于征服阿富汗。一旦掌握了哈里发密谋造反的证据，他立即召开穆斯林大会，否认了纳西尔的哈里发地位，并且策划建立反哈里发的组织。

在不侵犯哈里发神圣地位的情况下，摩诃末如今可以名正言顺地发起反对纳西尔的运动了，当然旨在废黜哈里发。

在备战工作还在进行当中时，波斯国王收到了一则消息，在哈剌契丹东部出现了一位新的君主。他对蒙古世界一无所知，仅仅听说过一次针对遥远金朝的战役，还听说蒙古骑兵突袭了吉尔吉斯草原。但他很谨慎，准备推迟对巴格达的战役，并且在其统治区域的东部和北部建立堡垒，还派遣使者前往蒙古。

成吉思汗对伊斯兰世界的了解，远比伊朗国王对蒙古人的了解要多得多。从穆斯林那里，游牧民们发现了数以千计极为有用的东西，其中包括任何箭都不会刺穿的链甲、钢盔和盾牌，精心锻造的短弯刀，还有供女性装饰的精致物品，玻璃器具，软如羽绒般的各色地毯以及精美的丝绸。成吉思汗通过使者向摩诃末传达了一个建议："我已十分熟悉你们波斯国面积的大小和实力。波斯国王是西方世界的统治者，正如我是东方世界的君主一样，我们应该和睦相处、友好共存。我们的边界线与金帐汗国接壤，如有商人能在两国间自由通行，将会十分有利。"

他还派出回访的使者队伍，携带丰厚的礼物——银锭、玉石、骆驼毛制的纺织品和毛皮。为了讨好波斯国王，成吉思汗所有的使臣都是穆斯林，队伍中无一人是蒙古人，由一名叫摩诃末·耶律大石的商人带领。

摩诃末·耶律大石受到最尊贵的招待，这使得平时一贯高傲自大的波斯王的朝廷中人颇为惊诧。波斯国王开始询问。

摩诃末想知道可汗是否统治着许多民族，以及是否真的征服了金国。最后他私下含蓄地表达了蒙古可汗可能对自己造成威胁的担忧。他警告使团领袖：

"你是穆斯林并且出生在花剌子模。你必须告诉我真相，不能有任何隐瞒。你了解我的疆域和权力，这位可汗的军队和我国的军队一样强大吗？"

这个问题中蕴含着危险吗？波斯国王已经了解到摩诃末·耶律大石在花剌子模出生，他将这位商人视为自己的子民，耶律大石回答问题必须特别小心，以免激怒波斯王。作为一名虔诚的穆斯林他须讲出真相。他想到了伊斯兰君主那穿着整齐雄伟的骑兵，也想到了可汗那些为了作战精心准备但装备并不精良的士兵，他回答得非常巧妙：

"成吉思汗的军队和苏丹王的军队相比，犹如将一盏灯与照亮整个世界的发光天体之间进行比较，还犹如将一只怪兽的鬼脸和一个鲁米安突厥语族人的魅力相比。而且你们的战士数量要远远超过成吉思汗的。"

这一信息令摩诃末龙心大悦。东部和西部的君主制定了一份彼此满意的贸易条约。此外，首支商队也在筹备之中，当波斯王动身向西部的哈里发王国进发之时，哲别那颜正在战场上对抗哈剌契丹。

IV

在摩诃末正准备发动一场针对巴格达的战役之时，哈里发朝廷也传来了如下消息：在东部，即在阿富汗山的另一边，一个强大的王国成立。哈里发立即打听这个新兴王国，从分散在亚洲各个角落的聂思脱里基督教派打听到，东方君主是哈里发的敌人和一名基督徒。

这一消息令人惊诧，难辨真假。其背后是印度基督教教皇——约翰长老的传说，该传说在东方已经流传了近一个世纪。

这一故事起源于汉地四分五裂的时期。辽朝在面对金国的攻击时已经溃败，为了避免彻底的毁灭，辽朝一位名叫耶律大石的英勇王子与他的部队从东方向西方进发，穿越戈壁建立了哈剌契丹。这个"来自东方的强国"在一次血战中，很快击败了塞尔柱人（其势力从埃及一直扩展到帕米尔高原），胜利的消息很快被传开，并且传到了十字军那里。十字军当时正在围攻大马士革。毫无疑问，在东方突然出现的伊斯兰教的敌人一定是基督徒，自亚历山大发动的战争以来，欧洲人认为东方有一处仙境，其名为印度。哈剌契丹国王耶律大石正是一名基督徒，他就是"印度国王"——约翰长老这样的神话由此成型。此时此刻，基督教骑士最英勇的代表被塞尔柱人打败，虽然十字军被东方的塞尔柱人打败，但约翰长老力量无穷，是万王之王。这个传说传到欧洲，在那里流传很久。

塞尔柱王国四分五裂。摩诃末国王建立了强大的花剌子模帝国。与此同时，摩诃末还继续与哈剌契丹进行着战斗。年轻时的古出鲁克曾是基督教的聂思脱里派教徒，当他开始迫害穆斯林时，聂思脱里派教徒更加深信不疑，东方新兴的强大国家一定是个基督教国家，他的君主也一定是约翰长老的后代，与穆斯林的国王为敌。

哈里发身处极大的危难之中，他已准备面对死亡或将自己交付给魔鬼。他去了巴格达，请求基督教主教进行调解。在巴格达这座大城市，基督徒和穆斯林们以密邻关系居住在一起，时有摩擦，两方的精神领袖对彼此甚是了解。聂思脱里派主教（聂思脱里派教徒本来从属于哈里发的世俗权力）同意帮哈里发协调，条件是哈里发必须承诺移走一座紧靠基督教徒居住区的清真寺。他给成吉思汗派送了一份急件，提议：只要花剌子模帝国一入侵西方，成吉思汗就应从东方攻破摩诃末的统治区域。这样辉煌的胜利与丰富的战利品就会等候着东方的征服者。

哈里发和主教之后遇到了困难，他们怎样把这封信送到东方最高统治者的手中呢？唯一的办法就是穿越花剌子模帝国领土。这样一来，信使便无法携带信件，因为它很有可能会落入花剌子模国王之手，然而，信使又必须有证明其身份的证据。

之后，有人灵机一动，给准备去送信的信使剃了头，用烧成红色的尖头工具把密信烙到他的头皮里，然后将蓝色颜料塞进他的臀部。信使将信件的内容牢记在心，等头发长长之后，就踏上了去东方的漫长旅程。

等他越过布哈拉，到达撒马尔罕时，世界的面貌发生了改变。摩诃末国王率领他的军队已向西行军。而哲别穿过帕米尔高原的峡谷一直在追逐哈剌契丹的逃亡皇帝——古出鲁克。使者在撒马尔罕听说了自称为"东方之神"的蒙古可汗，还听说了经由金帐汗国进入蒙古属地的商队之逸事。

没过多少时日，来自术赤领地的"弓箭"信使们到达成吉思汗那里禀告："在吉尔吉斯草原上，有一个衣衫褴褛之人，自称是巴格达的哈里发派遣来拜见蒙古君主的使者。"

成吉思汗从伊斯兰商人那里了解到巴格达是一座神奇之城。迄今为止还没有人从蒙古去过巴格达那么遥远的地方，那里是西方，是世界的另一边。哈里发在那里统治着先知的后裔，他是所有穆斯林的宗教领袖。

信使们以最快的速度带着指令返回，向术赤复命，指令内容为：立即把该名男子发派至斡难河一带。

正是由于穆斯林和聂思脱里派宗教领袖派出的这名信使，蒙古人的视野第一次越过了东方和中亚地区。现在成吉思汗得知：摩诃末国王不是真正的"西方之神"，在摩诃末王国的另一边，还有其他国家，这些国家的君主与摩诃末为敌。此外，他还了解到，这些遥远的地方都不是世界的尽头。在他们之外，还有基督徒的领土，他们正向哈里发的土地上派兵。

成吉思汗对东方了如指掌，他到过东方的最远边界。然而向西的疆界似乎无边无际，这些遥远地区的状况与他年轻时的蒙古地区极为相似，每个地区的领袖各自为王，彼此交战，没有一个最高君主。

成吉思汗并不想介入哈里发与波斯国王的争执之中。他注意到：摩诃末是邪恶偏狭之君主，他不仅向穆斯林的大小君主们开战，他还用火和剑破坏他们的土地，对穆斯林和基督徒都如此。诸多属臣都对他心存不满。但蒙古与花剌子模国之间的贸易的确是对可汗有价值的，商队们定期往来交换货品。他对哈里发也没有额外的同情。说来蹊跷，两种宗教的主教一致期待他与另一位暴君作战。成吉思汗认为阿訇应当向真主祷告，而不是期待他向世俗君主发动战争，若真主并不支持摩诃末，那么他的敌人也不会束手就擒。

不久，使者就收到成吉思汗给宋朝使者一样的答复，"我不会与他作战"。宋朝使者也乞求成吉思汗继续与金作战。来自巴格达的这位信使的旅程没有取得预期的结果。

但是后来当西亚的所有土地都被成吉思汗损毁，穆斯林们受控于蒙古人，料想他们马上就要灭亡之时，阿拉伯的编年史家写道："如波斯人所叙述的是真实的，哈里发纳西尔确实召唤鞑靼人进入我们的国家，那这将是世上最可憎的行为。"

正是因为信使的这趟蒙古之旅，使哈里发在几十年内能够继续保持繁荣发展。使者将哈里发的权势与伟大传递给蒙古人，给其留下了深刻的印象。正因如此，成吉思汗的将领们在征服了西亚之后继续向北，可汗开始着手征服罗斯草原。在征服了西亚的每一寸土地之后，罗斯、波兰和匈牙利瓦解，成吉思汗的孙子旭烈兀即拖雷之子，于1258年决定向巴格达进军。

V

起初，摩诃末在攻打哈里发一战中大获全胜。他的军队占领了奠定他路线的半独立王国，然后他由此进入波斯地区。1218年的开局,正是凛冽寒冬之时,唯一的一座山脉将他隔绝在美索不达米亚平原。冰雪阻挡了山口。波斯的士兵已经忍受不住马挨饿、人挨冻的艰难困苦。于是摩诃末在哈马丹和巴格达之间转身踏上归途。

他本来只打算推迟行动。摩诃末指挥着一支不可战胜的军队。作为广阔疆域的君主,他希望休整一年来进一步使军队和装备更加精良。然而此时他听说了哈剌契丹国王——古出鲁克被哲别杀害的不幸消息。现在可汗的疆域和他的领土在东部和北部已经接壤。摩诃末把整个军队召回至阿姆河和锡尔河地区,此时最明智的做法是让军队集结在身边,而非千里之外。

关于这一决定,一位波斯的编年史家这样写道:"然而当一个凡人之星进入不幸的星群时,命运就注定了他要承担的一切,正好与他的期望相反,无论什么都无法挽救他。就算有最敏锐的才智、最非凡的品质和最丰富的经验也不能将其挽救于水深火热之中。他的优势被命运的残酷所湮没。尽管到目前为止,摩诃末所向披靡,尽管幸运星群使他轻松不费气力地实现了愿望,然而现在他将面对足以摧毁他的最大厄运,对巴格达作战仅仅是厄运的序幕。"

摩诃末刚抵达撒马尔罕,就接到了来自讹答剌重要边塞的消息,大意是:总督抓到了一支商队,并在信仰伊斯兰教的商人中发现了蒙古人的密使。

于是,摩诃末下达命令:"把他们处死。"

编年史家这样记录:"这一命令恰恰是他为自己写的死亡判决书。商人们流下的每一滴血,后来他的臣民们要付出洪水般的血的代价,被杀商人们头上的每一根头发需要上千头颅付出代价,而且,每一个金币的价值要远胜于成吨的黄金。"

总督没有错过夺取商队丰富货物的这一机会,并且下令屠杀包括与商队同行的商人、仆人以及所有赶骆驼的人，共有150人被杀害。只有一个奴仆侥幸逃脱，他逃到了离蒙古最近的一处地方，并被立即带到成吉思汗面前。

可汗简直不敢相信，西方的最高君主就这样违背了他允许商队自由通行于他领土之上的诺言。这一定是由总督自己主动提出的，而摩诃末可能对此事一无所知。

成吉思汗派遣了一名使者前往撒马尔罕，提出让摩诃末交出杀人总督的要求。

摩诃末·阿拉丁（即真主之影）简直不敢相信自己的耳朵。一只异教徒的狗，一个游牧族群的头领，让他听命，而他是伊斯兰的指挥者，是"第二个亚历山大"。这个可怜之人胆敢对摩诃末的一个统治者进行审判吗？他这是要公然宣战吗？对于这样的侮辱，可能只有一个答案——处死使团的首领，将其余使者的胡子烧焦，让其回到可汗那里。

蒙古人认为使者神圣不可侵犯。当成吉思汗得知使团首领被处死，当他看到其他使者被侮辱的时候，他流着泪说道："长生天知道，我绝不会对这样的不幸视而不见。"

然后他喊道："愿上天赐予我找到复仇的力量。"

为了复仇之战，他派他的"弓箭"信使奔赴亚洲大陆从阿尔泰山脉到黄海几乎一半的领土去召集人马。从17岁到60岁的蒙古人都拿起了武器，金帐汗国的蛮勇骑兵、畏兀儿王子和他的战士们、中原的炮兵部队以及来自契丹和哈剌契丹的众多武装都响应号召，火速聚到一起。只有作为诸侯之一的西夏王拒绝出兵援助，他说：

"可汗至今还没有对征服国家产生厌烦吗？如果他自己的军队没有强大到可为他征战的话，还是省些功夫吧。"

一个从属国君在这千钧一发之际拒不出兵，这激怒了成吉思汗，他说道："当我所有的军队都在与西夏王国作战，要将那里的一切都夷为平地时，还有什么能够阻挡我行军？

还有什么能够阻止我毁掉那里的一切？还有什么能阻止我消灭这个民族呢？"

然而被杀信使的血魂仍在地面上哭泣。此仇必须先报。

然后成吉思汗似乎未卜先知地这样说："我已经说过，即使生命即将停歇，我也一定会让他为这次背叛付出代价。"

对战波斯王

I

木华黎在金国进行消耗战,相当大的兵力都留在蒙古以监视西夏,但成吉思汗西征大军的数量接近 25 万人。

更为惊人的是这支军队的组织和装备数量在当时世界上是首屈一指的,蒙古人伐金五年积累的经验都系统地应用于实际。为了提高战斗力,征用了外国医生、工匠和技术人员。各种可能性都考虑周全,防范各种意外事故。

士兵们不仅携带实战所需装备,还有针线和打磨箭头的锉刀。士兵战前必须穿好坚韧的生丝衣服,生丝可以阻止弓箭穿透,即便被射中,中医也可以拉动丝布把箭头从伤口中取出。

尽管军队主要由骑兵组成,但也有重型火炮队相随。牦牛和骆驼运送辎重(拆卸方便运输),不仅有投石机和弹弩,还有喷火器和大炮(虽然距贝尔托尔德·施瓦茨在欧洲"发现"黑火药还有很多年),用火点燃木质工事,用雨点般的铁石混合物摧毁防御力量。随军还有架桥铺路的金国专家,进军锡尔河途中,王子窝阔台建造桥梁多达 38 座,水力工程师在围城时帮大军改变河道、引水灌城。

专职官员负责看管每支部队的装备,一旦没有安排得井井有条,负责官员连同犯错士兵会一起受到处罚。先头部队的军官要为每个队伍选择营地。其他人要确保放弃营地时没有重要物品遗落,还有人负责分配战利品。

每个骑手都有三匹备用的马,配备的武器可以近战也可远攻。骑手携带一把弓和两个带有各式箭头的袋子,一个箭袋随时使用,备用箭袋封起来防潮。每人都配有一支标枪或者一支可以把对手拽下马的带钩长矛,一把弯刀或战斧。尤其是每人还带有套索,蒙古人擅长使用这种武器。近代的拿破仑战争中,一大群卡尔梅克人(蒙古族后裔)使敌军恐慌,他们在骑兵部队激烈进攻时使用套索,让法国人摔下马,然后飞驰而去,将对手远远甩在后面。法国人中盛传俄军中有食人族,认为同伴注定被烹。

II

到1218年秋,成吉思汗提出,第二年春天大军在额尔齐斯河上游畏兀儿人的领地聚集,他打算等到积雪融化后,亲率大军通过准噶尔隘口,中亚高原的游牧部落自古习惯于经此进入西部。到达锡尔河之前必须先穿过没有水、没有食物的荒地,所以他不得不率25万人和近百万匹马穿过沙漠,竭尽所能自行补给,别无他法。伐金时,他的入侵使边界的任何一点都向外延伸300英里,但波斯国王的东部边境有绵延2万英尺的大山作屏障,阻止了成吉思汗的入侵。即使成吉思汗绕道北方草原,最终到达锡尔河以后,还要穿越敌国数百英里才能切断位于扎拉夫尚绿洲的帝国主动脉之一——首都撒马尔罕和经济重镇布哈拉。

参谋部在制定不同行军路线时,契丹王国传来了哲别那颜的报告。他发现了一条向西穿越群山的路线,对其他地方不通,仅能进入花剌子模。这意味着入侵那个国家是可行的,不仅可以从北面经由锡尔河进攻,还可以从东面进攻。

因此，成吉思汗立即派术赤前往喀什噶尔支援哲别，他们一起侦察新的路线。

王子和将军很快制订计划。现在是隆冬时节，他们开始向未知领域进军，拿破仑和汉尼拔跨越阿尔卑斯山的伟绩与之相比也黯然失色。2.5 万至 3 万名士兵进入帕米尔高原和天山山脉之间的谷底，在五六尺深的积雪中骑行，低温天气把马腿冻僵。之后，他们到达位于海拔 1.3 万英尺冰雪覆盖的基希尔和捷列克 - 大宛山口。暴风雪肆虐，他们在 2 万多英尺高的大山间的冰雪世界挣扎，马腿裹着牦牛皮，士兵身上裹着"达恰"——双层羊皮袄。他们为了取暖刺穿马匹的血管，喝热血，然后再把伤口包扎上。所有多余的行李和一切可以分配的物品都被扔掉，使人和牲畜能够前行。然而，一路上还是散落着马骨，只有马骨，因为骑手们在马肉还未凉下来时将之都吞食了。每前进一英里都会留下冻死、累死的士兵尸体。

历经了无法形容的苦难和艰辛之后，翠绿的费尔干纳山谷出现在军队面前，这里是锡尔河的上游，这里有葡萄园、丝绸文化、小麦和种马场，这里的金匠工艺和玻璃吹制一样著名。天气也已经是春意盎然。

但他们刚进入绿洲，先头部队开始在村庄里赶走牛群、征用饲料，摩诃末就率领尚未参战、士气高昂的军队赶来，正面迎战被艰难和穷困削弱了的蒙古人。

他看见穿着皮衣的游牧族群骑着毛发粗糙的矮脚马，没有任何铁甲或铁盾，这位花剌子模的统治者几乎要同情这些牧民了。他们似乎也无心恋战，第一次攻击就溃逃了，在撤退时扔掉一些打磨精细的箭头。

摩诃末的军队继续向山谷进军，很快遇到了术赤主力。这支军队不仅数量庞大，而且武器精良、装备齐全，士兵尚未参战，跃跃欲试。

哲别并不想开战，如果蒙古入侵者要撤回山中，沙阿会派精锐部队尾随，这样就会远离成吉思汗和大军预计的决战地点。

但是术赤坚持作战，他说："如果我逃跑了，如何向父亲解释？"

伴着震耳欲聋的镲声，波斯王的军队发起进攻，蒙古人狂呐喊着扑向敌军。他们的动作出奇地快，令敌人措手不及，队伍完全依靠小旗子、各色战场标记和形状行动。他们进攻、换向、分散，然后再集合，在摩诃末的士兵识破其意图之前不断变换突击方式。如此强烈的攻势直指敌军中心，以至于沙阿自己都有被俘的危险，只能靠他的儿子扎兰丁猛烈反击才得以脱身；术赤也因为一个将领英勇献身才没有被俘。这场激烈的战斗持续到傍晚，然后两军撤回到各自位置。

营地篝火熊熊燃烧。

黎明时分，沙阿的部队发现在面前除了遍地尸体空无一人，蒙古军队消失了。蒙古人夜里就已骑上备用马匹，带着所有物资和伤员，驱赶牛群，在摩诃末出现之前离开了，到现在应该已经走了一天的路程。

摩诃末可以宣告胜利，但是他不会受骗随蒙古人进山。封赏之后，他回到撒马尔罕庆贺胜利。

但他不再轻视这些敌人，他从未见过如此大胆而巧妙的战法。他知道需要谨慎便召集了所有军队。摩诃末急切地想知道成吉思汗的下一步计划，派密探打入蒙古人内部。

III

术赤离开喀什噶尔时，已距成吉思汗的大帐2000英里。现在他离额尔齐斯河旁的据点只有1200英里，但是中间都是荒山和布满沙石的荒漠。他已经穿过最后的障碍基希尔和捷列克-大宛山口，但他从未与父亲失去联系。信使披荆斩棘，不畏艰难，他们可以骑向任何地方。

可汗得知费尔干纳盆地的战斗和结果，命令他的儿子前进。成吉思汗向哲别派出5000人的援军，命其向阿姆河上游进军（直线距离并不远），然后沿河而下。

虽然"直线距离不远"，这也意味着从一个高山河谷到另一个高山河谷，跨越几座超过2万英尺的山脉，进入阿姆河（古称奥克苏斯河）的分水岭。哲别领命前进。

同时，在遥远北方的成吉思汗的主力，分为几个大的队伍，开始通过荒凉的七河地区。察合台率领一支，窝阔台率领另一支，小儿子拖雷留在成吉思汗身边，参谋部跟随在这支军队中。

耶律楚材也在场。他精准的预言赢得了统治者对金国大员的信任。一次，来自西方的占卜师预言月亮会在某个夜晚变暗，但耶律楚材摇头，提到了不同的日期。到了占星家预测的时间，月亮依旧明亮，而等到耶律楚材预测的时间，五分之四的月亮变暗了。自那以后成吉思汗对他的信任超过任何算命者或者萨满，他的建议都很高明可行，以至于成吉思汗几乎大事小事都要咨询耶律楚材。

这位金国学者晋升为首辅大臣，这引起了蒙古贵族的嫉妒。这位大儒随同他们的统治者作战，使嫉妒彻底爆发，其中一个以擅长制造弓箭大有名气的人愤怒地喊道：

"一个书呆子能在战场上做什么？"

"好吧，让我们听听你的意见。"成吉思汗跟耶律楚材说道。

"需要弓箭的人，需要懂得这门技术的工匠。"耶律楚材平静地笑了笑，"想治理天下的人就不能忽视手艺精良的工匠"。

事情就这样定下来，耶律楚材随大军出征。

成吉思汗最宠爱的妻子忽兰也想要见识一下西方世界，而作为游牧族群女主人的孛儿帖留在了蒙古。

大军整装待发之前已到盛夏。他们翻过第一座小山脉后，天色变暗，开始下雪。明明是夏季，大地却覆满白雪。

成吉思汗立即命令停止行军，他想要知道如此异象代表什么。如果长生天不支持这场战争，他就放弃。他要求耶律楚材解释这一迹象。

这位金国的天文学家解释道，冬季之王强大的力量已闯入夏季之王的领土，预示着北方的统治者会赢得胜利，战胜南方的统治者。长生天在预示成吉思汗会打败波斯王赢得胜利。

这解释令人满意，这种迹象的预示似乎很明了，但是人若想探查天意，越谨慎越好，所以成吉思汗又试图通过另一种信仰来解释。按照古代蒙古人的习俗，他烧了块阉羊的肩胛骨。大火吞噬骨头，骨头破裂后，他检查上面的纹路。预示着生命的裂纹是好的，有很多横向裂纹暗示着王子、贵族和部落男子的死亡，但主要的还是预示着好运的裂纹。

成吉思汗下定决心，军队重新行进。

IV

摩诃末已聚集 40 万兵力，但是他不敢冒险靠骑兵对战蒙古人，也不敢冒险把帝国的命运交给一场战斗。密探带来的有关成吉思汗的消息足以让他担忧：

"他的军队数量众多就如蚂蚁和蝗虫，士兵像狮子一样勇敢，无论身体的疲劳还是战争的艰险都不能将他们伤害。他们不知道放松或是休息，逃走或是撤退。无论他们去向何方，都带着需要的所有东西。肉干和酸奶就能填饱他们的肚子,他们不顾允许或禁止的指令,无论什么动物的肉他们都吃,他们甚至吃狗肉和猪肉。他们割开马的血管,喝马血。这些马不需要稻草或麦粒,他们用蹄子踢开积雪,吃下面的草或者刨开地面,用力咀嚼根茎和蔬菜。蒙古人征服一地后绝不留活口,不论老少,甚至撕开怀孕女人的腹部。没有山脉或河流能够阻止他们前进。他们穿越过所有的山涧,让马渡河而自己则是抓住马鬃或马尾。"

然而,从额尔齐斯河到锡尔河距离近1000英里。军队不得不越过山脉,穿过茂密的森林,跨过河流,然后来到声名狼藉的"饥饿草原",蒙古人和牲畜都必须要穿过这片没有一滴水的荒漠。摩诃末决定以逸待劳,如果蒙古人在艰难的路途中精疲力竭,一旦抵达锡尔河就会发现一系列精心构造、补给充足的堡垒,他紧急加派了堡垒驻军。即使成吉思汗在某个据点成功突破堡垒防线,撒马尔罕附近摩诃末也有充足的后备力量加紧赶来,在锡尔河给敌人猛击。术赤袭击费尔干纳的富饶山谷,攻破一个又一个城镇,然后开始围攻忽毡的重要堡垒。察合台和窝阔台在锡尔河旁围攻讹答剌,攻下了众多小据点。蒙古人数月未能攻破下两个最大的堡垒。摩诃末没有行动,他等着成吉思汗亲自攻打。

信使从南方加急赶来。在距此约250英里的阿姆河渡口,蒙古人已经入侵,抢掠破坏。

这是哲别及其小股部队,事实上他们已经越过帕米尔高原,但是摩诃末没听到军队力量的信息,只听到有燃烧的村庄和城镇。如果敌人沿阿姆河而下,就会分割自己和帝国南部的领土——阿富汗和呼罗珊这两个东方最大的后备基地,他的儿子们正在那里招募新军。摩诃末派出大部分兵力对抗哲别和侵入者。

他们刚离开就传来可怕的消息。成吉思汗一定在东方的某个地方或者正从相反的方向前进,从西方进军布哈拉和撒马尔罕。敌人怎么可能在西方？他究竟如何才能包抄沙阿？然而，来自焚毁的乡村和城镇的难民证实了这个消息，即使这令人难以置信。

成吉思汗率5万人马绕道向北，涉水穿过锡尔河，整个军队穿越宽400英里、被认为无法穿越的克孜勒库姆砾石荒漠（650年后，俄罗斯铁骑对战希瓦时在这里损失了所有马匹），突然出现在阿姆河下游，那里是摩诃末的后方，成吉思汗正以毁灭的姿态威胁他。

西有成吉思汗，北有察合台和窝阔台，东有术赤，南有哲别，沙阿陷入包围，危机正步步逼近。他把他剩余的军队放到撒马尔罕和布哈拉，因为西北通向咸海边花剌子模故地的道路已被蒙古人堵死，所以他在哲别切断最后的撤退道路前南逃。

V

布哈拉是伊斯兰文化的圣地之一，是经院之城和学习经典之地，是一座建筑和花园之城。

它拥有高墙和深深的护城河，但不是用来防御的，没人想过敌人会出现在此地，对于围攻来说这并不适合供应补给。这里的居民多数是波斯人，驻军主要是土耳其人。土耳其将领认为越过阿姆河更有利于作战，因为那里聚集着新的军队。在夜色的掩护下，他们让精锐开路，从一个没有蒙古人监视的城门出城。

留下无人监视的门正是蒙古人特别钟爱的策略。敌人离开城镇时，蒙古人并没有进攻，而是派出一支军队跟踪，第二天在开阔地带把他们全歼。

这座城市的长者、法官和伊玛目没有反抗，投降了蒙古人。

蒙古骑兵惊奇地在街道上疾驰，成吉思汗在托雷陪同下停在最大的建筑物前。

"这就是波斯国王的宫殿吗？"

他被告知这是大清真寺，真主安拉所在。成吉思汗骑上台阶，下马进入寺中，爬上讲道坛，对着身后簇拥的富人、伊玛目、法官和长者说道：

"乡村既无饲料也没有肉，我的马和士兵都需要食物，打开你们的仓库。"

保管人赶紧拿来钥匙，可是太晚了，蒙古人已破门而入。他们盛宴狂欢，乐师和歌者被招来，城市的贵族、法官和其他显要都被要求喂马，提供饲料。装有《古兰经》的珍贵容器被用作马槽，圣书撒得遍地都是，在脚下被践踏。

虔诚的穆斯林教徒不理解这么恐怖的行径，其中一人拽着一匹蒙古马的缰绳向大伊玛目求助，说道：

"梅夫拉那，这是什么意思？你为什么不向安拉大声祈祷，祈祷万能的主用闪电劈死这些亵渎神明的人？"

但是这个睿智的伊玛目满眼充满虔诚的泪水，回答道：

"如果你重视生命的话，保持沉默，完成指定给你的任务。我向安拉祈祷，事情也许更糟。神的愤怒正笼罩着我们。"

"神的愤怒"——这恰恰是成吉思汗希望穆斯林教徒持有的观点。

他只短暂休息了一下，然后就骑行到城镇前面的大型祈祷广场，布哈拉的居民都被赶到那里，成吉思汗对他们讲话。他的话被逐字翻译出：

"我是'上帝之鞭'，上天把你们交到我手里惩罚你们的罪过，因为你们犯了大罪。你们中的贵族将你们领上邪路。"他列举了波斯国王的挑衅、不忠及其部下的罪行，警告他们不要给他们的统治者提供任何援助。

他问到了城里最有名、最富有的人，把他们召唤来，对他们说：

"你们不必为家里剩下的东西烦恼，我们会替你们保管，你们必须把藏起来或者埋起来的东西上交给我。"

蒙古士兵陪同这280人来到藏东西的地方，每个人都如实地将东西上交。

然后占领者要求平民驱赶那些没有逃跑躲在卫城避难的守军。布哈拉人没有完成这件事，蒙古人帮助他们火烧卫城所在街区，大火迅速蔓延到整个城市。

卫城顽抗几天后被攻占，留下的东西全被烧光，守军被彻底杀光。平民百姓不得不彻底拆毁高墙和防御工事，填平护城河。

这时，成吉思汗离开布哈拉。他带着大部分军队向撒马尔罕行进，希望在那里找到波斯国王，猛烈地进攻那里，但是他已经留下足够的军队在布哈拉完成城镇的"清理"工作。

所有防御工事被夷为平地后，蒙古人再次将居民赶到祈祷广场，挑选身强力壮的年轻人，派到撒马尔罕协助围攻，剩下的人被允许回家。这样，蒙古人撤离向西挺进时，布哈拉就不再是沙阿威胁成吉思汗后方的军事地点。

奇袭太过迅猛，破坏太过迅速，居民甚至还没意识到发生了什么。从毁坏的城镇逃到呼罗珊的商人被问到蒙古人都做了什么，他只能说：

"他们来了，挖掘、放火、屠杀、掠夺，然后一走了之。"

VI

撒马尔罕处于东方穆斯林世界的中心地带，拥有50万人口、繁华的市场、巨大的图书馆和华丽的宫殿。这座城市里驻扎着10万大军,得胜的蒙古大军在城外会合。这里就是沙阿的首都,有着帝国东部最坚固的堡垒。这也是成吉思汗集中兵力在这里的原因。

军队已经成功完成了任务。

术赤已经穿越了整个费尔干纳盆地,从盆地离开后攻克下商业城市忽毡。这里的居民英勇好战,防御工事固若金汤,他们殊死抵抗蒙古人的进攻。摩诃末手下最勇猛干练的指挥官帖木儿灭里,当城镇被攻克下时逃到建在河中岛的堡垒,盘踞于此。蒙古人迫使城中的囚犯交出木筏,在敌军强大的火焰箭攻击下,建立穿过河道通往小岛的路堤。石头路堤几乎要修到目的地时,帖木儿灭里和驻军坐船逃跑了。蒙古人通过发射火焰箭进攻,但船上蒙上了涂着厚黏土的湿毡篷,帖木儿灭里得以从大火中逃脱,然后他和军队航行至锡尔河。蒙古人在河面上拉起一条拦河铁链,但是船突破了铁链。蒙古人在下游建起一座浮桥,在上面安装投石器,但是没等碰到浮桥,帖木儿灭里和军队就登陆了。游牧族群继续骑马追赶,杀光了除了帖木儿灭里之外的逃亡者,他逃走投奔摩诃末的儿子扎兰丁。

察合台和窝阔台花了5个月时间围攻讹答剌。讹答剌守将曾屠杀蒙古商队,知道蒙古人不会饶恕他,城镇陷落后他仍在卫城里坚持了一个月不肯妥协。卫城被攻破后,他抱着最后一丝希望进入城中的高塔,箭用光以后,他拿屋顶上的砖向进攻者猛投。蒙古人要活捉他,所以他们最后把塔炸掉,把他从废墟中拖出来。在撒马尔罕城外,他戴着镣铐被带到成吉思汗面前,成吉思汗命人把白银溶解灌入他的耳、目中,是他引发的战争,最后他被折磨至死。

哲别最终击退了波斯国王派来对抗的大军,他在行军途中攻克很多小地方。

所有被蒙古人俘虏的逃兵和囚犯都认为需要数年才能攻

下撒马尔罕，三支大军分别从攻克的城市带走了年轻力壮的人，让他们参加围攻。

成吉思汗用了两天时间在离城墙一段距离的地方骑行环绕这座城市，他注视着这些强大的防御工事、巨大的堡垒、深深的战壕、坚固的高塔和铁门。这使他联想到金国首都北京以及长时间对那些巨大的城墙所做的无用功。其中一个囚犯告诉他，摩诃末已不在城里，他立即失去了攻打撒马尔罕的兴趣。

他对将军们轻蔑地说："城墙不会比守城者的勇气更强。"他派出两个最好的军队首领，狡猾的速不台和勇敢无畏的哲别那颜，同他的女婿脱合察儿每人率领一万户追踪沙阿。

这一举动看似疯狂、愚蠢。

迄今为止，成吉思汗只是攻下锡尔河和费尔干纳盆地的前沿要塞和一些邻近布哈拉、位于锡尔河和阿姆河中间的不太重要的岗哨。强大的沙阿帝国国土向南、向西延伸1000多英里，人马非常充足，拥有几十个像布哈拉和撒马尔罕这样的城镇。这时，他派遣3万勇士，他们可能会追击伊斯兰的统治者，直至他死在自己的国家。

但是成吉思汗非常清楚地知道自己在干什么。正如哲别几乎不费一兵一卒就征服了契丹，他用了相同的策略，只不过根据不同的环境做了巧妙的调整，用来对付花剌子模沙阿。

这片广袤的疆土上住着12个不同的少数民族，都或长期或短期沦为附庸。只要统治者沙阿还能实际控制，他们就可以提供军队，无论对成吉思汗的3万人马还是整个军队而言，这都可能是一个危险。在这种情况下，即使攻克一半像撒马尔罕这样的要塞又有何意义？相比所有这些，他正在追击的沙阿更加重要。摩诃末一定没有时间部署，没有时间征募新兵，没有时间组织抵抗。他自身陷入如此恐怖的境遇，除了自身安全什么也顾不上。这就会造成他和那些也许只是被迫服从的附庸之间的分裂，他们一定觉得自己的命运不应受沙阿支配。

因此，成吉思汗对派去追踪沙阿的将军们下令：

"你们一定要把他抓住才能回来。如果他在你们面前逃跑，那就跟着他穿越他的王国，无论他去向何处。饶恕所有投降的城镇，但是要无情地毁灭任何阻挡去路、反抗你们的人。"

他给速不台一封用畏兀儿文字书写的保证书，用可汗的红印密封装好。保证书内容如下：

"埃米尔、可汗和所有人都应知道，从日出到日落，我已经给了你们面子。所有投降的人都将被赦免，不投降还要反抗和制造冲突的人杀无赦。所有投降的人都被赦免，任何支持他们君主命令的人都面临死亡。"

成吉思汗确保追踪沙阿的蒙古士兵会遵守规定，脱合察儿抢劫已经向第一支军队将领哲别投降的城镇时，成吉思汗想要处决自己的女婿。怒气稍减后，他向脱合察儿派去一名普通士兵作信使，要求指挥官接受委任，以二等兵的身份继续在自己的军队服务，把指挥权交给速不台。蒙古军纪如此严明，可汗的女婿作为主将也必须听从普通士兵传达的可汗命令。不久之后他英勇作战，以二等兵的身份在攻城时阵亡。

VII

成吉思汗的将领和军队已经渡过阿姆河，大规模进军。摩诃末得知消息时，正在阿富汗山麓丘陵地区的巴里黑。他被告知蒙古人既不烧杀也不掠夺，只是要求供应补给给士兵,供应饲料给马匹,他们正在搜寻他。

事到如今,他知道蒙古人的坚韧和紧追目标的决心,他惶恐至极。除了卫队,他没有军队。阿富汗是刚刚征服的地区,他不知道山中诸侯是否值得信任,所以他向西逃到呼罗珊,那是一个人口稠密、拥有众多繁华城市的省份,已经由他父亲管辖。他在途中强迫未设防地区和旷野的居民放弃住处,因为他们不会从烧掉一切的蒙古人手中逃出。同时,他又反复要求要塞守卫死战到底。

波斯和阿拉伯的历史学家指责摩诃末优柔寡断、缺乏明确计划。但事实上,从他的命令可以看出,他做什么都经过深思熟虑。600年后,库台索夫运用他的战术成功战胜拿破仑。他减少蒙古军队必经城市的人口数量,这样敌人就会丧失获取食物的机会,就没有潜在的奴隶用来参与围攻。同时,他让有防御能力的堡垒尽可能坚守,阻止敌人推进。这样,他和儿子们可以在西面成功纠集足够多的军队。

但是他低估了敌人的速度和战斗力,没有考虑成吉思汗把他和他的附属国分割带来的影响。在玫瑰花园之城梅尔夫,他听说成吉思汗只用3天就攻占了号称固如金汤的撒马尔罕。本来,守军尝试突围,但是因疯狂的杀戮而退回。第二天,蒙古人把战壕推向离城门非常近的地方,出去已无任何可能,甚至不能使用战象。

布哈拉的情况又一次在撒马尔罕发生。谢赫、穆夫提和法官要求打开大门,他们提醒民众撒马尔罕是独立汗国;摩诃末7年前背叛了他们爱戴的奥斯曼汗,诱他出城并杀害了他;成吉思汗在哈剌契丹开放清真寺,保护穆斯林民众。叛乱紧接着发生了,3万驻军(突厥血统)归降蒙古人,其余的人退守卫城,城镇的大门向征服者敞开。

恰在同一天城墙被拆除,护城河被填平。支持他的沙赫和五万家庭被允许留在城市,其余人被赶出城。成吉思汗选出 3 万艺术家和工匠作为礼物分派给儿子和将领，年轻人被迫修建土方，其中一部分被征入伍，剩下的被屠杀。同样的命运降临到那 3 万人和他们的将领以及下级军官身上，因为成吉思汗的原则是不信任叛徒。几天后，卫城陷落并遭焚毁。

现在波斯王知道自己面临怎样的危险。伤害谢赫或者随从的事情没有发生，事实上，两个族长的朋友还被任命为总督，没有蒙古人作为同僚。在这种条件下，梅尔夫的波斯民众毫无疑问已经准备把摩诃末交给他的敌人。

因此，他离开了梅尔夫，向南逃走，翻山越岭来到尼沙布尔。

这个城市拥有坚固的堡垒，他从这儿写信给在玉龙杰赤（花剌子模首都）的母亲，要求她带着他的妻妾和幼子来呼罗珊，因为攻占撒马尔罕后，成吉思汗的下一个目标会是花剌子模。

与此同时，速不台和哲别到达摩诃末的第一个避难处巴里黑，这里没有反抗便投降了。

得知摩诃末向西逃走，他们迅速追击。数周以来，他们循着他的踪迹，也没有休息，平均每天行至 80 英里，甚至备用马匹也精疲力竭。他们毫不放松地追击，渴望追到目标。赫拉特、梅尔夫和大量小城镇在族长和伊玛目的鼓动下投降蒙古军，提供食物和饲料给追击者。这些"表现良好"的地方都没有遭受进攻，甚至委任了当地人统治。但是任何反抗的城市都被无情地攻克和烧毁了，只有拖延了追赶速度的坚固堡垒没有被攻占。但匝维的居民在城头辱骂路过的蒙古人，吹起号角挑衅。速不台停止行军，花三天时间攻下堡垒，屠杀了全城居民，一个也没有放过，然后放火将城市焚毁。

在这种情况下，呼罗珊上下仍效忠沙阿的波斯居民和土耳其守军之间产生分歧。成吉思汗的计划十分奏效，摩诃末即使躲在尼沙布尔坚固的堡垒之后也不再安全。

他以远征为借口逃离尼沙布尔，继续西逃，他的母亲和妻妾已经在那里等着他。甚至他自己的军队都不再可靠。他害怕会遭暗杀，晚上睡在不同的帐篷，早上发现自己准备睡觉的帐篷上布满了箭头。

从那以后，他只不过是一只害怕死亡的待捕野兽，缺乏反抗的力量，甚至缺乏战斗的勇气。他唯一的出路就是逃跑，因此只有几个仍然忠诚的人陪伴，君主只是一个名字而已。他快速穿梭在自己的王国里，向西、再向西，穿越沙漠，翻过山脉，在整个伊拉克穿梭，到达早年对抗哈里发时停留的美索不达美亚边境。他想要做什么？他难道计划祈求旧敌怜悯？最后，他又一次在同一个地点转身，现在，他不再是率领大军的征服者，而是一个悲惨的逃亡者，尝试从追兵手中保命。

速不台和哲别没有停止追击。他们到达尼沙布尔以后，听说沙阿已经逃走，决定补给食物、补充饲料。哲别对居民发出警告："不要依赖坚固的城墙、众多的军队或者锋利的武器，你们要尽可能地帮助任何到来的蒙古军队，按照他们的要求去做。这是唯一能够保护房屋和财产的出路。"然后他们重新开始追踪。

他们在途中一个城堡俘虏了沙阿的母亲和妻妾，然后在另一个地方查获了皇家财宝。所有这些都被护送到成吉思汗在撒马尔罕附近的营地，他在那里静候速不台和哲别2000英里追踪的消息。

在古老的皇城雷伊（现在的德黑兰附近）前面，一支3万人马的大军进行反抗，它被打败而后被驱散。这座城市的居民分成两派，一部分在蒙古人的保卫下战胜并铲除对手。速不台骑马到城堡观看大屠杀。他想怎能信赖这些如此憎恨自己弟兄的人呢？转眼杀光了这些投降的人，只留给雷伊冒烟的废墟。

出了哈马丹，追击者失去了目标的踪迹。蒙古人分头搜寻，其中一个小分队遇上了一队骑兵并冲散他们。弓箭射中骑良马的人，实际上他受了伤，但是马没有受伤，最后骑手逃跑了。他就是沙阿，他改变了逃跑的方向，现在向北逃到里海。

速不台继续追击，但是他到达海滨只看到远处的船帆，这说明摩诃末又一次逃脱了追击。

阿拉乌丁·摩诃末死在里海的一个孤岛上，他生前是一位伟大的征服者、强大的统治者，可是沦为亡命之徒，贫苦潦倒，以至于身边的人安葬他时都没有寿衣，只能把他衣衫褴褛地埋在这座岛屿上。

速不台还没有得知摩诃末悲惨的命运，他向成吉思汗派出信使报告沙阿已经向北逃走，消失得无影无踪。然后，他让人马休息，在里海边的平地安寨扎营越冬。

据记载，速不台和哲别率领的军队在骑行追踪花剌子模沙阿过程中，在冬季营地附近探查，遇到了杜姆亚特的十字军，他们满心欢喜。蒙古人侵袭的故事、祭司王约翰的传说，加上伊斯兰教主和巴格达族长向成吉思汗遣使的传闻，第二年春天影响了雅克·德·维特利写给罗马教皇和欧洲的君主的大量荒诞书信。穆斯林沙阿的敌人被曲解为基督教的战士；成吉思汗变成了大卫王，是祭司王约翰的孙子。蒙古人在向北部方向追杀摩诃末的过程中，在方向上有所偏差，到达里海，却被误认为是在征服耶路撒冷之前为了确保联络的作战计划的结果。

歼灭战

I

在撒马尔罕和布哈拉的中间地带，森林、公园和果园之间，蒙古人的夏季行营绵延数英里。他们严格按兀鲁思（封地）、图门（队伍）、家庭、宗族和部落分隔，在这里驱使年轻的波斯人和突厥语族人——之后用于攻打本国要塞的第一批人。最优秀的穆斯林工匠制造新的弹弩、投石机和攻城撞锤，这些器械优于以往的所有类型。成吉思汗的三子窝阔台能力很强，他管理军械，监督工事。试验军械时，很多藏匿在桃花和杏花之中的行宫遭到破坏。蒙古人和汉人从西方学到如何使用"喷火器"，这种装置能够向敌人喷射燃烧的石油。这是一种非常恐怖的武器，萨拉森人经常用它打击十字军。

但总体来讲，蒙古人处于不活跃时期。成吉思汗密切注意到休息和平静不适合蒙古人。他们正抛弃游牧生活的严酷和简便性，开始学习如何享受。懒惰导致猜忌和阴谋，术赤身边侍臣围绕，聚集了大批优伶；窝阔台和拖雷忙着享用新酿制的葡萄酒，全然忘记了《大札撒》禁止酗酒的规定："每人每月醉酒不得超过三次，两次醉酒说得过去，一次的话值得嘉奖，从不醉酒是最好的。"但是我们到哪里寻找严格遵守这条的人呢？成吉思汗很有能力让不可能变为可能，但令他苦恼的是所有人都为享乐而活。

他非常苦恼地对耶律楚材说：

"我们的后人会穿绣金衣物、享用美食、骑良马、怀抱美人。但他们不会意识到是自己的父辈和兄长为他们打下这样的基础，这类事情出现的时候，他们会忘记我们。"耶律楚材是诸汗之汗可以自在吐露烦恼和担忧的唯一幕僚。

蒙古帝国远未稳固，也没有进行决定性的征服，成吉思汗开始意识到自己的年迈。他像以前一样强壮，在狩猎和战斗中依旧快乐，但是如今他已经年近花甲，身上长了赘肉，行动有些笨拙，自然会更多考虑自己死后发生的事情。他清楚每件事情都依靠自己，自己的儿子们都不像是合格的继承者，不能坚定地继续并完善自己的事业。他依然有机会进行巩固吗？不然的话，帝国会发生什么？汉地居民能做那样伟大的事情，知识渊博。尽管体力并不强壮，他们之中长寿者却比游牧者更多，他们有没有延长生命的方法呢？

耶律楚材说长生不老之法他闻所未闻，但在金国有一位隐士，同时也是一位高寿的圣人，名叫长春真人，是一位道家大师。道教宣扬长生秘诀，或许他了解一些。

野蛮的"世界之王"成吉思汗立刻吩咐耶律楚材致信给"智慧之王"，以前从没有帝王曾写信给哲人。

这位哲人是帝王所征服地区的属民，他摧毁了哲人的国家。因此，成吉思汗在信的开头为自己的战争和征服辩解。

"天厌中原，骄华太极之性；朕居北野，嗜欲莫生之情。反朴还淳，去奢从俭。每一衣一食，与牛竖马圉共弊同飨。视民如赤子，养士若弟兄。谋素和，恩素畜。练万众以身人之先，临百阵无念我之后。七载之中成大业，六合之内为一统。非朕之行有德，盖金之政无恒。是以受之天祐，获承至尊。南连蛮宋，北接回纥。东夏西夷，悉称臣佐。念我单于国千载百世已来，未之有也。然而任大守重，治平犹惧有阙。且夫刳舟剡楫，将欲济江河也；聘贤选佐，将以安天下也。朕践祚已来，勤心庶政，而三九之位，未见其人。

访闻丘师先生，体真履规，博物洽闻，探赜穷理，道冲德著。怀古君子之肃风，抱真上人之雅操。久栖岩谷，藏身隐形，阐祖师之道化，坐致有道之士，云集仙径，莫可称数。自干戈而后，伏知先生犹隐山东旧境。朕心仰怀无以，岂不闻渭水同车，茅庐三顾之事？奈何山川悬阔，有失躬迎之礼。朕但避位侧身，斋戒沐浴，遣差近侍官刘促禄备轻骑素车，不远数千里，谨邀先生暂屈仙步，不以沙漠游远为念。或以忧民当世之务，或以恤朕保身之术。朕亲侍仙座，钦惟先生将咳唾之余，但授一言斯可矣。"

通过信中虔诚的文字，他传递出了一种命令，但又不至于被误解。笃信老子学说的丘处机希望离开世俗的荣耀，他曾拒绝了金国和宋国皇帝的邀请，但他发现以年老体弱和长途跋涉的艰难做借口，没有任何作用。成吉思汗的使臣知道如果不把哲人带回去，自己就会没命，所以他准备好提供旅途中所有可能的便利。这位老人别无选择，只能穿越山东到撒马尔罕 50 个经度的距离。成吉思汗正在撒马尔罕休整，他召集穆斯林圣人和酋长，向他们咨询先知的教义，但是他们基本没有得到尊贵主人的认可。

成吉思汗说："到麦加朝圣是荒谬的，世界上的神明随处可见，不必到特定的地方表示敬意。"蒙古君王反对把野兽分为洁净与不洁净两种，在这一点上也很决绝，他说："天造万物，人可以吃任何想吃的东西。"对于虔诚教徒隔离异教徒及对后者的迫害，他说："你们可以尽可能地关爱彼此，但只有我下令才能进行迫害或杀戮。人们只能在我制定的规则下向自己喜欢的神灵祈祷，我的命令就是遵守成吉思汗的法令。"

这些对话的结果就是什叶派驱逐了逊尼派强加的毛拉，

聂思脱里派基督徒又可以在教堂顶上放置十字架，犹太人重开教堂，袄教教徒在寺庙中重燃圣火。每个派别的人都有安全感，重新开始正常工作。最早受成吉思汗入侵破坏的锡尔河及阿姆河之间的地区，开始从战争的疮痍中恢复。

II

速不台报告沙阿已经不知所踪，这打破了营地的平静。沙阿向北部逃跑，可能回到自己在咸海之滨的部族领地，因此成吉思汗准备新的战役。

术赤和察合台必须立刻动身前往花剌子模故地。由于这块小的领地中有足够的军队帮助摩诃末沙阿守卫王国，战斗可能会很激烈。大汗从不敢掉以轻心，军队必须带走窝阔台制造攻城器械的部队。

为了试验这些发明，他亲自向阿姆河上游没有征服的忒尔迷要塞进发，那是窝阔台选定的试验地点。

成吉思汗看到百斤巨石弹从空中落下，看到最坚固的墙壁被砸得粉碎；他看到弹袋装满燃烧的石油沿曲线飞行落在房顶上，看到房顶成为碎片，建筑物同时变为火海。由于发明了这些武器，窝阔台甚至被豁免了醉酒的惩罚，他必须和兄弟们一起指挥炮兵。同时，成吉思汗派给他们三人跟随自己最早、最为忠诚的伙伴博尔术为监军，单独向成吉思汗报告所发生的一切。这是他第一次派自己的儿子出征，希望得到他们如何相处与合作的最准确信息。

成吉思汗本人继续同幼子拖雷一起留守观察，准备必要时根据形势向北、向西或向南进发。但他受够了慵懒的营地生活，那让自己的士兵斗志下降。为此，他在敌国中部山区组织了一场大型围猎，这是很久以前发明的让蒙古人在战争间隙保持状态的活动。

自从伊斯兰世界形成起,穆斯林第一次看到这种围猎,倍感惊讶的编年史家对此事件有详细描述:

将领穿过森林,划出选定区域称为讷可,更原始的猎场称为葛可。军队以单排或双排骑兵出发,包围森林里划定的区域。他们在巨大的锣鼓声中开始捕猎,从四周向中心聚拢。没有野兽可以逃离包围圈,所有的灌木丛、沼泽地或洞穴都要进行搜索。将领们在狩猎人员后面控制他们的活动。遗落灌木丛中熊的巢穴会受惩罚,错过任何野兽也会受罚。狩猎者走过的地方,森林必须完全没有猎物活动,必须鸦雀无声,死一般沉寂。

蒙古人全副武装,但又不能使用武器。如果熊、老虎、狼群或野猪群想要冲破包围圈,士兵只能拿藤条编织的盾牌抵挡。野兽不能逃脱包围,人员也不能受伤。

从山上到山谷,穿越峡谷,跨越悬崖,围猎区域中的野生动物们不断被驱赶。山坡不管多陡,都不能略过,每条河流都要渡过。晚上,随着包围圈越来越小,士兵们用篝火把包围圈的轮廓显示出来,狩猎者形成四五排。随着时间的推移,保持狩猎圈越来越难,猛兽的进攻越来越残暴。被原路击退以后,这些猛兽把愤怒发泄到孢子和羚羊身上,把它们撕成碎片,狩猎者的包围圈却变得越来越小。这项活动持续数月,大汗有时会在斗争较弱的地方亲自聚精会神地观看军队的"战术"。

最后,大讷可里的动物被压缩到非常小的葛可,它们挤在一个牢不可破的死亡圈子中。

突然,圈子打开一个缺口,锣鼓喧天,铙号齐鸣,野兽们更加受到惊吓。大汗骑马,王子和随从跟随。成吉思汗带着短刀和弓箭开始猎杀,他亲手击倒了一只虎、一头熊和一头大型野猪。随后,他退到山岗上的王座,王子、那颜和将领们开始展示技艺。在他们之后,远方级别低的猎人开始进入葛可，能捕到的主要是不起眼的猎物，除非有些幸存的凶猛野兽突然冲出灌木丛。出现这种情况时，幸运的士兵可以向大汗展示自己的勇猛和技术，或许会受到嘉奖或得到晋升。

大部分猎物被捕杀殆尽的时候，大汗的孙子会为年幼小型的野兽乞命，大汗会赦免它们。狩猎结束信号发出后，有幸逃脱捕杀的受惊动物们重获自由。

忒尔迷附近的狩猎持续四个月，在这四个月中，成千上万的蒙古人不断骑马疯狂地翻山越岭、跨过峡谷，不考虑征服的土地是否和平安定，只关心没有野兽能够逃跑。与此同时，四周新的敌人和危险正向他们靠近。

III

摩诃末已死。弥留之际，他废黜之前册立的斡思剌黑（他母亲偏爱之王子），改立其更为勇猛、精力充沛的哥哥——扎兰丁为国王。扎兰丁出现在花剌子模，受到臣民拥戴，准备与蒙古人一战。

但是花剌子模的将领们觉得，在斡思剌黑统治下得到的权力比远方的蒙古人更重要，他们密谋反对扎兰丁。扎兰丁逃到呼罗珊，路上战胜了成吉思汗派去攻打他的军队，后来突然消失在历史记载中。没有人知道他在哪儿，但是传言四起，有人谈论他对蒙古人的伟大胜利，以及他召集起来的大军，等等。

斡思剌黑和其他花剌子模王子在蒙古入侵前就已逃离，但被蒙古人追上并杀死。而后，蒙古军队沿着狭窄的肥沃地带前进。那里位于阿姆河和沙漠两侧，村镇稠密。蒙古人像以往一样屠杀劫掠，攻陷一个又一个地方。行至位于阿姆河三角洲的花剌子模都城玉龙杰赤时，他们的行动受阻，那个地方好像很难攻取。

由于平原地区没有石头或石块，新的攻城器械丧失威力。他们砍倒树木，锯成合适的尺寸，泡在水里直到和石弹一样重。但事实证明，这些并不是合适的替代物，蒙古人试图猛攻城墙，但是每次都以惨败撤退。

忒尔迷附近的狩猎接近尾声的时候，忠臣博尔术派出的信使见到成吉思汗，他报告了术赤和察合台之间的严重分歧。术赤认为都城属于自己的领地，希望在那里发号施令；察合台认为直到咸海的区域都是大汗赐予自己的封地，他发布和术赤相反的命令。

大汗脸色阴郁，他派出两名携带令箭的信使。

一人去花剌子模，下令由窝阔台接管军队最高指挥权，术赤和察合台听命于自己的弟弟。

没有人胆敢违抗成吉思汗的命令。

尽管术赤和察合台可能因这种羞耻感到愤怒，但他们依旧服从了命令。窝阔台足够精明、没有过度使用权力，而且谦虚温和，时不时向两个人寻求意见，他们很快恢复了团结。在窝阔台的指挥下，入侵者开始引阿姆河水水淹玉龙杰赤。

另一人加速抵达里海，令速不台全速回到大汗身边。

速不台身上和头部都扎紧，与带令箭信使行礼过后，跨上战马，日夜兼程返回。蒙古人在路上每隔25英里或30英里就设有驿站，他在那里可以换骑最快的骏马。有时停下来吃些饭，抽空睡几个小时，然后又跳上战马继续赶路。他以最快速度日夜行进，一周的时间走过约1200多英里，那是他与大汗之间的全部距离。成吉思汗却焦急地等待自己的将领，当时，蒙古王公们沉醉于胜利，已经开始为没有征服地区的控制权争吵；军队将领开始幻想新的冒险和辉煌的事业，只有大汗自己意识到形势严峻。

他靠40万大军猛攻该国，如今3万蒙古人由速不台和哲别率领在西方停留；5万由大一些的儿子们率领向北行进；畏兀儿国王和阿力麻里可汗想要带自己的军队返回。他并没有违背两人的意愿，因为把有不满情绪甚至有些靠不住的队伍留在主力部队，是不明智的。这样一来，会在许多激烈的交战中损失惨重。成吉思汗自己现在率领的军队已不足10万人，尽管靠在当地征兵可以补充很多兵员，但在关键时刻他只信赖这10万人，反抗他的却是一个王国，他都不清楚其疆域面积。

术赤穿越捷列克－大宛山口达到费尔干纳盆地的两年间，蒙古人节节胜利，把伊斯兰世界变为废墟。但他们只是实现了对河中地区的实际占领，那是花剌子模帝国的最东端。现在，窝阔台试图在花剌子模帝国境内向北征伐；南部是阿富汗的山地，没有蒙古骑兵曾经涉足；西部接壤的是呼罗珊地区，只有速不台进行过闪电突袭。

波斯大部分城镇确实都已承认成吉思汗的宗主权，接受了他派去的总督。但是他们是真的效忠吗？或者仅仅是为逃避掠夺而做出的巧妙投降？他们真的决定召集军队为自己舍身奋战吗？

如果勇猛果决的扎兰丁现在召集他们作战，会不会引起一场大规模的叛乱，上百万的军队投入反抗成吉思汗的战争？一场决定性的失败会使他20年所向披靡的战果付诸东流，自己的王国也会被兼并。他没有后备力量，靠悠久传统束缚的精力充沛的蛮荒之地并不支持他。他把所有可以作战的力量都带来远征，一旦战败，已经统一的民族和部落就会分裂，互相厮杀。

他召回速不台分析敌人可能的实力，因为速不台和哲别为了追击摩诃末，已经踏遍花剌子模全境。

速不台汇报的第一部分就提及富庶的呼罗珊，其坚固的堡垒和城墙威严的巨大城市。其领土从赫拉特到梅尔夫，从梅尔夫到尼沙布尔，随后的国家变为巨大的盐渍草原，几乎不能进入。沿着草原边缘，穿越荒山，骑马很多天才能到达另一个人口稠密的富庶国家——波斯的伊拉克。

成吉思汗问："穆斯林军队从伊拉克出发到呼罗珊需要多久？"

速不台回答："夏天他们不会到呼罗珊，因为太阳炙烤草原，河流干涸。冬天穆斯林们不知道如何从雪地下储备粮草，只有春季或者秋天国王的军队才会进行战斗。他们必定驱赶很多畜群，运送大量辎重——我在波斯的伊拉克没见到那样的军队。"

这次汇报决定了接下来的战争。

如果东西方不能协力互助（速不台不了解西方的征兵制度），那就意味着扎兰丁一定在东方某处。假如爆发叛乱，成吉思汗只需面对阿富汗和呼罗珊。这些国家不管多么强大，他们的边境线也不过600英里，在这个距离上，蒙古军队可以在必要的时候迅速相互驰援。这样，即便主力部队仅10万人，加上速不台和哲别在里海边的3万人，也不足为虑。

这些事实决定了俄罗斯几百年的命运，造成了南欧和东欧的荒芜，给欧洲大陆带来了恐慌。

在西方的这个冬天，速不台对相邻的西方国家进行了侦察，突袭了阿塞拜疆、格鲁吉亚和库尔德斯坦。摩诃末去世的那个小岛所处的海域之外，山地变得多起来，他了解到如果穿越这片山地，会到达一片土地，那里生活着窄面、浅色头发和蓝眼睛的人，他们一定是钦察居民口中所谓的西方邻居。因此，可以绕着这个巨大的内陆湖骑行，通过钦察草原返回蒙古。

速不台和哲别一心希望这样行进。

成吉思汗没有反对，他赐予术赤额尔齐斯河以西的世界，"蒙古马的马蹄最远可以达到的地方"。因此，里海周边的土地都属于术赤的封地，人们都愿意结识新邻居。

速不台得到许可穿越里海后面的大片山脉，探查那里居住的民族、王国的大小和军队的种类。

大汗说："他可以再进行三年战斗，而后必须通过里海北部的路线返回蒙古。"

速不台重新启程，耗时两周回到军中。

IV

扎兰丁确实在花剌子模故地的东部，位于多山国家阿富汗的中心地区。他在靠近加兹尼的地方，召集一支军队反抗蒙古人。

现在，成吉思汗料想的事情发生了，反叛遍及整个国家。

在每个省份、每个城镇都存在这样的可汗、埃米尔、酋长和伊玛目，他们习惯于不卷入任何大人物的斗争，只屈服于当时的胜利者。由于他们已经受够了摩诃末的暴政，只要与伊斯兰教义不冲突，他们始终准备屈从于成吉思汗的命令。尽管根据先知的律法，同"不忠的猎犬"战斗，才是最光荣的。但成吉思汗的对持伊斯兰教外其他信仰人们的宽容政策，激起了他们的愤怒，而且蒙古入侵者的洗劫和残暴加重了穆斯林的反感。所以，年轻的穆斯林国王展现勇气和能力，号召子民进行圣战时，他们准备追随。伊斯兰教武装起来进行战斗。

蒙古人任命的总督、当地官员及其追随者被杀，远处的驿站和小股部队遭到攻击，城镇叛乱，以上消息像潮水般从四处涌来。

接到第一个事件的消息后，成吉思汗派幺儿拖雷率领半数蒙古军队到呼罗珊。他下令不必占领，不必征服，而是直接诛灭。

接下来的便是一场歼灭战，10万装备精良，服从铁一样纪律的军队，对战没有纪律、松散的狂热敌人。由于敌人残暴勇猛，不论何时取得胜利都非常残酷。那是生死之战，艰苦卓绝，冷酷无情。

拖雷每占领一个村庄，攻打一处堡垒，其军队数量都在上升。他从不放过一处要塞，所到之处无一保留，全部成为无人废墟。居民超过7万到10万人的城镇，无一人幸免，"连猫或狗都没有幸免"。艺术家、工匠、年轻女子都成为俘虏，能够带武器的男人随军出征，进攻下一个堡垒时被迫第一波冲锋，他们知道如果后退会被蒙古人屠杀。

这次蒙古人像雪崩一样的进攻压制了任何想要反抗的企图。巨大的梅尔夫城独自抵抗三周，但尼沙布尔的坚固堡垒却仅抵抗了三天。为了这次暴风式进攻，拖雷带有一支炮营，携带3000门抛掷重型火箭的机械、300台弹弩、700台投掷装有燃烧石油弹的投石机、4000架攻城梯、用来填堵护城河的2500袋土。若有丝毫反抗，之后投降也于事无补。

仅有一次例外，在攻打呼罗珊最后一座堡垒赫拉特时，拖雷疲于数月的攻打和杀戮，在指挥官死后保证给居民恩惠。除去1.2万名拒不投降抗争到底的人，其余全部被赦免。

拖雷一回到成吉思汗那儿，就传来了赫拉特反叛的消息，留下来统治的总督被杀。

因此，成吉思汗斥责拖雷说：

"为什么会发生叛乱？为什么到了赫拉特人那里，刀剑就已经失效了呢？"

他派将领率领新的军队去镇压，他的命令很简单：

"死人又活过来了,那就让他们身首分离。"

这条命令一字不差地被执行,攻陷赫拉特屠城后,这位将军已经在返程途中,又派 2000 士兵回去确保废墟中无一人生还。事实上,这些人又发现 3000 幸存者,立即处死了他们。蒙古大军第二次撤离的时候,防卫要塞曾拥有 10 万人的城中,最后一处藏匿地点爬出 16 人,后来郊区又有 24 人加入,幸存者仅 40 人。

在花剌子模,窝阔台最终成功占领玉龙杰赤。河水改道措施没有成功迫降,因为居民早已在流入城中的河水断流之前挖了足够多的水井。交战双方都充满憎恨和愤怒,居民成功阻断一支 3000 蒙古人的队伍后,把他们全部杀死。随后,窝阔台下令在护城河里装满木头和柴火,燃烧的石油弹抛向城中,蒙古人趁机开始爬上城墙。花剌子模人以街道和房子为单位进行巷战。战斗在都城狭窄的巷子中进行了七天,后来抵抗终被扑灭。手无寸铁的幸存者被驱赶到野外,按照惯例,工匠、艺术家和年轻女人留作他用,反抗者悉数被杀,编年史家判断平均每个蒙古人杀害 24 人。

所有值钱的东西都被带走,占领者火烧废墟,又引水入城,这样在地窖里或其他高地生还的人都被淹死。两次改道给阿姆河造成的巨大变化,让地理学家依旧怀疑是否其某一支流没有流入里海。为人所知的多个凹陷可能是阿姆河古道,因为没有其他理由解释为什么会有这些绵延数百英里的沟壑,河道干涸可能导致咸海和里海之间的整个地区变为沙漠。

同时,成吉思汗本人在"清理"兴都库什山山麓,他攻占巴里黑、塔里干和搏城。在巴米扬山区堡垒,察合台的儿子——木阿秃干身亡。最偏爱的孙子的去世严重触怒了大汗,他下令立即夷平该堡垒,杀掉里面所有的人和动物。周边一切都要摧毁,以纪念成吉思汗的孙子。此后 100 多年,这条曾经繁华的山谷依旧是沙漠，荒无人烟，得名"卵危八里（歹城）"——受诅咒的地方。

毁灭巴米扬的过程中，窝阔台和察合台从花剌子模返回，但术赤依旧为被迫臣服于弟弟生气，退回自己的领地，两位弟弟把这个消息带给他们的父亲。

成吉思汗假装愤怒看着察合台说："这就是我的儿子们，我为他们承受无数苦难，我为他们征服占领帝国，他们却让我看到不和与违抗。"

察合台感觉父亲是在责备他与术赤争吵以及术赤出走，他跪下发誓自己宁死也不会违抗。

成吉思汗再次重复问察合台是否会服从自己的每个命令，察合台再次发誓效忠的时候，成吉思汗喊道：

"你的儿子木阿秃干死了，不要流泪或者抱怨。"

如晴天霹雳一般，察合台站住盯着自己的父亲，当时或之后的时间也没有对儿子之死发出任何怨言。

V

规模不大但组织精良的民族占领了土地，但这土地现在到处都是死亡与荒芜。大城市成为废墟，人口减少。以前在蒙古争斗过程中，或者在中原征战时，成吉思汗的军队从未制造如此大规模的破坏，恐怖从咸海到波斯沙漠广泛蔓延。幸存者只敢低声说"可恶"。恐慌蔓延如此广泛，一个蒙古骑兵就能入侵村庄，杀掉很多人，赶走牛群，没有一个人敢伸手反抗。人民已经失去了反抗能力。

成吉思汗本人也多次怀疑这种战争方式是否明智。有一次，他在和拖雷俘虏的阿富汗王子交谈中问道：

"你认为这种杀戮能永远留在人民记忆中吗？"

王子请求说实话不受惩罚后回答：

"如果成吉思汗继续这种杀戮战争,没人会活下来记录这种杀戮。"

成吉思汗得到这种回答后,脸上充满愤怒,折断了手中的箭。过了一会儿,他的面容恢复正常,轻蔑地说:"这些人对我有什么意义,有很多其他国家和民族,我的名声会在他们之间传扬,即便摩诃末的骑兵到达的每个角落,也会允许这样的劫掠和屠杀。"

事实上,这次恐怖战争远没有结束。

扎兰丁在阿富汗山间的加兹尼召集阿富汗人反抗。

成吉思汗派失吉忽秃忽率3万人攻打,扎兰丁正面迎战蒙古人。

为使军队规模看上去更大,失吉忽秃忽用毡子和稻草制成人形稻草人,绑在空余的战马上。这种策略奏效了,扎兰丁的指挥官建议他撤退,但是年轻的国王没有被吓到,他打败了失吉忽秃忽,蒙古人溃逃。

成吉思汗假装战败并没有什么大不了的。

他说:"忽秃忽一向惯于打胜仗,现在让他尝尝失败的滋味。"

不过,在敌人胜利的消息引起更多反叛之前,他在窝阔台、察合台和拖雷的陪同下,亲自率军到山区。

军队穿过阿富汗一无所获,只有在失吉忽秃忽战败的八鲁安,成吉思汗不顾形势紧迫停止行军,和年轻的将领骑行到战场,指出战场选址和军队组织的错误。

但是,就连扎兰丁也不能对付大汗。他骁勇好战,知道如何赢得战斗,但不知道如何利用胜利优势。

成吉思汗的军队日益迫近,他却花费时间庆祝上次的成就,折磨蒙古俘虏或者把钉子从耳朵钉进他们的脑袋,把他们杀死。臣属王公为一匹阿拉伯骏马的归属争吵时,一人用马鞭抽打另一人的脸,他站在进攻者一方,因其拥有更多的部落。这使受攻击的人心中愤懑，连夜率领自己的队伍离开。成吉思汗接近时，扎兰丁没有办法，只能逃跑。

成吉思汗的骑兵迅速穿越阿富汗，山民们本来笃信他们的山地坚固无比，此时毫无反抗之力。蒙古人兵不血刃，每个要塞都投降了，最终分崩离析。

最终，蒙古人在印度河边追上年轻的国王。成吉思汗一生中第一次指挥在数量上优于对方的兵力，不过这次战斗是战胜了扎兰丁。东方对战斗的记录依旧生动，已经成为一首长诗的主题，只是忽略了摩诃末，把他英勇的儿子塑造为成吉思汗的劲敌。

成吉思汗在战前下令活捉扎兰丁，认为只要国王在他手上，对自己权威的叛乱和反抗会立刻停止。但是捉住扎兰丁并不容易，他的军队被包围后，他率领700近卫兵再一次攻打蒙古人，切断他们的队伍，重新夺回被敌人夺去的旗帜。他游走战斗再次从蒙古人中间杀出去，然后骑上战马，从60英尺高的悬崖跳进印度河，手里拿着战旗游过河逃走。

成吉思汗惊讶于如此巨大的勇气，依旧阻止士兵射杀扎兰丁。

他说："生子当如斯人！"让儿子们学习扎兰丁的勇猛和刚毅。

尽管成吉思汗钦佩扎兰丁的勇猛，但依然组织军队穿过印度河追击他。军队蹂躏白沙瓦、拉合尔、木尔坦，但没有发现国王。初春的时候他们返回东北地区，那时蒙古人已经不能忍受炎热的气候。窝阔台穿越阿富汗征服了山中居民，察合台占领了起儿漫和俾路支。

扎兰丁率领渡过印度河逃跑的50人，进攻并不好战的印度。征服多个部落后，他向德里进发，强迫统治者接纳他并娶其女儿为妻。他在那里等待蒙古人撤退，几年后又返回阿富汗。成吉思汗去世后，他入侵波斯，而后又受蒙古军队威胁，逃到小亚细亚，在一次战斗中被杀。

VI

　　印度周边的战斗决定了伊斯兰世界的失败，花剌子模帝国不复存在。几个依旧独立的公国比如法尔斯、卢里斯坦和库尔德斯坦留待接下来的战争解决，仅剩的小型战事只不过具有局部意义。从日本海到里海，从朝鲜半岛到高加索，成吉思汗的话就是法律，长生天指定他统治世界所有国家。

　　但是这个任务尚未完成，速不台从西方返回时，是时候考虑征服在自己影响之外的土地了，但这不是两年能完成的。他是在印度追击扎兰丁，同时征服收留敌人的国家，还是最好借道吐蕃（蒙古族传说中的故乡），并在返回蒙古的路上兼并吐蕃呢？

　　如今已是春天，印度的炎热对草原居民来讲是灾难性的。成吉思汗在那个季度推迟了全部计划，等待冬天来临。他派官员进入帕米尔寻找通往西藏的道路，官员回来报告说，携带众多攻城器械和辎重的军队很难通过关口。既然如此，他等待冬天来临，然后返回印度。

　　史诗上叙述，军队向兴都库什行进时，成吉思汗遇到一只雄鹿大小的怪兽，通体绿色，有一只独角。这个怪兽发声酷似人音，仿佛"汝主早还"四字。成吉思汗像往常一样询问耶律楚材有关这只怪兽的事儿。耶律楚材说听说过这种动物，名叫"角端"，可以说世界各地语言，它是上天派来避免无端杀戮的。成吉思汗已经征服西方国家，但南方的印度于他无害。尽管他是上天宠爱的儿子，其他国家也同样是上天的子民，他必须像兄弟一样爱护他们。如果他想要获得上天好感，必须让这异国居民自己生存。

似乎是对这奇异现象解释的印证,从印度回来的蒙古军队中爆发了可怕的传染病,这种疾病跟征战中原的军队染上的疾病一样。

　　成吉思汗从未违背上天意志,这次也一样。他在风暴面前屈服,沿着阿姆河故道回家。

中国哲人

I

1220年5月，中国哲人长春真人启程横跨50个经度西行时已经72岁了。在世界历史进程中，除了中国古代有时会任命哲人为高级官员之外，从未有任何帝王尊崇哲人如蛮族首领成吉思汗尊崇道士长春真人一样。哲人的西行如同凯旋。他歇脚的任何一处地方，僧人、百姓都成群结队地来向他致敬。途经领地的蒙古王公和王妃得到指示，要以最高礼节接待他。一年半后他到达撒马尔罕时，竟然是大将之首博尔术前来带他走兴都库什山的最后一段路，可汗在印度河边的战争结束后驻扎在那里。

成吉思汗问候道：

"其他国王邀请了您，但是您拒绝了。您西行1万里到我这里，我感到非常荣幸。"

这位隐士不喜欢奉承，此次西行并非自愿而是不得已，因此他直截了当地说：

"'山野之人'奉召而来，这是天意。"

他既没下跪也没磕头，只是鞠躬以示尊敬，双手一揖到头。

成吉思汗请他赴宴，但是长春真人没有接受这一荣誉，说他不吃肉；他也拒绝喝马奶酒。他从撒马尔罕带来米面——这不过是他所需要的全部食物。成吉思汗并不觉得被冒犯，希望给客人提供更合口的食物，开通了一条绵延百里的货运专道，穿过撒马尔罕和兴都库什山脉分界给长春真人带来蔬菜和最好的水果。

君主和哲人的对话毫无耽搁直奔主题：

"远道而来的仙人，您知道什么长生不老药吗？"

长春真人朝主人微微一笑，淡然答道：

"延长寿命的药当然有，但是长生不老药没有。"

将军们看着这位不远万里而来的中国著名哲人，目瞪口呆，他居然这样愚蠢，告诉可汗对他的礼遇毫无结果。但是可汗没有表现出不满，也未说出不友好的话语。他只是点点头，赞扬哲人的坦率真诚，然后请教了道家教义。

第一次讲授时间既定，消息传来山中有人作乱。有些部族造反，战事需要成吉思汗关注。教义讲解需无限期推迟，于是长春真人要求立即返回撒马尔罕。可汗竭力要使长春真人信服，路途危险，他最好留在营地，但是这位中国客人回答道："您的士兵太吵，扰乱了我内心的安宁。"因此成吉思汗不顾战事，派1000骑兵护送长春真人返回撒马尔罕。在首都夏宫凉爽的露台上，在美丽花园的树荫下，他可以获得渴望的安宁。

直到秋天成吉思汗才再次渡过阿姆河。他临近撒马尔罕扎营，法官、伊玛目和城中长者来向他致敬。

这是游牧部落首次并未在一国定居就统治了文明民族。对耶律楚材来说，让征服者与被征服者之间建立令人满意的关系，是分配给他的棘手任务。他稳定城镇秩序、摊派赋税、任命各地官员——除去达鲁花赤，都是从当地"居民"里面选出的，就像当今英国政府在印度指派人员管理当地机构一样。这些监管者的工作是确保蒙古人和波斯人之间不要产生摩擦，成吉思汗对向他致敬的伊斯兰教毛拉说：

"长生天赐予我胜利,我已经征服并歼灭你们的沙阿,现在你们必须按我的命令做祷告。"得知伊斯兰教中阿訇要像普通信徒一样交税,他吃惊地说:"那么,沙阿毫不在意你们为他祈福吗?"

在临近撒马尔罕地方,长春真人再次来到成吉思汗的大营。在一个专门选定的帐篷里,妇女不得进入,他们进行了三次会面。在整个营地入睡的寂静深夜,可汗和其子拖雷率领蒙古帝国高官倾听中国哲人讲授。首席大臣耶律楚材担任翻译,并依照成吉思汗的命令,把长春真人的讲话以汉语和蒙语记录下来。

成吉思汗征服了一个世界帝国,希望它在未来几个世纪屹立不倒。

长春真人大笑说:"飘风不终朝,骤雨不终日。孰为此者?天地。天地尚不能久,而况于人乎?"

成吉思汗提到管理的难处。

长春真人说:"治大国如烹小鲜,定不能刮其鳞,不能使其摇,不能使其焦,应怀柔治理。只有公平对待所有臣民的人才是好的统治者。"

可汗若有所思。"人不该努力确保基业传承吗?如果忽略这点,国家不就衰落了?"

长春真人安慰道:"根基牢就不易动摇,抓得紧就不会被夺走。我们必须依道行事——持久真实——无为。"

他向蒙古人解释道家的世界观:

天地的内在联系是多层次而复杂的,然而本质上是简单而几乎无法把握的。设法从本质上理解这些联系的人理解了道——真义。天地间空如风箱,如果拉拉风箱,会产生更多空气。这就如人吹笛,地是乐器,天是呼吸,道就是风箱,永不停息创造无限的美妙音乐。这些曲子无所来处,其他事物亦无所来处,复归于无。但事物有归处时,它就没有完全消失。即使曲声消散，我们仍能听到。这是道的作用：为无为，为而不恃，为而不争。

无为而治，为而不争……这是来自完全不同世界的看法，与听者的看法大相径庭，与蒙古人的习俗截然相反。但是成吉思汗看到其伟大之处，意识到其中传达出值得敬重的道理，因此他对将领们说：道长所言都是他从上天那里得到的真理，我已经将这些道理深深铭记于心，你们也要同样铭记，但我们的权力不容置疑。

成吉思汗仍然希望长春真人来将道家学说和真理传授给他的儿子们，他召开忽里勒台大会，传术赤、察合台和窝阔台前来；长春真人只好遵命，尽管他渴望返回中原汉地。

不过他希望长春真人把道家教义教给儿子们，他召开忽里勒台大会，叫术赤、察合台和窝阔台前来。长春真人只好遵命，尽管他渴望返回中原汉地。

II

这是忽里勒台大会第一次不考虑军事问题，不商议和准备新的战争，这次大会是对胜仗的总结庆祝，如果持续数月，那只是因为蒙古人住在锡尔河下游，这是游牧部落的理想生活。每日骑马，狩猎各种能想到的猎物，接受不同王公的致敬，收发礼物；日日设宴，身穿华服；武器精良，女人貌美；骏马、美食和好酒——这种美好生活是长生天一直以来给予蒙古人的——当然必须遵守成吉思汗的法典《大札撒》。

一切都熠熠生辉。有真丝织锦的帐篷；有伊斯兰国王的黄金宝座，象征王权的王冠和节杖；宝座前是成箱的钻石、红宝石、珍珠和金饰。成吉思汗并不喜欢这种装饰，但即便耶律楚材也建议他享受一下，他说：

"到了家里您可以随心所欲,但在这里您需要在属民面前展现力量与财富。"

成吉思汗认为最好遵从这一建议。

但有一点他坚持己见。他只穿旧粗麻长袍,不配任何饰物。他的皮大氅由貂皮制成,皮帽的围脖也饰有貂皮,但这些衣物只符合草原贵族的身份,世界征服者只要活着就希望保留草原贵族特色。他不会穿属民的华服,也不会穿上属民的盔甲或是用他们的武器。那些东西如同狭隘的城市生活一样与他身份不符。他的确向耶律楚材做了让步,在最后一战中,把乃蛮国旧都哈喇和林的商旅马车卸货的广场改建成一座城镇。耶律楚材坚持认为这样一个固定地点是必需的,由此部落们才知道去哪里进献,并逐渐把那里作为行政中心。但成吉思汗本人无意在那里定居。

"也许我的子孙会住在石头房子和有围墙的城里,但我不会。"

情感上作为牧民,除了牧民无拘无束的生活之外,他对自己或子孙毫无奢求。他的本能告诉他这是唯一适合本民族的生活。现在,城中的奴隶为蒙古人提供了世上一切奢华的时候,游牧生活仍然是适合统治民族的生活。他在《大札撒》里再次巩固了这种生活的基础,然而他并不能确定后代不会喜欢这种安逸的城市生活。儿子们的需求已然与他曾经喜爱的不同。尤其是他深爱的大儿子术赤,正是术赤最使他忧虑。

察合台和窝阔台来参加忽里勒台大会,术赤送来2万匹金帐汗国的灰色黑斑马——作为献给可汗的礼物。但术赤本人没来,他待在自己的大帐,身体抱恙。

信使即刻被派到术赤封地,要术赤参加一场狩猎。

几周后,大队野驴从北部草原被赶来供可汗和将军们消遣。但是术赤再次请求原谅。他病了,无法前来。成吉思汗不相信他生病。术赤一定还对将咸海边的花刺子模分给察合台不满。父亲尚健在儿子就不和,结果会怎样呢?

但是没人注意到成吉思汗的担忧,酒宴如常进行。猎杀野驴十分有趣,最后用套索捉住没受伤的,打上烙印作为可汗的财产,然后再松开。与此同时,设陷阱的捕兽者发明了新游戏,猎杀公野猪。

这次狩猎发生了令人难以置信的事情。成吉思汗正在追赶一只受伤的公野猪,它突然转身怒冲过来。成吉思汗拉弓正要射出致命一箭时,从马上摔落,他失手了。

但是奇迹发生了,野猪并不想动可汗。它冲到一半停下来,站在那里一动不动。其他骑手逼近时,它转身跑掉消失在矮树丛里。

成吉思汗极为不安。他不明白发生了什么,怎么可能就坠马了?在赶上野猪时他的坐骑受惊自然地跳到一边,但这决不会让经验丰富的骑手坠马。更匪夷所思的是,他躺在地上无法抵抗时,狂怒的野猪骤停下来,没有攻击他。

耶律楚材解释了这件事情。

长生天已发出警告,帝王不应如此鲁莽而置自身于险地。然而长生天不想毁灭他,所以野猪也撤回了。

成吉思汗说想听听长春真人的看法。

但是道家真人不相信只有神明爱护子民,向他们发出警告、奖赏或惩罚。对长春真人来说,所有生命都如祭祀的草狗,它们作为祭品时被摆在圣坛,穿上昂贵的衣服,主持葬礼的法师祭祀之前斋戒沐浴。但是祭祀刚一结束,那些草狗就会被扔进泥潭,任路人肆意践踏——直到拾垃圾的人把它们清扫烧掉。如果人前进的时机成熟了,他会感知到生命维度在扩展,一切为他所用。但是期限一到,他就会被抛弃碾成尘土,确实到了可汗放弃打猎这种娱乐活动的时候了。

可汗不明白的是，为何在61岁就已经太老而不能打猎了？他仍然感觉自己英勇强壮，回答中国哲人说：

"放弃做了一辈子的事情很难。"

长春真人说不是要他放弃，而是要他有远见卓识：

"冬去春来，继之夏秋，则冬再来。而人的生命不同。就人而言每一日都存有往日的经，但生命结束时，他就归于本真。归于本真意味着按照永恒的秩序休息，休息意味着使命完成。认识到这个就是我们所说的'悟'。"

成吉思汗若有所思，沉思片刻后又说道：

"您的话我记在心里了。"

他再没有参加过危险的狩猎。

可汗与中国哲人展开意愿之争，成吉思汗想要长春真人留下作顾问，长春真人则想早回中原。成吉思汗解释说自己也很快要返家，他们可以同行至蒙古。对长春真人来说，与装满辎重的军队同行，路途太过沉闷。

"我已经跟陛下讨论了您想了解的所有事情，我没有东西可说了。"

成吉思汗竭力推迟两人的分别，他让长春真人等待，等到他找到一份送给真人的礼物之后再离开。

长春真人说不想要任何礼物。不要特殊恩赐？不要高官厚禄？

"恩惠和封号毫无价值，得宠和失宠都会引起不安。如果得宠，人就会害怕失宠；一旦失宠，就更患得患失。"

成吉思汗想给哲人设个陷阱：

"可是您想要影响他人，不管您是无为还是有为——如果您失宠，将无法传道。"

长春真人嘴角浮现一丝微笑，淡然答道：

"心灵高洁之人适时而动，时机不对就自行其是，任野草生长。"

成吉思汗再无话可说。他派人护送长春真人顺顺利利回国，但没有收回送帝王之礼的命令。将北京皇宫中最美的公园和池塘划给长春真人作为道场，另外还下令真人去世后建立一座道观。成吉思汗的继位者执行了这一命令。

　　长春真人与成吉思汗同年同月去世。

返回蒙古

I

成吉思汗现在不需要匆忙行军，军队用了一年的时间从容行进。走在前面的是大批囚犯，一列又一列装满贵重战利品的勒勒车。营地与其说是军营不如说是一年一度迁移的帐篷群，因为每位武士都有几位妻子，很多人又都带着孩子。大批马车满载从西方掠夺来的战利品；还有数量庞大的牛羊。男女奴隶和同族的年轻妻子们照看马车、扎营和撤营。一个民族跋涉东行，但是有条不紊、士气高涨。

从遥远的金国回来的两位"弓箭"信使几乎同时到达，其中一位带来了坏消息。忠诚的木华黎去世了，享年54岁，这位大将为征服金国不知疲倦地奋战8年，弥留之际对他的儿子孛鲁说：

"我征战40余年，帮助大汗完成大业，从未感到厌倦。我只后悔一件事，没有攻下金国南方首都，这件事就交给你了。"

另一位信使报告金国皇帝完颜珣去世，他儿子完颜守绪继位。

通常在王位更迭时金国会出现开战苗头，即使这样成吉思汗也没有慌张。他批准孛鲁接替木华黎的位置，然后继续从一个营到另一个营缓慢前进，因为他在等儿子术赤从北方赶来，等速不台和哲别两员大将结束西方里海边的漫长战争与他会合，规定的三年期限已到。

但是术赤没来，大将只有速不台归来。成吉思汗忠诚的朋友和伙伴，哈剌契丹和帕米尔的征服者——神箭手哲别在东归路上生了一次急病，在到达中亚锡尔河附近之前因病去世。速不台率领的军队东归前也大幅减员，但是大量满载货物的马车和众多蒙古人都不知道的民族和国家的俘虏表明，大势已定，他们胜利而归。3万人的侦察队伍穿过许多敌对民族的领地，为蒙古人打开了欧洲国家的大门。

II

速不台和哲别启程的里海沿岸平原和高加索山脉的石头要塞之间是基督教王国格鲁吉亚。速不台策马穿过阿塞拜疆山区的公国，袭击了库尔德斯坦荒原国家，然后率领3万人开始入侵格鲁吉亚。格鲁吉亚的精锐骑兵自豪而经验丰富，已经全副武装加入十字军，他们全力迎战速不台。速不台发起攻击，九尾旄纛如白色猎鹰在风中飞翔，格鲁吉亚人及后来的欧洲各国都把这旗帜当作变形了的基督教标志。接着就发生了短暂的激战，然后蒙古人撤退，把追兵引入哲别的埋伏圈。速不台和军队在这里聚集，格鲁吉亚军队腹背受敌遭遇惨败。

但是格鲁吉亚很幸运，速不台和哲别没给蒙古士兵时间探索这片新土地，他们继续前行，穿过高加索南部丘陵地带进入山脉最高处的关口。这些野蛮的游牧者突然从西方人视野中消失，格鲁吉亚的女王鲁速丹坚信，蒙古人惧怕她的骑兵才逃之夭夭。

1222年，收到教皇雅克·德·维特利的贺信正好12个月之后，鲁速丹女王致信教皇报告蒙古人第二次入侵欧洲：

> 野蛮的鞑靼人侵略了我的国家，他们如饿狼般劫掠，像狮子般勇猛。他们一定信仰基督教，因为旗帜上有类似白色十字架的图样。勇敢的格鲁吉亚骑士已把他们驱逐，消灭了 25000 名入侵者。但是，主啊，我们再不能如向您承诺的那样继续高举十字架了。

信中最重要的事实是，格鲁吉亚人无力再参与十字军战争。

高加索山路极为难行。哲别骑马穿越帕米尔时，他的军队只能扔掉行李，打烂弩炮、投石机和其他机械，因为带着它们穿过险隘绝无可能——现在也是如此。但是，哲别最终沿高加索陡峭黑色岩石间的冰河而下，赶到峡谷地带，那里水流湍急直冲捷列克山谷。蒙古人发现敌人的劲旅在等着他们（一如当年摩诃末在费尔干纳山谷恭候他们一样）。

高加索所有的作战的山民——契尔克斯人、列兹基人和阿兰人都集结在这里以保卫领土，强大的库曼人是平原地区的半游牧民，钦察地区野蛮好斗的民族也加入进来。库曼人把从里海到多瑙河的草原地带看作自家财产，他们可以在这里自由放牧，所以他们急忙在山口阻止入侵者，入侵者要由此进入扰乱他们在肥沃平原的自由生活。

蒙古人历经磨难十分疲惫，他们以寡敌众，野蛮杀伐，战局胜负未定。

第二天蒙古人的使节携黄金财宝、牵着宝马来到库曼人的营地。

"我们跟你们同族，而你们却和异族联盟对付自己的兄弟。他们给了你们什么？我们可以提供给你们想要的一切。"

库曼人脱离了同盟。

速不台袭击了山地人，分而歼之，毁掉了他们的防御阵地，把青壮年编入自己的军队。然后蒙古军队追击正在撤退的库曼人，逐个打败各部落，并抢回了送给他们的礼物。在库曼人对他们的出尔反尔气愤不已时，速不台说他们自己就是背叛者，这是应得的下场。哲别告知他们无论怎样都是叛军，因为他们本来属于金帐汗国，库曼人是术赤的属民。

库曼人其实压根儿就没听说过术赤及其封地，他们只是在跟里海东部的部落贸易时才艰难地打听了点信息，听说东方有个君主，里海东部的部落和他的军队作战。但是两位大将出示了一份来自这位"全人类君主"用不知名的文字书写的授权书。他把库曼人赐予术赤作为属民，速不台和哲别前来收服并惩罚他们。

蒙古人行军的速度、高超的战斗技巧、迄今无人知晓的新型武器、男女俘虏都不放过的传闻，加上他们专为惩治库曼人而来的说法，让库曼人惊慌失措。作为半游牧民，他们没有需要保卫的富庶城市，也不必抓住为数不多的零散居处不放。他们很快聚敛财物（亦为掠夺所得）在马背上将其运走，他们被一支蒙古军小队追赶，形成向西或向北逃窜的人流。

金帐汗国疆域有多大？分流之后的速不台和哲别率领3万人取道西行，穿过顿河，策马沿亚速海北岸前进。这是一个富庶的国家，草原广阔、牧场丰美，是游牧民的乐园。

现在他们到达了一个向南延伸的狭窄地界，沿此处穿过群山进入克里米亚。半岛南部海岸是苏达克的热那亚城堡。热那亚人不知道接近蒙古人最好的方法是赠送礼物，他们关上城门，把市民召集到城墙下，城堡遭到猛攻起火，幸存者坐船逃跑，第三次带来举奇怪十字架的可怕陌生人的消息。他们把这一消息带到了位于意大利西部的遥远家乡。

两位将军从克里米亚渡过第聂伯河到达德涅斯特河继续向西征战，河口处是黑海的终点，但是草原广袤无垠，从这里开始就进入白种人的强大王国。向北是罗斯，西北是波兰，往西是匈牙利，南面是拜占庭帝国。

1万户库曼人已逃过多瑙河并请求拜占庭皇帝保护。拜占庭皇帝从格鲁吉亚那里第一次听说这些"恶魔般的"陌生人，现在东北传来的消息让他警惕，正拼命加强都城防御，看到有新士兵加入非常高兴，他把库曼人安置在色雷斯和小亚细亚。

其他部落已经穿过普鲁特河，归顺匈牙利以寻求保护。

速不台没有得到与外邦开战的命令，他的3万骑兵仅仅做一些侦察的任务。黑海岸边已是金帐汗国疆域的边界了。返回之前，他率领蒙古军队在这里休养生息，同时派密探到周边国家打探情报。因为如果大汗之后派他的军队西进到世界尽头，他必须了解沿途国家的情况。因此速不台开始不遗余力地了解欧洲。

他搜集到的情报极为精准，15年后，成吉思汗的继任者能够据此制订18年内征服欧洲的完整计划。前6年时间里，速不台领导军队征服了罗斯、波兰、西里西亚、匈牙利、塞尔维亚和保加利亚，然后按计划挺进亚得里亚海，兵临维也纳，而欧洲王公们对陌生人的第二次入侵束手无策。

Ⅲ

北面是罗斯各公国。

为保护领土免受凶狠的邻国入侵劫掠，加利奇王公密赤思腊娶库曼可汗忽坦的女儿为妻，现在忽坦率领其管辖部落，带着马、公牛和男女奴隶作为礼物逃到罗斯王公那里，乞求帮助对付那突然现身的来自"陌生土地、讲陌生语言但是决心奴役全人类"的敌人。

密赤思腊在基辅召集罗斯王公们，库曼人是他们的宿敌，罗斯疆土总遭到这些野蛮邻居掠夺，但现在库曼人来恳求帮助，那与他们共同抵抗外敌以免罗斯公国沦为战场，也不失为权宜之计，在库曼人土地上迎战好过等待被攻打。

罗斯军队从基辅、库尔斯克、斯摩棱斯克，从沃利尼亚和加利奇出发，进入黑海地区。第聂伯河和德涅斯特河停满了罗斯战船，斯拉夫的战斗力量日益壮大，散落各处的库曼人部落加入了新联盟。

速不台目前的计划并不包括与罗斯作战，罗斯军队沿着第聂伯河低地前进时，10位蒙古使节出现在他们的营地：

"罗斯人为什么踏上战场？蒙古人与他们并无不和，来此只是为惩罚对他们不忠的封臣库曼人。"

速不台对情况很熟悉，因为他说道："库曼人屡次攻打罗斯领土并掠夺他们的财物，罗斯人最好接受建议与蒙古人联手报复库曼人。"

罗斯人自然把这一提议视为计策，蒙古人的唯一目的就是打破联盟，库曼人从未做过蒙古人的封臣。10位来使被杀，罗斯人渡过第聂伯河击溃了1000人的蒙古先遣队。

杀害使者就只有一个答复：复仇。

然而，蒙古人决定还是先教会罗斯人恰当的外交礼节，两个蒙古人策马来到罗斯军营地，说道：

"你们杀害了我们的使节，袭击了我们的前哨，想要开战，那就来吧。原本我们对你们并无恶意，全人类只有一个上帝，就让他来评判吧。"

第二批使节使罗斯人极为惊讶，两位使节视死如归，骑马到营地只为正式宣战更让他们震惊，因此这次的使节得以平安离开。

9天来，速不台和哲别跟急于开战的罗斯军队保持接触，蒙古人在卡尔卡河边驻扎。8万罗斯人和库曼人对阵人数不到他们三分之一的蒙古军。加利奇的密赤思腊王公先前袭击蒙古先遣队取得了胜利，现在担心敌人会逃跑，不愿让别人抢走战功，又发动了攻击。与此同时，基辅的密赤思腊忙于加固他在河岸高地上的阵地。蒙古人集中全力反攻库曼人，骑兵猛烈攻击将其击败，驱赶逃兵穿过已经溃不成军的罗斯队伍。逃脱追杀的罗斯人不超过十分之一，加利奇的密赤思腊乘一艘战船死里逃生，他烧掉了其他战船使得蒙古军无法追击。

随后，蒙古军花3天时间猛攻密赤思腊在基辅的营地，基辅的1万士兵无人幸存送回战败的消息，6位王公及70名波维尔贵族为杀掉使节付出了生命代价。整个罗斯南部没有剩下一支可以对抗蒙古人的军队。

速不台和哲别仍不想征服罗斯。因此他们没有像往常一样乘胜追击，仅掠夺附近的城镇以示报复。然后，他们继续向北部边境进发，罗斯南部的大草原在这里过渡为大片森林，此后他们的军队转头向东返回。

伏尔加河上游和卡马河沿岸坐落着保加利亚王国——那是个以农业为主的国家，毛皮、蜂蜡和蜂蜜生意比较繁荣。一支保加利亚军队意欲阻止陌生人的前进，战败后，卡马河沿岸的保加利亚人承认蒙古人为领主，他们的领土使术赤封地的轮廓在西北方向上变平缓了。

伏尔加河下游有些撒新部落，他们从事种植、捕鱼，其首都遭到猛攻后，归顺了蒙古人。

IV

成吉思汗数周来连续召见大将速不台，速不台也一直讲述3万人的军队如何长途跋涉突袭陌生国土，这让可汗非常高兴。自从离开里海南岸，速不台骑行了4000多英里路，穿越了广袤的土地，打赢了诸多战争，征服了许多民族——一切只为扩张术赤的封地。

然而术赤并未前来听取这位猛将的报告，这是成吉思汗听过的最精彩的汇报。世界由五种颜色划分：红色为南、黑色为北、蓝色为东、白色为西、紫色为中央。孛儿只斤氏的守护神随着绘有飞鹰图案的白色旗帜到达世界各地，使蒙古人战胜了五种颜色所代表的民族。

成吉思汗不断派人去请术赤，要求他必须来，这里要征服的土地比咸海边那个小国花剌子模重要得多，整个西方世界都应臣服于他。但是每次带回的消息都一样——术赤身体抱恙。

后来有一天，一个金帐汗国来的蒙古人出现，说他看到术赤王子外出打猎了。

成吉思汗勃然大怒，匆匆派两个"弓箭"使者去察合台和窝阔台处，命他们即刻带兵攻打术赤的营地。整个大军停止返程，命令接连传至各部，骑兵们上马准备出发。

蒙古人的第一次内战一触即发。

耶律楚材无法阻止可汗，他讲述了分裂对以后造成的危险，可这只是白费口舌。

成吉思汗吼道：

"他疯了，只有疯子才敢违抗我的命令。疯子是不能做可汗的。"

王子们已经策马北行，军队也开始准备作战——这时，术赤的一个儿子骑马飞奔带来消息，术赤去世了。

他并未外出打猎，那只是他的将领们。术赤不愿因自己病重躺在帐篷里而妨碍他们娱乐。没人看到成吉思汗哀恸或抱怨。他阻止察合台哀悼儿子木阿秃干时，实际也是对自己的要求。

他在帐篷里独自待了两天，两天来他乞求亡子原谅自己对他的不公。术赤并非不服气或有反意，灰斑马和野驴就是他为不能服从父亲的意愿而确保能得到原谅而送上的大礼。

成吉思汗从帐篷中出来时，下令抓捕声称术赤出门狩猎的那个人，然而搜查了方圆几百里就是找不到他。

可汗再没问这个人的情况。7 年后，他疲倦却坚定地在再次穿过畏兀儿王国，这次是向东进入蒙古。

在两国边界，他遇到了一支兴高采烈的狩猎小队，托雷的儿子，也是他最小的两个孙子，11 岁的旭烈兀和 9 岁的忽必烈。他们把刚刚杀死的第一头猎物满怀喜悦地呈给祖父，忽必烈射死一只野兔，旭烈兀则捕获了一只母鹿。

按照传统，第一个死于男孩弓箭之下的猎物的血和脂肪，一定要涂抹在他们的大拇指上，这样他们今后的狩猎生涯就会有好运，而成吉思汗此刻甚为喜悦，亲自为孙子们主持了这一仪式。旭烈兀，西亚未来的统治者，伊利汗国的开国之君，偷偷地用力抓住祖父的手，成吉思汗不由得大笑起来："你们看，我孙子的力气比我大。"而后来成为蒙古帝国全盛时期的大汗，征服了从亚得里亚海到太平洋所有国家的忽必烈，神情庄重威严，双手前伸，极为专注。可汗转头跟儿子们说："你们犹豫不决的时候，就让忽必烈拿主意吧。"

成吉思汗的遗产

I

据中国史书《元朝秘史》记载,成吉思汗每日中午和晚上都会提醒自己西夏党项王国尚未灭亡。他希望自己不要忘记在出征攻打花剌子模前发下的誓言:只要活着,就一定要党项国君为背信弃义付出代价。

成吉思汗发誓要寻仇的不履行封臣义务的君主不在了,他与木华黎和金宣宗同年去世,但是他的儿子继位,支持金国反叛者反对蒙古人,拒不将太子送去可汗的大帐;纠集了一批中原和哈剌契丹难民,在战场上投入巨大兵力,总参谋部的探子称这支军队有50万人。

与此同时,木华黎去世后,西夏国重整军力,金国古老的战斗精神也已觉醒。金国北侧有黄河屏障,西部险峻的高山为其提供了一系列堡垒,它集结了全部兵力准备背水一战。据中国史书记载,在长达15年的战争及内战期间,金国及西夏死亡人数达1800万——几乎是总人口的三分之一,然而金国仍然有组织新一轮抵抗甚至发动进攻的力量。其军队深入一些省份,在那里他们打败了蒙古守卫和投靠蒙古人的中国人,收复了木华黎攻下的许多城镇。

西夏与金国看起来即将结盟。

然而在此关头,年事已高的可汗再次辞别斡难河边的家园向东部和南部进军。时值隆冬，成吉思汗在儿孙的陪同下率领18万人出征。

他说了一段话作为随后全部行动的纲领：

"凡事只要开始就要坚决执行到底，无论发生任何事情。"他们要吸取他过早出兵金国得到的教训，"不把敌人打得跪地求饶就不收兵"。

他似乎料到这将是他的最后一场战争，活着回来的可能性很小，他安排好了蒙古帝国的一切事宜，分配了牲畜和军队并划分了儿子们的领地。

拔都将得到他父亲术赤的封地，阿尔泰山以西和以北地区——蒙古铁蹄所能踏足之处都是他的领地。

察合台得到了回鹘及其西南的地区、哈剌契丹及咸海南部的花剌子模帝国。他把西夏、金国和东亚已占领的疆土分给了窝阔台。他最小的儿子拖雷，按蒙古的古老习俗应该是蒙古国的守护者，可汗把蒙古和大部分蒙古军队留给了他。

但这并不意味着国家分裂，《大札撒》规定，将来成吉思汗的子孙无论在哪里——在统治者死后——都要在蒙古召开忽里勒台大会来选取其中一人为众汗之汗。大汗是最高统治者，由忽里勒台大会选出，任何忽里勒台大会之外的最高统治者都应被处死。成吉思汗希望借此确保蒙古帝国统一，避免内战和敌对君主出现，永远都是最有资格、最有能力的后人继承汗位。

II

西夏国的命运由结了冰可以行走的冰面而决定。成吉思汗占领了一个河中湖边的小山，派他最好的神射手跨过冰面去攻打敌军。党项骑兵出动如旋风一般，但是马儿们却纷纷滑倒在冰上，此时蒙古人从四面八方包抄束手无策的骑兵们，弯弓射箭、刀斫斧砍，把他们杀死。然后他们跳上马绕湖去解决被切断的攻势迅猛的党项步兵。据说蒙古人在战场上立了三个桩子，每个上面都吊着头朝下的武士尸体，意指他们歼敌30万人。

战败后，西夏城和人民都难逃战火与刀剑，主要城市全部被洗劫和焚烧。居民们躲进山洞、峡谷和森林里，仅有少数人侥幸逃生。田地被践踏，房屋被烧毁，国王在一个山中城堡中去世，此时他的儿子李晛固守都城宁夏，这是西夏第三次冒险反抗成吉思汗。蒙古人包围了宁夏却久攻不下，城墙能抵住炮弹，点燃的油火罐点不着石塔，壕沟极深也填不满，围城要持续很久。

成吉思汗派三分之一兵力前去封锁，又派三分之一兵力由窝阔台率领去金国，再派第三支军队到党项国西部，而他自己则向东横穿整片疆土来到西夏、金和宋三国交界。

金国和党项人的联络因此被阻断，士气低落下来。

金国来使来见成吉思汗求和，带了一碗国库中上好的珍珠作为礼物。

成吉思汗下令将珍珠扔到他帐前的地上，谁想捡就弯腰去捡。他对这些带着礼物来乞求和平的皇帝和国王早就司空见惯了。

刚打发了金国使节，李晛派来的信使也到了，信使说西夏国王李晛主动要交出宁夏城。

"如果可汗愿原谅我，一月之内我就向他臣服，"李晛如是说。

成吉思汗静坐了许久，表情难以捉摸，然后回答道：

"我会原谅他过去的不忠。"

他感到自己老得厉害。忧伤的梦境困扰着他，"少壮时的旺盛精力不再，代之以年老的虚弱不堪"。他常常说："我就要开始最后的旅程了。"

他派人把他的儿孙们召来到三国交界，因为他知道自己已时日无多。

"长生天助我，为你等打下了一个广袤江山，"他对他们说，"从其中央策马向东或向西奔驰一年都无法抵达边境。"然而，我命不久矣，无望征服世界，这个任务就留给你们。同心协力你们就能征服敌人，过上长久幸福的生活。

之后他讲了蛇的寓言。

从前，有一条蟒蛇，它有一条尾巴和许多头，还有一条蟒蛇，有一个头和许多尾巴。寒冬到来，两条蛇都要寻找安全的洞穴冬眠。对那条多头蟒蛇来说，每个洞都嫌窄，蛇头们互相争吵直到每个头分别找到放头的小洞，而身体不得不留在洞外，暴露在严寒中，由此所有蛇头都处于危险中。但是那条独头蟒蛇的尾巴们都盘踞在一个头下，因此得以抵御严寒。老人继续说着，疲惫的声音变得严厉起来："继承我汗位的只有一人。"他盯住他们："你们中谁要成为我帝国的统治者？"

他的儿子们纷纷跪下，请求他下令，他们一定遵从。

大汗对跪在面前的三个儿子注目良久，最终做出了决定：

"既然这样，我命窝阔台为继承人。"

作此决定时，成吉思汗考虑的是他认为管理偌大帝国最重要的素质。没有一个儿子继承了他的才能、他的作战技巧、他的钢铁意志、他的坚忍不屈以及他对人性的了解——至少没有一个像他一样，集所有于一身。他必须选择一个具有某些卓越素质的继承人。因此他没有选择察合台，尽管察合台意志坚定、为人严厉；也没选择小儿子托雷，尽管他精力充沛又有军事才能；而是任命窝阔台继承汗位，尽管他意志薄弱，一直无法通过他父亲对他贪杯的考验。然而窝阔台非常精明，知人善用；他本性淳良，深得人心；他懂得驭人之术，能够调和察合台和术赤之间的矛盾。成吉思汗认为洞察力敏锐、心地善良和了解人性比意志坚强、军事才能和体力充沛更为重要。

在宣布决定时，他命令窝阔台表明态度。

窝阔台跪着回答说："啊，统治者父亲大人，你命我说话，我绝不能说我不愿继承汗位，我会凭热忱和智慧勤勤恳恳地治理国家，但是我担心我的孩子们缺乏继承汗位的能力。我能说的就这些。"

"如果窝阔台的子孙能力不足，我的后代中至少有一人能担当汗位。"成吉思汗大声说道。

他作此决定绝不是要建立一个窝阔台的大汗王朝，更无意限制《大札撒》设定的忽里勒台大会的权力。大会确定继位者之前，家族守护者拖雷暂为监国。

但是现在大势既定，想到子孙后代有可能分裂、争吵和不和，他再次陷入焦虑。他又想到，有必要让他们看到，只有团结合作才能保持帝国完整。

他抓住箭袋，把箭发给子孙们，命他们各自折断分到的箭。

"看，你们单打独斗的话就是这样的，就会成为敌人的猎物。"

然后，他把一大把箭从箭袋中掏出来，让他们每个人都尝试下，把这些箭折断。看到没人能够成功，他说：

"由此可见，你们如果团结在一起，就会很牢固。谁也不要相信，不要相信敌人，危险时刻要互相帮助、互相支持，遵守《大札撒》，事情一旦开始就要坚持到底。我说完了，现在回你们自己的军队吧。"

他把窝阔台送回中原，把察合台送到西部，把拔都送到山外的封地。

但是，一直到他去世那天，他都在为子孙们将来的做法担忧。他在病床上给陪在身边的拖雷一份彻底消灭游牧民死敌的作战计划书：

"金人的精兵驻扎在西部，有山险为屏障，潼关难以攻下。但宋人是金人死敌，宋人会同意我军借道进入东部的低地。我们必须从那里直接攻打开封府，这样金人就会把精锐部队从西部调回保卫首都。这支部队经过1000里地的长途跋涉，到达开封府时兵马俱疲，你轻易就能制敌。"

1227年8月18日，猪年的农历仲秋月十五日，他在病榻上下达了最后的命令：李晛从宁夏过来效忠，在他到达之前，自己的死讯要保密，之后杀掉李晛和他的全部随从。他确实承诺过原谅李晛，可那时他已去世，拖雷将是监国，不必接受李晛的效忠。杀死李晛后，所有贵族和将军要返回各自领地，到时再向全世界发布成吉思汗去世的消息。

Ⅲ

蒙古军队和平常一样谈笑风生，从西夏国返程。大概因为是凯旋，他们行军的速度比以往更迅捷。尤其是封地更远的部队，比如钦察和乃蛮部、西部山区和辽东地区的，似乎急于赶路，因为总指挥部的命令给各队规定了每日行军的精确里程——这似乎不是返乡而是发动新的战争。而且很多图门首领甚至万夫长的神情极为严肃。

君王大帐最后拆除，大帐前近来立起一支长矛，矛头朝上（表明帐篷主人染恙）。除王子、大将和耶律楚材以外，其他人一概不能进入大帐。大汗的护卫日夜将它围得铁桶一般，只打开过一次，是给李晛和随从让路，后来他们的尸体被抬了出来。

但是现在蒙古人在拆帐拔营，贵族率领各部向各个方向分散，最后只留下了成吉思汗的近卫军。他们聚在一起，团团围住大汗的马车，不许一人一瞥究竟。他们离开时，整片临近地区没有留下一个活口。

这支沉默肃杀的队伍沿途留下的也只是死亡。不幸被这些骑士窥探到的一切活物，不管是人还是动物，鸟还是蛇，都被无情地猎杀。他们就这样跋山涉水，穿林海过沙漠运送大汗的尸体。这寂静的行进队伍只停留过一次，那就是车轮深陷在青色泥沼中，甚至最强壮的马也无法拉它出来。千夫长吉鲁根诺因放声高歌：

"永乘天命，生此人主，今遗弃大统及仆众人等，圣主（特布腾格里，博格达）其超生长往乎？君习居之地，统属仆从，蒙古人等众多官员，王公贵族尽在此处，德里衮布勒塔干山边。青年所遇贤淑孛儿帖夫人，幸遇忽兰福晋及胡笳胡琴诸般乐器并金庭华屋尽在此处。岂能以土地融暖，一众敌人命丧于此，反将众属下蒙古人抛弃乎？今万金之躯虽不能保，但请将如宝玉灵奇之柩，使大福晋孛儿帖一见，以慰属众之望。"

随即马车就可以推动，似乎已故之君仁慈地回应了这一请求。

在蒙古前线这支沉默的队伍遇到了另一支大放哀声的队伍。五位妻子带着孩子、500侍妾及大汗的侍女、大将及贵族们前来迎接伟人的灵柩，他们怀着沉痛的心情吊唁大汗，从4个大帐到他下葬的位于斡难河源头的德里衮布勒塔黑山，一片恸哭。

然后，挑选出来下葬的人在大汗近卫军的陪同下骑马来到不儿罕山，成吉思汗曾在此处两次死里逃生。到了山脚下，他们想把尸体搬出马车抬到山顶，但可汗的遗体似乎被固定在了棺材架上，于是他们将整辆马车抬上山去。

在山顶上，成吉思汗有一次狩猎之后在一棵枝叶繁茂的树下休息了很长时间，随从跟过来时，他说道："我死后葬于此地，把这个地点标记下来。"

因此，他们将成吉思汗安葬在这棵树下，连同那辆他最后乘坐的马车一起，看来可汗不愿与这架马车分离。八座白色帐篷搭起作为供瞻仰和祈祷的圣坛，千人骑兵留在山前守灵，后来，拖雷的两个儿子蒙哥和忽必烈大汗亦葬于此地。

下葬时只有一棵大树，紧接着树苗在周围发芽长大，很快就在山顶形成一片密林，无人再能找到坟冢

许多游客寻找成吉思汗的墓地，德里衮布勒塔黑群山为人所知，但是无人能说出不儿罕是哪座山峰，若有人问，蒙古人则三缄其口。

700年过去了，我们得知，蒙古人仍然每年去埋葬着世界上最伟大征服者遗物的山峰朝圣。我们从北京故宫博物院获悉，成吉思汗衣冠冢是文物保护遗址。

第二部分
蒙古帝国

伟大的治国公

I

成吉思汗溘然长逝，亚洲大地顿时陷入一片无主的茫然之中。曾几何时，亚洲大地在多次的战争和征服之中纷纷扰扰，动荡不安，现在却突然失去了中心。只要成吉思汗活着，他就是整个帝国，是法令，是朝廷，是最高命令，是生死的最终裁决者。他扫平古老的边界，扩大了蒙古帝国的疆域，蒙古军队所到之处，变成了成吉思汗崛起前互不相识的国王、王公和民族的朝圣地。现在这样一个伟人陨落天际。

成吉思汗死前最后一道命令让蒙古人得以避免外敌突袭的危险，所有部队到达指定位置，王公、将军和万户们回到自己的封地和部落之后，他的死讯才为人所知。但从他去世那一刻起，他在生前唤醒并发展起来的巨大力量，尚未达到巅峰，就开始分崩离析。

成吉思汗征战 40 年，致力于统一北方游牧族群。他将其训练成一股强大的力量，带领他们跨越亚洲的广袤大地并取得史无前例的胜利。蒙古铁蹄踏平了那些强大的王国和部落，让蒙古人取得世界霸主地位。他去世后，其继承者都是四五十岁，从他们青年起，记忆中就只有胜利、掠夺、征服以及更多的胜利与征服。这些人的下一代，那些二三十岁的男子，正竭力展示自己的才能和战功，不辱自己的父辈。第四代人也在慢慢成长。

　　30 年来，蒙古人连续发起了多次毁灭性战争，却丝毫未见其有衰落之象，也丝毫未见其枯竭。相反，每次成功和征服带来更多的妻妾和子嗣，这个民族的势力不断增强，队伍也不断壮大。每个在战场上阵亡的蒙古人都留下了十几个甚至更多子孙。成吉思汗的大儿子术赤和弟弟哈撒儿每人都有 40 个子孙，他一个侄子的子孙多达 100 个。成吉思汗之孙忽必烈在位期间，孛儿只斤氏的子孙迅速增至 800 个；成吉思汗去世 30 年后，其后裔人数就迅速蹿升至 1 万人。此外，由于往往是最优秀、最英勇的蒙古人才能享有最多并最漂亮的女人，统治阶级的基因会不断优化。13 世纪亚美尼亚的编年史家见证了这种变化。蒙古第一次入侵亚美尼亚时，编年史家基拉罗斯描述说："他们凶神恶煞，残暴无比，简直难以忍受。"马加吉也说道："他们的长相就像野蛮人。"但是几十年过后，主教奥波利安却描述他们"长相俊美"。

　　据蒙古人自己的记录："成吉思汗即位时，蒙古人食不果腹、衣不蔽体。一个羸弱的民族之所以能够变得富有，一个人数稀少的民族之所以能够壮大，全都归功于大汗的心血和伟绩。"然而现在蒙古人失去了曾将他们凝为一体的信念。此时若要避免突然失去约束的力量转变为互相敌对，蒙古人必须重新建立帝国唯一的核心和方向。众所周知，大汗一生将分裂视为最大的灾难，他把征服世界的目标作为遗产留给儿子们。

　　为实现这一终极目标，成吉思汗留给儿子们的不仅是善战的强大民族，也不仅是师从于他、足智多谋的统军将领和谋略家们，还留下了当时最著名完全能够胜任管理巨大帝国任务的政治家，这便是金国的智者和占星家——耶律楚材。耶律楚材是辽代贵族后裔（他的家族曾统治中国北方 200 年，后来金灭辽，他的祖辈又成为金国重臣），同时也具有蒙古血统。他不但具备蒙古人生来就有的素质，还有着汉人感知事物和思考问题的能力。

成吉思汗帝国的组织结构建立的基础是得胜的游牧族群对文明民族的统治（上帝把他们交给蒙古人处置），蒙古人从被征服者的劳动中获得自己的必需品，正是为了这一目的，蒙古人才给这些被征服之人留了一条活路。耶律楚材世代钻研中国传统学说，不可能认识不到，这种统治不成体系并很难维持，很容易就会走向灭亡，结果要么是值得保留的一切遭到毁灭，要么是游牧传统受到破坏。耶律楚材精通社会治理和数学，信奉儒家学派，热爱美术，在成吉思汗的屡次战争后，他收集了大量书籍、乐器以及珍贵药材。耶律楚材很关注文化传承，他并不希望蒙古帝国毁灭。在蒙古帝国度过的这12年中，他开始只是预言家和占星家，后来成吉思汗尊他为谋略家，他成为大汗最为亲近的朋友，这些经历不可能对他一点影响都没有。成吉思汗那难以抵挡的人格魅力、遍布亚洲的征服脚步、建立世界帝国的伟大计划，这一切都激发了耶律楚材的许多想象。

中原地区数次为外族部落所征服。这些蛮夷难道不是每次在几代之内就被中国文化和习俗所同化，进而成为地地道道的汉人吗？现在蒙古人成了统治阶层，他们有成为统治者的优秀品质。他们与生俱来的能力使之能够建立前所未有的巨大帝国，也会是前所未有的中央帝国。耶律楚材注定要承担这个任务，因而他义不容辞要将古代中国的文化和政治制度引入蒙古帝国，建立稳定的帝国，征服者和被征服者能够和谐相处。

在成吉思汗晚年，除军事事务，其他方面的决策主要由耶律楚材做出。拖雷是大汗死后的监国，他的作用是在忽里勒台大会选出新大汗之前维持帝国内部统一，他也赋予了这位年长的宰相很大的决策权。

为了给最紧迫的措施争取时间，耶律楚材的第一道命令是全国居丧两年。两年一过，成吉思汗的兄弟和儿孙们聚集起来推选新任大汗时，帝国的中心已经建好，那便是哈喇和林。这里并非散落的蒙古包的聚集地，而是一座固定的都城。它兴建于蒙古大军进攻西亚国家之时，坐落在沙漠商队卸货之地。这里也是蒙古部的地盘，毗邻孛儿只斤氏的部落旧址。一座座富丽堂皇的宫殿拔地而起，各种必要的朝廷建筑应有尽有，还建有宝库、弹药库，来储存应有尽有的兵器。都城周围是广袤无边的草原，草原上设了种马场，放牧着牛羊。虽然旱地中间难有事物让人与城池的名字相联系，却提供了广阔的土地让成吉思汗后人和来自世界各地的追随者安营扎寨。

忽里勒台大会可以举行了。

然而英明的耶律楚材还是犯了个错误，推迟两年选举大汗，这段时间还是过于漫长。这两年的时间，王公们早已习惯了作为最高统治者管辖自己的封地，拖雷从不去干涉其内部事务，因此他们丝毫不愿推举拖雷之外的人做大汗。拖雷是个出色的将领，选他当大汗，势必会延续光荣的战争与征服。王公们也可以继续在自己封地内进行独立统治。

成吉思汗去世两年后，蒙古又有回到从前状态的危险，庞大的帝国又要分裂成很多独立领地，唯一不同的是，它们连起来已覆盖半个亚洲大陆。

拖雷是成吉思汗的幼子，按照蒙古族的传统，他年龄尚小不足以继承父位。察合台是长子（除了已经死去的术赤），但是人们又对他心生恐惧，不愿让他统治蒙古帝国。窝阔台也感觉到王公们无意尊他为大汗，他声称自己无意向叔叔和兄弟们发号施令。

忽里勒台大会持续了 40 天，才开始正式推举大汗。推举进行了四天：第一天，王公们身着代表西方的白色蒙古袍；第二天他们换成代表南方的红色；第三天则是代表东方的蓝色；等到第四天的时候，效忠宣誓仪式最终开始，人们穿上了锦缎长袍，上面绣着代表天之四方的颜色。

但王公们仍然未能就大汗人选一事达成一致。

耶律楚材此时已经决定只有窝阔台才能成为大汗。理由是要想完成成吉思汗建立世界帝国的计划，他需要一个德才兼备的统治者，这个人既不能像察合台那般暴戾残忍，也不能像拖雷那般满脑子都是战争和征服。窝阔台生性聪慧，机敏过人，同时又温顺包容。

耶律楚材向拖雷提到了成吉思汗生前关于继承权的嘱托，说服拖雷推举窝阔台，然而拖雷意识到整体形势上的不确定性，说道：

"一切还未安排妥当，他日再推举如何？"

"我已观星象，今日过后，再没有更合适的推举大汗的日子了。"耶律楚材答道。他下定决心走近窝阔台，并对察合台说道："你是大汗长子，但也是臣民，臣服于弟弟窝阔台并效忠于他吧，这是你们父王的命令。"

提到成吉思汗立马奏效。

察合台二话没说，摘下帽子，解下腰带围在脖子上以示谦卑，对着他的弟弟窝阔台跪下。其他的王公和贵族也随他向窝阔台行跪拜之礼，表示效忠窝阔台。

II

在窝阔台的加冕礼上，金国派来使节，要祝贺窝阔台继任汗位，并呈上金国皇帝的贺礼。窝阔台既不接受祝贺也拒收贺礼。

他说："这些礼物代表什么？你们的皇帝迟迟不肯投降，而我父王在征战金国时日渐衰老并驾鹤归西，我怎会忘记此事？"

　　成吉思汗的遗产便是完成征服世界的大业，要求子孙们尽快完成三大任务：第一，金国的彻底投降；第二，征服西亚；第三，征服欧洲。尽管花剌子模国王扎兰丁再次出现在阿富汗和波斯，宣称自己是花剌子模故地大部分领土的统治者；卡马-保加尔人和撒克逊人再次宣布独立，拒绝进贡，忽里勒台大会仍然决定最首要和紧急的任务是攻打金国。

　　这一提议得到了很多人支持，就在忽里勒台大会即将决定对汉人斩草除根时，耶律楚材请求准许他说两句。

　　现在所有事情都危在旦夕：保留攻下的城镇和他故乡的文明，保全数百万汉人的性命，征服者和被征服者和谐共处，建立文化和尚武精神可相得益彰的王国的总体计划。但是他没有浪费口舌向众人讲述美德和人道，而是进行了一个看似冷冰冰的计算，——列举了金国可以征税的条目。他根据自己的预想计算了每年的税收，得出的结论是这些汉人实际每年可向国库缴纳 100 万盎司白银、8 万匹丝绸、40 余万石粮食。他说道：

　　"你们怎能把对国家贡献如此之大的人称作是无用之人呢？"

　　窝阔台听到这么大的数字也心有所动，问道："那么他们为何不曾向朕贡献这些好东西呢？为什么土地荒芜，谷仓空空如也呢？"

　　耶律楚材再次重复了他在军队出征花剌子模前对成吉思汗说的话："天下虽得之马上，但不可在马上治之。制器者必用良工，治国者必有治世之臣。"

　　窝阔台问道："有人阻碍你吗？"

　　自此，耶律楚材的胜利有了保障。窝阔台出征攻打金国，把政务交给治国公——耶律楚材，让他放手管理整个国家。

耶律楚材首先下令严格区分军事和政事，接着他向各省派出博学之士组织公共考试，选拔合适官员，所有人包括犯人和奴隶都可以参加考试。通过这些措施，他释放遭受奴役的4000多名有识之士，让他们返乡出任断事官和行政长官管理各省。他将百姓从地方官吏的专断统治下解救出来，明确文官和武官的等级秩序，划分权限，制定贪污和滥用国家财产的惩罚措施，确保所有违法行为都由合适的部门判决。耶律楚材还进行了一次人口普查，不再只记录每户男丁人数，而是以户为单位进行普查，将每家每户的每位成员都记录在案，以解决拐卖这个难题。他建立最高断案机构；创立学校，使蒙古子女可以学习（仿效汉族方式）地理、历史、数学、天文各科目；在全国范围内统一度量衡；禁止随意征用百姓。于是公共安全得到普遍改善。他实行定期的适度征税制度，规定汉人以钱币、布匹和粮食纳税，游牧人民以牲畜纳税，改变了先前税吏强取豪夺的情况。他适度发行纸币，使之成为最重要的货币形式，在巨大的帝国范围之内，在波斯的各城镇乃至中亚山区都可以交换商品，通过中原商人的纸币按价格结算。百姓们开始自由呼吸，农民们开始耕种土地，贸易和工业也重获生机。

然而通过这些措施，耶律楚材也限制了蒙古贵族的权力，剥夺了他们压榨掠夺百姓的机会。因此，他在蒙古人中引起极大愤恨，有人向大汗告他对朝廷有二心，故意偏袒汉人。

等到窝阔台征战归来，耶律楚材就将充盈的国库、满仓的粮食还有遍野的畜群展示给大汗。他建立了往返于金国和哈喇和林之间的驿站制度，设37处驿站，促进了东西方文化的交流，马可·波罗对此大加赞赏，这成为几十年后遍布蒙古帝国的交通网络的模式。每日从金国各地来的货车有500多辆，载来生活必需品、琼浆美酒以及各类贵重物品。

看到这一切，窝阔台惊讶万分地问道："爱卿并未离开自己的地方，却收回这么多钱谷，你是如何做到的呢？"他还将污蔑耶律楚材的人交给耶律楚材处置。

但是这位中国智者不想报仇。

他说："我们手头有太多事情要做，闲下来没有要紧事的时候，再处置他们吧。"

窝阔台大为满意，他本人性格和耶律楚材有相似之处，窝阔台汗本性宽厚善良，常为别人的各种罪行开脱。有一次，窝阔台和察合台骑马，两人惊讶地看到一名穆斯林按照《古兰经》的规定，正在小河里斋戒沐浴。察合台主管《大札撒》（成吉思汗法典），他要确保百姓严格遵守《大札撒》的各项规定。《大札撒》明文规定：任何人不得在河中清洗。因此，察合台想要立即处死这名男子。

但是窝阔台却下令先逮捕这名男子，次日审判。当天晚上，他传信给那名违法者，让他上朝时谎称自己掉了一块金子在河里，那是他的全部家产，所以不得不找回这块金子。

法院遣人去查，果然在违法者洗澡的地方找到一块金子——因为窝阔台在上马前，就已悄悄将那块金子扔进河里。于是大汗做出判决，以后如有类似情况，仍坚决按法令执行，但鉴于此人穷困潦倒，为了一块金子冒着生命危险去找，额外赏他10块金子，这样他就不用再违反《大札撒》的规定了。

窝阔台大汗宽宏大量、乐善好施，已经到了过度的地步，他对金钱完全抱无所谓的态度。他喜欢听那些记述古代统治者及其生活的故事，每每听到那些嗜财如命的君主，他就会说：

"这些人太不明智，财物不能保我辈不死，死后又不能复生，聚财何益？不如散财寄于民心！"因此，他不错过任何赏赐礼物的机会，部下都抱怨他不假思索，随意赏赐。

他生气地说道:"你们就是要与我作对,这样做是阻止积累这世上唯一能够长久的财富,那就是我在百姓心中的好形象。这些财富于我何用,反倒要提心吊胆防贼?"

窝阔台出手阔绰,以至于前来哈喇和林出售商品的商人们总能拿到高出要价百分之十的价钱。大汗购买了这些东西,转而又分给手下。他对财政大臣说:

"这些商人跋山涉水而来,期待获得利润。既然他们来找我,就不能让他们失望而归。"他精明地一笑,又说道:"他们难道不觉得送你点礼物很明智吗?"

耶律楚材曾想通过法令,禁止官吏收受礼物,被窝阔台拒绝了,他说:

"人们无权索要礼物,但如果有人送礼,那便可以收。"

耶律楚材劝说大汗说如果一直这样下去,人们就会渴望收礼,不久后便会强行索要,却没能成功,他只能作罢。

事实上,窝阔台乐善好施的品性还一度威胁蒙古帝国的统一。征服金国之后,窝阔台曾召开忽里勒台大会,会上各亲王要求大汗赐给他们城邦,以示奖赏。他刚要同意的时候,耶律楚材拦住说道:

"你给他们什么都行,唯独不能分领土。"

窝阔台问道:"那我该怎么办?我已经应允他们了。"

耶律楚材回道:"那至少要规定,他们只能享有大汗派出的征税使所征收的赋税。"

通过这一措施,各亲王的收入和名分得到保证,却没有私自征税的权力。耶律楚材有效地控制了封建贵族势力的扩张。

耶律楚材这一干涉使他又树新敌,但是大汗仍全心支持他处理国政。窝阔台亲自为耶律楚材奉觞赐酒,说道:"今日帝国的富庶,实赖卿之所为!"随即大汗又转向在座的外国使节,自豪地问道:"你们国家可有这样德才兼备的人才?"

然后他当众承认自己是一国之主，但发誓一定万事遵从耶律楚材的建议。他发誓从那以后饮酒量要减至先前的一半。在杯数方面，他确实信守承诺，但是不久，酒杯容量就变成了原来的两倍。

　　无论何种阻力，耶律楚材关于封地的建议顺利实施，蒙古帝国也变得更加巩固。蒙古王公们在各自封地上只能统治各诸侯国的领主，成了大汗恩典下的地方统治者。百姓们高度拥护窝阔台，《大札撒》也得到严格实施。有一次，察合台在畅饮之后，要求窝阔台大汗与他赛马一比输赢，察合台赢了大汗，后来他酒醒后懊悔不已。次日，察合台亲率部下到窝阔台帐前请罪，请求大汗处罚自己，因他要求和大汗赛马，还赢了大汗，违背最基本的君臣之礼。虽然他知道自己面临的不是杖刑就是死刑，但他还是愿意接受处罚，接受大汗对他的任何处置。窝阔台为兄长这种夸张的臣服行为所感动，只轻责几句，并未咎其罪。但察合台要求大汗必须依照《大札撒》处置自己，这样他才能接受大汗的原谅。他跪在大汗帐前，向大汗献上九匹骏马，并请求断事官公开这件事，让所有人都知道窝阔台大汗如何饶他兄弟活命。

III

　　蒙古人为争夺金国南方省份激战四年，金人前仆后继，战将层出不穷，他们抵御蒙古人并且频频取得胜利。于是，拖雷严格遵照成吉思汗生前秘授给他们兄弟的作战计划，率军向东假道宋境，两面夹击金国。至此灭金的大局已定。

　　拖雷死后，速不台继续率军攻打金国。

　　速不台联合宋军攻打开封府，城中两百万人殊死抵抗一年之久。后来，速不台向窝阔台报告说金国很快投降，根据成吉思汗生前的命令，凡抵抗者均处死，因此他建议屠城——杀死所有居民。

耶律楚材又一次冒险进谏，请求驳回这一提议。

"二十年来，我们一直在为攻取金国而战，而这个国家的繁荣正是众多百姓创造的。一年来我们都在为攻下开封而浴血奋战，眼下终于成功，怎么能眼看着城市毁灭呢？三思啊，多少财宝会化为灰烬啊！"

然而这一次窝阔台犹豫了，因为他要是听取耶律楚材的建议，宣布取消屠城，就违背了成吉思汗生前的旨意。

时间一天天逝去，大汗还是没有下定决心，于是耶律楚材知道他需要新的理由来说服大汗。

"开封一旦沦陷，所有的百姓都将成为您的臣民，那您为什么还要斩尽杀绝呢？这些百姓中不乏金国的能工巧匠，不乏金国的艺术家，您都要处死吗？您怎么能连这些上好的财宝都弃之不顾呢？"

最终，窝阔台妥协了。

如果我们根据挽救生命的数量来评价政治家的功德，那耶律楚材无疑是史上最伟大的政治家。

他的劝诫不仅挽救了150多万人的性命，还加速了蒙金战争的结束。其他还在抵抗的省份，本以为按照蒙古战争惯例，肯定是必死无疑，但看到开封免于屠城，便看到了一丝生机，于是纷纷停止抵抗。金国末帝自缢身亡。

蒙金对抗42年后，金国灭亡，金国全境划归蒙古统治。

接着就像成吉思汗战胜花剌子模之后那样，窝阔台也召开忽里勒台大会庆祝胜利。整整一个月，人们不谈政事和军事，在哈喇和林草原上的宫殿中大吃大喝，开怀畅饮。忽里勒台大会之后，他们酝酿了新的征服计划，涉及多达四场战争。

庆典尚未结束，金国最南部的河南省传来消息，大意是蒙古一直以来的盟友南宋因未得到河南而不满，现已调兵攻下数座城池，于是窝阔台派一路大军攻打南宋。中国史家记载："蒙古曾遣使问南宋皇帝：'为何背弃盟约？'自此，黄河南岸再无宁日。"

另一路蒙古大军向东挺进朝鲜半岛镇压起义，欲重新征服高丽王国。

第三路蒙古骑兵则向西行进，穿过花剌子模进入波斯及以西地区，意欲征服小亚细亚。

同时进行的还有第四项计划，即征服欧洲。蒙古铁骑当时已踏遍亚洲的广阔区域，熟悉了亚洲各地文明，统治了亚洲各民族。而他们尚未踏上欧洲，欧洲充满诱惑。终于在1236年，蒙古青壮年组成的大军集结在乌拉尔山脉和咸海之间，所有军士都渴望征服，积累战功（史称"长子西征"）。

这支蒙古大军中包括了几乎所有成吉思汗的直系后人：窝阔台之子贵由和合丹，窝阔台之孙海都；拖雷之子蒙哥；察合台之子拜答儿和孙子不里；以及术赤的所有男性后裔。由于成吉思汗的遗言中规定极西之地都归术赤所有，而拔都是术赤的儿子和继承人，因此就由他名义上统帅这支15万人的骑兵，但实际上的主帅是年事已高的将领——速不台。速不台是成吉思汗身边的名将，所向披靡，他曾奉命追击花剌子模国王，把他逼到绝路，也曾经策马深入钦察草原。他在亚洲中心地提出的这一战争计划，预计用18年时间征服欧洲。

蒙古人在欧洲

I

此时距雅克·德·维特利撰写关于"大卫王"热情洋溢的书信已16年,成吉思汗也已病逝10年。欧洲对十字军东征取得的战果极其失望,埃及的实力足以挫败十字军夺回耶路撒冷的计划。伊斯兰教在一次反击战中再次占领安纳托利亚。对此,罗马教皇呼吁再次发起十字军东征,但遭到人们的反对。人们认为,此时的权宜之计应当是同强大的穆斯林讲和。意大利各城邦位于地中海沿岸,为争夺与黎凡特之间利润丰厚的香料贸易,彼此不和。霍亨斯陶芬王朝的皇帝腓特烈二世和埃及苏丹进行了友好协商。根据双方协定,耶路撒冷对天主教徒开放。他还与突尼斯大公互送礼物,将一批穆斯林雇佣兵纳入自己军中,以此胁迫罗马教皇。

因此,欧洲各国在与伊斯兰国家接触中积攒下来的能量无法在欧洲之外宣泄,便在各国内部爆发。当时封建领主和君主之间争端不断,但与罗马教皇和帝国之间争夺最高权力的激战相比,这些小争端则黯然失色。就如罗马教皇曾经号召基督徒对异教徒发动战争,如今他则号召对皇帝发起十字军战争。腓特烈二世因此率领10万人再次跨越阿尔卑斯山,班师回到意大利。此时北部意大利城市共和国的军队有6万人,企图阻止他通过奥利奥河,却于1237年11月27日在科尔泰诺瓦遭遇惨败。腓特烈二世就此认为自己马上就能战胜罗马教皇了。整个冬天和第二年春天，腓特烈二世在帕维亚、都灵、维罗纳举办恢宏的受觐礼，接待来自西方各地的使节。新的骑士团不断加入，增强了皇帝的势力，前来的还有法国和英国的附属，甚至东方的埃及苏丹卡米尔都遣使祝贺胜利。腓特烈二世声名远播，欧洲尚未听闻的国家竟遣使觐见，这未知的国家正位于塞尔柱帝国附近。

然而，这位使节并不是真来祝贺皇帝胜利的，他是穆斯林首领派来请求皇帝帮助抵抗"残暴的野蛮人"的，这些野蛮人从东方侵入穆斯林的领土"烧杀抢掠，无恶不作"。使节口中的这些"野蛮人"，便是窝阔台大汗派去的三个蒙古战队，大汗令军队征服波斯和小亚细亚。

然而，不论这种求助对于腓特烈二世来说多么具有奉承意味，暗示着他的名望在不断增强，也不能保证使节得到满意答复，即使腓特烈二世的朝廷对于宗教十分自由，丝毫没有偏见。两个世纪以来，西欧世界的主题便是天主教徒和穆斯林教徒之间的对抗，此时若去帮助萨拉森人抵抗外敌，任何一个欧洲人都无法忍受。穆斯林使节试图说服皇帝："除非萨拉森人足以抵御野蛮人的入侵，否则野蛮人必将摧毁欧洲世界"，然而他仍无功而返。因为这个说法太过矛盾，竟说穆斯林是天主教治下欧洲的捍卫者！

使团说服腓特烈二世不成，又向西觐见法国国王路易六世和英国国王亨利三世。两国也都热情接待他们，却都不考虑和萨拉森人结盟，没人能够猜想这些来自亚洲的野蛮骑兵在穆斯林掌权之外的地盘上会对天主教世界造成什么威胁。

然而萨拉森使团刚刚离开英、法宫廷，腓特烈二世还在意大利北部准备继续进攻伦巴第人，遥远的罗斯传来噩耗：大军受挫，城市被焚，堡垒被夷为平地；妇女受辱，老人、儿童遭到杀害。

或许人们还未完全忘却15年前发生的类似暴行,据说当时残暴的骑兵挺进北方,跨过高加索山,大败罗斯南部各公国。这次他们直接率兵东来,攻陷罗斯北部各公国。谁能相信萨拉森人所说的野蛮人与肆虐罗斯丛林的残暴骑兵是一批人呢?不管怎样,因为罗斯人是异教徒,人们认为这次入侵是上帝的惩罚。15年前那些骑兵越过高加索山便迅速消失得无影无踪。这些残暴的侵略者也一样,在大肆残杀掠夺之后便回到不为人知的故乡。

事实上,待到1238年春,有消息说他们按原方向折回,消失在东方一望无际的草原中。瑞典、日耳曼骑士以及立陶宛随即组织武装,他们不是去援助罗斯以防再次遭袭,而是希望能够轻而易举征服惨遭涂炭的罗斯。至于那些残暴的骑兵,西欧各国并没有把他们放在眼里。

没人知道这些骑兵的目标是到西方进行杀戮和毁灭,当时欧洲也没人了解这些骑兵冬季作战的高超战术。

早在1236年到1237年的冬季,蒙古军队集结之后,速不台就令蒙古大军前往征服伏尔加河以东以及卡马河和里海之间的人民,毁掉他们的城镇,杀戮男人或收为俘虏。夏季,蒙古人训练这些俘虏,让他们学习蒙古军队作战方式。由于收编新成员,蒙古大军的规模扩大到原来的两倍。1237年12月,他们踏冰渡过伏尔加河。

富饶的南部罗斯草原自然对游牧族群有极大的吸引力,而且要进攻西欧,这也是最容易的路径。但是速不台将略高明,他另有打算。如果他从东面直抵南部草原,那么南部罗斯的王公必然撤到丛林密布的北方,没有路径的丛林会给骑兵带来无法克服的困难。罗斯势力可以静待北边援军,那时便可从侧翼和后翼袭击蒙古军队。因此,速不台决定率领蒙古大军向西北方向挺进,先摧毁北部罗斯王公的势力。

蒙古遣使先行于军队。使节传令要求罗斯王公承认蒙古帝国的霸主地位，要求向蒙古帝国开放所有城镇并上交国家十分之一的财产，将十分之一的人口划给蒙古帝国为奴或充军——这是蒙古人一向采取的战术，他们派敌军俘虏组成的辅助部队占领要塞或克服其他障碍，自己的队伍只在决战时加入。

罗斯人几百年来一直与草原游牧族群作战，见识过游牧族群在开阔地作战的厉害，但他们认为一旦骑兵进入丛林便寸步难行。罗斯人之所以如此估计，必然是骄傲自大造成的。蒙古大军派去各公国的使节有的被驱逐，有的被杀害。各公国封锁城池，组织市民武装抵抗。

经过六天围攻，蒙古大军攻破梁赞，包围弗拉基米尔公国，轻而易举攻占莫斯科（当时是一个不起眼的小城）。他们之后从两侧入侵首都弗拉基米尔，猛攻首都四天后攻打并消灭了向北方集聚的王公军队。1238年2月，许多坚固的城市相继被蒙古大军攻占。1238年3月底，罗斯北部公国全境陷落。诺夫哥罗德是俄罗斯的发源地和最后屏障，当时尚未被占领，其抵抗力量也不值一提，拔都却在大军转战上万英里后，在距诺夫哥罗德100多英里时，突然宣布放弃掠夺这座最富庶的城市。随后，他率大军向南进入罗斯南部草原。速不台比600年后的拿破仑更熟知罗斯的气候和环境。他不顾酷寒，于隆冬时节开始进攻，率军队穿越雪地通过广袤的大地，现在又率领军马赶在冰雪融化、北部罗斯平原变成无法通过的沼泽之前回到草原。

II

蒙古大军在南部草原开始休养兵马，积蓄力量再次进发。然而，蒙古人古已有之的不和又在成吉思汗后人中出现，这最终导致世界上最伟大、最强大的帝国走向毁灭。

《中华帝国史》中收录了一封拔都写给窝阔台大汗的信,从中可以窥见蒙古政治后20年重要发展的端倪。拔都在信中写道:

"尊敬的大汗、我的叔叔,蒙长生天眷顾以及好运,十一个国家已被征服。大军汇合后,我们举行庆祝仪式,所有王子均到场。作为长兄,我先喝一两杯酒。不里和贵由不顾礼节退出宴会,上马咒骂而去。不里说:'拔都权力并不比我们大,为何要先于我们喝酒?他不过是个长胡须的妇女。我一脚就能把他踢倒,踩在脚下。'贵由也大嚷:'我要下令用木棍棒打他。'还有人说:'应该在拔都背后绑个木头尾巴羞辱他。'这些话竟出自贵由和不里两位王子之口,还是在战后各路人马集合商讨大事之时。我们无奈在诸事未定时便结束宴会。这些便是我要告知您的,尊敬的大汗,我的叔叔。"

信使们把信件从伏尔加河飞速送往蒙古大都。争端的焦点在于贵由,作为窝阔台长子,他自恃比其他王子地位更高。拔都作为此次西征的最高统帅发号施令,令他感觉十分屈辱。贵由桀骜固执,不听取别人的劝告和斥责,窝阔台最后令他返回哈喇和林。

距蒙古大军此时攻打罗斯北部各公国已过两年,罗斯居民早已习惯顿河东部草原来的新民族——除了其他游牧部落的难民逃来报告说被入侵者驱赶,这个民族的消息鲜有耳闻。

只有一人觉察到危险,那便是年事已高的库曼王克颜。成吉思汗曾令速不台来此地观测侦察,当时克颜在罗斯这边战斗并在蒙古人的屠刀下幸存下来。他的部落占据黑海南面的富饶地带,一听说蒙古人已控制草原周边地带,便立即集合各部,率军带着妻儿、帐篷和马车西逃。他率领部众渡过第聂伯河和德涅斯特河,又加速穿过比萨拉比亚和加利西亚，直到喀尔巴阡山。即便到那儿还是觉得不安全，因此他遣使跨过喀尔巴阡山，拜见匈牙利国王贝拉四世，提出要臣服于国王。甚至准备让自己和部众改信天主教，只期望匈牙利能接受他们，庇护他们。

克颜的提议会使20万异教徒加入天主教，所以匈牙利的天主教神职人员非常赞同这一决定。除此之外，克颜4万人的军队只效忠国王一人，不归地方领主管辖，这预示着王权加强。和当时所有的国王一样，贝拉四世也与国家封建贵族势力长期不和，因此他愉快地接受了提议。库曼人的受洗仪式庄重开始，贝拉四世和贵族们成为克颜和各部首领的教父。受洗之后，牧民们带着帐篷、马车和牲畜进入了富饶的匈牙利平原。

但是牧民习惯了在广阔草原上无拘无束，很难适应匈牙利的新环境。这里到处都是耕地，到处是早已种植的谷物，牧民的牲畜践踏生长的谷物。新来的牧民与当地居民在各方面都产生冲突，正如编年史家所说："库曼人侵犯匈牙利农民的妻子，而匈牙利人却对库曼女人毫无兴趣。"贵族们看到王权增加，自己的权力被削弱，产生对国王新臣民的仇恨。最后，贝拉四世同意将库曼人按部落划分，每个部落只允许在规定区域内活动。

事情刚刚安排妥当，蒙古使节就来到匈牙利。

根据蒙古人的习惯，派遣的使者当然是代表他们利益的，这次的使节是个欧洲人，实际上是英格兰人。根据编年史家记载，这名使节因罪从本国逃出，历经千辛万苦逃到中亚，为蒙古人效力。现在，他以蒙古人的名义，要求库曼人投降，因为"库曼人是蒙古人的奴隶"，他还控诉匈牙利人杀害先前使节的罪行（匈牙利人确实杀了几个蒙古人，认为他们是密探）。他接着请贝拉四世承认蒙古大汗的领主地位，说"上帝已将世界上所有土地赐予大汗为财产。"

这个英格兰人展开他雄辩的口才，督促国王和议员们遵守蒙古人的命令，向蒙古人献礼作为贡品。他还告诫说一旦匈牙利拒绝大汗的提议，这毫无疑问会导致蒙古人入侵，各种恐怖事件将随之而来。然而他所做的努力全都是枉然。匈牙利人认为国王向区区一个游牧部落的首领进贡实在离谱，这个英格兰使节毫发无损地返回蒙古，实在是捡了条命。

他带着贝拉四世的拒绝离开了匈牙利。

几周后又一波难民向西逃来，他们是南部罗斯的王公和附属，他们涌入波兰和匈牙利，谈到残暴的蒙古人及其犯下的滔天暴行。

蒙古大军在被贵由召回之后又开始了征服之战，并于1240年11月底穿过结冰的第聂伯河。

基辅公国的王公们将蒙古使节从城墙上扔了下去。1240年12月6日，这个曾经美丽的俄罗斯南部城市，同时也是波罗的海沿岸国家和拜占庭帝国之间的贸易中心，被夷为平地（尽管后来又得以重建）。蒙古大军沿德涅斯特河和布格河直插沃里尼亚和波多利亚高地，这里是速不台选定的新征战的起点。

虽然欧洲人对蒙古人一无所知，后者却对欧洲环境了如指掌，具体到每一个细节，包括欧洲统治者的家族世系。他们的直接目标是匈牙利，匈牙利国力富强，领土从喀尔巴阡山脉延伸至亚得里亚海。蒙古人知道匈牙利国王贝拉四世与波兰桑多米儿的波列斯瓦夫公爵和马素比亚的康拉德公爵关系深厚，也与日耳曼西里西亚的亨利公爵有深厚关系。而亨利通过联姻，与波希米亚国王文西斯劳斯结亲。这些王公的领土相邻，因此匈牙利可能会得到四位王公的及时援助。这便是为什么蒙古在入侵匈牙利的同时，要牵制这些国家军队的原因。

考虑到这些，速不台将军队分成三路。北路军由王子海都率领，牵制波兰和西里西亚的军队；南路军由合丹率领从南部入侵匈牙利，以迷惑当地军队。与此同时，速不台和拔都两人则率军主攻都城佩斯和格兰。

侦察部队兵强马壮，足以靠突袭占领桑多米儿，但他们却没有这么做。他们密切注意敌方活动，直到3月初才发起进攻。

III

现在欧洲就要见识到蒙古大军的战斗力了。根据成吉思汗的一贯战术，首先要使边界地区的人们陷入恐惧和慌乱，让人们认识到毁灭是必然并且不可避免的，因此反抗是徒劳的，会使整个国家瘫痪。除了蒙古人认为有各种用途的城市，其他已经攻占的城市一座不留。他们不残杀年轻的女子、手艺一流的工匠和可以做奴隶编入军中的男子。侥幸逃脱的难民诉说这场充满恐怖、杀戮、纵火、强奸和愤怒的战事。这些可怕的骑兵每到一地，人们便遗弃城镇和村庄逃走，离开时将其付之一炬，因为人们认为这些入侵者是魔鬼的化身，是"上帝之鞭"。逃走的人有的藏身堡垒，有的匿于树林，有人躲入遥远的荒野。至此，第一次由东方传入欧洲的部落名字"Tatars"，被误写为"Tartars"（鞑靼），意指从阴间来的地狱居民。

没人想到这次战争是精心策划的战略，他们给欧洲人造成的印象是入侵者兵力无穷。虽然入侵欧洲的蒙古骑兵不超过15万，但他们有高明的战略指引，习惯大规模作战。与欧洲中世纪那些仅仅由各种高额赋税支撑、全身盔甲、笨重的骑士相比，他们行进速度之快，行进距离之远，都是前者远不能及的。蒙古骑兵一天能在一国50英里范围内燃起战火，第二天又准备好参加决战，行进距离让对手都不敢相信是同一支队伍。结果，蒙古军队的数量被极度夸大了。

12月，基辅遭受蒙古大军如此"第一次进攻"。5年后，教皇的使节乔万尼·柏朗嘉宾在途经基辅时，目睹了"被杀的人尸骨遍野的景象"，而基辅"这个原本地域辽阔、人口稠密的城镇，只剩下200户"。基辅陷落三周之后，波多利亚、沃里尼亚，现在的东加利西亚及其首都加利西亚城均落入蒙古人手中。次年2月，先头部队突袭波兰，烧毁桑多米儿。3月，三路大军同时发起进攻。合丹率军肆虐摩尔达维亚和布科维纳，拔都力克喀尔巴阡山关隘，海都则率骑兵扫荡波兰。三支波兰军队试图阻挡海都，但被打得溃不成军。3月24日，古老而著名的克拉科夫城化为灰烬；4月初，布雷斯劳地区废墟一片；4月8日，海都全军在列格尼卡城外集结。

而在列格尼卡城内，西里西亚的亨利公爵集合所有力量，共同对抗蒙古大军，包括西里西亚的男爵和其他贵族，西里西亚和波兰的骑士、骑兵和步兵，哥德堡镇的矿工，以及一大批圣殿骑士。奥博莱公爵、摩拉维亚侯爵及其军队、条顿骑士团和在这一区域拥有财产的军事力量也赶来支援。然而，亨利公爵仍在等他的妹夫——波希米亚国王文西斯劳斯，他正率5万人马朝西里西亚赶来。

蒙古军队在数量上少于亨利公爵的军队，但因为得到间谍报告，说一支强大的波希米亚军队正从西南方向赶来，于是海都决定立即对亨利公爵发起进攻。亨利公爵和整个军队被包围在列格尼卡城内，无法展开军事部署并且危险万分。他不知道波西米亚的援军何时能到。等待援军的时候，如果停止抗争，蒙古军队将会进一步进攻。因此，他决定同蒙古大军在毫无掩护的野外展开激战。他率军冲出列格尼卡城，向波希米亚国王文西斯劳斯前来的西南方向行进。亨利的军队到达一处距列格尼卡城几英里、由中等高度的丘陵环绕的开阔平原（此地后来成为著名的维耳斯达特，即抉择之地），海都率领蒙古大军追了上来并捉住了亨利公爵。

蒙古军队看起来阵势不大。交战一段时间，欧洲骑士们才发现他们耳闻却未相见的鞑靼人作战队形如此紧密，1000个蒙古骑兵的队伍看起来与500个欧洲骑士的队伍差不多。蒙古人这次没有如以往发出战争的吼声，甚至没有吹响喇叭作为进攻的前奏，而是静静地跨上鬃毛粗硬、强劲彪悍的战马，仅靠战旗指挥。人和马由好几层牛皮做成的护盾保护，骑兵人人手中配备着弯刀、长矛和钉头锤，但他们最危险的武器是弓箭。有了弓箭，每个蒙古骑兵都成了神箭手，即便在撤退过程中，他们向后射击也可以重创追击者。

两军尚未相接，蒙古大军致命的箭雨便射向亨利公爵的前方四个战阵，军队四散而逃。但等到亨利公爵的全副武装的骑士加入战斗，整个战势好像有所转变，经过短暂却激烈的反击后，蒙古人开始撤退。骑士团欣然大喊，开始追击他们，却正中圈套，付出了惨痛代价，也由此见识了蒙古人的古老战术。队伍刚刚展开，分散的天主教骑士突遭大量骑良马的蒙古人伏击，经过激战，他们砍杀了相当数量的欧洲骑士。一开始他们发现自己的弓箭对全副武装的骑士不起作用，便想出对策，射保护较少的战马。一旦摔落下马，全副武装的骑士便无法再去抵抗。

紧接着在步兵战斗时，空中突然升起了（正如报道所言）"络腮胡子、面目丑陋的人头，乘着长矛而来。这发出一股带恶臭的烟雾，让亨利的军队陷入混乱，他们看不到躲在烟雾之后的鞑靼人"。有了烟雾屏障，蒙古人一举击破亨利的军队。

如果这次算是13世纪中期首次在欧洲使用的烟幕弹，那么烟幕弹的使用比火药还要早。此次战争结束两天后，蒙古人就在萨耀河畔的战争中首次使用火药。毫无疑问，当时的报道充满关于"巫术"的记载,鞑靼人用这种方式战胜了天主教军队。亨利公爵、大部分骑士、贵族以及更多的步兵死于维耳斯达特。据编年史家记载,死亡人数为3万到4万。根据习俗,鞑靼人割掉每个死去的天主教徒一只耳朵,装满9个麻袋,送给拔都作为胜利的纪念品。至于死去的亨利公爵,鞑靼人把他的首级插在象征胜利的矛头上并置于列格尼卡城外。

波希米亚国王文西斯劳斯得到亨利公爵战败的消息时,大军距列格尼卡仅剩几天路程。由于只有不过5万人,他不敢继续对战蒙古人。他知道西部图林根伯爵和萨克森公爵的军队已经准备好迎战入侵者,他们也要攻打这两地(蒙古侦察兵此时已劫掠麦森地区和格拉茨高地)。因此,文西斯劳斯向西撤回,准备加入其他天主教军队。

但是蒙古人当时已经到了这支军队的西面。

列格尼卡还在火海之中,拔都传来消息,4月11日,也就是维耳斯达特战役结束两天后,他已击溃贝拉四世的军队,现在正率军前往匈牙利,计划按蒙古习惯占领匈牙利并逐区掠夺。海都正等待他的第二支部队,这支部队在北方大迂回,打败了阻击的立陶宛军队并穿越立陶宛,随后入侵东普鲁士,现在正借道波兰东部和波美拉尼亚赶往列格尼卡。它完成了任务,向北一直到波罗的海,没有任何武装力量能威胁蒙古军队的两翼。

唯一能组织进攻的天主教军队集结在萨克森和图林根,文西斯劳斯也已抵达柯尼斯泰恩。但是海都做了迂回。他料到敌军正在西边以逸待劳,于是他不再向西挺进,而是率蒙古骑兵向南,前往在他和拔都军队之间没有敌人的区域,入侵摩拉维亚。这次进攻收效极好,整个摩拉维亚再无军队。

波希米亚国王文西斯劳斯刚刚率军到达麦森地区,如今又不得不返回波希米亚，但还没等到他到达摩拉维亚，那片富庶的土地便已被彻底摧毁。昔日繁荣的特罗保、摩拉维亚新城、弗兰登塔尔和布隆被攻占焚毁。海都率领的蒙古军队与拔都一方在匈牙利会合。

IV

蒙古人进攻一国且不费力气取胜时，当时的编年史家总会解释为被攻打地区的统治者无能或准备不足。贝拉四世同样也难逃这种指责，尽管他做了当时欧洲君主能做的一切，也采取了一些原本十分有效的措施。但这些措施只对采用常规策略的对手才有效，应对蒙古人的新战略，他们遭遇惨败。

一听到鞑靼人进攻的消息，贝拉四世便立即率军前往喀尔巴阡山，用铁丝网拦住关隘，号召边界居民加入战斗，并委任一位战绩卓然的骑士统领军队。他在布达召开大会，命令所有适合作战的男子都要拿起武器准备出战。但是会议还没来得及讨论防守策略，3月10日，信使急报鞑靼人正在攻打喀尔巴阡山关隘。他还没来得及派兵增援，统领全军的骑士又带来灾难性的消息。他说，3月12日，蒙古大军如风暴般冲入山谷，迫降并屠杀整个守军，他率几个手下设法逃出。这之后一天内，3月15日，第一支图门已杀到佩斯城下。这路大军三天内在敌国行进200英里，一路烧杀；三天内便如楔子般插入敌国内部，切断了守军间的沟通。在南部，合丹率领的第三路军也在行动，他们经过摩尔达维亚和布科维纳进入特兰西瓦尼亚。

贝拉四世赶忙结束会议。主教、伯爵和男爵们匆忙赶回自己的领地，想率军尽快回去。此时，一群乌合之众聚集在库曼王克颜的城堡，人群中有人高喊："就是他把鞑靼人带到匈牙利的!"人群顷刻涌入城堡,将克颜及其心腹杀死。农民们一听到这个"大快人心的处决",便转而集结起来,攻打正从四面八方赶去支援佩斯的库曼人。大屠杀开始了,惊慌过后,库曼人进行有力的还击。他们损毁农田和村庄,赶走牲畜,一路砍杀,向南挺进保加利亚。拔都曾经提醒贝拉四世的话应验了,"库曼人要逃走可比你们容易多了,他们没有房子,住在帐篷里,很容易逃之夭夭,而你们住在房子里,有固定的城镇和要塞,怎么能从我手中逃走呢?"

贝拉四世攻打蹂躏佩斯周边地区的蒙古人徒劳无功。他们骑着快马,战无不胜,他们损毁村庄,阻塞道路,打散前往佩斯的援军,然后行至佩斯城下,激怒戍守部队使其出击,一旦出城就立即杀死,蒙古人也无心恋战。贝拉四世一日未集结起兵力,他便一日不敢冒险追击。

两周后,足够的支援部队到达。此时匈牙利国王贝拉四世认为有实力可以进行决战。他集结军队,从城墙后面出城向东北行进,蒙古人后撤。行军四天后,匈牙利军队到达拔都的营地,萨耀河在那里汇入蒂萨河。这两条河很好地保护了两侧,同时又有林木遮掩,营地无懈可击。因此,贝拉四世想到了一个作战计划,即引诱蒙古人来到萨耀河的右岸,那里通常沼泽遍布、芦苇丛生,如今河水泛滥,他们可以把蒙古人赶入河中。

贝拉四世在离河不远的莫西荒野扎营,此地位于宽广的平原,各个方向视野开阔。为避免蒙古人突袭营地,贝拉四世还下令在营地四周用战车围住,并用锁链连在一起作为屏障。这样他才觉得安全,静静等待作战。

第一天晚上,一个罗斯的逃兵带来消息,说蒙古人准备晚上渡河。萨耀河上只有一座桥,午夜时分,贝拉四世的弟弟柯罗曼以及大主教阿古力纽斯率军到达渡桥,竭尽全力将渡河的敌军部队投入河中。随即,他们又在桥头部署了一支作战骁勇的戍守部队便返回了营地。由于间谍告知说,蒙古人的军力远不如他们,因此,匈牙利有信心取得胜利,他们期待两军交战。

那天晚上,蒙古人将作战工具搬到河对岸,向另一边桥头的戍守部队疯狂投掷石头,还伴随着雷电似的响声和火光。面对这"邪恶巫术"撤退的匈牙利人在破晓时候发现,"鞑靼人如同蚂蚱一般出现",已经在河对岸集结。早晨五点,蒙古全军渡过了萨耀河。

早上五点,柯罗曼和阿古力纽斯率领全军冲锋,想把敌人再次投入萨耀河。但这一次鞑靼人没有撤退。激烈的战斗从五点持续到七点,匈牙利人不得不撤回营地。他们本希望贝拉四世的生力军奋力前进,分散追击鞑靼人,但事实是他们发现这些队伍不得不奋力抵抗从南面进攻营地的另一支蒙古军队。这支队伍由速不台率领,夜里在营地下渡过萨耀河,一部分泅渡过去,一部分通过匆忙搭建的临时浮桥过去。早上七点刚过,战争局势已定,匈牙利的营地被蒙古人包围。接下来五个小时一直到中午,蒙古人用石头、弓箭和燃烧的石油猛烈攻打匈牙利营地。战车相连组成的锁链原本用来保护营地,现在却将里面的人围在狭窄的空间里,预示了其灭亡的命运。柯罗曼、主教阿古力纽斯以及圣殿骑士孤注一掷,两次突围都以失败告终。几乎所有的圣殿骑士都被杀,柯罗曼和阿古力纽斯也身负重伤,最后才夺回临时堡垒。

同时,在营地的另一边发生的事情,与欧洲人了解的关于战争的策略和艺术完全背道而驰。包围圈打开了一个缺口,试着逃出的第一批人毫发未伤。于是越来越多的人想试试运气,人们没过一会儿都从这个缺口涌了出去。蒙古人让他们全部通过,于是过去在花剌子模大获全胜的战术又一次在欧洲取得胜利。那些由领军英勇带领,想从包围圈中逃跑的匈牙利士兵一出来,便遭蒙古人奋勇击杀;仅考虑个人安全的逃亡者却被放行。为了更快逃走,这些士兵扔掉了所有财物、铠甲和装备,抱头鼠窜。人人都想逃走,匈牙利军队完全溃不成军。

此时蒙古人骑上战马开始追击这些逃兵。他们杀死这些精疲力竭的士兵,把骑兵追击到沼泽泥潭之中,又踩躏逃亡士兵藏匿的村庄和教堂,或者直接放火焚毁。蒙古人通过残忍的屠杀最终完全消灭了匈牙利军队的残部。

贝拉四世侥幸没被发现,得以从军营脱身,他骑上良马,设法摆脱追击。最终,他经小道到达奥地利边界的普鲁斯堡。他的弟弟柯罗曼尽管身负重伤,仍然保住了佩斯城。但是他再也无力组织新的队伍对抗蒙古人。市民们苦劝他留在佩斯无果,他穿过多瑙河,前往克罗地海,但到那里不久便因受伤和颠沛流离而死。阿古力纽斯主教和其他地位显著的教会人员以及男爵们在逃亡路上便被杀死。多瑙河东北部的匈牙利至此全部落入蒙古人手中。

同年4月11日,合丹及其南路军攻占特兰西瓦尼亚。在三次激烈交锋中打败了日耳曼的统治者,攻下比斯特里察、克劳森堡和奥拉迪亚。接着他便同样对防守森严的锡比乌发动猛攻。

一切都结束了,唯有呐喊声还在继续。差不多仅一个月,从波罗的海到多瑙河之间的全部领土被蒙古人占领并踩躏,波兰、立陶宛、西里西亚和摩拉维亚同布科维纳、摩尔达维亚、瓦拉几亚和特兰西瓦尼亚一样被摧毁。城镇废墟一片,人口急速减少,军队四散溃逃,要塞全部被占。匈牙利土地富饶,为蒙古人提供了充足的掠夺区域,但之后又会发生什么?下一个倒霉的会是哪个国家?

V

惊惧和恐慌笼罩着每一个欧洲邦国。法兰西圣殿骑士庞斯·奥邦给路易九世（圣·路易）的信中写道："这些残忍暴戾的野蛮人占领了最偏远的国家，不光法兰西，还有勃艮良和西班牙，鞑靼人的名字原本闻所未闻。我听说日耳曼所有贵族，包括国王、所有神职人员、僧侣和修道院的杂役都加入十字军，反抗鞑靼人。"但是，这位圣殿骑士怀疑方法的有效性，因为他继续写道："正如同胞告诉我的那样，如果真是上帝的旨意，那么鞑靼人完全有可能战胜日耳曼人，那时他们便畅通无阻，直逼您的领土边界。"

路易九世的母亲看到这恐怖的消息后大发雷霆，她询问儿子面对恐怖的敌人是否毫无对策，路易九世于是虔诚地回道："上帝庇佑我们，倘若鞑靼来犯，我们要把他们送回地狱，或者我们自己进天堂感受等待成为上帝选民的喜悦。"

这个回答完全符合当时多数欧洲人的想法。欧洲人认为，蒙古人即便不是真的恶魔，也与恶魔紧密联合帮助它们毁灭天主教，只有上帝才能帮助人们脱险。因此在所有的教堂里，虔诚的信徒贡献力量，为了"从鞑靼手中的救赎"。罗马教皇号召组织新的十字军讨伐蒙古人，腓特烈二世劝说自己的儿子和欧洲各邦的君主准备战斗。但是恐惧心理太过强大，加入十字军的人准备战斗，前提是"倘若上帝没有把鞑靼人的狂怒转移"。虽然日耳曼王公们已在梅泽堡集结，虽然大主教们在小镇黑尔福德也召开了大会，但没有人认真考虑过到匈牙利作战。他们一心考虑的是鞑靼入侵自己国家时能不能自保。

当时人们普遍认为匈牙利王国已从欧洲地图上消失了。一位巴伐利亚编年史家写道："匈牙利帝国，始于阿努尔夫大帝,国祚350年,终为鞑靼人所灭。"

正如瑞典、立陶宛和条顿骑士团想要从战败的罗斯各公国那里获利,如今匈牙利的宿敌们也有同样的想法。长期占据达尔马提亚的威尼斯人颂扬自己是"出于天主教教义,才抑制住了趁火打劫匈牙利国的想法,尽管他们可能获益颇多"。奥地利腓特烈公爵则在贝拉四世逃到普雷斯堡时,将其引诱到一处堡垒,向他讨旧债。贝拉四世被逼无奈,只好上交随身携带的所有现金和金银饰品,至于那些未还清的债务,他们则逼迫公爵割让与奥地利毗邻的三个郡县才放他走。

贝拉四世成功逃离囚禁之后,四处求助未果。罗马教皇所做的只是给他写一些有教化意义的信件,劝告他要"顽强抵御鞑靼人"。事实上,腓特烈二世倒是让贝拉四世的使节以贝拉四世的名义发誓效忠于他,换回他承诺"以帝国之盾帮助匈牙利抗击鞑靼人的威胁",但他同时又说,现在还不能这么做,得等到他们惩处了近年来再次抬头的"伦巴第叛军"。

仅剩罗马教皇和腓特烈二世两人或许可以团结欧洲军队抗击蒙古人,也可以派大军上战场压制入侵者,但两人极为不和。教皇格列高利九世派去攻打腓特烈二世的兵力数量不少于派去对抗蒙古人的数量,他的支持者怀疑腓特烈二世"与鞑靼人秘密达成谅解",坚持说曾在鞑靼人营地看到过腓特烈二世的使节。而腓特烈二世没有发兵抗击蒙古人,而是前去征讨教皇在意大利的盟友,入侵坎帕尼亚大区。在腓特烈二世写给英国和法国国王的信中,他指控罗马教皇支持叛军反抗他,这使他无法"倾全军之力抵御天主教的敌人"。

与此同时,经过第一次大肆蹂躏破坏之后,蒙古人在匈牙利定居下来。他们在这里实行统一管理,委任法官和行政长官,派驻蒙古人管理在战争中遗留下来的城镇,还通过赦免囚犯的制度，宣布任何臣服的人员均可安全回乡。于是，难民们便从藏身的树林和山里走了出来，这个国家人口渐渐恢复。农民们开始耕作，没有耕牛的农民想要得到耕作的牲畜也很容易，他们只要新的蒙古领主献上漂亮的匈牙利美女，就可以得到"羊、牛、马和房屋"作为回报。蒙古帝国的铜币也开始在匈牙利流通。有编年史家评价说："我们和睦相处，买卖商品，人人可得所需。"

VI

蒙古大军整个夏季和秋季一直在匈牙利休整，直到1241年12月25日圣诞节才穿过结冰的多瑙河。大军围攻防守森严的布达、格兰和其他城镇，尽管对方殊死抵抗，还是拿下了这些城镇。与此同时，拔都派合丹王子追击贝拉四世。正如数年前，速不台穿越花剌子模追击波斯国王摩诃末直至见证其归天。现在合丹穿越贝拉四世仍占有的领土一路追击他。

1月，贝拉四世逃到了克罗地亚的萨格勒布，这时他已丧失继续对抗蒙古人的勇气和力量，只能逃跑。2月，他逃到亚得里亚海海岸。合丹一路追着他到达尔马提亚，贝拉四世逃到达尔马提亚海滨众多岛屿之一的拉布岛。合丹征用船只，在海战中摧毁了贝拉四世的舰队，但是他还是逃走了，合丹沿海岸继续追击。3月，贝拉四世抵达斯巴拉多，而后登上特劳岛，此时蒙古追兵紧跟其后。合丹正准备猛攻特劳岛，这时拔都传令放弃追击。

正当合丹从南面、拔都从西面继续完成对匈牙利的征服时，蒙古先头部队早已越过匈牙利边境。这些残暴的骑兵到了科尔新堡，抵达维也纳西北部和维也纳南部的维纳新城。编年史家记录道："他们在那里没有进行任何破坏，只是抓了一些人和牲畜，就返回匈牙利。"他们侦察了奥地利王公、卡林西亚王公和很多公国王公的联军，还在毗邻波希米亚的地方发现了国王文西斯劳斯的军队。此时，拔都正准备发动新的战争。

就在这时，遥远蒙古来的信使跋涉6000英里报告拔都，窝阔台大汗在亚洲中心去世，他必须返回。

拔都本想继续发动战争，但是速不台提醒他，《大札撒》规定，大汗去世后，成吉思汗的所有子孙不论身处何地，都要返回蒙古参加忽里勒台大会，选举新大汗。与成吉思汗的法令相比，征服西方国家就显得不那么重要，他遂停止战争。

于是，欧洲得以保全。

鞑靼人内部

I

和他们突然降临一样，蒙古人突然从匈牙利撤离也出乎所有人的意料。当时欧洲才开始意识到蒙古人给欧洲带来了多么致命的灾祸，威胁了整个欧洲的存亡。没有人知道，随着蒙古人从欧洲撤军，欧洲没有进行强力干涉，便得以躲过亚洲给欧洲带来的最猛烈和最危险的打击。没有人知道这些蒙古人从何处来，为何而来；也没有人知道他们为何撤离，又去了何处。他们彻底撤离了吗？还是去屠戮其他西方世界了？他们还会再次进攻这里吗？何时会来？下一次又会进攻哪个国家？恐惧和迷茫像噩梦一般笼罩着这些国家，在他们心头形成了无法抹掉的创伤。许多研究者认为，甚至至今仍影响欧洲的悲观主义情绪，很大程度上是"黄祸"这一概念在人们心中唤起的潜在的、莫名的焦虑，这是700年前蒙古人暴行的残存影响。如今，在一些东正教教堂里，我们会在祈祷文中听到这样一句请愿词："主啊，赐予我们力量，抵抗鞑靼人的暴怒吧！"

直到蒙古人撤离欧洲，他们在匈牙利、西里西亚和波兰造成的破坏程度才彰显出来，结果比预想的最糟糕的情况还要差。莫西战役（与贝拉四世之战）造成6万~8万人死亡，仅佩斯城的死亡人数就达10万人，而在其他城市和堡垒，除了少数逃走的难民和蒙古人带走的战俘之外，所有的居民全部被杀。欧洲各地人口骤减，村庄和城镇成为废墟；"农田荒芜，幸存人口中斑疹伤寒流行，这种病同鞑靼人一样令人致命"。战争带来的直接后果便是贫穷和经济混乱，后来日耳曼人大力进行殖民扩张也只是在部分程度上缓解这种状况。总之，若当时欧洲再遭攻击，则孤立无助，毫无招架之力。

民众愤慨的情绪期待上层要对这遍地疮痍做出回应。于是，教皇英诺森四世（他在与腓特烈二世斗争过程中，认为维护基督徒至高保护神的威望很重要）决定写信"致鞑靼国王及其子民"，他在信中劝诫鞑靼人不要再进攻和迫害基督徒，并威胁说那会触怒上帝，今后会受诅咒。但是他要把使节派往何处？谁才是鞑靼人的国王，他又居于何地呢？

乔瓦尼·柏朗嘉宾（他是教廷使节以及后来的安蒂瓦里大主教）率领方济各会使团赶往东方——东面是入侵者撤退的方向。教皇书信副本则由艾泽里诺率多明我会修士们带到小亚细亚，因为那里也有鞑靼人出现的消息。两队修士们收到以下任务："进行深入仔细调查，密切关注一切"，同时，要报告这个民族"还有什么打算。"

柏朗嘉宾首先和随行众修士会见了波希米亚国王文西斯劳斯。文西斯劳斯随后又让他去布雷斯劳面见西里西亚公爵。之后，柏朗嘉宾又在各地政府的保护下，分别到了克拉科夫、加利西亚、沃里尼亚和基辅，从基辅起，他们进入了完全陌生的领域。

柏朗嘉宾和当地的显贵会谈商议。此时，10个月的跋涉已经让他和随行修士倍感不适。现在，他又听说必须和马匹分开，因为鞑靼境内没有干草也没有稻草，这些马去了一定会饿死——鞑靼人的马用蹄子从雪下挖野草和草根充饥。

但身型肥硕的老人带领着使团表现得不屈不挠，他曾经骑着一头在他的重压下喘息不断的小毛驴游走德国，布道讲经，他坐在驿马拉着的雪橇上继续东行，他可以在任何村庄调换驿马。他停在其中一个村庄时，不得不留下队伍中的一名修士，因为他病得非常厉害，但任何艰难险阻也不会阻止他继续前行。直到离开基辅后的第19天，这天他们夜间宿营时，突然传来鞑靼人的震天吼声，他们"手持兵器，形如魔鬼"，像风暴一样向袭来。这些修士们认为死期将至，但这些骑兵并没有立即处死他们，而是好奇地围着他们，通过翻译询问他们从何处来到何处去。随后，这群骑兵还向他们讨要食物，特别是面包，这在蒙古人眼中是十足的美味。

从这一刻起，修士们好似进入了另一个世界。蒙古人把他们从一个驿站送到另一个驿站，从一名高级官员那里送到职位更高的官员那里。每次他们都要解释说自己是教皇使节，教皇是基督徒的主人，是教皇派他们到这里的，"因为教皇想让基督教徒和鞑靼人成为朋友，和平共处"。解释完这些，他们便又继续被送往其他地方。见到的人官位越高，行进速度就越快。他们日夜都在马背上，一天要换三四次马。他们看不到一个城市，也看不见一处固定居所，映入眼帘的只有牧民们的帐篷。平原一望无垠，河流宽阔浩大，他们踏冰面过河，根据河的宽度他们判断是一个结冰的湖泊。他们不断行进穿过草原，2月23日，遇到第一批蒙古骑兵，直到4月30日才到达拔都位于伏尔加河河畔的营地。

营地像一座巨大的城镇，只是没有房屋，这里到处是他们前所未见的巨大圆顶蒙古包群。柏朗嘉宾了解到，人们无须拆卸蒙古包，可以将蒙古包整体移动到勒勒车上面，运输到下一个营地。巨型货车的轮子相距20步宽，车轴就像船的桅杆那样粗，22头牛排列在车轮的两旁，拉着这些巨型勒勒车前行。

拔都共有26名妻妾，每位妻妾都有这样一个蒙古包。

每个大蒙古包都置于 100～200 辆推车之间，车上存放着存储物件和日常用具，它们就像城墙一般围住蒙古包。每个大蒙古包后面，又有 12 个小蒙古包，供孩子、女仆和家丁居住。营地如此广阔，柏朗嘉宾用了一个多小时才从营地边缘到达拔都会客用的蒙古包。

他已熟悉会见大汗的礼节。他知晓到了蒙古包外要行鞠躬之礼，进蒙古包时不可踩踏门槛，宣告自己觐见目的时要下跪。修士们进入蒙古包之前，要事先在两堆火之间行走，驱除邪魅。走进蒙古包后，他们见到了拔都。教皇的信件被译成了"俄语、萨拉森语和鞑靼语"。拔都看完信件，并不想给此信函回复，他下令柏朗嘉宾和同行的修士本笃继续东行，深入蒙古腹地。

柏朗嘉宾在他后来的报告中写道，"我们不知道前路是生是死，一切未卜，"他们"流着眼泪"向同伴道别，他们遵照拔都的命令留在营地。在从基辅赶往伏尔加河的两个月中，修士们一直在库曼人的领地中行进，目的地为库曼人所熟知，"鞑靼大军"首领拔都的名字众所周知。人们称赞他为"伟人"，也称他为"仁慈之人"。使节们在基辅了解到，蒙古人从匈牙利撤退后的三年里，许多罗斯王公被迫前往拔都营地向他宣誓效忠。没人知道这两人将何去何从。

拔都命令手下"尽快"将两人送到蒙古，柏朗嘉宾也因此见识了蒙古人如何骑行。一天要换五六次马，有时甚至是七次，替班马匹精力充沛，动力十足。"如果途中哪匹马不能再走，蒙古人就会把它留在路边。"他们直到日落一直在行进，"白天什么东西都不吃"。假如到达驿站的时间太晚，驿站没有食物，他们"必须等到第二天早上才能吃到前一天的晚饭"，而且食物很少。柏朗嘉宾就这样持续地饱受饥饿的折磨，他充分领略了蒙古人的节俭。他们穿过荒漠，头骨和其他白骨"堆在地上"；穿过荒废了的城镇和堡垒；跨过高耸的山隘,即便在盛夏时节,那里也是白雪皑皑,寒冷刺骨。他们知道了欧洲人从未听闻的城市、国家和民族的名字。而这趟行程即便全速前进,还是从4月8日一直持续到7月22日。

最后,他们终于到了大汗宫廷,此时窝阔台汗已去世五年,他的儿子贵由正要登上大汗之位。

II

拔都和贵由长期不和,为此已经导致征服欧洲的计划被搁置两年,现在又造成了大汗选举的延迟。

贵由当年从拔都大军中离开后,并不着急回到蒙古,因为回去迎来的只能是父亲窝阔台的责备,他觉得靠狩猎和庆典消磨时间比回到蒙古要好——直到一年后,他的母亲脱列哥那来信,窝阔台突然离世,命他务必速回哈喇和林。窝阔台指定孙子失烈门为继承人,但是成吉思汗最后一个在世的儿子察合台,尽管疾病缠身,却委托野心勃勃的脱列哥那摄政,由她来召开忽里勒台大会,脱列哥那因此在选举新汗一事上掌握了绝对权威。由于拔都和大部分王子都远在西部,给了脱列哥那机会,她千方百计让儿子贵由登上汗位。她在摄政期间结党营私,策划各种诡计。深受脱列哥那宠信的波斯奴隶法提玛,成了这些诡计的核心。法提玛的同伙是穆斯林奥都剌合蛮,他掌握征税大权,强加苛捐杂税压榨人民,将一大部分税款送给脱列哥那用来挥霍从而取得了脱列哥那的宠信。

作为中书令也是忠实卫士的耶律楚材,此时也眼见自己倾注一生的事业岌岌可危。在窝阔台统治期间,他建立了一个井然有序的国家,被征服的定居人口能够有生存空间,能够有机会体面地活着。在一些措施的保护下,他们可以免受蒙古征服者的暴政。在已经被蒙古人征服的省份，他建立了有效的管理体制，颁布法令，合理征税，统一度量衡，创立学校，使蒙古子女可以接收汉式教育。官吏的权力也受到限制，遏制住独断专政、暴力统治。正是由于他明智而宽松的管理，被攻陷地区的农业、贸易、手工业再次繁荣起来。而现在，他所建立的一切行将毁灭。窝阔台身边功绩卓著的谋士遭到罢免，只能逃去投靠拔都和其他王子寻求庇护。最终脱列哥那任命奥都剌合蛮全权管理国家事务。

但耶律楚材拒绝听命于奥都剌合蛮，他向脱列哥那进谏："帝国是前任大汗们呕心沥血建设的成果，您现在拥有它却要毁灭一切，我无法再执行您的命令。"他一身傲骨不愿逃走，坦然说："25年来，我一直管理国家，其间自问没有过错。现在您要置我于死地以回馈我的清白吗？"

奥都剌合蛮怂恿脱列哥那逮捕耶律楚材，脱列哥那虽然很生气，但是她没有冒险去处置这位伟大的政治家，这个成吉思汗曾经任命为治国公的人。耶律楚材辞官后不久，便因"忧心国事而悲愤"辞世。他死后不久，就有人告他贪污。但侍卫在搜查他家时，只发现了乐器、刻在金石上的古碑文、新旧书画，没有预想的财宝。25年来历经两朝治理国家，这位权倾两朝的大臣仅有这些个人财产，此外还有他撰写的约1000篇题材广泛的文章。

窝阔台的死讯最终传到在欧洲的拔都和其他王子那里，他们得令在返回的途中时，贵由已经到达哈喇和林。拔都意识到，此时要削弱脱列哥那和贵由的影响已为时已晚。

尽管拔都已经无望阻止对手贵由被选为大汗，他却可以通过推迟归期让选举延后进行。他遵照《大札撒》规定突然停止征服欧洲，也有权要求其他成吉思汗的子孙小心谨慎。作为成吉思汗在世的后人中最年长的一位，他不在场，新汗选举就无法进行。因此他从容不迫。他慢慢收兵，率军通过斯拉沃尼亚、巴纳特、瓦拉几亚，焚毁贝尔格莱德城以及多瑙河沿岸的其他六个城市，在多布罗加静待合丹来汇合。合丹则在同一时间穿过达尔马提亚、拉古萨和卡托尔——所到之处，一片火光。而后，他们向南穿过波斯尼亚和塞尔维亚，当地居民逃进树林和峡谷躲避屠杀；随后他们又入侵当时至关重要的国家保加利亚。保加利亚沙皇在第一次战败后向蒙古入侵者投降，保证进贡并为蒙古大军提供兵力。

  合丹最新的胜利决定了蒙古的西面边境。一场会议在多瑙河下游举行，会上大家同意喀尔巴阡山、特兰西瓦尼亚阿尔卑斯山以及巴尔干半岛应暂时划为拔都封地，而山脉另一侧的土地任其发展。由于人口减少，势力削弱，这些地方不再是危险的邻国，随时都可用作未来征服西方的出发地。那海王子作为新开拓地区的总督留了下来，其军队驻扎在黑海岸边。

  这次战争之后，之前位于拔都封地边界的伏尔加河，已然处在封地中部。伏尔加河将拔都封地大致分成两半，拔都选取地处河口的古城撒莱作为首都。之后又对其进行重建，建造了宫殿和仓库。但是他并不想改变祖先的生活方式而去过定居生活。撒莱只是其帝国的一个节点，来自世界各地的商人把各国商品带到此处，朝贡国和城市进贡的礼品也送到此处。他自己则希望仍像父亲术赤和祖父成吉思汗一样，过着游牧生活。他选择伏尔加河下游的肥沃地区作为主要活动区域。每年春天，他的大帐从里海沿岸向北迁徙到卡马河边；秋分之后，再原路返回。他的儿子撒里答驻守在伏尔加河对岸，他每年也带着妻子、孩子、蒙古包，按照父亲的路线进行迁徙。冬季伏尔加河封冻时，他和部众就会踩冰过河朝觐拔都。虽然拔都和部下身穿上好的中国绸缎或稀有的珍贵皮毛衣服，但是最外面还会套上用狼皮、狐狸皮或獾皮制作的厚蒙古长袍。虽然拔都桌上都是金银器皿，杯中却依旧是马奶酒,他的部落每天要消耗 3000 头母马生产的马奶酒。

就这样,拔都年复一年在伏尔加河边穿梭,不断用托词应对从蒙古赶来召他参加忽里勒台大会的信使。后来他意识到大汗选举一事不能再拖。因为每个蒙古王子都在自己的属地为所欲为,此时摄政的脱列哥那为争取他们支持贵由,放任不管。整个帝国陷入混乱,拔都最终同意召开忽里勒台大会,并承诺亲自到会。然而,他最后也只是让弟弟回到蒙古,带去消息说他脚疼无法出行,可以在他缺席的情况下选举新汗。

Ⅲ

要选举世界的统治者了,各地地位显著的人们纷至沓来,有的来自富有的文明国家,有的来自蒙古草原深处的大城市。大家齐聚而来,为的是能够提前向新大汗行礼,乞求一些恩惠,保证他们顺利承袭父辈的王位,避免蒙古大军入侵。超过 4000 名使节来到哈喇和林这个人类的新中心——但是他们无权进入栅栏之内,白色织锦制成的巨大蒙古包位于栅栏之内,2000 名成吉思汗的后人要在里面选举最合适的人成为众汗之汗。

这些人和蒙古人一起聚集在栅栏周围,墙上布满展示成吉思汗丰功伟绩的画。围墙有两扇门,一扇是敞开的,无人把守,只有至高无上的统治者才可以走这个门,平民百姓不敢冒险走这个门。另一扇门前则有士兵把守,他们佩戴着刀和弓箭,除了蒙古贵族、王子、军队首领、各个属地总督及其随从,其他人一概不得进入。如果有人无权进入却想偷溜进去,则会遭到重重鞭打,或者站岗士兵将其驱离后,用钝箭向他射击来娱乐旁观者。

各路使节们站在大帐外边,等待着选举结果。此后他们骑着马在平原上驰骋了相当一段路程，赶到窝阔台的"金色大帐"，这段距离也不近。金帐通体由金丝绣的丝绸覆盖，上面是镀银的帐顶。他们可以远远地看到王子们将贵由送上黄金王座，向他行礼。

等选举和宴会结束后，这些域外首领和使节们便觐见大汗，向他行四次跪礼，并呈上礼物。这些人中包括：塞尔柱王朝苏丹，罗斯雅罗斯拉夫大公，来自中国、高丽、法尔斯、克尔曼、格鲁吉亚、阿勒颇的王子，哈里发帝国的高官还有阿萨辛派的使节。在这些衣着华丽、位高权重的人们中间，有两名方济各会修士——教廷使节乔万尼·柏朗嘉宾及其同伴波兰的本笃，他们朴素的棕色衣服已换成了正式礼服。二人将教皇信函呈给贵由的侍臣，接下来又得待一个月等候大汗回复。这里有很多景教徒，还有来自匈牙利和罗斯的众多俘虏。两人同他们进行交流，了解了很多蒙古人的生活、性情和风俗，这也使两人开始意识到，这群来自遥远亚洲的顽强而屡战屡胜的人，对基督教世界来说是多么大的威胁。

经过漫长的等待，两人收到了大汗的回复。尽管是隆冬时节，大汗还是命他们速回欧洲。

IV

直到 19 世纪，贵由给教皇的回信才公之于众。当时学者们发现的是拉丁文译本，近期人们才从梵蒂冈的档案中发现了原件。原件以波斯文写成，上面盖有贵由的蒙古帝国大印。原件这样写道：

"依靠长生天的力量，我们成为世上所有国家的统治者。这是我们的命令：

这是一项法令，寄给罗马大教皇，供其知悉和注意。

你同基督世界各国君主进行协商,通过你派来使节之手,我们提出投降要求。

若想践行信中之言,那么罗马大教皇,应携各国君主亲至蒙古,向我们行礼,我们用《大札撒》来命令你。此外,你还说蒙古人皈依基督教极好。你亲自写信向我谈及此事并对我们提出皈依的要求,我们不懂你的意思。

你还写道:'你们攻打匈牙利和其他基督教地区,我对此感到震惊。告诉我他们罪在何处。'你的这些话我们同样也无法理解。成吉思汗和窝阔台汗展示了长生天的旨意,而上面提到的人不愿意相信长生天。他们专横傲慢,杀害我们的使节。因此,根据长生天的旨意,处死上述国家的全部居民。如果不是长生天的旨意,谁会在自己领土外杀戮征服呢?

你说:'我是基督徒,向上帝祈祷,我谴责和鄙视其神明。'你如何得知上帝偏爱谁,又把恩惠赐予谁呢?既然不知,又何出此言呢?

以上就是我要告知你的话。如果不遵照上述命令,我们怎能预料你们将经历什么呢?只有长生天才知道。"

这封信上有大汗红色的官印,与成吉思汗在征服新领土前发给将领的宣战书形式一致。长生天将日升到日落之间所有的土地都永远赐予了大汗,违背长生天的旨意便是犯罪。凡是承认大汗至高无上地位的,便不会受到伤害,但他们要以商品和财物、人口和牲畜的形式向蒙古人缴纳规定的税。作为对参加作战的回报,他们将获得相应的战利品。胆敢有丝毫抵抗的,必遭屠杀和清洗。

除了大汗的信件,柏朗嘉宾还带回情报,称新大汗正准备对欧洲发动新的战争。蒙古大军会再次攻打匈牙利和波兰,进攻普鲁士和利沃尼亚——并且会对基督教世界发动为期18年的战争——除非罗马教皇和西方各国君主自愿服从他的命令。

　　柏朗嘉宾在东方的所见所闻使他心知肚明，鞑靼人会轻而易举地拿下任何单枪匹马应战的西方国家，他们只有建立牢固的同盟才能避免灾难。他在报告中说自己回绝了蒙古使团回访欧洲，因为"若他们看到欧洲目前的纷争和内战，毫无疑问他们想要攻打我们。"

　　战争的威胁确实存在，这次出使传达回来的信息准确。埃泽里诺率领去小亚细亚的是教皇派出的第二个教皇使团，他们也从当地总督拜住那里得到相似的回复："你们的使节满口大话，不知是您吩咐如此，还是他们自作主张。您在来函中写道：'你们杀戮、迫害、谋杀了许多人。'长生天的旨意亘古不变，大汗统治整个世界，长生天的旨意和大汗的命令决定了我们的所作所为。凡遵照大汗命令的，可以继续拥有土地、水源和财物，并在统治世界的大汗手下保留权力；凡是违背大汗命令和长生天旨意的，一律处死。"

　　柏朗嘉宾为人精明，能够随机应变，他是向西方呈现真实的蒙古生活的第一人；埃泽里诺则完全是个狂热的基督徒，并未充分认识到自己所负使命的重要性，却将自己和同伴的生命置于危险之中。习俗、相貌大相迥异的各国使节们突然面对面，常常发生让人哭笑不得的事情，埃泽里诺在拜住营地的经历便是其中一桩。

　　埃泽里诺傲慢地对蒙古贵族们说："我是教皇的特使，教皇高于世间所有皇帝和王子，他们尊之为上帝和父王。"他的话引来哄堂大笑，官员们揶揄地问他教皇征服了多少领土和国家，收服了多少民族，教皇之名是否如大汗一般，令整个欧亚大陆闻风丧胆。埃泽里诺鲁莽地答道，教皇和自己以前从未听过大汗这个人，大汗必定不是世界的领主，因为教皇是圣彼得的继任者，一直是神授的最高权威一直到世界末日。

蒙古人习惯了通过使节带来的礼物来判断其国家君主的显耀,他们询问使节,教皇委托他带来了什么礼物。

"什么也没带,"埃泽里诺回答,"教皇没有送礼的习惯,更别说是给没听过的异教徒了,他更习惯接受别人的礼物。"

埃泽里诺还倔强地拒绝给拜住下跪,只是向后拉了拉长袍上的兜帽,微微鞠了一躬。

这种自以为是的态度让蒙古人感到吃惊,他们开始怀疑西方派来使团就是个诡计,这些使节肯定是间谍,为强大的基督教军队来打前站。他们对埃泽里诺盘问一番,想打听法兰克人是不是在密谋突袭叙利亚,因为格鲁吉亚和亚美尼亚的官员曾向他们多次报告,说这里将会有新的十字军东征计划。然而从埃泽里诺嘴里却未听说新的战争,蒙古人听到这里便再无耐心。

他们让埃泽里诺和随行使节在会客的蒙古包里等候,前往拜住的大帐讨论是否要处死使团所有人还是其中几个。一些人建议只处死两个使节,剩下的人遣返,而其他人却认为不应该杀死这两人,仅鞭打一顿,关进大牢。这样的话,法兰克人就会来解救他们。在这异国他乡,法国军队很容易被打败,接下来蒙古大军就可以再次随意入侵欧洲。多数人则建议只把使团的头目也就是埃泽里诺勒死,然后剥下皮里面塞满稻谷壳送回给教皇。拜住则赞成处死所有人,对这件事情不要再大惊小怪。但是,拜住的正妻却提出异议。她认为一旦把使节全部处死,西方人得知这一消息,就不会派使节来访,而使节通常都会带一些贵重礼物(接待使节时正妻在场,这些礼物会赏赐给她),这样就切断了礼物来源。而且,拜住若是杀了使节,很可能激怒贵由。当时有消息传来,贵由已经在西亚任命了新总督。因此,拜住决定给这些使节留条活路,将他们送到大汗那里。

但他不准许埃泽里诺再固执傲慢,此时埃泽里诺从没想过去哪个天晓得的地方拜访大汗,因为教皇只吩咐让他把信交给他遇到的第一个蒙古高官。

此后,人们就把使节当成空气,当成可以随意取笑的对象,而他们对蒙古人来说就是个大笑话。蒙古人拿走了他们的信,每当他们想得到回复时,蒙古人便会让他们在炎炎烈日下等一天,借口说正在询问拜住的意见。人们经常忘记给他们提供饮食,人们会出来跟他们说话,每当埃泽里诺信誓旦旦地说教皇才是全人类之主时,他们都会捧腹大笑。

他们就这样被愚弄了两个多月,到最后才得知给教皇的回信已经拟好,但是须等一位将军从大汗那里赶来。又过了三周,将军才露面,人们接着花了一周来庆祝其到来,最后拜住才想起这个倒霉的使节。为了彰显殷勤,拜住让客人(那位将军)决定是杀了这些烦人的使节好,还是送他们原路返回为好。将军主张送他们回家,并派一个回访的蒙古使团一起返回。

就这样,当时的西方编年史家才突然报道鞑靼使节来访一事,教皇非常隆重地接待了他们,还以个人身份送上用昂贵皮毛制作的红色长袍。除此之外,教皇还送给他们许多金银。教皇通过译员与使节们交流许久,但整个会面过程和鞑靼人来访的原因都高度保密,神职人员乃至教皇亲信都对此毫不知情。

成吉思汗的孙辈

I

贵由登上汗位时，500辆货车载着金银、丝绸、锦缎，停放在他大帐旁的小山上。这些都是窝阔台汗的加冕财产，贵由将其分给各个王子，而王子们又按照自己认为最好的方式分给家丁、军队和仆人。所有人都兴高采烈，又一位慷慨大方、宽宏大量的大汗继位，所有人都兴高采烈。

此外，贵由要求亚洲的所有使节，让他们的统治者无条件服从蒙古，并亲自向大汗行礼。贵由给西方修士的回复，实际上是宣战。蒙古人盘算着获得更多荣誉、获取更多战利品，利用骑兵突袭发动更多战争。

然而，那些希望贵由一直进行征服战争，其他方面则由摄政王掌权的人，恐怕要大大失望了。因为欢宴和招待会刚结束，贵由就和母亲翻脸，在摄政期间为自身利益而行为不当的人，都受到了惩罚。脱列哥那身边的宠臣被处死，她的宠臣法提玛则被判为女巫扔进河里淹死。窝阔台生前的政策得到恢复，一些老臣也官复原职。

如今，这些蒙古贵族回想起窝阔台大汗温厚善良、宽容待人的品质，又回想起自己在脱列哥那掌权期间享受的荣光，懊悔不已。贵由崇尚秩序，同时也以铁腕建立秩序。脱列哥那摄政期间，王子们把从封地收缴的税收挥霍一空，甚至还提前将这些税收抵押出去。现在，贵由大汗禁止他们继续独立管理封地。他要求军队在征服新的疆域之时，将适当份额的战利品上缴国库；他还惩罚了镇压剥削当地居民的将军和王子。通过以上措施，他限制了成吉思汗后人们在各自封地上的权威，进一步加强了大汗权力。而在这之前，成吉思汗的后人们一直在自己的封地上享有独立的统治权。此外，贵由还要求他们必须无条件遵守《大札撒》的规定。

他生性严苛傲慢，不许身边任何侍臣自作主张。他不苟言笑，若是大汗直接和谁说话，而并未私下把命令告诉大臣们，由他们向众人宣布，这可是至上荣光。作为一名统治者，他为人严厉，难以接近，事必躬亲，对于错误绝不姑息，也不吝于劝诫和责备。

只有一个人他从未找到场合斥责，此人就是成吉思汗幼子拖雷的遗孀梭鲁禾帖尼。

蒙古历史上有很多杰出的女性值得大书特书，她们之中有些在丈夫去世后展现出过人的能力和远见卓识，将自己的部族挽救于衰落之时；有些则跟随丈夫，驰骋沙场，英勇并肩作战；还有一些是非常有能力的摄政者、精明的谋划者、明智的治国顾问。而梭鲁禾帖尼可以说是这些杰出的蒙古女性之首。他是王汗（克烈部首领）的侄女，成吉思汗打败王汗后，将梭鲁禾帖尼赐给幺儿——拖雷为妻。虽然当时梭鲁禾帖尼还非常年轻，但她已经知道如何赢得别人的尊重，拖雷死后，拖雷之兄窝阔台汗要她改嫁给贵由。她虽然回绝了大汗的好意，不过还是以一种既不引起窝阔台的敌意，又不伤害贵由自尊的方式予以回绝。她对大汗说，她一心只想着抚养好自己的四个儿子，管理领地使其秩序井然和兴旺发达，并负责教育好自己的后代。

她也确实做到了。在她的直接管辖下，拖雷的领地秩序极好，那里正是蒙古正统，整个蒙古帝国的中心。每个部族都严格在自己的牧场内活动，按时交税，首领之间互不嫉妒，无恩怨纠纷。在人们心中，她的决定就是法令，从未有人指责她不公。正如成吉思汗时期那样，这些首领属下的部落时刻准备着参与作战，准备向大汗指定的任何方位快速进发。由于大部分游牧部族都处于梭鲁禾帖尼的领地内，因此正是有了她的功劳，蒙古的军事力量才能保持蓄势待发，没有结党营私和内乱冲突。

虽然她从小信仰聂思脱里教，却遵从成吉思汗法典的规定，尊重所有宗教。她的次子旭烈兀师从聂思脱里教的一位牧师，幼子忽必烈则师从一名中国圣人。她建立了一所清真寺，还有一所穆斯林学校，均以她的名字命名。她送长子蒙哥随拔都到欧洲，贵由和其他王子离开蒙古西征大军时，蒙哥留在拔都身边，成为拔都忠实的战友，继续进行征服欧洲的战争。在忽里勒台大会召开之际，梭鲁禾帖尼立即派人召蒙哥回来，并同其他三个儿子一起去哈喇和林，在那里向贵由汗宣誓效忠。

贵由登上汗位之后，准备分配500辆装满财物的货车上的东西，但他既未委托自己的哪位妻子，也未委派哪位要臣，而是将这分配的权力和殊荣交给梭鲁禾帖尼。这说明贵由并没有怪罪她当时拒绝改嫁自己的事，相反，贵由非常敬重她。

II

贵由在帝国上下都实施了自认为最好的措施，他削弱了王子们的权利，令其谨遵命令，还巩固了大汗权力。然而，他却没有干涉老对手拔都的领地。

拔都有充足的理由尽可能推迟脱列哥那的摄政。他要争取时间来扩大自己的领地，使其足以在势力和面积上都超过其他人。如今，他的领地区域分明，划分合理，一直从咸海延伸至喀尔巴阡山和南德维纳河——这是一个完全陌生的区域，是成吉思汗开始征服定居民族之时脑海中若隐若现的区域。

每片领土和每个公国都像从前一样存续，也像从前一样由自己的王公管辖。不同的是，每位王公必须从蒙古人那里获得管辖权。王公要对汗王负责，确保各自公国的和平与秩序，确保准时缴税，缴纳皮草、牲畜、男丁、黄金和钱币等十一税。汗王与公国百姓之间没有任何关系，因为他只是享受百姓劳动成果而已。他是众王之王，他的命令决定着各王公的生活和命运。王公贵族的家族纠纷由他决断，继承问题也由他决断。

正如成吉思汗的营地成为亚洲大地的中心一样，现在拔都的都城也成为其疆域内各王公的朝圣之地。他的部落战功显赫，声名远播，王公们都称其为"金帐汗国"。

在各公国和定居人口之间，蒙古的军营设置在每一个重要的战略地点，游牧部落则在这些据点周围迁徙居住，各个军营和其将领之间，建立了一支连接各地的骑兵队伍。数日之内，一支军队就能从拔都疆域的一头来到另一头，从咸海到维斯瓦河集结起来。军队一旦集结，任何冒险进攻的邻国、任何反抗的王公、任何胆敢抵抗课税吏征税的城镇，都要倒霉。60万士兵服从拔都的命令，继续过着原始游牧民的生活，其中有四分之一是蒙古人，他们与定居的人口几乎没有联系。

这种情况下，一个君主如果有强行征服这个帝国的想法，那简直就是愚蠢之举。窝阔台汗的继承者贵由另有打算。他好像已然忘了正是拔都使大汗选举拖了整整四年，也好像忘了拔都是成吉思汗子孙中唯一没出现在他加冕仪式上的人，而且之后也没有来向他宣誓效忠。他刚一恢复蒙古帝国各方面秩序，便表现得和拔都毫无嫌隙一般，向西面进发，声称要准备对欧洲作战，完成之前在欧洲戛然而止的战争。然而，他只带了一支非常小的队伍——小到远远不足以应付这样一场战争。他的路线穿过拔都的领地，如果他想这样做，他便可以召集拔都的军队。

梭鲁禾帖尼对贵由的这一行动疑虑重重。贵由汗带领的人马穿过她的领地时，已经病病恹恹。贵由的腿脚疼痛，为缓解疼痛，他饮酒过量，变得比平常更加骄傲自大，情绪更加低落。众所周知，拔都在伏尔加河上游和下游之间活动，随从士兵不超过1000人。梭鲁禾帖尼决定赌一把，她派了一名信使向拔都报信。

拔都举行了简单仪式，集结大军东进要面见贵由，两人出兵的目的都不明确。贵由西行是为了责问拔都？还是真的想加入堂兄的队伍继续进行征服欧洲的战争呢？而拔都东进到底是为了向贵由补上推迟的礼节？还是要攻打贵由汗呢？成吉思汗辞世将近20年，难道在他的孙辈之间，在世界上最强大的两位君主之间即将爆发兄弟残杀之战吗？就在他们相距仅几天的路程时，贵由突然离世，此时距他登上大汗之位还不满两年。

贵由刚刚撒手人寰，梭鲁禾帖尼便带着四个儿子和部落里实力最强的领主，出发去投奔拔都。

一切正好解决，术赤系和拖雷系王子们联合。拔都作为成吉思汗最年长的后代，不愿再次面对一个对他不太友好的大汗。然而，贵由死后，他按照惯例指定贵由的正妻斡兀立·海迷失摄政，他立即在自己的营地召集忽里勒台大会。

贵由的子孙和追随者反对这次大会的召集，然而反对无效。他们的理由是，根据《大札撒》规定，忽里勒台大会应在成吉思汗的故土召开，但无济于事。术赤系和拖雷系的所有王子和拔都手下的将领、所有在汗位空缺时视梭鲁禾帖尼为女主人的蒙古首领们，在拔都的营地集合。成吉思汗的大部分后人和大部分将领都到场参加，他们都宣布可以参加选举。

其中一个将领是贵由追随者的代表，他强烈要求选举窝阔台的孙子失烈门为汗，因为窝阔台曾立失烈门为继承人。

这是前任大汗的意愿，大汗的意愿便是法律，众部落首领怎么能选举大汗心仪人选之外的人呢？但是年轻的忽必烈却向贵由的将军们喊道："是你们先违背窝阔台汗的遗愿，你们当初明知窝阔台汗的意愿，却没有选举失烈门而是选了贵由为汗。现在怎么还敢要求我们遵从窝阔台汗当初的遗愿呢？"关于忽必烈，成吉思汗曾说过："如果你们不知该如何行事，就去问忽必烈。"

从此，蒙古帝国汗位的继承权就与窝阔台系无缘。

拔都最为年长，同时也是蒙古最大领地的统治者，是西方的征服者，忽里勒台大会遂推举拔都为汗。

但是拔都拒绝了，他已逐渐习惯生活在富饶的伏尔加大草原，不愿再回到蒙古恶劣的气候下生活。他已经为自己建造了一个帝国，并已经得到满足。现在他要报答蒙哥在欧洲战争中对自己的忠心，报答梭鲁禾帖尼在贵由出发欲袭击自己时的报信，于是他推举蒙哥为最为适合的汗位继承人。

蒙哥于是当选。

但是为了避免出现任何异议来质疑选举的合法性，新的忽里勒台大会将在蒙古人的故乡召开。该地位于斡难河源头和克鲁伦河之间，所有王子和首领会在不儿罕山山脚下，也就是成吉思汗陵墓的地方向新大汗行礼。

于是，梭鲁禾帖尼隐藏多时的抱负得以实现。家族间的纷争就此落下帷幕，成吉思汗的继承权从窝阔台系转移到了拖雷系。

III

朝代的更迭损害了一些人的利益,他们无法立刻接受这样的结果,不可能没有任何反抗。蒙哥两次召集窝阔台系和察合台系的王子们参加新的忽里勒台大会,第二次召集之时,窝阔台系和察合台系的王子们带着人马出发前往选举的地方,但他们的货车装的不是礼物和食物,而是隐藏的武器。他们准备在庆典当天,趁蒙哥及其支持者醉酒时发起攻击。

然而,阴谋败露,王子们和随从被捕。这时,被捕的军官们称王子们并不知情,罪魁祸首还拔剑自刎了。

蒙古人头一次见这种举动,他们知道罪必有罚,但不知道人们心中还会有这样的荣誉感,在罪行败露时自杀谢罪。蒙哥深受感动,他本想看在其他同谋对主人忠心和热爱的份上原谅他们,但其他王子和将领们坚持要惩治罪犯。于是,70 名军队指挥官被处死。之后,蒙哥要求摄政的斡兀立·海迷失和失烈门的母亲向他行礼,但她们拒绝并反驳,她们说蒙哥先前已经发誓对窝阔台及其后代效忠。这时蒙哥的耐心被彻底耗尽,作为对她们拒绝行礼的惩罚,所有参与谋反的人员全部受到惩处。两个女人被淹死,其谋士也被处决。窝阔台系和察合台系的王子们不是被处死,就是被流放,他们的军队也被收回,分给了忠于蒙哥的王子们。率领拔都和蒙哥的军队,一名执法者搜查了从蒙古到锡尔河边讹答剌之间的广阔区域,这里是察合台后代的领地。所到之处,王子和贵族中凡是反对蒙哥称汗的全部被杀死。其他两位断事官则动身前往中国,这里是窝阔台后代的领地。他们按照图门进行筛查,清除了蒙哥的反对者。

这次清除反对蒙哥的表兄弟和堂兄弟们的行动残忍而又

彻底，但所有人还是认为新大汗的行为恰当合理。没有人有异议，甚至是那些被处死的人，宽厚就意味着软弱。当时蒙哥考虑到一些王子年纪尚小，考虑到海都（窝阔台的孙子）在对波兰和西里西亚的战争中表现英勇，便豁免了他们。然而，这些极少数的破例在后来几十年间，使得蒙哥的继任者不得不进行激烈的内斗——因为这些王子对汗位从窝阔台系转移到了拖雷系仍然耿耿于怀，不断地发动支持窝阔台系的战争。

不过，蒙哥在世时再无其他反抗行为。他是一位模范大汗，是在窝阔台去世十年空位期之后，蒙古帝国恰恰需要的大汗。他是纯正的蒙古人，有着蒙古人古老的印记。对他来说，战争和打猎是生活中最有意义的事情，古老朴素的生活方式就是他的统治准则。他无情地结束了王室骄奢淫逸的生活，因为这已经成为朝中一个棘手的问题，他甚至还亲自控制妻室们的花销。

他这么做不是受贪欲驱使，前任大汗及贴身侍臣签发给商人和供货商的欠条由国库全额支付。他听说被征服地区的百姓因长期被剥削而贫困潦倒，便禁止向百姓征收拖欠的税款和欠款，还实行了累进税制度，因为正如他常说的那样，对于他来说留住百姓比填满金库更重要。各省份征收的收入全部用来支付地方军队花销以及改善邮路，臣属王公向他进贡金银或者奢侈品时，他便说不需要这些宝物，需要的是作战的士兵，让他们务必要送军队给他。他的精力主要花在检查骄奢淫逸的生活上，因为这会腐化蒙古人，而他希望蒙古人能够始终保持成吉思汗的精神。他的要求极为严格，确保蒙古人能够继续保持彪悍的勇士形象，能习惯应对艰难险阻，就像祖父成吉思汗统治时期那样。窝阔台的去世导致世界征战的各条战线搁置十年之久，他要确保蒙古人能够继续作战，为征服世界画上圆满的句号。

成吉思汗的孙辈成长在蒙古人不断取胜的年代，他们只是在年幼时听说过遥远的地方有战争，也只看到载满战利品的战车甚至更大的战车，看到越来越多的臣属国的王公们来蒙古效忠。他们心中充满了想要同辉煌年代的长辈们一样优秀甚至比他们更优秀的野心。他们认为自己既能顺利进行，也能圆满完成这项即将开始的辉煌任务。

即便如此，成吉思汗孙辈的整体精神风貌有所改变。耶律楚材的努力并没有白费，蒙哥深刻认识到文明的重要性，并且知道如何奖励科学和艺术成就。他身边有很多贤人，他喜欢听他们辩论哲学和宗教问题。他派弟弟旭烈兀前往西亚，命令他除掉阿萨辛派，攻占哈里发帝国。同时，又要他释放被迫为阿萨辛头目服务的著名数学家纳斯尔艾德丁，许其以荣华富贵，将其请到哈喇和林，让他建造天文台。蒙哥还建立了一个中央政府机构，该机构人员由波斯、畏兀儿族、汉族、党项族和吐蕃的官员组成，蒙哥令他们编制各自语言的字典。蒙哥朝中有来自世界各地的常驻使节，有来自印度、西亚、俄罗斯的王公，有汉地官员，等等。在法国国王路易九世派去面见大汗的使节威廉·鲁布鲁克的报告中，我们可以获得一份不太情愿却绝非捏造的证据，它可以从侧面窥见蒙哥统治时期的文化水平和政治智慧——威廉·鲁布鲁克憎恨蒙古人，这一点是显而易见的。

IV

威廉·鲁布鲁克出使蒙古有个值得注意的序曲。

蒙古人从西欧撤退几年后，开始有谣言说某个鞑靼王子已经改信天主教。这些谣言从西亚传出，被遍布亚洲大陆的景教徒传播开来。但这个消息与人们当时接触蒙古人时的糟糕经历太过矛盾，以致很多人都不相信。

人们的这种怀疑持续到 1248 年 12 月,当时路易九世正在塞浦路斯进行对埃及十字军战争的最后准备,蒙古驻西亚(波斯和亚美尼亚)的总督按只吉歹派两位使节来拜见。他们给国王带来一封信,按只吉歹信中说祝愿基督教军队战胜穆斯林,声明他被派往西亚以解救基督教徒免受压迫,恢复荣誉和声誉;重建毁坏的教堂,让他们可以祷告,可以在和平的环境中继续日常生活。他告诉国王路易九世,大汗认为拉丁、希腊、亚美尼亚、景教的基督教徒不应有别,因为在蒙古统治者眼中,所有对着十字架祈祷的人都是一样的。两位景教使节声称,许多蒙古贵族虽不是基督徒,但他们有信仰基督的可能,甚至大汗自己也在考虑改信基督教。

这个出乎意料却振奋人心的消息让路易九世喜出望外,他想知道如何以恰当的方式向大汗表达欣喜,并对这位君主致以应有的敬意。在两位使节的建议下,他决定给大汗送去一个昂贵的蒙古包式小教堂。

这个蒙古包式小教堂由猩红色的布制成,上面镶有金边,绣有描述耶稣生平大事的图画。除此之外,国王还送给大汗一个装饰华丽的圣坛,一些大型庆祝活动的用具,还有一个可与真正十字架碎片媲美的文物,那是真正的皇家礼物。陪在国王身边准备十字军东征的教廷使节给大汗写了封短信,信中他向大汗表达了罗马教会听到大汗改信基督这一消息时的欣喜之情,教会将接收他为最喜爱的信徒之一。教廷使节告诫大汗不可亵渎神灵,须承认罗马教堂是所有教堂的母亲和统领,因为罗马教皇是上帝委派到俗世的统治者,所有自称基督教徒的人都要服从他。修士安德鲁是东方最著名的传教士之一,他受命执行这项光荣的任务,带着国王的赠礼和信函前往哈喇和林。

然而,这次出使活动的结局却令他们目瞪口呆。当时,贵由已死,斡兀立·海迷失作为摄政女王接待这些使节,并在大型集会上接受了使节们带来的赠礼,并向大众宣布:"法兰西国王送给我们这些礼物,表示对我们的臣服。"

蒙古人认为,如果一个使团带重礼来到哈喇和林,肯定是要向大汗表示臣服,不会有别的原因。贵由汗曾放出口风要再次进攻欧洲,法兰西国王听到该消息,对即将带来的厄运感到惊恐,遂承认蒙古至高无上的地位。因此,斡兀立·海迷失认定路易九世认识到自己应完全服从蒙古汗廷,绝不敢漏掉进贡事宜,并在下次时亲自行礼,就情有可原了。海迷失还慷慨地回赠了一些礼物,其中包括一种来自中国的石棉布,这种布的不可燃性使欧洲极为震惊,路易九世将其送给罗马教皇作为文物保管。事实上,成吉思汗的子孙从未想过改信基督教。

有了在蒙古汗廷这次出乎意料的经历之后,安德鲁开始了返回欧洲的长途跋涉,此时,他可能已经很清楚——正如后来的威廉·鲁布鲁克一样——两个景教使节向路易九世报告说蒙古贵族要改信基督教,是多么不可信。大汗所做的不过是陪信奉基督教的妻子去教堂,或是允许修士在蒙古包内焚香祷告,然而这些举动立刻演化成大汗即将受洗的消息在西方传开。

事实上,第二天大汗也会同样镇静地参观清真寺或者喇嘛庙,第三天或许会要求萨满念念咒语,保佑身体健康。事实上,蒙古人一向宽容,允许基督教徒自由举行宗教仪式,还允许基督教教徒担任官职,这一现象使长期受穆斯林压迫的西方基督教徒相信蒙古王子们秘密地偏向基督教。由于景教是东方最流行的一种基督教形式,安德鲁可能很容易想到,按只吉歹可能只是简单地向法兰西国王发出了问候,却被蒙古的景教徒官员故意放大成他为攻打穆斯林王国的基督教徒祈求顺利。同样出身的官员可能想巧妙地抓住这一机会,在大汗的庇护之下,使得信奉天主教的路易九世承认他们被称为异端的教派，使景教真正有权与罗马教廷享有同等权利。因此，安德鲁一行人出使蒙古，就是由一场骗局引起的。

但是，等到安德鲁回到叙利亚，想做进一步调查已为时已晚。国王路易九世的十字军东征惨淡收场，他在尼罗河三角洲的曼苏拉受挫被俘，直到十字军撤离杜姆亚特之后才用重金将其赎回。现在他在巴勒斯坦匆忙巩固凯撒利亚的防御工事，此时又有新的传闻，至少一个未成年的蒙古大汗将要改信基督教。国王认为这件事对基督教至关重要，因此虔诚的法兰西国王不顾第一个使团的失败经历，又安排了新的出使活动。

他将这一困难的任务委托给方济各会的修士威廉·鲁布鲁克。威廉·鲁布鲁克是位既熟悉西方又熟悉东方的学者，他在十字军东征中一直陪伴国王左右。威廉修士读过柏朗嘉宾的报告，也从安德鲁记录的经历中颇有收获，他还去拜访了亚美尼亚国王海屯，后者曾作为蒙古臣属去过哈喇和林。因此鲁布鲁克为出行做了充足的准备。

但威廉·鲁布鲁克并非完全以使节身份出使蒙古，如果法兰西国王想避免蒙古人再将其视为寻求援助的封臣，那么他绝不会（尤其是曼苏拉战败后）让这种误会第二次发生。因此，法兰西国王最终决定派鲁布鲁克以传教士身份出使蒙古，请求在蒙古定居，并向蒙古人传教。

鲁布鲁克在蒙哥的营地待了6个多月，该地邻近哈喇和林，各个宗教——伊斯兰教、萨满教、佛教以及基督教（包括不同教派）的信徒们生活在一起。尽管他们互相憎恶，但表面上相处友好。他结识了来自亚洲各国的代表，他是一位善于观察的学者，也具有生动描述的天分。他的愿望是让西方人真实地了解这群异族人，是他留给我们一份关于旅途和蒙古人如何待客的记录，这份记录是继柏朗嘉宾的报告之后，我们所获得的有关13世纪蒙古人最详细并且最准确的报告。他意识到蒙古人对于欧洲是个多么大的威胁，他厌恶他们，将其视为基督教的仇敌；他因蒙古人的骄傲自大而愤怒，正是这种自大让他们把自己当成全人类的统治者。

他愤慨地写道："这些蒙古人什么都问，好像他们第二天就要造访欧洲，掳走我们所有的财物一样。"但是他也不得不承认蒙古人确实消息极其灵通。一位官员想知道谁是欧洲最强大的君主，威廉回答说日耳曼国王最强大，这位官员却说不对，法兰西国王一定是最强的。事实上，此时腓特烈二世已去世三年了，他的儿子康拉德正在徒劳地争夺继承权。蒙古人时刻都在询问鲁布鲁克关于欧洲的情况，他们对路易九世的十字军了如指掌，还十分清楚法国国王战败的事情。而且他们对国王后续的计划颇感兴趣。

在哈喇和林，威廉可以随意走动。他和一些景教徒住在一起，鲁布鲁克称他们颇爱吹牛。蒙哥时常会组织各个宗教的代表进行辩论，鲁布鲁克当然为天主教辩护。

尽管鲁布鲁克可以自由活动，但他还是时不时受到各级官员的质询，盘问他此行的愿望和目的，他都谨慎作答。人们问他是否知道之前到访的使节，他声称自己只是个传教士，只想向人们传播天主教，大汗与他进行了为时颇长的会面，并亲自向他详细说明了蒙古人对待宗教的态度：

"我们蒙古人相信世上只有一个上帝，生死都由他支配。但是正如上帝让手上生出手指，他同样也分配给人们各种任务。上帝可能已经赐予你们《圣经》，但是你们基督徒却不用它指导生活。"毫无疑问，大汗此时心中想到的是蒙古人应该遵守《大札撒》的所有律法，而各个宗教信徒们又在朝中如何永无休止地争论，因为他接着说："你一定不会在《圣经》中找到这样的指令，比如，《圣经》是否允许一人可以贬斥另一个人？"

"我并不是专门针对你。"蒙哥理了理思路继续说道："我认为《圣经》中也没有规定你们为了金钱利益可以背离正义。"

鲁布鲁克回答道："大汗,没有这样的规定。我来到这里不是为了金钱,曾有人给我金钱我都拒绝了。"

大汗对他说："我重申一下,我并不是专门针对你。我是说虽然上帝给了你们《圣经》,基督徒却并不遵守《圣经》。但是上帝赠予了我们占卜者,我们按他们的指点行事,友好地生活在一起。"接着,大汗草草地做了总结说:"你在这里已经待了很长时间,该回家了。"

于是,鲁布鲁克再也没机会跟大汗探讨基督教信仰了。他在报告中懊悔地写道:"如果我有摩西创造奇迹的能力,或许我可以说服大汗。"

虽然鲁布鲁克坚决说自己只是传教士,蒙哥一定察觉出了他到蒙古的真实目的。他给了鲁布鲁克一封写给法兰西国王的信,信中将这位方济各会士称作使节。

这封信是大汗给法兰西国王和其他欧洲重要君主及牧师的命令,命令他们到蒙古汗廷向大汗效忠。

"如果你们拒绝称臣,自认为'我们国家离蒙古很远,高山巍峨,海水浩瀚';如果你们相信这些防御工事,备军作战对抗我们,我们一定会记住下过的命令。那些把困难的事情想简单,把远方的人带到身边的人——长生天——知道得一清二楚。"

蒙哥并不是看轻对手,但他也知道自己的实力。如果蒙古人能够团结一心,实现成吉思汗的遗愿,征服世界就不是空想,而是有可能实现的伟业。从未有人制订出这样完整的统治世界的计划,这一计划同样也从未如此地接近现实。

成吉思汗去世已经25年,蒙哥是汗位的第三位继承者。这25年间,有皇后临朝称制的时期,那时官员们争名逐利,腐败之风泛滥；也有内部不和和兄弟纷争的时期，成吉思汗后代中两系的势力急剧衰弱——但是即便经历了所有的兴衰变迁，蒙古的军事实力仍然坚不可摧。蒙哥完全可以集结起一支全副武装的百万大军，他也可以发起猛烈攻击，直到世界末日，直到"如同天上只有一个上帝，地上也只有一个统治者"那一刻都不会停止。

然而，蒙哥和成吉思汗不一样。成吉思汗只有一个目标，那便是扩张游牧族群在全世界的领土，他并不考虑为什么或者这么做的理由，蒙哥心中的思考则让他停下脚步。他心中的疑惑，关于以后发生什么的思考一定让他感到困扰，因为他写给法兰西国王信里的最后一句话表达了他的困惑，"但是，待到长生天使整个世界从日出到日落的地方都在幸福和平中成为一体，那时我们就清楚要做什么了"。

统治世界是他的责任，他将无情地踩着成千上万的尸体建立统治。但是实现了这一目标后，他应该做什么呢？即便蒙哥最像成吉思汗，两人的心态也有了很大差距。

全面侵袭

I

蒙哥重新分配了世界。成吉思汗在生命走到尽头时，分配了四块领地给四个儿子，把东亚和大汗之位让给窝阔台，但现在窝阔台的后人把两者都失去了。虽然清理了汉地敌人中反对新可汗的人，窝阔台残存的后裔还统治着从西蒙古到阿尔泰山的封地。东亚无人统领，所以蒙哥任命弟弟忽必烈（曾受教于中国学者姚枢）为汉地总督。忽必烈将重新组织对南宋王朝的战争。中亚属于察合台的后人，但是成吉思汗赐予他们的领地仅到咸海和阿姆河，蒙哥也无意分配后来征服的波斯地区给他们，让他们扩大领土和势力。他派弟弟旭烈兀到西亚，号令"每十个营帐里派出两名武士"，征服阿姆河之外的王国。

因此，蒙古世界形成了新格局，拖雷的儿子们控制着从中国海岸到里海岸边的王国，蒙哥让幼弟阿里不哥留在身边，任蒙古总督。

只有拔都的王国也就是术赤的封地保持原样，蒙哥送修士威廉回欧洲时对他说："人生双目，却见一隅，双目所见相同，我与拔都所想一致。"

尽管蒙哥与拔都亲善，蒙哥进行的征服更多是要完善亚洲的王国，而不是扩大本该属于拔都的领地。正是由于远处西方，欧洲才庆幸没有遭到蒙古新的入侵，与其相比，第一次入侵显得微不足道。

拔都的军队再次入侵加利西亚、立陶宛和爱沙尼亚，其在罗斯草原的总督那海把势力扩展到塞尔维亚和保加利亚。但对于蒙古人来说，这些只不过是边境小冲突——对亚洲的全面入侵同时在东西两个方向展开。

II

大汗给旭烈兀两个任务：必须摧毁阿萨辛的堡垒、必须控制哈里发。

厄尔布尔士山顶盘踞着360个山中据点，向伊斯兰世界散布恐慌。1090年，山中老人哈桑·萨巴哈建立了狂热的阿萨辛派，最初九年宣称是埃及伊斯玛仪派的神秘组织向波斯北部渗透，招募新成员，宣传对塞尔柱人的圣战。在卡兹宾北部，几乎难以到达的里海南岸的山中，由小的山地王公进行统治。哈桑·萨巴哈在阿剌模式设"鹫巢"作为住所，他进入"鹫巢"成为神圣的禁欲者，但不久原来君主的话就变得没有作用。由于宗教人士会随意掠夺，哈桑在把国王驱逐出堡垒时，以苏丹国库的名义开具了3000块金子的支票作为交换。这支票可在伟大的达姆甘城兑换，达姆甘的统治者不敢拒付。

成为阿剌模式的主人后，哈桑在群山环绕的山谷中建立了天堂般的花园，只能通过暗道进入。里面有金碧辉煌的空中宫殿、热带花木、珍贵果树和大片棕榈树。他选用年轻精力充沛的男子作为属下，他们热血澎湃、意志坚定。他既是圣人也是化学家，熟知大麻和其他类似药物的作用，也知道如何配制这些药物。年轻人闻过大麻的香气，从这个迷人的花园中醒来后，服药后的梦幻景象冲击脑海——美女、歌手、舞者、乐师都围在身边服侍他。这些穷困的山民从未奢望如此辉煌美妙的景象。他们在高兴至极的时候又被大麻迷倒，很多天后才醒来，发现还是待在原来睡着的地方。

这些服药者向教派首领讲述经历时，他们都知道如何回答。他们告诉服药者他曾去过天堂，那是《古兰经》向为先知战斗而死的真正信徒许诺的地方。他只要为谢赫·贾巴尔阿剌模忒之主——山中老人哈桑·萨巴哈而死，哈桑会恩赐他看到将会居住的圣地。从那时起，年轻人就成为费达依（意为敢死队员），他们时刻准备化装成商人、乞丐或托钵僧，跋涉数英里，翻山越岭暗杀任何主人指定的目标。只有匕首作武器，他们不会秘密活动，也不会躲藏或遁逃，时刻准备在行动中死去。为了更快返回天堂享乐，他们行刺时奋不顾身，但求早死。

哈桑的恐怖势力正是依靠这些费达依，他把下属视为自己勃勃野心的牺牲者，他坚决认为所有人必须战战兢兢地臣服自己。他神神秘秘地置身于下属中间，收集古老的羊皮卷、神秘文字、占卜符号和器具。若有对他权威的丝毫冒犯，冒犯者必死无疑。他从未离开过自己的城堡，只有最高层元老才能见到他。他在"鹫巢"安全隐居34年，密切关注伊斯兰世界发生的一切，继续强化自己的统治。通过购买、强制交换和策反，他控制了邻近山区，统治网络越来越广，延伸到伊朗、叙利亚、小亚细亚甚至埃及。任何想要摆脱对手的人、任何上升之路受到出众者阻碍的人都成为哈桑的客户。他们泄露宫廷机密，总能有费达依在喜庆时刻用匕首刺入苏丹心脏，在庆祝胜利时刺杀意气风发的指挥官，或者刺杀颇具影响力的官员。对于费达依来说，没有什么冒险是大胆的，没有什么犯罪活动是不可实现的。坐在宽大毡椅上的人都感到不安全，因为狂热者随时会掏出匕首。他们一旦得手，唯一想得到的就是被守卫乱箭射杀（因为没有人敢接近费达依),高喊着:"我们为主人而死。"所以,长久流传着这样的说法,没人胆敢违背山中老人谢赫·贾巴尔的命令——十字军发动对哈桑的进攻,被他及其继任者自豪地化解了。

由于哈桑的阿萨辛派暗杀了很多十字军著名人物,他的名字和人们对山中老人的恐惧扩散到了欧洲。1231年,巴伐利亚公爵路易一世在凯尔海姆的一座桥上遭暗杀,暗杀者至死也没有说出谁是主使。人们普遍认为罪犯肯定属于费达依,可见山中老人的恐怖已经影响到很远的地区。

在最后一个半世纪中,整个西欧、波斯和亚美尼亚,没有不受刺客血洗的公国。伊斯兰苏丹和国王多次试图摧毁暗杀者的巢穴,但都无果而终。起初就宣布与谢赫为敌的人,即便没有遭到毒手,也会看到后方不断爆发反叛,暗杀越来越猖獗,直到最后他见识了山中老人的巨大实力。

旭烈兀召集伊朗王公对抗刺客时,他们惧怕蒙古人报复的心理战胜了对这个恐怖教派的畏惧。他们与旭烈兀联合,旭烈兀决心把"下至摇篮里的孩童"都斩杀。然而即便蒙古人也没有足够的力量与阿剌模式抗衡。

三年来蒙古军队攻城拔寨,战无不胜,但在这个很难攻克的城堡前受阻。统治者谢赫死后,其继任者软弱,无法忍受饥荒而投降。那时在厄尔布尔士仍有上百座要塞尚未拿下。

旭烈兀囚禁谢赫,下令这些要塞指挥官打开大门,毁掉防御工事,守军按蒙古方式整编。工程兵拆除阿剌模式时,发现城墙坚不可摧,用铁镐和大锤都无法拆除。旭烈兀把退位的刺客头目押送到哈喇和林的蒙哥那里,但这位谢赫在到达之前就遭暗杀——当然不是蒙古人干的,他们路上肯定不敢碰押给大汗的囚犯。尽管他们很警觉,事情确实发生了,而且刺客们的秘卷在攻城者拿到之前就已被烧毁了。

攻下阿剌模忒六周后，蒙古军队穿过底格里斯河。旭烈兀的使节骑马到哈里发穆斯台绥木那里，他是曾请求成吉思汗攻打花剌子模国王的纳西尔之孙。尽管已经失去大部分世俗权力，巴格达阿拔斯王朝的哈里发在精神上也统治了伊斯兰世界五百年。所有苏丹和沙阿都要听从他们的宗教决议。现在旭烈兀要求拆除巴格达的防御工事，哈里发应称臣纳贡。

哈里发回答："你这毫无经验的年轻人，自信已为世界之主，认为你的话能决断命运，要求不能得到的东西。你难道不知从东方到西方，所有信奉安拉者皆为我的臣仆？要是我愿意，我可以成为整个伊朗之主，但我无意开战。走吧，循着和平的道路，回呼罗珊去吧。"穆斯台绥木的使节宣布，任何伤害哈里发圣人的人必然灭亡。旭烈兀的占星家是一位虔诚的穆斯林，他预言蒙古人攻打哈里发会招致六次灾难。

这个预言让占星家送了命，另一个占星家很快预言旭烈兀会大获全胜。不到一周，哈里发的军队溃败，一天后蒙古先锋部队逼近伊斯兰的宗教都城巴格达。经过三周围困，郊区陷落，哈里发无条件投降。整整六天六夜，城中尽遭劫掠，清真寺被烧毁，居民被屠杀。旭烈兀宣布这个地方成为他的财产，活下来的居民是他的奴隶，不再进行暴力活动。躲在教堂里的天主教徒没有受到伤害，因为蒙古人的传统政策是拉拢与敌人对立的教派。

哈里发被迫说出财宝藏在哪里，阿拔斯王朝五百年的积蓄都堆在成吉思汗孙子的大帐前。哈里发自从被俘后粒米未进，旭烈兀拿出块金锭给他说："吃掉它。"哈里发说："没人能吃金子。"旭烈兀回击说："既知不能吃，为什么不给我？要是你那么做，照旧可以在宫殿里自由自在地安静吃喝。"后来，穆斯台绥木被旭烈兀的马队踩踏而死。

自那以后，蒙古人横行美索不达米亚平原和叙利亚，只有立刻投降的城镇得以保全，只有马上效忠的王公能够保留封号和财产。阿勒颇拒不投降，破城后遭劫掠达五天，居民被杀或充为奴隶；大马士革开门迎接旭烈兀，城池毫发无损，旭烈兀任命了一位穆斯林王公为总督。有一次，某个堡垒的守卫不知道旭烈兀的信仰，要求穆斯林向《古兰经》发誓不伤害囚犯。誓言发出，后来所有居民因怀疑旭烈兀的话而被杀。

成吉思汗通过摧毁花剌子模帝国开始征服西亚，蒙古军队在旭烈兀带领下扩张到亚美尼亚。现在通过摧毁哈里发帝国，完成对西亚的征服。蒙古人从美索不达米亚和叙利亚到地中海沿岸地区所向披靡，恐慌再一次降临。穆斯林们扔掉财产弃城逃跑，骆驼的价格飙升到极高。只有埃及一国尚未遭进攻，那是伊斯兰世界最后的希望。但旭烈兀已经派使节去见埃及苏丹，要求他无条件投降。

蒙古统治的东部地区，其军事和经济上的地位都受到削弱。窝阔台死后，由于缺少坚强的领导和进攻计划，蒙古人安于在金国南部边境与宋朝进行小冲突。但是新任更有能力的宋将不仅能够抵御进攻，还能进行反攻，从蒙古人手里夺回很多城市。蒙古将领依靠草原民族的古老战术，突袭邻近省份只为抢夺战利品。这就导致城市和村庄荒废，未耕种的土地荒草丛生。宋金之间形成了一条宽阔的荒芜带。

忽必烈成为攻宋将领后，决定采取包围战术，可同成吉思汗及其将领进行伟大事业时采取的策略媲美。

宋朝北部以淮河、汉江以及山川堡垒为屏障，从北部打开缺口似乎不大可能。宋军可能在经营百年的内陆征兵，全部增援边境。百年间边境可能建立了新的堡垒，若占领宋朝，必先拔除这些堡垒。像之前攻打金国一样，蒙古人先迂回到西部，这样宋朝会在南北同时受敌。但宋朝西部也是似乎不可攻破的障碍，山川绵延数百里，昆仑山和喜马拉雅山的荒凉支脉——像一堵墙把青藏高原和中原隔开。

尽管人们认为这片令人敬畏的山区不能通行,忽必烈还是率10万人进军。他从西夏古都银川出发,让骑兵南下沿河谷向冰川地区进发,穿越多个关隘进入另一个流域。而后向西沿着通向冰封河谷的山路,抵达西藏边界地区。从不屈服的好战部落一路上反抗,蒙古人每天战斗,每天凯旋。一个一个部落被征服,蒙古人强迫他们引导进入下一个部落领地并提供补给,男人们被迫加入蒙古军队补充损耗。因此,战斗不曾间断,忽必烈奔袭1000英里到达山区,以前从未有军队这样做过。最后,他到达位于今云南边界的金沙江岸边。在那里,南诏国组织多个当地部族抵抗,忽必烈派去劝降的使节被杀。蒙古人进攻并打败了这股势力,国王逃入山中,后来要塞被攻破,他又逃到城内。忽必烈派速不台的儿子兀良哈台继续追击国王,他本人向该国都城大理进军。大理防御如铜墙铁壁,但在第二天就被攻破。

忽必烈与中原圣人老师姚枢同坐篝火旁,姚枢对他讲,中国有一个传奇将领不杀一人占领敌城,没有商铺关门。姚枢一说完,忽必烈就喊道:"你说的只是传说,明天我将亲自践行。"他下令蒙古士兵在大理城下打开巨大的丝绸旗,上面写着"为免死痛,止杀"。然后,他派三位使节进入城内劝降,两名守将杀死了使节。就在同时,扛旗的人引领蒙古军队进入城内,他们在所有街道喊"为免死痛,止杀"。他们带着旗帜进入闹市和广场,没有一人反对。除了两个使节,蒙古士兵和居民无一人伤亡,杀死使节的两名将领因不服从止杀令被忽必烈处死。

忽必烈急行军攻打云南大理,国王预料到他要在绝望中投降。虽然他杀了忽必烈的使节,但忽必烈赦免了他——以前对蒙古人犯下这种罪的话,他们会毫不犹豫地处死相关人等。国王仅被押送到哈喇和林臣服于蒙哥,后来被放回自己的王国做臣属王公。

在山区行军并占领云南花费 15 个月，现在这个地区落入蒙古人手中。忽必烈返回汉地，留下兀良哈台建立稳固的攻宋基地。

兀良哈台退回西藏交界的山区，在那里征服了 40 个部落，这些部落以为任何可能的敌人都找不到他们。后来，他入侵宋朝属国东京（越南），但温暖的气候对于蒙古人来说是致命的。东京国王率大军迎战，蒙古人第一次和大象作战。他们的战马害怕这种怪兽，不能策马冲锋。兀良哈台命令军士下马，在大象进攻时发射火箭。大象受惊，不再听从坐在脖子上的象夫的命令，转而冲向自己的队伍，踩踏战马和步兵。这时蒙古人发起冲锋，冲散敌军。东京人溃逃，国王逃到一个岛上。兀良哈台摧毁该国，火烧都城河内，屠杀曾虐待使节的居民。

忽必烈带出的 10 万蒙古人只剩 2 万人生还，五分之四的士兵死于战场或瘟疫，但很快从被征服部落或民族征兵得到补充，军队如第一天一样适应作战。蒙哥非常满意，蒙古人如他所想坚忍不拔，对自己或他人毫不留情，还是成吉思汗时代的模样。新的精神可能会影响他们，那就是忽必烈亲自指挥的时候。

尽管忽必烈是英勇能干的指挥官，他所受的汉化教育已经产生影响。他掌管汉地后第一步就是召回中原的老师姚枢，这位贤才给忽必烈呈上一封奏折，事关最好的教化方法。奏折分为八个部分，讲述以下方面的必要性：修身、力学、尊贤、亲亲、畏天、爱民、好善、远佞。作为一个真正的汉人，姚枢在提交奏折时，给学生忽必烈以下指导原则："天下土地之广，人民之殷，财赋之阜，尽在汉地，奸佞会在你和人民之间挑拨离间。因此，你最好只领汉地兵权，把朝廷事务交给官员。"忽必烈采纳建议，专注于战事，把日常管理交给汉地官员。他给农民提供种子、耕牛和奶牛，在全国进行屯垦移民。这同他的作战思想差不多，因此引起蒙古人的怀疑。通过以上措施，忽必烈赢得了汉地居民的支持，但是引起了蒙哥的猜忌。

忽必烈回到汉地后，再次减少赋税，希望给国家时间从战争破坏中恢复，让贫困人口重获一定程度上的繁荣，但蒙哥把弟弟召回。忽必烈旋即返回蒙古，新任总督到汉地后第一步就是废除忽必烈任用汉族文人的制度，处决了所有首领。

忽必烈盛怒之下立刻调集军队向蒙哥进发，但圣人姚枢劝阻他说："大汗是您哥哥，当务之急，是要表明忠诚心迹，请把妻子和世子送到蒙哥汗那里长期定居，表明可以献出自己的财产和生命。"

忽必烈再次明智地接受了建议。

大汗一看到弟弟谦虚衷心地服从自己的命令，立马打消了疑虑，忘掉了别人诋毁忽必烈的谗言。兄弟相见，场面感人，他们相拥而泣。蒙哥再次任用忽必烈掌管封地，举行重大庆祝。此时，他们决定重新攻宋（宋朝囚禁了另一个使团）直到苦战得胜，因为成吉思汗的原则就是"一旦开战，不管发生什么都要打到最后"。

蒙哥也想参战，他把幼弟阿里不哥留为总督坐镇哈喇和林，先到斡难河和克鲁伦河源头拜祭成吉思汗陵墓，祈求爷爷保佑胜利。然后，三路大军并进，同时合围南宋。蒙哥作为统帅从西北进军四川，连克多城，开始包围合州钓鱼城。钓鱼城守军拥有当时最先进的守城经验。忽必烈自河南从北方进攻南宋，占领长江以北，随后渡江猛攻防守坚固的武昌。兀良哈台从云南由西南向东北攻打南方，一路破坏杀戮，然后转而向北拿下桂岭，而后向长江以南平原进发。他马上就要与忽必烈会师，两支军队把南宋分为两部分。

长江是南宋的生命线，必须不惜一切代价严防死守。南宋宰相贾似道立即率大军解围武昌、汉口。但他并未作战，认为与忽必烈和谈更为谨慎。他提出每年以黄金、丝绸进贡，提出蒙宋新边界，甚至同意承认蒙古对南宋的宗主权。

就在此时，忽必烈收到消息，合州城外的蒙哥军中爆发疟疾，大汗染病而死。哥哥的军队撤出包围，计划返回蒙古。

忽必烈很快接受贾似道的请求，全速返回汉地。

忽必烈汗

I

《大札撒》规定,成吉思汗去世后,直系的所有王公不管身处何地,都要返回蒙古,从中推举出最合适的汗位继承人。

但蒙哥去世后,金帐汗拔都的弟弟、继承人别儿哥在贤士和艺术家的包围下驻在伏尔加河口,忙于重建都城——新萨莱(别儿哥萨莱)。他的军队再次摧毁波兰和立陶宛,对杀害蒙古征税人的罗斯城市进行惩罚性远征。他们更热心自己的事务,不太关心蒙古的哪位兄弟登上汗位。

西亚之王旭烈兀摧毁了阿拉伯帝国,得到小亚细亚的塞尔柱王朝苏丹的效忠,正着手征服叙利亚,从而建立一个从阿姆河到非洲的帝国。他确实已出发返回蒙古,但是由于后方形势发生变化,埃及苏丹击败了在叙利亚的先头部队,杀死指挥官怯的不花,旭烈兀立即回转向西。

忽必烈向其幼弟阿里不哥(蒙哥亲征宋朝时,阿里不哥留在哈喇和林做总督)表明,等他把军队带回属地再召开忽里勒台大会。

但蒙古首领们对忽必烈没有信心,他已经不是和他们一样的游牧者,贤士辅佐的他只想着中国属民以及如何避免伤害他们。他作为顾问和军事统帅有着崇高的威望,这是很危险的。如果忽必烈出现在忽里勒台大会，会被推举为大汗。因此，王公们急匆匆地把阿里不哥推上汗位。阿里不哥被蒙哥任命为蒙古总督，必定是最令他满意的继承者，他们宣布这种方式必能完成蒙哥遗愿。

形势很快明朗，忽必烈在邻近多伦诺尔的上都说服属下和中原行省的蒙古将领、总督推举他为大汗。征服者成吉思汗的法律规定，所有后人必须在场才能选定最高统治者，这在他去世后30年已被遗忘。成吉思汗想永远杜绝的继承权之争一触即发，他在世时出生的两个孙子如今为争夺汗位马上要兵戎相见。

但是多伦诺尔的忽里勒台大会不仅推举了一名反对派统治者，这也是历史上的重大转折之一，因为它带给蒙古帝国新趋势进而改变了亚洲命运。忽必烈并不满足于推举，因为他知道自己的合法性受到质疑，所以他在汉人王公、将军和官员支持下登基称帝。像日耳曼统治者的继承人查理曼大帝在罗马加冕，宣称自己是恺撒的继承人一样，忽必烈通过成为天子使自己成为中华帝国的合法继承人。不仅如此，他比查理曼走得更远，他把汗廷从蒙古草原迁移到汉地中原。

世界征服者成吉思汗和蒙哥（最后一位真正的蒙古可汗）做梦都没想到，他们的继承者会成为中国皇帝，名列在中国朝代的历史中。现在发生的事情已不可避免，通过把帝国的汗廷从游牧地迁移到古老的大都市燕京城（即北京），忽必烈转移了世界统治的轴心。征服中原的蒙古人忽必烈成为中国皇帝，他把曾作为成吉思汗世界帝国中心的蒙古变成了一小块军事区，变成中国辽阔疆域的一个省份，他还让蒙古各部势力从属于中华。这种变化证明耶律楚材战胜了成吉思汗，被征服的但文明程度更高的汉人战胜了军事上胜利的野蛮的蒙古人。

蒙古人对多伦诺尔这次推举的直接后果反应激烈，他们一直充斥心头的疑虑完全得到证实,最担心的事情远没有过去。窝阔台、察合台和蒙哥的大部分后人非常有力地团结在阿里不哥周围,阿里不哥立即反抗自己的哥哥。

但很明显,权力的转移早已发生,忽必烈的行为不过是一种外在表现。阿里不哥被忽必烈的蒙汉联军击败,他的都城哈喇和林完全依赖同中国的联系,这样会慢慢衰落。蒙哥军队的参与力量仍在中国西部的陕西和四川驻守,他们在与中国作战失败后别无选择,只得退出这些省份,将其让给忽必烈。阿里不哥退入西蒙古沙漠,军队补给严重匮乏,缺少食物,战马也在熬过冬天后变得非常虚弱,对天子装备精良的部队毫无招架之力。

阿里不哥佯装投降,承诺马匹一旦恢复体力就会前来宣誓效忠。忽必烈相信了他,留下一支部队在蒙古,其余部队撤回本部。阿里不哥后来自食其言,打败了这支部队后穿过沙漠。忽必烈再次集结军队,迫使阿里不哥逃往戈壁沙漠边缘地带,然后他下令军队停止追击溃败者。忽必烈说:"我弟弟卑鄙地欺骗我,有一天他想清楚时会感到羞耻。"

但这个狡猾、诡诈的蒙古人没有一丝悔意。他重新聚集军队后不断挑衅,筋疲力尽。他对叛军将领特别残忍,因此被自己的部属抛弃,最后无条件投降。忽必烈宽宏大量,饶恕了他。

但这并不意味着蒙古部族反抗的结束,为首的便是窝阔台的孙子海都,他是波兰和西里西亚战役中的英雄,认为自己是纯粹蒙古帝国的合法继承人和支持者。他对战忽必烈的方式和以前蒙古对战金国时完全一致。一旦他从阿尔泰山峡谷(他的大帐和部属驻扎的地方)聚集充足的军队和战争物资后,就侵掠忽必烈的领地。忽必烈采取的防御措施也和以前金国一样,沿长城建立军事要塞,把自己和野蛮人隔离,忽必烈觉得没有必要派军队到荒凉的阿尔泰山。这样他能够围绕海都建立一个军事警戒圈，一旦海都冲破警戒线，就会发生实际战争，这是中华与不安分的游牧邻居的传统关系。现在唯一不同的是中华边境已延伸至阿尔泰山，入侵不会威胁国家重要的中心。蒙古人没有变弱，但是蒙古人统治下的中国变得更加强大。即便有一次海都成功纠集多达10万骑兵，但在离开蒙古之前就被拦截击败，因为对手已不再像以前的汉人军队那样笨重且行动迟缓，而是像他们一样的蒙古骑兵，纪律严明，装备精良，通过步兵强化形成强大的战斗力。不管是进攻还是撤退，装备短矛和短刀的步兵都和骑兵同乘。一旦开战，他们便下马砍伤或者砍死敌军战马，这样敌军骑兵便成为己方骑兵的刀下之俎。

此外，就像早期蒙古人的突袭没有阻止金国发动其他战争一样，海都的突袭也没有阻止忽必烈继续攻宋大计。宋朝丞相贾似道并不想和忽必烈议和，最多不过是敷衍"野蛮人"。中国的南方从未落入外族手中，他也不想向蒙古屈服。忽必烈主力刚刚向北撤退，贾似道就进攻并屠杀了留在长江以南的一支小股部队。他在向皇帝汇报时说，因为他的智谋所以大胜蒙古，并使他们北撤。忽必烈的谈判官到达划定边界时，他利用忽必烈忙于蒙古内战无暇顾及而拘禁使节。因此，他厚颜无耻地破坏条约，把自己装扮成国家的拯救者。实际上他在挑衅蒙古人并自掘坟墓，蒙古人有了借口发动新的歼灭战争。

蒙古曾有能力出众的将领速不台、哲别和老木华黎，能够带领蒙古人在敌人土地上取得全面胜利。如今的第三代中，成吉思汗的战争团队还在庆祝着往昔的凯旋。速不台的孙子阿术像他的父亲和爷爷一样，能够占领要塞，在战场上击溃敌人。攻宋主将伯颜可位列成吉思汗最有能力的将领名单之中。宋朝后悔自己目中无人，他们拘禁使节并杀害谈判代表，但为时已晚。伯颜向南宋都城杭州挺进，狂风暴雨般攻打所有要塞,打垮所有抵抗军队。杭州是当时世界上最大也是最繁华的城市,有160万人口。像威尼斯一样,城内运河交错,大大小小的桥梁有1.2万座,道路系统发达,马车和手推车都能在运河两岸通行无阻,桅杆高耸的帆船可以在桥下通往主要交通枢纽。杭州还拥有令人称赞的排水系统,铺砌的街道即便在雨季也不会被淹没,水很快就被排干,每条街上的石头建筑和塔楼在大火时能够作避难所和储物室。捕快也是火警,他们分布很广,一旦出现火灾就会有1000~2000人准备好立刻在各区救火。每个房子门前挂着所有住户名单,包括老人和孩子。饭店和酒馆必须向衙门上报往来的所有客人,说明日期和时间。城里的秀丽湖泊有娱乐场所、公园、宫殿、寺庙、修道院和园林环绕,湖上停着供租用的船只。城内有数不清的供给凉水和热水的公共浴室,马可·波罗惊讶地描写道,"洗浴是日常行为,尤其是饭前",这些就是"天国"的主要特征。如今,伯颜率领蒙古大军挺进,就是要进攻这座喜乐之城,进攻可能是13世纪最富有的市场和港口城市。

  为7岁皇帝摄政的太后想要议和,伯颜拒绝和谈。来和谈的使节试图引起"野蛮人"的同情,说蒙古人这么狠心要对幼童发动战争,夺取一个手无寸铁的孩子的国家吗?伯颜的回答让他哑口无言:"宋朝的宰相不知道宋太祖也是从一个孩子手中夺得政权的吗?"第三代蒙古草原上的野蛮骑兵已经精通历史,而且并未丢掉一丁点武士精神。

  但是随着精神上的变化,他们的习俗也发生了变化。蒙古征服者再也不屠杀全部人口,也不摧毁占领的城镇,而是占领并管理它们。皇后为表示投降把玉玺送出杭州城外时,伯颜下令进入城市。他的军队没有掠夺,但是军官们依命收集所有官方印玺(象征权力)、艺术品、书籍和图纸,这些宝物和全部皇家财富都被送到忽必烈的朝廷。更不用说把戴着镣铐的太后送到征服者的大帐,如同成吉思汗把花刺子模国王的母亲送到蒙古一样。太后想要见这位蒙古将领,伯颜不准她进入宫殿,说道:"我不知晓恰当的礼仪。"她摄政的小男孩也就是前朝皇帝的等级,需要在忽必烈的朝廷首先确定,这个男孩受封成为三等王公。

宋朝曾把金国皇帝蔑称为"蛮族",现在肯定不能用这种语调对待蒙古人。太后得知使节会带她和儿子见忽必烈,她抱着小皇帝说:"天子已经免你一死,理应表示感谢。"然后,母亲和儿子向北方行三拜九叩之礼。

40年的战争并没有因为占领都城、擒获皇帝而结束,南宋朝廷继续存在。伯颜进攻前,大臣们逃到福建拥立小皇帝的哥哥即位,蒙古人发觉挨个占领城镇和省份是有必要的,然而这意味着在这个国家广阔的土地上,军力将被大大分散。

由于兵力短缺,忽必烈释放囚犯,给他们装备、马匹、武器和食物,强迫他们从军。尽管这两万人来源可疑,但他们支援了很多杰出的军官。最后,宋朝在中国大陆的最后堡垒——广州陷落,他们别无选择只能溃逃,大臣们带着皇帝和残军坐船逃跑,寄身沿海岛屿。

一支蒙古船队攻打这些岛屿,另一支船队出现在广州湾。经历从日出到日落的海战,夜幕降临,16艘皇家船只能逃往远海,但是800多艘船只落入蒙古人手中。皇家旗舰体型太大不能躲避追击,将军把他的妻子和孩子们推到海里,抱住年轻的皇帝投海自尽,高喊:"大宋皇帝宁死不陷囹圄!"自此,统治300多年的宋朝灭亡,由少数民族统治者统一在中国历史上是第一次,整个中央王国都统一在一个少数民族统治者的统治之下——直到我们的时代,它仍然是一个统一的帝国。在这段漫长的时间里,没有任何征服或革命可以瓦解蒙古王朝建立的统一。

II

忽必烈是大汗也是天子,作为成吉思汗的继承者,他是世界的统治者;作为元朝的建立者,他是中华皇帝。中华或称中原王朝是世界上最大、最富庶的国家,但并不是整个世界,它与世界隔着一条不可逾越的海湾。

忽必烈作为大汗,他的每一句话是欧亚大陆五分之四地区的法律,他是金帐汗国领土的宗主。他从第聂伯河和伏尔加河两岸的城镇征集人马,用于在中原和东北作战。他的士兵中有基督徒阿兰人,他们是来自高加索的白人。旭烈兀在西亚建立的王国从阿姆河延伸到叙利亚,与拜占庭帝国的边境相邻,大不里士的铸币上有他的名字。旭烈兀去世后,他的儿子阿八哈成为伊利汗并拒绝在忽必烈确认前登上汗位。他对贵族们说:"忽必烈是我们的统治者,我怎敢在没有得到他允许的情况下登上汗位呢?"直到忽必烈送来王冠、王袍和一张正式任命他为旭烈兀继承者的文书之前,阿八哈处理政务时放一把椅子作为大汗的座椅。旭烈兀和继任的伊利汗们将自己当作蒙古大汗的属下,而不是中华皇帝的属下,尽管中华史家始终把伊利汗描述为中华一品官员。

对他们来说,忽必烈是世祖,他"统一中国,重建和平",他建立的元朝继续进行着中央王国22个朝代所做的工作。他的蒙古祖先曾经是金国和宋朝皇室最仇恨的敌人,如今在中式祖庙里按照中国礼仪得到供奉。与天子相比,在这个按儒家思想运转的国家,如何让"野蛮人"更像世界征服者呢?

忽必烈没有把自己塑造成中华的征服者,而是向中华文化屈服,被它远古时期就出现的符号和习俗吸引,逐渐抛弃了自己民族的传统,接受了中原王朝更加悠久的传统。在他极其华美的园林中,有养着珍贵鱼类的绚丽池塘,里面有小桥装扮、令人称奇的水利设施和其他奇异的机械设备。还有由大象从世界各地载来的最珍奇的树苗及其生存的土壤,被栽种在这个园林里,园林里的一大块地种着蒙古的抗旱草皮,可以让他和儿子们记得他们从草原来。

他保护科学和艺术,召集世界各地的学者、画家、诗人、建筑师和工程师。他完成连接黄河和长江下游水系长长的皇家运河的修凿,其主要负责运送水稻到北京。他还建造天文台,修订历法,几何、代数、三角、地理和历史获得新的发展机遇,他下令编纂的词典至今仍在使用。他委任编写有关农业、园艺、养蚕、畜牧的书籍。在他统治下,小说和戏曲这两种文学体裁在中国蓬勃发展。而且,作为一个纯正的蒙古人,忽必烈认为自己的民族没有文字,被迫用畏兀儿文是不光彩的。因此,他命令一个博学的喇嘛发明更适合蒙古人表达的文字。

忽必烈汗在自己的生活中也将蒙古和汉地中原元素充分结合,他旨在保留祖先的方式和习俗,但效果甚微,好多都改变得面目全非。

从热爱狩猎这个角度看,他是真正的蒙古人。成吉思汗在生命的最后几年才痛苦地放弃这项人与野兽搏斗的危险运动,忽必烈用猎豹和半驯化的豹属动物狩猎作为消遣。这些野兽在他骑行时坐在猎人马背上,一听到命令就跳到地面,追捕园林里的雄鹿和母鹿。每年春天,他总会参加一项蒙古"骑术"活动,但是并不坐在蒙古良马马鞍上,而是坐在一头或两头大象驮着的木制棚子中,里面装饰着奢华的金绣,外面盖着虎皮。从这豪华的休息台上,他观看自己的猎鹰扑向白鹤,观看受过训练的老虎追逐并和黑熊、野猪或野牛打斗。

他和成吉思汗一样拥有豹皮做的狩猎帐篷,内部由黑白貂皮装饰，防风防雨，这样就不会受干旱和湿气困扰。他有一个供娱乐的行宫，那实际上是怀念游牧生活的蒙古包，蒙古包顶由镀金竹子做成，柱子也是镀金的，上面画着中国龙的形象，柱子轻便很容易移动。上都夏宫皇家园林合适的位置也安装了这种结构，用作绳索的上百条丝绸，从来没有松开过。

比起白酒或果酒，忽必烈更喜欢祖辈的饮品——忽迷思，他的马奶酒精选纯色母马的马奶酿制，马厩里有1万头这样的马，非黄金家族的人不能饮用。斟酒人嘴上有布遮挡，以防他们的呼吸污染御酒。

他的四个正妻都有各自的宫殿，已经不是战时那种临时的营帐，宫殿中有300个少女侍奉，有负责卧室的侍女、太监和贵族出身的侍卫，每个王妃宫殿内的仆人都达到了1万人。忽必烈还有很多其他妾侍，这些不是他征战时随意掳来的，而是由特别任命的大臣在全国美女中每年两次挑选出来的。来到朝廷的各省女性有四五百人，再经过仔细挑选，人数变为三四十。她们由宫廷侍女监视，尤其在晚上检测她们身体上是否有隐疾或者是否睡觉打鼾，检查她们呼吸时或者身体上是否散发不好闻的味道。通过严格挑选的美女们每组五人，每组服侍皇帝三天三夜。

帝王的疆土里信使飞奔，南方清晨摘的水果次日夜里就摆到了大汗桌上，而普通旅行者要想走过同样的距离要花10天。

关于忽必烈汗身上发生的很多事情都是闻所未闻的，蒙古人的热情张扬与汉地文化极度内敛的混合是非常奇妙的一种混合，以致他比世界上任何统治者都富有传奇色彩。他的统治睿智有方，征服新领土后，并不急于控制人民的思想。他保留前朝制度的所有精华和优秀之处，着手修复近半个世纪的战争造成的创伤。他即位不久便开始普查人口，得知中国人口有6000万人,而100年前却有超过1亿人,成吉思汗及其继承者发动的战争使人口减少了4000多万。

忽必烈对基本国情摸底之后颁布政策,他让农民平均拥有的土地数量翻倍,也不吝供应耕牛和种子。年复一年,成批的官员走遍中国去了解农作物的情况和居民的经济状况。贫困家庭得到米和谷子、衣服、房屋,老人、孤儿、病人和残疾人都得到公共救助。忽必烈把无家可归的孩子聚集到一起,让他们接受教育。全国都建立了医院和救济院,仅北京就有3万名穷人得到御膳房给养。收成好的年份,政府会收购全部余粮储存在粮仓,防止收成不好的时候价格上涨。在发生饥荒的地区,无偿发放生活必需品,规定生活必需品的最高定价。很快,因战争而饥荒遍野、活力耗尽的中国,再次出现繁荣景象。

中国船只漂洋过海到达锡兰、阿拉伯半岛海岸甚至埃塞俄比亚,穆斯林商人通过陆路带着波斯和阿拉伯货物、罗斯皮毛等前来,带着丝绸、宝石和香料回去。汉地中原成为贸易中心,在忽必烈统治时期,商业获得了史无前例的扩张,世祖皇帝统治着陆地上五分之四的领土,他和先祖成吉思汗一样,重视通商,维持着蒙古帝国的大一统局面。

同在中亚锡尔河附近和中原一样,蒙古人在罗斯和波斯建立邮路和桥梁,开山修路,开放关口。每隔25英里或30英里修建驿站以供更换马匹。那里环境舒适,有品级官衔的人可以在停留期间居住。每个驿站有多达400匹马,不会有任何因素引起延误。1万多个专业的驿站、30万匹马在遍及辽阔土地的顺畅交通线上服役。驿站之间每三公里都会有辅助驿站,日夜准备着为大汗的信使提供服务。急递信使系着宽腰带,挂着铃铛,远方听到铃声,立刻备好最快的马。信使换马接力继续行程,每天行进250~300英里。欧洲技术后来在打破空间限制上达到的效果,成吉思汗的"蛮力"在

13世纪就已不可思议地实现了,忽必烈将其进一步完善并变得有组织。

　　整个帝国呈现一派"蒙古和平"景象。无法通行的沙漠、相互敌对的领土或者无休止的战争,再也不能分割西亚和中原、俄罗斯和中国藏区,这在我们星球历史上是第一次。盗窃和抢劫停止了,蒙古军事要塞看管邮路,每个驿站的蒙古官员记录商旅队伍的往来,商旅队在谁的地盘上消失,总督就会大祸临头。关于这种四通八达和安全的路况,当时的编年史家用华丽辞藻和不吝夸赞的语气描述如下:"一位携带金块的女性也可以安全地在帝国境内通行。"

　　由着上面种种,忽必烈的英名传扬。波斯人瓦萨甫写道:"尽管我国距离蒙古帝国中心、宇宙的焦点、生机勃勃的幸运君主以及非常公正的大汗住处,需要一年的旅程,他辉煌的事业已经传到我们耳中。他的法令、公正、深邃和优雅、英明的决断、令人称奇的管理——据可信的目击者、著名商人、有学识的旅行家描述——完全优于当时世界上已知的任何事情。他的一缕光辉和惊人的能力足以使罗马恺撒、阿拉伯哈里发、印度王公、萨珊王朝和塞尔柱苏丹的光辉黯然失色。"

　　后来,一位中国编年史家写道:"忽必烈汗定会成为史上最伟大的统治者之一,他的成功将会为后世留下深远影响。"这位编年史家描述大汗的军事成就,颂扬他对科学的推动,继续说:"他虚心接受了学者的建议,他真正热爱人民。"而忽必烈也有他唯一的局限——他对中原恩惠很多,然而汉人依旧认为他是外族人,因为"他从未在朝廷中给予汉人职位,只任命外族人为国家大臣。"

　　其原因在于忽必烈热爱中华艺术和文化,却不信任汉人。蒙古大汗一刻都未忘记——他们区区几十万蒙古人要控制6000万人口,需严密监视他的属民防止其有任何机会参加叛乱。他需要使用中华军队时，让南方人驻扎在北方，北方人驻扎在南方，把部队从东方调遣到西方，把人员从山区调到平原，每两年更换一次驻防士兵。汉人仅被授予低级职位，所有实权部门的职位都留给其他民族之人——蒙古人、畏兀儿人、西藏人和波斯人，但他也非常谨慎地用人，确保这些外族人不压迫或者剥削自己统治的人民。

他的宠臣财政大臣阿合马是个罪恶难赦的敲诈者和剥削者，他后来被同僚杀死。忽必烈在这位权臣死后得知其罪行，挖坟掘墓，将其枭首示众并将尸体喂狗。阿合马的一位遗孀和两个儿子也被处决，其他亲属也按罪领罚，他的另外30名妻子和400名小妾被遣散，全部财产充公。忽必烈任命畏兀儿人而非汉人做阿合马的继任者，而且燕京（阴谋策源地）数百万居民必须放弃过去居住的城市，在邻近地方形成新的居住地。那里街道宽阔，纵横交错（像现代美国城市一样），因此"人们可以很清楚地看到各家门口发生的事情"。在监视之下，居民活动也比小道盘绕的燕京更容易控制。每12个大门就有1000精兵把守，随时准备行动。城市中心挂着一个大钟，黄昏敲响。若宵禁钟声响起，任何人在黎明前不准出门。需要急诊或接生的人，离开住处必须打着灯笼。

忽必烈的宽容也有严格的限度，违背规定则后果严重。他得知《古兰经》指导信徒杀害不信仰先知的人，就把距离最近的毛拉招来。被质问的毛拉坚称那是《古兰经》的信条。

忽必烈问："那你相信《古兰经》是先知给你们的吗？"

毛拉说："是的，陛下。"

忽必烈又问："那你们为什么不遵守？为什么你们不杀死异教徒？"

"因为时机还未到，我们不能那么做。"

忽必烈厉声说道，"但我能这样做"，并下令立即处死毛拉。对这位穆斯林的迫害一触即发，此时此刻信仰伊斯兰教的权臣找到《古兰经》的权威解释，说明圣书所说的"不忠之人"指的是不相信任何统治人类神灵的人，危机才得以化解。这样，像蒙古人一样以神灵之名发布所有条令的人不算不忠者，杀死这些人的命令并不适用。

有一次，忽必烈把桌上的美味肉食送给他要赏赐的几个穆斯林商人却遭到拒绝，他因此发怒，下令全国禁止依据伊斯兰教的礼节屠宰动物。这项禁令持续七年，直到大汗的财政大臣恭敬地告诉他，穆斯林（他们控制着中亚贸易）不再来中国，边境已没有关税收入，忽必烈才撤销法令。

不光因为没有偏见，忽必烈才成为世界主义者，他也受到实务思维的影响。他吸引到朝廷的外国人如果敏锐地意识到自己的优势，就不得不屈从忽必烈的兴趣。他冷酷无情地惩罚欺骗自己的任何人，也奖励提拔忠心耿耿的人，不问他们来自世界上的哪个角落。这就是为什么在忽必烈周围除了亚洲各民族的代表人物，还能见到三个意大利人——威尼斯商人尼科洛、马泰奥和马可·波罗。

Ⅲ

1260年，年纪略长的波罗家族的尼可和马泰奥，乘船从君士坦丁堡到达金帐汗国领土。那时，别儿哥称汗，按照朝觐成吉思汗商团使节的惯例，他们献给别儿哥自己所有的珠宝和饰品，从别儿哥那里得到双倍价值的礼物和款待。边境不稳让他们的归途变得不安全，他们继续向东旅行，从伏尔加到了布哈拉。又因忽必烈和旭烈兀的继承战争，他们在布哈拉停留数年。后来，他们有机会加入旭烈兀朝拜忽必烈的使团，于是从布哈拉出发到达大汗朝廷。

忽必烈以前从未见过任何意大利人，他频繁与这两位商人交谈，询问他们有关欧洲及其统治者、政治制度、军队和宗教的很多问题。由于两位波罗是虔诚的基督徒，也是那个时代的宠儿，他们抓住机会试图让这位东方统治者变成基督徒。忽必烈一度耐心听他们讲解，同时作为一个务实的蒙古人，忽必烈问他们成为基督徒能够得到什么。

"有四位伟大的先知受到不同阶层的人们的尊敬和崇拜"，忽必烈说，"基督徒把基督视为神灵，萨拉森人的神是穆罕默德，犹太人的神是摩西，对于佛教皈依者们来说，释迦牟尼是他们的偶像中最杰出的一个。不管他们谁实际在天堂有着至高无上的地位，我都崇敬他们，祈求他们的帮助……我为什么要成为基督徒呢？你们自己必须意识到我们国家的基督徒愚蠢无能，他们中没有任何创造奇迹的人，然而皈依佛教的人却能做任何想做的事情。"他讲述吐蕃喇嘛证明自己实力的神迹。"我坐在桌边，大厅正中的杯子里装满酒和饮品，无须人力就能自发到我这里来……"佛教徒有控制恶劣天气的力量，约束它退回天上的任何地方，还能带来其他自然的奇妙馈赠。你们能见证他们的偶像有说话的能力，也能预测人们需要的一切。

"要是我信仰基督，成为基督徒，我朝廷的贵族和其他人会问我受洗和皈依基督的动机为何，他们会说，他们的牧师有什么特殊力量，能够显示什么奇迹，然而信徒们声称通过自己的神性和偶像的影响表现出来。"

"对于这些我不知道如何回答，他们会认为我在为了一个严重的错误而劳心劳神，那些偶像崇拜者想取我命非常容易。"忽必烈仍很谨慎，不想做任何亵渎基督的事情，基督的力量可能更加强大，所以他把两位波罗送回教皇那里。他让教皇派遣百名有学识的人来揭开基督教的神秘面纱，向信徒们展示他们也能够做上述事情，但是限制他们去做这些法术，因为它们脱胎于妖魔；让他们迫使崇拜者们在他们面前停止这些行为。要是能做到，忽必烈许诺贵族和所有的臣属都会接受洗礼，以期"最终这部分基督徒会在数量上超过定居在你们国家的信徒"。

但两位波罗回到欧洲的时候，教皇克雷芒四世去世，教皇空缺，主教们就继承人选举问题争吵。毫无成效地耽搁了两年之后，这两位威尼斯人再次启程前往东亚，他们才知道红衣主教团选举了他们的赞助人泰巴尔多·维斯孔蒂为教皇即格列高利十世。新教皇召集他们进行深入咨询，然而并没有按忽必烈的要求提供百名有学识的传教士，教皇只派遣了两名多明我会修士。这两名修士不愿忍受如此长途旅行的艰辛和痛苦，在小亚细亚便折返。没有向忽必烈证明基督信仰优势的牧师，波罗兄弟带着尼可的儿子——20岁的马可·波罗回来。

马可·波罗正处在对眼前世界新奇事物抱有极大兴趣的年纪，他很快学会了大汗朝廷使用的四种语言：蒙古语、汉语、畏兀儿语和波斯语，也许马可·波罗在持续三年的旅行途中已经学会了畏兀儿语和波斯语。他注意到忽必烈询问使节、军官和外国商人有关所到之处的人民、风土人情和主要事件时，这些人一旦没有东西告诉他，忽必烈汗就会失望和愤怒。鉴于此，马可·波罗应大汗的要求进行旅行，回程后可以报告每个细节：他如何完成行程、所到之处的风土人情。他为人机敏聪明，善于观察并十分健谈，所以深受大汗喜爱，虽然没有任何官职，他却携带大汗的令牌游遍了这个神奇的世界。这位全能君主的仆人没有遇到任何困难，一切大门都向他打开。马可看到、听到和学到的东西，比任何以前的旅行家或许也包括以后的旅行家都要多。他看到了缅甸金塔并到达宝石之岛——锡兰和珍贵香料的神秘故乡——爪哇岛，到达婆罗门的土地——印度斯坦，到达帕米尔高原的冰峰和食人族的栖息地——地处热带的苏门答腊。他听说过日本群岛，也就是他书中提到的"Zipangu"，也了解了西伯利亚北部的荒原，那里地处北极，冬天长夜笼罩，通古斯人驾驶驯鹿。他熟悉了狗拉雪橇，也熟悉了印度洋的采珠人。旅行回来，他住在忽必烈的宫廷，参与那里发生的一切，观察这个伟大王国的内部，了解君王——"众王之王"的私人生活，"他的臣属数量、疆域面积和税收规模超过史上任何一位王公"。马可·波罗离开威尼斯的时候，已非常成熟且富有经验，他通过在广大的充满活力的蒙古帝国的见闻来对比和了解欧洲的渺小。他赞美每件事情，赞美君主和帝国，忽必烈的伟大和能力及其不断扩张的意图。

忽必烈的使节仍然穿梭在亚洲的土地上，要求其他统治者效忠进贡，拒绝就必然招致入侵，不管这个国家与中国是否有巍峨的大山、无边的沙漠或宽阔的水域分隔。要求接受忽必烈统治的命令由一个政府部门以中国皇帝的名义发布，忽必烈坚定地遵循成吉思汗的遗嘱征服全世界，在这一点上他是真正的蒙古人。但蒙古帝国的重心已经转移到中原，世界的其他领域比引起他祖父兴趣的那些对他来说更加重要。西亚太远，他的弟弟旭烈兀统辖一方；伊利汗国是"深入西方的一个省份"，旭烈兀在西方开拓领土，忽必烈曾派3万骑兵帮助他的弟弟。随着时间的推移，金帐汗国变得有些脱离蒙古帝国，尽管名义上是附属国，实际上它变成了半独立的国家。由于西方属于金帐汗国，他对征服欧洲不再感兴趣，他的战争矛头主要对准东亚和南亚。

交趾支那的国王拒绝亲自到忽必烈的朝廷宣誓效忠，一支蒙古军队便入侵了这个国家，摧毁其首都。但是战争没有最后取得胜利，居民进入山中抵抗，侵略者不能进山追捕他们。

安南国王拒绝允许蒙古军队通过，蒙古人认为有必要在气候对他们致命的热带发动战争——尽管国王愿意进贡。

缅甸不愿意把儿子送给忽必烈作人质，国家便遭受三次血腥入侵。

后来，有个中国人发现琉球群岛，一艘战舰很快开赴那里，另一艘战舰驶向更南面的岛屿、菲律宾群岛以及其他海峡两侧的岛屿。忽必烈的士兵征战暹罗、恒河外的印度斯坦和爪哇，他不关心这些征服能否在经济上受益，胜利者是获得利益或是徒劳无功，对领土无限的痴爱控制了他，他的欲望要得到满足。他缺少祖父成吉思汗独有的睿智、征战时的坚韧不拔、扩大领土时部署多种计划的谨慎——所以不可避免地，忽必烈经常遭遇惨败。

一位朝鲜学者报告日本的财富，引起忽必烈的兴趣，所以使节带着帝国使命到达日出之国。他命令日本的国王要承认蒙古的宗主国地位，这让号称统治岛国200年的王朝蒙羞，所以他们没有答复。因此，载有4.5万名蒙古人和12万名汉人的巨大军舰在日本沿海登陆，海边平原满目疮痍，但是对要塞的进攻因居民英勇抵抗而受阻。老天帮助了他们，凶猛的台风让入侵者的船撞上岩石，大部分人溺亡。已经登陆的军队与根据地分离，被消灭或沦为俘虏。忽必烈直到去世那天还梦想着报复这些敢于蔑视他的岛民。

日本东京有一幅油画，上面画的是在忽必烈大殿的马可·波罗，大汗咨询朝鲜学者有关日本的情况，很多日本统治者认为是这个威尼斯人挑唆蒙汉联军征伐他们。尽管忽必烈几乎不需要任何挑唆，日本人对此事的观点却表明了几位波罗对大汗朝廷的重要性。

他们在蒙古帝国驻足17年，后来觉得是时候带着收集的财宝安全回家了。忽必烈那时已经非常老迈，他们是外国人，无疑会受到妒忌，很可能由于皇帝过分偏爱受到很多人讨厌。如果他们能在有生之年离开，会在大汗的庇护下旅行，享受所有显贵之人的特权和舒适，但忽必烈没有放行。

很快机会来了。旭烈兀的孙子阿鲁浑在西亚成为伊利汗，他的妻子去世前要求阿鲁浑娶一个自己部落的女孩为妻，阿鲁浑因此遣使请求大汗为他指定一位和去世妻子同一血统的蒙古女子。忽必烈挑选了一位公主——阔阔真去波斯。在中亚，察合台的后人们爆发新的继承战争，这使经过那片区域的旅行变得凶险，所以两位波罗告诉主人他们知道一条安全的海路。马可·波罗刚按忽必烈的指示从印度斯坦旅行回来，沿着印度海岸，可以到达波斯湾。

在这种情况下，大汗"依理不得不同意"波罗的请求，让他们通过海路护送阔阔真公主。忽必烈在他们承诺尽快返回后才勉强放行，但过了两年，他们沿印度和锡兰航行后在阿曼湾登陆，他们知道离开得已经够久，因为忽必烈已经去世。

中原为去世的世祖皇帝悲痛，他在位34年让中国再次富裕强大。但按照忽必烈的遗愿，他没有被葬在华丽的中式墓地，而是远葬蒙古，靠近不儿罕山的斡难河和克鲁伦河的源头，他的祖父成吉思汗、父亲拖雷和母亲梭鲁禾帖尼都在那里安息——把世界的统治权留给子孙。

"百万先生"马可·波罗

I

海洋女王、荣耀之城——威尼斯发现其市场正被日益崛起的热那亚侵蚀,其在地中海东部的统治受到严重挑战。黑海在13世纪前半叶被威尼斯占据,而13世纪晚期停泊的热那亚商船比威尼斯要多。拜占庭曾完全是威尼斯的市场,实际上却由热那亚人控制。克里米亚海岸的热那亚定居点已成为与金帐汗国通商的主要站点,小亚细亚北部的热那亚港口成为中亚的主要商业中心。这两个竞争对手之间的仇恨是如此强烈,以至于没有海军护送,没有商船能够安全航行。威尼斯和热那亚船只相遇的时候,肯定会爆发海战。

最后,热那亚决定进行史无前例的打击,他们会在威尼斯境内水域发起进攻。1298年9月7日,双方在达尔马提亚的科尔丘拉岛爆发大海战。威尼斯惨败,失去了几乎所有船只,超过7000人被俘。威尼斯舰长丹多罗不想苟且偷生,撞旗舰桅杆而死。马可·波罗就在被热那亚囚禁的威尼斯人中间,战斗时他指挥一艘帆船。

三年前,马可和他的父亲尼可、叔叔马泰奥从远东回家。三位旅行家——衣衫褴褛的游荡者叩响波罗宫的大门,他们所说的语言因为长期不用,带有外国口音,他们被看作骗子。人们以为这几位波罗已经去世,亲戚们占了他们的房子。外国人对波罗家情况的了解可以从和他们一起去东方旅行的同行者那里知晓。

为了证实他们故事的真实性，避免人们更加怀疑他们是要夺取老宅财产的骗子，三位旅行家根据威尼斯传统组织了盛大宴会款待邦国的贵族。像事前安排的一样，他们穿着光鲜亮丽的新衣服出现，把旧袍子扔给仆人。宴会接近尾声时，用人离开屋子后，马可拿出他们回来时带的破布，打开缝合处，在宾客的惊愕中，把钻石、红宝石和蓝宝石一股脑儿倒在桌子上，在场的人从未见过那种华贵和品质的宝物。波罗家族的三位返程前，明智地把大量的财富换成珠宝，这次展示的大量财富消除了威尼斯贵族和旅行家的疑虑，他们的诚信得到认可。人们非常乐意拜访那个好客之家，听马可滔滔不绝地讲述旅行和冒险中一个又一个故事。

有一点达成共识，那就是在波斯和金帐汗国可汗们贸易活跃的大发展时代，没人到过大汗朝廷，他们也一样。但是，他描述的有关忽必烈及其朝廷以及帝国的奇观，对听众有极强的蛊惑性。尽管人们对东方故事喜闻乐见，但讲述者好像总是夸大其词，他很快得到一个绰号——"百万先生"。

这些名声随着他一直到热那亚的监狱，热那亚人很快成群结队来到波波洛宫，听这个行走多地的俘虏讲有趣的故事。他的狱友比萨的鲁斯蒂谦文笔很好，他很快意识到波罗的口述是无与伦比的"脚本"。马可·波罗在狱中口述《东方见闻录》，鲁斯蒂谦用法语记录下来。

与此同时，许多意大利王公在两个大的城邦之间斡旋，最后达成和平，马可·波罗返回威尼斯。他在狱中零零碎碎口述的趣闻轶事和旅途见闻都变成了白纸黑字，而且效果显著，虽然作者并未期待会有这么一种效果。波罗宫被戏称为"百万公馆"，每个宴会上都会出现一个小丑名叫"马可百万"，这个角色是为了吸引人们注意而虚构的。1323年，马可·波罗弥留之际，他的朋友冲进病房，劝他为了灵魂安息坦白承认书中存在的不实之处，但直到生命弥留之际，波罗还是愤怒地喊道："我所记录的事实还不到我见过的一半。"后来随着人们对远东知识的增加，才证明他的描述和观察是准确的，尽管他实际上隐去了自己见过的最令人惊讶的事物（例如长城、印刷术和中国繁荣的各行各业），以免损害后面叙述的可信度——到 19 世纪末的时候，意大利的学生想要诋毁一些天方夜谭，还会大喊："真的像马可·波罗讲的一样！"

然而该书魅力难挡，无论人们是否相信其中的内容，他们都会阅读它作为消遣。而渴望冒险、对远方世界好奇的人也对他的书发生了非常浓厚的兴趣，在中世纪的欧洲，这种热情一直在增长，从来没有淡化。一位抄写员说他抄写是为了打发时间，这也反映出那个时代人们的观点。尽管马可·波罗的见闻看起来不可思议，但毋庸置疑是生动有趣的。抄写员说道，"马可·波罗所写作为奇迹并不那么荒谬"，尽管他自己并不相信所有事情，但是"毕竟看起来是真的"。

在人们对故事持两种截然不同看法的情况下，马可·波罗的《东方见闻录》被多次复制，还被翻译成拉丁文，后来又被翻译成意大利文，一幅以前未能有人想象的巨幅世界精神图景从这本书中创造出来。主流的地理学知识认为，世界是一个海洋环绕的平面，耶路撒冷是所有陆地的中心。先知以西结不是写道"主耶和华如此说，这就是耶路撒冷。我曾将她安置在列邦之中，列国都在她的四围"？从极西之地、从大西洋到耶路撒冷的距离与它到极东之地的距离一样，极东之地是地上乐园。不是"上帝在伊甸建立了一座花园"吗？中间的广大区域居住着传说中的男人、女人或者兽首人身的怪兽，恐怖骇人。人们因此有心理准备去相信任何幻想、任何不可能的事情。马可·波罗描述他只是听说过这种土地，谈论能叼走大象的大鹏鸟的时候，读者的感受跟看他描述一只老虎时基本相同，并不吃惊。但是当他谈及亚洲广阔的地域，说出每块土地的名字，说出每个王国的名字，宣布理性正常的人类居住在那里，进行各种商业活动、建设着城市——这就太出乎意料了，没有欧洲人能够相信那些故事。一切看起来极其不可思议、极不可能。亚洲大陆的远方，已知的其他国家之外，竟然还有一个巨大、神奇的中华帝国——这是马可·波罗对她的称呼，现在我们称她为中国。

  欧洲遭受蒙古野蛮残忍的入侵的时间并不久远，勇敢的修士柏朗嘉宾和鲁布鲁克就证明大汗居住的哈喇和林是多么贫乏破败，他们谈及蒙古人的野蛮习俗，以及完全依靠武力的傲慢如何让人无法忍受。如今，欧洲人会相信存在一个公正、善良、睿智的大汗，高贵、强大的君主统治着文化和辉煌超越所有想象的王国吗？他们会相信有十二道城门的城市，由比威尼斯还大的郊区环绕着，河流里每年有20多万船只（比欧洲所有的在河流和沿海航行的船只都多）来回穿梭吗？会相信船只装有46根桅杆，由二三百人控制，装载着很多乘客，满载上千篮胡椒和其他香料（欧洲商业圈众所周知令人垂涎和最昂贵的货物）吗？会相信接连不断的奇迹，可以用纸币买到世界上最珍贵的东西和金银吗？有了马可·波罗声称的奇迹，他说的其他东西都黯然失色。他谈论用作燃料而不是木头的石头，谈到扔到火里进行清理的纺织品，谈到割树获取的酒，谈到白熊和黄白条纹的狮子，那就相对有些玩笑了。他对波斯和中亚沙漠的叙述，对巴达克山荒野峡谷的叙述，对帕米尔冲天高峰的叙述，对天青石、石棉和钻石场的叙述，都没有像他对中国财富和富强的描述一样，引起人们那样怀疑。

  伟大、睿智、公正的诸汗之汗很快被诗化了，他的形象很快出现在每位充满想象力的作家的创作之中。尽管冒险家们对此充满了怀疑，但他们也开始对远方的区域进行探险，商人们寻找着物质利益，传教士们期望着精神传播——远东传来的最新消息都证实了马可·波罗描述的每个细节。

中华帝国确实存在，确实和马可·波罗描述的一样强大。大汗实际上统治着它，好客又大开国门。传教士们受到欢迎，他们可以传播他们喜欢的教义。他们在皇宫里有吃有穿，可以进入朝廷。意大利商人主要是热那亚人获准经商，很快在中国致富。他们提供资金和土地建立教堂，很快就建立了天主教北京教区和福建的刺桐教区。马可·波罗去世半个世纪后，中央王国再也不是传说。

穿越蒙古和金帐汗国、中亚锡尔河附近和波斯的两条跨大陆商道沟通了东亚和西方，终点是黑海沿岸的威尼斯或热那亚港口。

弗兰西斯科·彼加洛梯（Francesco Pegolotti）写于1340年前后的《商人实践手册》实际上是一本中原指南。除了其他重要建议，这本书还指导商人蓄须而且不刮胡子，给译员付费时要慷慨，要在顿河入亚速海的塔纳雇用当地妇女做管家，因为"她会说库曼语，会把你照料得更好"。作者还指导商人们通过快速出售货物以获得更多利润，"每个从热那亚或威尼斯去中国的人，需要带几捆亚麻到达玉龙杰赤后销售获利；在玉龙杰赤买入银条带上，因为不管他们带多少，统治者总会用纸币购买，把金属存在宝库里"。他不断重复这样不可思议的事实："你可以用纸币购买丝绸和其他想要的货物，全国上下都会接受纸币，你也不必出高价购买商品，因为都是以纸币结算。"

塔纳是热那亚在亚速海上的港口，它是与金帐汗国繁荣贸易的起运港。彼加洛梯声称："你可能认为从塔纳到萨莱的路线，不如到中国的任何一条道路安全。但即便在这条路上，如果有六十人护卫，也能像待在自己家里一样安全。走过塔纳到中国的旅行家记述，这条路线日夜都非常安全。"实际上，所有地方都处于"蒙古和平"之下。

II

世界史的一个阶段已经结束，一个新的国家横空出世，用铁和血书写人类历史的篇章。蒙古统治的第一阶段，与当地统治者议和是不可能的（征服或屠杀是唯一方式），尸骸遍地，曾经荣耀的城市变成废墟，这个阶段现在已经彻底结束。以摧毁20个王国和成千上万人的生命为代价实现的"蒙古和平"已经完成历史使命，把东西方文化（后来在欧洲大陆两端独立发展）联结在一起，变成统一体。

我们大陆的历史并不像我们认为的那样是亚洲与欧洲、东方与西方漫无休止的战斗史，尽管斗争的某些阶段持续千年：希腊攻打特洛伊，波斯攻打希腊，亚历山大大帝的胜利远征，欧洲在加泰罗尼亚平原地区竭力反抗阿提拉进攻，十字军的攻势，拔都领导的蒙古人入侵，15世纪开始19世纪结束的反抗斗争。欧亚大陆的历史一直伴随着东西两端和中部的持续不断的纷争（或者更多），中欧在斗争中的地位和中亚一样；罗马抗击日耳曼入侵的历史和中国及西亚王国的历史、土耳其人不断回师进攻类似；满族和蒙古族统治的中国、波斯的突厥朝代是德国皇帝进攻意大利的翻版，它们不断努力控制边缘地区的力量。正是由于他们控制了陆上商道，大陆势力才占据了关键位置。因此公元1000年前后波罗的海和拜占庭之间的商业中心变得重要，内亚的基辅和罗斯开始崛起。400年前，布明可汗统治的中亚突厥汗国就建立在中国和西亚的商路上。他与波斯王科斯罗伊斯灭掉中间国家，而后又攻打波斯的盟友。他提议与拜占庭结盟攻打波斯人，以控制中国到欧洲主要国家的丝路。如今，在成吉思汗继承者的统治下，欧亚大陆历史上第一次取得胜利的中亚形成沟通东西的桥梁，让边缘文明相遇。这是历史上的独特时刻，远东和遥远的西部接触，相互审视，建立经济、宗教、外交和科技联系。而后正如所料，古老先进的东方文明更加强势，激励促进年轻的欧洲产生新的文化动力，注定要扫清中世纪的阴霾。

我们在研究中国在那个时代给西方世界留下的印象时，局限于少数几个欧洲作家的著作，如马可·波罗、孟德高维诺、鄂多立克等人。考虑到欧洲君主关系的紧密程度，我们可以推断，在14世纪前半叶，9位使臣从欧洲出发觐见大汗，而大汗派出的使臣不超过15人。蒙古使节到达罗马、巴塞罗那、巴伦西亚、巴黎和伦敦，虽然使团从西向东抑或从东向西进行的互访不过是礼节性的、比较表面的，但从历史的角度来看，影响是深远而清晰可见的。无数百姓因为战事被虏离乡，广泛分布在东方大陆，在亚洲为奴为仆或成为靠手工吃饭的奴仆。

柏朗嘉宾拜见贵由汗时，遇到一个罗斯贵族充当翻译，从波兰布雷斯劳和奥地利来的商人半路与他同行；威廉·鲁布鲁克在蒙哥朝廷发现一名巴黎金匠和一名法国梅茨女人；来自特兰西瓦尼的德国人在拔都的矿场里劳作。几十年后，交流变得更加活跃，商业关系变得更加广泛。

所有地区的冒险家朝圣东方，部分原因是好奇，部分原因是赚钱的欲望。很多人定居在那里，不少人获得了财富和声望。每个使团和商旅队从定居的地区过来，靠着知识和经验致富。成千上万的人跟随商旅队到达最遥远的国度，他们返回家乡时描述着新世界和奇观，展示着带回来的古董。

两条穿越亚欧大陆的交通线就这样打通，欧洲也受益于通往远东的海路。伊利汗（不像其西亚的先辈）在接受了伊斯兰信仰之后也很宽容，在外国商人穿过波斯抵达忽鲁谟斯海峡的路上不设置任何障碍，通过海峡他们可以乘船到印度斯坦、巽他群岛和中国南方。商旅队源源不断载着货物从忽鲁谟斯到黑海和小亚细亚的地中海港口，在欧洲可以买到和当地产品价格想媲美的中国丝绸，丝绸生产者学习中国的样式并进行仿制。欧洲人了解到有关东方饮食的文章，很快学会了如何制作，意大利通心粉就源于中餐。东方的小物件也得到认可，俄罗斯现在还在普遍使用中国算盘。盛产胡椒、生姜、肉桂和肉豆蔻的香料群岛也为西方人所熟知，武器、毯子和皮革制品从伊朗传来。亚洲以前从未与欧洲如此紧密联系，多种文明间的交流从未如此规模宏大、多样、丰富。

如今欧洲出现的发明时代并不是偶然的，中国人已经知道火药好几百年了，蒙古人已经有可以铸造炮弹的模子。方济各会修士是第一批进入蒙古朝廷的使节，欧洲认为贝尔托尔德·施瓦茨发明了火药，他便是方济各会修士。马可·波罗描述到画作是中国商人的奢侈品，北京第一批大主教就是方济各会修士，在阿西西的方济各会修士总部，我们在油画中可以追寻到清晰的中国风格，这在 14 世纪引发了意大利文艺复兴。这些画是非对称的，画面生动，背景是风景。阿西西的圣马丁教堂南面耳堂，有一幅西蒙涅·马尔蒂尼创作的壁画，我们实际上可以看到一个穿教会礼服歌唱的中国人。一位北京主教成为巴黎大学神学教授，在巴黎也可以听到人们研究蒙古语的讲座。中国人早在 10 世纪就已经用木块印刷书籍，第一部中国经典著作的印刷本可以追溯到 952 年，欧洲木版印刷书出现在 14 世纪，和中国一样，在纸的一面印刷，空白面并排或者粘在一起。1120 年纸牌在中国使用，欧洲最古老的塔罗牌在尺寸、形状、设计和数量上严格仿照纸牌。朝鲜半岛 1403 年开始出现带活字的木版，这也不是新发明，只是古老中国工艺的改进。中国人用泥字，朝鲜人用金属字，古腾堡在1400年前后才出生。

那个时代的发明众多，我们没有理由猜测他们全部是仿照中华式样的。文化的突发交融产生互惠效果，那个时代的中国青铜器和陶瓷在设计和形状上摆脱了西亚的影响。拜占庭的景泰蓝传到中国，促进一门新兴艺术的产生。在汉地中原，印度艺术家发现了一个特殊流派，产生了印度风格的佛像。中国对西亚袖珍画、纺织以及陶瓷的影响更大，持续了几个世纪。欧洲也有大量的精力去消化吸收，尤其对外来影响持接纳态度，亚洲文明的各种形式也产生了相应的影响。小部分模仿哪怕从一个人转述给另一个人，就足以促进欧洲进行试验。更为典型和常见的现象是，那个时代的大部分发明不是由博学之士或者研究人员创造的，而是来自无名的实践者、普通人或者是有专业技术的工匠。这就是为什么大部分名字已无从知晓，这些发明突然匿名出现，得到改进和完善，不经意间引起新的实践可能——与武器的发展情况一样。那些发明一开始都是暗地进行的，不大可能被发现，我们只能得到他们成果的概况。即便这样，水手的指南针无疑是通过西亚从中国进入欧洲的，忽必烈的军官在皇帝指挥下，抢夺地图来帮助征服城镇。直到100年后，与神学和航海家们的需求并行的欧洲精神，促使科学的制图方法产生，为大发现时代的来临建立基础，促进了现代西方世界的崛起。

Ⅲ

物资贫乏的游牧族群的意志和天赋迫使野蛮的蒙古骑兵在中亚草原崛起，跨上不知疲惫的战马，在亚欧大陆上驰骋，所到之处血流成河，把最傲慢的王国埋葬在无数尸体之下——旧世界的文明以这种被动的方式接触并相互影响，科学勃兴，新艺术出现。所有文化和宗教并肩和平发展一个世纪，新的漫长商路得以开辟，世界进入无比繁荣的时代。

在此之前，欧洲要从黎凡特地区通过东方贸易满足自己的需求，埃及享用着印度斯坦和香料群岛的商品。令人嫉妒的穆斯林尤其是埃及统治者们靠垄断获取高额利润，对商品征收高达300%的过路费，辱骂并虐待基督教商人。现在蒙古伊利汗重新向西方开放波斯市场，大不里士取代开罗和巴格达成为国际贸易中心。不论国籍与宗教信仰，商人们在波斯得到保护并得到了通行证，通往财富之源的道路再也不向欧洲人关闭。1315年，维瓦尔第热那亚银行的代理人们通过大不里士和忽鲁谟斯港口到印度斯坦进行长途考察。5年后，热那亚在坎贝湾海岸和马拉巴尔海岸建立了结算地点。这些港口是中国船队的中转站，北部的商旅队路线从中国穿过金帐汗国领地到克里米亚的意大利人聚居地，商业活动在全球范围内第一次进行交流。东方可以卖给西方的东西远比它需要的多，但欧洲布匹和米兰的亚麻是同样令亚洲垂涎的物品，意大利金匠的作品极受推崇，威尼斯的玻璃器皿也值高价，珊瑚畅销远及中国。所有处在这些交通线上的国家赚得盆满钵满，西亚可算获利最大，因为它担任着东西方交流纽带的历史角色。

有了世界意义的贸易就这样在13世纪真正意义上得到了自由发展。市场竞争的加剧伴随着这些变化，欧洲方面加入竞争的是威尼斯和热那亚。然而他们的实力和当时的蒙古帝国相差甚远。商业贸易的发展远远超越了科技的勃兴和国家的精神面貌。商业贸易萌芽于原始游牧族群超人般的征服和扩张，然而这种肇始于偶然的趋势并不能持续发展。14世纪后半叶，欧亚大陆这种繁荣的统一局面分崩瓦解，靠铁血打开欧洲、靠商贸繁盛一时的亚洲世界，再一次封闭起来，既出乎意料又在情理之中。

第三部分
三大汗国

帝国瓦解

I

把整个亚洲纳入"蒙古和平"统治之下,让四分五裂的西方先怀疑后震惊的强大联合体内部也埋藏着衰败的种子。成吉思汗的临终遗愿是蒙古人继续征服世界。为达到这个目的,他们团结力量,发兵远方,为大汗征服新的领土和民族。蒙古军队用了三代人的时间,将这种力量从亚洲中心迅速扩散到世界各地,也从蒙古游牧故地分离出越来越多的人口。定居在罗斯草原、伊朗高原、中原河流沿岸的蒙古人与故土失去联系,也失去了归属感。自然条件恶劣的蒙古对他们没有任何吸引力,草原相对贫瘠,气候也寒冷不宜居。在新开辟的美丽富饶的土地上出生的孩子,对祖辈离开的地方没有任何记忆,只有对自己可汗的服从和对大汗的隶属关系团结着世界各地的蒙古人。

蒙哥的去世斩断了最后的纽带,大汗的统一意志不复存在,最后形成了权力集中、近乎独立的金帐汗国,组织精良的蒙元军事帝国和西亚一直稳固的伊利汗国三大王国。这些王国彼此权力平等,帝国的每个"边境诸地"实际上已经比中央强大。每个边境地区都自认为是帝国的核心和传统守卫者,他们要求统治更广泛的区域,结果却发现东方与之毗邻的忽必烈帝国,已经准备把它分割零碎,合并为中国的一个省。然而，西方的两个王国更愿意置身事外，因为他们地处偏远，牵涉中央事务已成为一种负担。

靠成吉思汗的钢铁意志和蒙古铁骑的坚韧不拔所征服的广大区域，如今正开始反抗曾经的征服者们。

蒙古人有组织地发动征战时，他们唯一的目标就是把蒙古武器带到越来越远的战场，直到世界尽头。按照成吉思汗的策略，兼并一国后就会调集该王国的男性进行下一场征战。这样，他们势如破竹地向前开拓。被征服的偏僻地区已无带甲男性，规模非常小的守军足以平息任何叛乱，军队唯一的职责便是保证后续征战。

一旦故土事务引起可汗注意使其折返，军队就会面临新的问题。蒙古人要保持对所有被征服国家的控制，由于每个地区都很广阔，执行每一个中枢的命令并保持顺从，基本是不可能的。诸侯王公们领兵回到封地后，整个军队就会分散到各个战略据点。在战争中属于蒙古帝国指挥官之一的可汗，根据自己的特殊偏爱和兴趣成为被征服地区的统治者。无疑，他正建立并组织新王国，但这些任务亟须转变思路，实际上会对大军停止前进时，留在边境的部队造成威胁。

这就解释了窝阔台汗去世后，拔都为什么再次把注意力转向东方。成吉思汗的杰出将领和战友速不台决定，必须放弃已征服的匈牙利，把加利西亚、西里西亚和波兰南部交由当地机构管理，在蒙古人和未被征服的敌人之间，保留一片辽阔的废墟。蒙哥去世后，旭烈兀准备回到蒙古参加忽里勒台大会，身边没有速不台一样的人物建议采取类似的预防措施，导致他为遵守《大札撒》付出惨重代价。他派将领怯的不花带军留守被征服的叙利亚，那里紧靠埃及边境。旭烈兀已向埃及发出投降命令，但旭烈兀刚抵达大不里士，主力还没有布置到西亚诸国，便突然得到消息：叙利亚的军队已被埃及马穆鲁克苏丹忽都斯消灭，其军队占领叙利亚。此事迫使旭烈兀放弃回归蒙古参与决断和选举,开始发动新的战役去征服叙利亚。

II

对旭烈兀来说,这次进攻没有想象中那么突然,也没有给整个西亚带来太大不安。他上次进军摧毁了阿拉伯帝国,占领了美索不达米亚和叙利亚,引起伊斯兰世界极大恐慌。编年史家伊本·艾西尔写道:"自先知诞生,伊斯兰从未经受如此痛楚。我们一面亲见蒙古人涂炭阿塞拜疆、伊拉克和叙利亚,第二个敌人——法兰克人也正要入侵埃及,穆斯林却无力抵抗,剩余的伊斯兰帝国处在悬崖边上。"形势危如累卵,所有信徒相信世界末日即将来临。这位蒙古可汗做了自先知诞生以来没人敢做的事情,他对哈里发圣人极不虔诚。旭烈兀不仅摧毁阿拉伯帝国,连哈里发也被骑兵踏死。然而上天并没有降下惩罚,没有用雷电击杀他,大地也没有吞噬这个该死的异教徒。

他继续肆无忌惮地行事。没人相信从中亚锡尔河附近到叙利亚边境地区的难民最后的避难所——埃及,会有力量或勇气抵挡恐怖的蒙古人——"上帝之鞭"。所有人能做的是继续逃亡到更远的地方,深入非洲或者沿着突尼斯海岸逃亡。散播恐怖是蒙古策略中故意使用的辅助手段,它们像先行军一样打垮下一批受害者。但在对战埃及的马穆鲁克时,这种策略第一次失败了。

马穆鲁克由埃及苏丹们从西亚奴隶市场购买的奴隶组成,接受专门训练用于作战,形成忠诚的近卫军。随着时间推移,他们成为近东最强大的军事力量。他们在埃及击退了十字军的入侵,用火和剑摧毁巴基斯坦,征服叙利亚王公,从奴隶变为统治者们的统治者。马穆鲁克埃米尔忽都斯以苏丹的名义进行统治，不满时便废黜并杀死苏丹。旭烈兀占领巴格达、横扫美索不达米亚和叙利亚时，忽都斯以蒙古祸患为借口，取代未成年的苏丹继承人登上埃及王位。其他支持旧王朝的埃米尔责难他时，他反驳道："我唯一的愿望就是击退蒙古人，没有领袖能完成这个任务吗？"他主要想做的就是竭力准备生死决战。

忽都斯在开罗的许多地方处死旭烈兀派来的要求他们臣服的使者，激励所有人进行无畏抵抗。蒙古人的惯常做法是：如果来访使者在哪里被杀，该地的全城居民将会被蒙古人屠杀。通过征收人头税、没收全部财富和抢夺金银财宝，他为战争准备了资金。他招募来自花剌子模、土库曼、阿拉伯和叙利亚难民到自己旗下，把所有能够参战的男性都编入自己军中（逃避征兵者，一经发现便被公开执行杖刑）。忽都斯还召集了一支12万人的军队，核心就是马穆鲁克，他们在其主人拜巴尔一世领导下，在东方令敌人闻风丧胆。

拜巴尔是库曼人，少年时为蒙古人打仗，后被穆斯林俘虏，以800德拉克马的价格卖给一位马穆鲁克埃米尔。他以勇猛著称，精通骑射，是个不可多得的将才。他作为开罗马穆鲁克的将领，以蒙古人作战的方式进行训练，年纪轻轻便打败法兰克和叙利亚联军，这次胜利让他声名远扬。得到探马回报，旭烈兀回蒙古参加忽里勒台大会，他强烈建议忽都斯进行抵抗，进军蒙古人占领的叙利亚，而不是坐以待毙。这显示出他极大的胆识和魄力。

据一位编年史家记载，旭烈兀的将领怯的不花当时率领3万蒙古人，另一位编年史家却认为不超过1万人。不论多少人，怯的不花也准备好了战斗，双方在约旦西部艾因·贾鲁的歌利亚泉展开决战。蒙古人造成的恐惧是强大的，他们的冲锋如此势不可挡，占极大优势的埃及大军也开始撤退并呈现失败局势。但拜巴尔学习蒙古人的策略，率领一支马穆鲁克军队埋伏在埃及军队后方，以伏兵猛攻追击者，取得决定性胜利。

蒙古人战败的影响巨大，这是成吉思汗去世30年后对蒙古人节节胜利的第一次颠覆。消息像野火一样传播，最终穆斯林胜利，击败号称战无不胜的蒙古人，杀死他们的指挥官，其余蒙古军队逃离幼发拉底河。

叙利亚的穆斯林开始庆祝，城镇居民开始掠夺、屠杀受蒙古人保护的基督徒。叙利亚各公国重新成为埃及的附属，马穆鲁克埃米尔成为总督。忽都斯给追随者丰厚的礼物并授予高位，单单忽视了靠才能和胆量夺取胜利的拜巴尔。

作为奖赏，拜巴尔本该成为阿勒颇的长官，但是苏丹认为他野心太大，傲慢无礼，提拔他会非常危险。忽都斯轻视这个库曼人是个错误。开罗居民正准备举行盛大庆祝活动，欢迎伊斯兰的解放者和救世主时，拜巴尔发动政变，他在返回埃及途中进攻并杀死苏丹。把这个勇猛的领袖和有胆识的战士当成偶像的马穆鲁克们，认为拜巴尔最适合登上空缺的王位。开罗平民涌向街头准备欢迎凯旋的忽都斯，却意外听到市场和广场上传令者宣布："子民们，祈求忽都斯的灵魂得到恩典，为你们的新苏丹马利克·扎希尔·拜巴尔（胜利王）祈祷，祈求安拉保佑他万寿无疆。"

尽管拜巴尔暴力、不忠并且狡猾，杀害了两位苏丹，但他确实是伊斯兰的救世主。他或许是埃及唯一一个不被权力幻象迷惑的人，也没有高估战胜旭烈兀小股边境部队的重要意义。他明白更大的战斗即将来临，所以他疏散大马士革的人员，所有妇女和儿童都从叙利亚北部撤离，把更多的给养留给军队；他还下令烧掉阿勒颇周边的草原，毁掉从阿勒颇到美索不达米亚的乡村，烧掉灌木丛并砍掉树木。这样一来，蒙古人的战马没有饲料，骑兵没有掩护和给养，没有庇护所和可能用来补充装备的木材。

他既是一位杰出将领，也是具备杰出外交才能和具有远见的统治者。在做这些准备的同时，他尽最大可能利用当前处境中的有利条件。他加强自己的地位，在朝廷任命被杀的巴格达哈里发的一位亲戚为新的哈里发。这位哈里发宣布，在伊斯兰的所有土地以及安拉适时从异教徒手中解放出来的所有国家，拜巴尔拥有至高无上的权力，这就意味着篡位者成了埃及和叙利亚的合法苏丹。随后每个省份都向哈里发表示敬意，拜巴尔的都城开罗成了新的伊斯兰中心。成为合法苏丹、所有穆斯林的领主以及哈里发的保护者后，他认为时机成熟，可以尝试争取潜在的强大盟友——金帐汗国可汗别儿哥，因为别儿哥是第一位支持伊斯兰信仰的蒙古人。

III

拔都在世时，其弟别儿哥的封地在高加索地区。从里海西岸的杰尔宾特穿过他的领地，可到达金帐汗国境内，这条道路是从美索不达米亚和伊朗出发的最重要的商道之一。商业活动集中在穆斯林商人手中，别儿哥迅速把握自己的优势。他皈依伊斯兰教后，商旅队都很愿意从信仰伊斯兰教的蒙古可汗部落经过。别儿哥的财富迅速膨胀，重要性与日俱增，拔都心有戒备，要求他转移到吉尔吉斯草原偏远的北部、蒙古和伏尔加河之间的区域，禁止商人通商。但是，别儿哥登上汗位后，他的伊斯兰信仰没有阻碍他保护基督教商人（波罗叔侄从君士坦丁堡来拜访他），他甚至下令在萨莱建立一个俄罗斯基督教区。他是对任何信仰持宽容态度的典型蒙古人，只要这些信仰不侵犯自己的利益即可。

但是，别儿哥希望自己的势力越过高加索山并到达伊斯兰文明中心，旭烈兀在南部边境征战势必威胁到他的利益。只要蒙哥在世，旭烈兀的征战就得到大汗背书，别儿哥认识到只接受现状远远不够,实际上他还得向旭烈兀提供支援,他显然很不情愿。他表兄蒙哥去世后,情况发生了变化。别儿哥现在是成吉思汗家族最年长的人,他开始阻止旭烈兀的征战,指责伊利汗对伊斯兰过于残暴。他最后撤回自己的附属军队,也撤回了在叙利亚准备前往埃及的军队。

拜巴尔迅速抓住时机,招待别儿哥的蒙古军队并展示出恰当的敬意,给他们提供马匹、衣物和食物,任命他们的领导人为埃米尔,说服一些士兵加入马穆鲁克卫队,他借机派使者拜访金帐汗。

使者带着丰厚的礼品面见别儿哥,礼物包括乌檀、象牙雕刻的王冠、华丽的祷告毯、窗帘、垫子、羊毛鞍垫、银烛台、银柄大马士革刀、稀有乐器和珐琅灯具,这些都是东方的珍宝。使者带到萨莱的还有黑人宦官、美女、快骡、带着鞍具装备齐全的单峰驼、长颈鹿、野驴和猴子。使者呈上最珍贵的物品是哈里发亲手抄写的《古兰经》,还有一位马穆鲁克官员戴过的头巾,他曾以别儿哥的名义,戴着头巾到麦加朝圣。

拜巴尔在使者带去的信中,把旭烈兀的征服活动描述成灭绝伊斯兰的战争。旭烈兀占领巴格达并杀害哈里发,夺去伊斯兰世界精神领袖的生命和世俗中心,所有这些行为都对别儿哥——伊斯兰的可汗表现出敌意。拜巴尔又宣布重建阿拉伯帝国,他还在书信中告知别儿哥,他命令穆斯林们在每天祷告时都要为自己和别儿哥祈祷。整个出使活动是精心策划的,这是库曼出生的苏丹向这片土地的统治者表达敬意,同时也是一位穆斯林君主向另一位君主示好并与之结盟的邀请。

出使取得圆满成功,信仰认同第一次胜过了血缘纽带,一位蒙古统治者第一次为保护其他民族而反抗另一位蒙古可汗。艾因·贾鲁战败一年半以后,旭烈兀重整军队,准备向马穆鲁克苏丹复仇，希望把他赶出叙利亚和埃及。而那时别儿哥的军队却在高加索集结，准备入侵伊利汗国。编年史家瓦萨甫写道："1262年冬，万能的金匠用银盘盖住杰尔宾特河，冬季之王给山丘和荒野覆上貂皮，河水冰冻有一支矛之深，坚如磐石。蒙古军队在别儿哥带领下——肮脏如恶魔，凶残野蛮，多如雨滴，他们蜂拥跨过冰封的河流，行军速度如风如火。兵车辚辚，战马急行，如雷如电，行军士气高涨。"这种情况下，旭烈兀不再向西南行进攻打马穆鲁克，他不得不北进抵御自己的同族。

忽必烈的蒙古军队与阿里不哥的蒙古军队在戈壁边缘开战时，旭烈兀的蒙古军队正在与别儿哥开战。整个亚洲范围内，蒙古人相互对抗，黄金家族后人相互厮杀。

成吉思汗靠钢铁般的意志从无到有打造出一个国家，把游牧部落松散的集合变成13世纪最有组织的军队，把野蛮的战士变为世界上最杰出的指挥官和战略家。是他凭借坚强的意志打破20个区域，征服不毛之地，连接最为广阔的领土，把草原上的牧民变成所有民族和文化的统治者。唯有一个方面成吉思汗的意志没有实现。成吉思汗不能改变蒙古人的本性，同族战争在蒙古持续多年，削弱了同一个族群的力量，现在同族战争又在亚洲大陆全面展开。蒙古人实力的消耗不在于持续征战中的损失，也不在于不断向外扩展并稀疏地分布在如此广阔的区域。实际上蒙古人的数量在这些区域慢慢增长，且已翻了很多倍。蒙古人真正的弱点是内讧，是内讧毁掉了成吉思汗的伟业。

他有关团结的训导毫无作用，他在病榻向儿子们讲述的弓箭和多头蛇的故事也毫无效果，《大札撒》规定的"任何侵犯中央权力的行为必判处死刑"的信条也失去了效力。尽管他曾坚信稳固的统治会持续千年，而结果却是只持续了一代人的时间。第二代便开始了无尽的纷争，盗窃、毒害和暴力暗杀每天都在发生,草原帝国又回到成吉思汗建立蒙古帝国之前的样子,部族之间互相残杀,后来竟发展为成吉思汗四个儿子的子孙公开内战。在帝国的每个地区,统治者最终通过踩着其他野心家的尸体登上王位。

IV

战胜阿里不哥后,忽必烈着力结束西方两位可汗之间的战争。尽管别儿哥和旭烈兀都尊他为大汗,但他的一句命令并不能终止双方的冬季战争。忽必烈只好派遣3万蒙古军队援助旭烈兀,别儿哥才放弃从杰尔宾特向南扩张的企图。

历经两代,可汗的地位有了新的改变。成吉思汗是上天派来的速都·博格达,他的话便是上天的意志。他的继承者们保留了这个头衔,由忽里勒台大会推举出新的君主,最终这种合法的选举方式也被终止。成吉思汗把少数民族对文明国家的统治看成是天授权力。尽管他把自己的文化加入其中,前提是不进行变革,他才会那么做;他容忍所有宗教的原因是那对他无关紧要。他的继承者们接受被征服地区的文化,有的是根据自己的偏好,有的是因为妻子的影响,或者是为了获得优势。他们偏好这个或那个宗教,宣称自己皈依,但不管是穆斯林、基督徒还是佛教徒都蔑视萨满教。作为穆斯林的别儿哥怎么可能把忽必烈大汗的命令当作安拉的旨意呢?忽必烈及其后人信奉佛教后,后来的伊利汗们又怎么会把他们当作上天派来的速都·博格达呢?只有与他们的利益不冲突或受到强迫时,他们才会尊重大汗的法令。

都城从哈喇和林迁到北京后,汗国的影响范围已经发生变化。忽必烈的目标是把中央权力和中央文化统一,但事实上他把汗国的核心转移到东部边缘。原始的蒙古游牧故地已经成为中华帝国不太重要的省份,重心已经转移,西方的领土由于和中国有不同的历史文化，变得更加遥远。西方可汗们之间出现的分歧，不再属于中央集权国家的利益。

庞大的帝国出现裂痕，曾经让所有敌对力量联合的蒙古统一思想已失去力量。尽管在广阔区域中的所有部分，扩张和征服依旧继续，蒙古却大势已去。帝国的三大汗国会关注自己的生存，进行自己的战争，因此沦为普通强权。他们被迫学习统治艺术，培植盟友，应付被征服地区居民独特的民族特点。自此蒙古三大汗国开始了自己的历史。

伊利汗国的统治

I

伊利汗国的命运由它的敌人伊斯兰教决定。马穆鲁克苏丹拜巴尔和金帐汗国可汗别儿哥达成谅解,旭烈兀及其继承者在领土各个方向——幼发拉底河、高加索和阿姆河都面对穆斯林。先知的追随者们包围了他们的领土,使其失去活力。在一个方向上的胜利抵消不了其他方向日益增强的压力,而且伊利汗治下的穆斯林顽强反抗,他们时常从消极服从变成公开叛乱。

旭烈兀在北方抵御别儿哥进攻时,拜巴尔苏丹按蒙古模式组织了马穆鲁克军队。他可以信任和指望这支军队,这支军队纪律严明、训练有素,由从远方召集来的男人组成,他们现在唯一的家就是兵舍和营地。因此,他们靠共同的目标聚集在一起,士气高涨。他们再次占领叙利亚,那意味着占据了西亚汗国的地中海边境。这部分领土紧紧掌握在埃及手中,马穆鲁克已经进入小亚细亚,威胁亚美尼亚的城镇。

旭烈兀准备拿下这些地方抵御拜巴尔,可为时已晚。他此时需要面对的是并不逊于自己的敌人,埃及力量中的每支军队都有金帐汗国派遣的蒙古指挥官。征服并占领埃及的愿望落空了,斗争仅仅集中在占领叙利亚的某个地区、这座城池或那座城池。伊利汗国被限制在狭小的空间中,所有蒙古占领区域的扩张势头都已停止——这种势头曾持续鼓舞其士气。

伊利汗们是第一批不能靠自己的力量征服敌人的可汗，因此他们被迫寻找盟友。在征服西亚的过程中，他们按自己一贯的方法，依靠敌视统治阶层的聂思脱里派教徒。他们也同小亚细亚的基督教属国建立友谊，比如亚美尼亚。因此，他们很自然地寻求与西方基督教结盟，与基督教最高首脑教皇结盟。根据亚美尼亚盟友的消息，教皇几个世纪以来一直派欧洲军队攻打埃及。

旭烈兀的儿子阿八哈是第一位向教皇遣使的伊利汗，他的信件并不像贵由或蒙哥一样，傲慢地要求他们投降。阿八哈建议与教皇结盟打击埃及，这样埃及就会从两面受到蒙古人和十字军的攻击，然后覆灭。他的计划切实可行，教皇表示支持。他派使者去远方通知法兰西、英格兰和西班牙，这几个邦国帮他们增加胜算的希望很大。法国的路易（后来加封圣徒）、阿拉贡的詹姆士、两位英国王子和安茹的查尔斯（霍亨斯陶芬最后一位成员去世后，他成为西西里国王）宣布准备进行新一轮十字军东征。

马穆鲁克苏丹拜巴尔是一位经验丰富的外交家，他不可能没有意识到并提防将来的威胁。占领安条克、迦法及一系列法兰西在叙利亚的其他据点后，他认为与西方的基督教势力达成谅解是明智的。由于跨越亚欧大陆的商道尚未开通，与埃及贸易（尤其是经过埃及口岸的香料贸易）是地中海国家最大的财富来源，他发现争取威尼斯和西西里是相对容易的。这两个靠近地中海的势力对推翻马穆鲁克王朝兴趣不大，他们对十字军东征有了新的看法。威尼斯本该顺利地从与热那亚交好的拜占庭帝国攫取利益，但拜占庭国王迈克尔·巴列奥略也抓住时机，从容地防御四方。他的一个女儿成为伊利汗的王妃，另一个女儿嫁给了金帐汗国实力强大的总督那海,他控制着南部罗斯草原和巴尔干半岛。拜巴尔同迈克尔签订友好条约,让马穆鲁克苏丹能够自由通过拜占庭帝国,运送克里米亚(奴隶贸易的中心之一)的奴隶。威尼斯在三个汗国都有定居点,不想得罪其中任何一个,因此安茹的查尔斯想要把十字军转移到自己的领地时,威尼斯没有任何异议。突尼斯大公没有向他朝贡,所以他设法把战争矛头首先对准突尼斯,同时攻打马穆鲁克的计划也一直没有进行。十字军在围攻突尼斯期间被瘟疫打垮,法国国王路易一世的去世终结了十字军时代。埃及安然无损,如今有闲暇从十字军手里夺取圣地的最后据点。

尝试结盟失败后,旭烈兀的二儿子塔古达另辟蹊径。他皈依伊斯兰教并取名艾哈迈德,希望与伊斯兰世界和平相处。但埃及绝不会因此宣布停止在小亚细亚的征战。尽管穆斯林们对塔古达的皈依颇感欣慰,但旭烈兀朝廷的其他王公却不遵守这位可汗的政策,因为这使他们和天然的同盟——东方的基督徒隔离,也使得真心保留祖先信仰的蒙古首领们受到迫害(为保证得到受轻视居民的支持)。阿八哈的儿子阿鲁浑向忽必烈抱怨,他的叔叔艾哈迈德"已经背弃祖先传统,接受了阿拉伯的法律"。大汗的反对在伊利汗国领土上依旧作用很大,这样,十位蒙古王公和六十位将领加入阿鲁浑的反抗,艾哈迈德战败被杀。

阿鲁浑恢复了同西方结盟的做法,伊利汗国的使者再次访问欧洲教廷。他许诺给基督徒圣地,表示一旦占领耶路撒冷便在那里受洗。教皇派使者到"美男子"——法兰西的腓力四世和英格兰的爱德华一世那里,但这次出使无果而终。西欧对十字军冒险活动不感兴趣,他们没有见到伟大的东方君主为欧洲人白白战斗了200年的目标提供帮助,也没有欧洲人理解伊斯兰的瓦解对整个欧洲大陆未来发展有多么重要。良机已失,结果是欧洲人完全忙于内斗,伊斯兰有机会重新巩固统治,后续征服君士坦丁堡的道路已经变得平坦。

Ⅱ

13世纪行将结束时,西亚的蒙古人早已失去曾激励他们的祖先进行征服的最原始的渴望。

伊利汗们已经成为开化的统治者,建造城市,发展商业,鼓励科学和艺术。他们喜欢与学者交往,建立天文台、学校,成为寻找"哲人之石"——黄金的炼金师,研究自然的奥秘。

然而,他们和蒙古士兵在这片土地上依旧是外来群体,靠消耗和榨取人民的活力得到滋养。军人的本性使他们习惯战争和掠夺。帝国有了固定边界之后,他们在边界之外不能掠夺新出现的敌人,便强迫属民上缴可以维持简单舒适生活的一切东西,不给予任何回报。一位编年史家控诉道:"他们向城市和村庄里的工匠征税,向从河湖获取食物的渔民征税,向矿场、染坊和织造场征税。"人头税、产业税和其他职业税、牲畜税给所占土地带来了沉重负担,每个新到任的总督要找到某种新的收入方式,去满足可汗的奢侈生活,比法定的税收更可怕的是总督、收税官、军队指挥官的非法榨取。

沉迷于贵族般的消遣、作战、狩猎、节庆和镇压叛乱,可汗无暇顾及政府工作,把政府事务交给亲信处理。王位更迭也非常迅速,旭烈兀去世后30年间,就有五位可汗相继登上汗位,可汗们或死于酗酒、中毒,或死于其他原因引发的疾病,还有的死于谋杀。与此同时,埃米尔和总督统治各省的首领们权力却日益膨胀。短命的可汗们没有长远的眼光,他们如果想给自己带来声誉就要加速工作,因为声誉已不能靠征服获得,必须要由朝廷的辉煌与显赫或通过建造宫殿和清真寺获得。为向现任可汗献礼而建造的城市像雨后春笋般涌现，但大部分还没完工就很快衰败。为了进行建造，当局将大量的手艺人聚集起来，城市附近的手工业人口也被转移，可汗却随后去世，计划好的荣耀只剩下一堆废墟。废弃的城市后来又被荒废的土地包围，那些土地几乎从阿姆河一直延伸到叙利亚沙漠。那里有很多城镇，但是10所房子里面几乎没有一户居民，大量房子因此被白白浪费。为了金钱，可汗许诺亲信任何事情，帮助他们"借东风"。编年史家写道："不管是谁，不管是否称职，只要送礼物都能得到想要的官职。"这种制度的结果是朝廷富庶，人民贫穷；艺术、科学、文学和建筑勃兴，但国家变得贫穷。

伊利汗国有一位可汗叫海合都，他想要超越窝阔台汗最为乐善好施和开明的名望，因此将国家所有税收以及收到的所有贡品和礼物统统败光，用到情妇、侍臣和官员身上，不久财富就耗尽了。为了弥补亏空，有人受到元朝流行的纸币启发，首先计划在首都大不里士发行纸币，又在每个省建立钱庄。铸币被禁止流通，可汗发现只要纸币进入流通市场，贫困就会在全国消失。诗人们大肆赞美他及其伟大功绩。

1294年9月12日是值得纪念的日子，大不里士第一批纸币出现。传令人到街上宣布，任何拒绝使用纸币的人，任何用纸币以外货币进行买卖的人，任何不去银行兑换纸币而携带铸币的人都将被处死。纸币上印着虔诚的话语："安拉是唯一神明，穆罕默德是他的先知。"纸币上还有可汗的名字、面值和"伪造者全家处死，全部财产没收"的字样。

人们唯恐会遭受惩罚，命令才被遵守了一个星期，商店和市场就空空如也，城镇中已无可以买到的东西，人们都开始逃亡，为饥饿所迫的市民袭击并洗劫了市郊花园。有一天，可汗巡视市场，惊讶地发现无人买卖、店铺关门，倡导新式纸币的大臣告诉他城里一位长者去世了，按照风俗，市民会在这种情况下关闭市场。第二个周五,清真寺里出现阵阵哀歌,军队被调集去预防市民出现过分举动。商人们将一匹马标价七个半金币,是通胀货币价值的 100 倍。

这几次活动对总督和其他高官的生活造成影响后,一项新的法令颁布,规定直接生活必需品可以用硬通货支付,后来这项特权又扩展到其他商品。两个月后,由于商人无货可卖,店铺空空如也,商业贸易停滞,然后纸币消失,除了嘲笑这项新举措和自作聪明的设计者的讽刺文章,没留下任何痕迹。

只有合赞(旭烈兀的曾孙)王子做总督的省份没有受纸币影响,他在收到发行纸币的命令后,给叔叔伊利汗回信说所处地区气候潮湿,如果依令印刷纸币,纸币很快就会变得和蛛网一样薄。他下令把纸张和文书付之一炬。

后来,合赞王子成为第七任伊利汗,这个饱受磨难的国家终于迎来一位能干且精力充沛的统治者。

III

由于艾哈迈德毕生都在采用拙劣的计划试图与穆斯林妥协,仅仅 10 年,整个国家的状况已经完全改变。越来越多的穆斯林获得了统治地位,而越来越多的蒙古贵族皈依了先知的信仰,汗国与元朝的联系也渐渐变得不那么紧密。其他首领分裂成很多部落,而他们彼此不合之时,穆斯林们团结在一起形成了国中最强大的团体之一,可以进一步依靠当地人和伊玛目的支持。这种穆斯林团体聚集在合赞汗身边,引导他成为穆斯林,支持他登上汗位。合赞汗继位前四年,忙于迫害基督徒和犹太教徒,破坏基督教堂和犹太教堂。统治一旦巩固,他开始回到蒙古人的传统政策上,对宗教事务表现得很宽容。他颁布法令要求属民和平共处,禁止占主导地位的人压迫下层人民。得知一个区域的军队不守纪律,他直接派官员去杖打并严厉斥责将领。他说:"我对你们掠夺居民非常愤怒,你们屠杀牛羊,践踏庄稼,意欲何为?我想你是否以为可以向我要求食物?如果你那样做我只能惩罚你。"

在合赞汗统治下,以埃米尔和维齐尔为特征的政体结束了,他亲自进行统治,接见使节,监督行政机构。合赞汗是蒙古人之后,他依然严重酗酒。他禁止官员和朋友在节庆场合向他提及公事或提出异议。

为核查非法盘剥,他下令在卡迪、埃米尔和伊玛目在场的情况下缴税,由管理者说明并刻在木头、石头、铜器或者铁器上,已经决定的公告应该置于清真寺或其他建筑前面。

他下令将荒地赠予想耕种的人,任何耕种土地的人在前几年都可免税,然后再根据收成缴税。假如耕地的原有主人出现并且证明了所有权,国家会付给他一半的地租,实际耕种土地的人会得到劳动果实。合赞汗通过建造灌溉系统和运河促进土地开发,他在村子建造清真寺和浴室,建立城镇并使其成为重要的商业中心,扶植手工业。他是一名勇敢的武士,也是艺术和科学爱好者、植物学家、化学家、占星家、热爱手工业的人、能干的铁匠、车工和马具商——他在自己治下重建和平与秩序,主要以传统蒙古人的方式做事。合赞汗的历史学家——维齐尔·拉施特曾为主人写下华丽的赞歌,在他的传记中记录了合赞处死一名高官或其他官员的事件。合赞汗对待国内挑起不和的王公贵胄和对待其他官员一样严厉,毫不留情,有人如想激起内战情绪定无葬身之地。

尽管他皈依伊斯兰教,尽管他统治时的货币在伊利汗国第一次没有铸上可汗的名字,但他坚定地宣扬自己是成吉思汗的后人和继承者。拉施特写道,他比其他蒙古人更了解祖先的宗谱,也更了解旧有和新任的蒙古首领的名字。作为蒙古传统的捍卫者,他希望尽最大努力在自己原始和强大的团体中保持秩序和和平，重建蒙古统治。他做这些不是为了自己的名声，也没有任何征服的渴望，只因他意识到兄弟不和所造成的破坏力。这就是他派使者到其他蒙古领土并建议重新认定忽必烈的孙子铁穆耳为大汗的原因。尽管他生前没有看到自己的计划实现，在他去世后不久，他的弟弟和继承人完者都能够给法兰西国王"美男子"——腓力四世写信，说蒙古领土间持续45年的兄弟不和已经结束，所有蒙古人重新团结在一起。

但是这种团结来得太迟，蒙古人已不能驰骋在从戈壁沙漠到匈牙利的地区，不能驰骋在从元朝到西亚的地区，已经错过了继续铸造大帝国的条件，驱动那样一个帝国征服世界的思想已经绝灭。事实上，由于每位可汗都沉浸在自己的统治乐趣之中，联合的军事行动已不可能。因此大汗只是一种礼节和符号，可汗们认为这种方式在与其他可汗保持暂时和平方面更有优势，可以促进贸易。

同样，合赞汗9年的明智统治为他的弟弟完者都打造了12年的和平统治。但完者都生性懦弱，让首领们重新掌权。各省总督俨然成了半独立的可汗，这种状况的出现完全是由于强大的埃米尔呼罗珊总督出班支持。完者都去世后，他的儿子不赛因继位，埃米尔出班以不赛因的名义进行专制统治，用老式蒙古人的方式残酷镇压其他管理者和首领的叛乱。可汗的朝廷更多的是进行"文明的"消遣。不赛因喜欢弹鲁特琴并创作歌曲，在乐手和歌手陪伴下划船，直到有一天，严格的"宫殿市长"变得恼怒。尽管不赛因缺少公开反抗的勇气，但他支持暗杀出班。

不塞因失去了最后一点权力，每个部落首领都在自己的区域称王，不再理会可汗的命令。统一权力已经消失，不赛因31岁去世（一说是被嫁给他的出班的漂亮女儿毒死），没有留下男性子嗣，汗国分裂。合赞的灭绝政策把旭烈兀掌权的后人全部杀死，结果现在没有一人有足够的权威夺取并保持伊利汗汗位。

伊利汗国由旭烈兀征服控制，40年后合赞汗走上穆斯林道路进行革新巩固，35年后伊利汗国的领土在附属汗国中首先分裂。每个省份的管理者找到旭烈兀不太显眼的后人，宣布他为汗。有了这种支撑，他们开始与邻居作战，意图兼并邻近省份。

假如蒙古帝国的统治者精力充沛，他的命令无疑足够在西亚重建秩序。然而，在这个关键时刻统治中国的是个13岁的男孩，他注定要成为忽必烈所建元朝的最后一任皇帝。生活在文化高度发达的人民中间，接受他们的礼节和风俗，实际上比持续的家族仇杀对成吉思汗的后人更具毁灭性——文明毁掉了他们的生命力。

元　朝

I

中华在蒙古人统治下重获统一，在世界上的重要性空前提高。中华位于世界贸易的中心，交通路线和精神交流路线联结了她和整个亚欧大陆。中华比其他地区更早成为富有进取精神的外族人向往的地方，中华向所有人敞开大门，他们的欲望得到满足。在这个王国的很多地方，出现了基督教各派教区、意大利商人定居点、穆斯林商人聚集地。方济各会会士们是大都的主教，其中一人把《圣经》翻译成蒙古文，喇嘛的等级制度就是仿照罗马天主教建立的。包容的时代到来，大都成为有史以来国际化程度最高的城市。

但是，随着才能平庸的人取代具有鲜明个性的忽必烈即位，中华文明、赋予复杂仪式的千年传统、汉人传统的生活方式给蒙古皇帝们带来灾难。他们不得不让自己融入环境，采取僵化的形式，把自己困在"远东拜占庭"的枷锁中，成为宫廷阴谋的玩偶。尽管在忽必烈统治时蒙古人信奉喇嘛教（藏传佛教），他们还是要把学习儒家道德当成皇帝的最高目标，把学者和诗人的赞美当作最大奖励。

忽必烈之孙、继承者铁穆耳崇尚"经典"，他重新推崇孔子并开放孔庙用于祭拜。铁穆耳相信培植艺术是君主的无上荣耀，蒙古人追求快乐，为过于严肃的汉人文学注入了新的活力，出现了许多风格明快的作品，小说和戏剧发展欣欣向荣。西方管弦乐器传入远东，中国接触了新式音乐，元廷里一派自由欢乐景象。

然而，铁穆耳依旧保持着祖先的实用主义本性。他清楚汉族传统文人所呼吁的理想和现实生活之间的区别，并且认真清除违法官员。他罢黜了1.8万多名官员，尽管他们都是汉族学者，却没有践行自己所宣扬的道德，无耻地盘剥人民。士兵们让战马和牲畜践踏开垦和未开垦的土地，铁穆耳保护农民和耕地免受侵扰，他自己沉浸在感激和荣耀中。

他已然忘记自己是军事集团的唯一统治者，这个军事集团需要统治数量上多于自己民族百倍的人口，而且这个民族从根本上持排外和敌对的态度。虽然很快罢黜了犯小过错的官员，但他认为即便军事集团出问题并导致军队毁灭也无足轻重。铁穆耳和元朝都不为这些不重要的事情烦心，所以他并没有察觉到自己正迈向危险境地，导致继任者万劫不复。

皇宫的自在生活与粗犷的蒙古族特征不相匹配，广袤帝国的边境战事频发，野蛮的战斗靠不习惯朝廷生活的人进行。真正的蒙古人在边境地区战死，而聚集在皇帝周围的蒙古人则越来越汉化。他们只能在喝酒、赌博或者狩猎活动中才能表现出蒙古人骨子里的些许精神，他们还附庸风雅地喜爱文学、文艺，通过竞争性考试选拔不同级别的官员，认为这些是他们特别在乎并且重视的事物。

皇帝很快就被宠臣和谄媚者包围，这些人为了利益操纵王子们争夺皇位。皇位更替伴随着阴谋和背叛，经常有竞争对手中的一个人遭毒害或谋杀，其党羽被害或被流放，能够登上皇位的也没有安全感。皇帝在位时间越来越短，不断更换（其中很多是非正常死亡），汉地蒙古人和蒙古故地越来越疏远，对汉人的依赖程度越来越高。

被征服的人民从心里不把蛮族统治者放在眼里，朝廷越虚弱无能，反对声音就越高涨，反抗力量就越强。

忽必烈去世40年后，13岁的妥欢帖睦尔作为第九代继承人登基，成为元朝的末代皇帝也不过是受命运的摆布。在危机暗伏随时会爆发的时代，他未能了解局势并巩固皇位。他的丞相主张排汉，倾向于延续成吉思汗时代的策略——灭绝汉人。他并没有计划杀死所有汉人，而只屠杀张、王、刘、李、赵五姓人口，这五姓占总人口的九成。这项计划行不通，他就通过报复手段镇压动乱。禁令不断，不允许汉人衣服上有秘密组织的各种符号和颜色，不允许他们学习蒙古语、携带武器，并没收他们的马匹。

但是，这些强制措施开始得太晚，收效并不好，反而加重了不满情绪，这也让执行此命令的大臣被贬。他的继任者们让形势雪上加霜，严重的天灾——地震和大洪水摧毁了农田，饥荒遍地，大都的朝廷却置之不理，课税严苛，流寇四起。

贼寇流民们一旦意识到政府软弱无法控制他们，他们的活动便有了政治性，即让中华摆脱蒙古的统治，长江流域和广东省爆发公开叛乱。

爆发叛乱的是中国南方，北方忍受游牧族群的入侵并受外族统治几个世纪，变得不太排外。尽管北方同化了取胜的统治者，但长久来看北方汉人的习性也已改变，活力已遭破坏。直到忽必烈时代，中部和南部省份都未受外族统治，这些地区是有国家观念的中国，是典型的汉人统治的中国，是拥有伟大艺术家和学者的中国，是拥有商业和城镇生活的中国。长江流域的大型聚居地、东部沿海的众多海港、广东和附近地区的城镇都井井有条，未受蒙古朝廷干扰。他们不会忍受大都的专制，只是长久以来所有战略据点的蒙古驻军一直在阻止他们反叛。

但如今蒙古朝廷已声名狼藉，穷困的农民蜂拥投奔取得成功的冒险者和提供抢夺机会的盗贼首领，即便是蒙古驻军能够镇压各地起义，烽烟依旧四起。在这一过程中，汉人加入教派和秘密组织，很快把蒙古人逐出整个地区。

然而这次叛乱明显既没有组织也没有统一领导，因为叛军头目开始争权。他们自称为王或者皇帝，野蛮烧杀抢掠，最后完全陷入混乱。

这是蒙古人重新巩固政权的最后机会，朝廷却起了纷争。皇帝的一个儿子与丞相不和，从蒙古招来镇压叛乱的军队却在大都城外代表双方作战。

这样又过了10年，皇帝在宫中寻欢作乐，他发明了一种礼敬佛陀的舞蹈，需要16名女子和11名乐师完成。他有一艘龙舟在宫苑水面航行，舟行时龙首、眼、爪、尾一齐摆动。他几乎不知道叛军已经占据了整个江南，了解情况后才下令必须把叛军阻遏在长江以南，但为时已晚，叛军已经拥立朱元璋为首领。

朱元璋是贫农的儿子，体弱多病，后来当了和尚，但他很快离开寺庙加入一支叛军队伍成为士兵。由于聪明伶俐，他很快升为小头目，后来又成为长官，最后成为整个队伍的首领。很快他的名声牢固确立，他纪律严明，不允许士兵抢劫攻陷的城镇，因此得到农民和商人的全力支持，势力日益增长。他最终控制南京并建立朝廷。相比总体的混乱局面，这是个重大成就，很快就收到显著成果。长江流域所有城镇都欢迎他，希望在他的保护下免受战争侵扰。

朱元璋又耗时5年从南京出发攻打其他盗贼首领。朱元璋占据大致相当于南宋领土的地区之后开始北伐。他发布檄文召集汉人起来反抗蒙古人，檄文开头写道："夷狄居外以奉中国，未闻以夷狄居中国而制天下也。"

整个中国欢欣鼓舞，1000年来汉人第一次不再防御来自亚洲中部游牧族群的侵扰,而是主动攻打敌人。城镇提供钱财,妇女拿出饰品,这个新首领的军队到哪里都受到热烈欢迎,要塞打开大门迎接,整个中原受够了蒙古人统治。

几个月的时间足以翻转 100 多年来的失败,朱元璋率 25 万大军挺进大都。这次战役更像一场军事旅行,朱元璋的敌人已经被蒙古军队曾在敌人中散布的恐惧吓坏,这些恐怖的蒙古军队曾征服了世界,范围从朝鲜半岛到巴格达,从利格尼茨到中南半岛,他们面对汉人农民的儿子却仓皇逃窜。

苦劝元末帝无果的蒙古大臣们说:"天下是世祖(指元世祖忽必烈)的天下,陛下当以死守。"他们劝皇帝在大都城外与朱元璋决战,要么成功要么成仁,结果皇帝不听。他们只得尽力掩护皇帝在夜里逃往北方,皇帝在诗中描述自己的不幸。

> 利用一切条件修成的我那宝贵宏伟的大都城啊,
> 惬意消夏而居的我那华贵的上都城啊,
> 古时诸圣的夏营地我那上都的碧绿平原啊,
> 是我铸错失了大国啊!
> 以九宝装饰的我的大都城,上都城臻于完美。
> 我靠崇高姓名和威望做了世界之主,
> 我以庄严的名字统治广大四方!
> 晨起抬头远望,浓郁花香直扑鼻腔!
> 目光所及,尽是美妙和辉煌!
> 圣洁的大都城,忽必烈可汗建造得壮丽恢宏,在你的宫殿里安逸无疆!不论冬夏,我从未经历悲伤!
> 伟大高贵的人们,热心忠诚;我热爱的众民,简单淳朴。如今,所有一切都要从我身边夺走。

II

朝廷逃亡之后是可怕的血流成河,野蛮的屠杀和毁灭之后没有留下任何与蒙古有联系的东西。整整三个月,国家交到了刽子手和军人手中,大街上、寺庙里、监狱里、沼泽里蒙古人遭到屠杀并被他们从塔顶扔下,以任何可以想到的方式被处死,没有留下任何让汉人联想到可恶统治者的机构。忽必烈的宫殿被夷为平地,甚至大都城墙也遭到摧毁。野蛮的屠杀结束后,直隶行省彻底破败,人口减少,不得不从陕西移民来充实村庄、耕种土地。一年后(1369年),已经建立明朝并称帝(年号洪武)的朱元璋下令撰写《元史》——这意味着他宣布元朝灭亡。

得到蒙古人保护的外国人同他们一起消失之后,天主教据点和穆斯林聚居地也遭破坏,主教辖区不复存在,牧师被杀,甚至墓地也被拆毁。

明朝统治下,中国再次与世界隔绝,闭关自守,与外部世界的商业和文化联系不再延续。整个中国的立法也从民族主义角度进行修改,与持续500年的唐朝——中国的黄金时代的传统一致。明王朝不再惧怕"北方蛮夷",也不满足于把他们赶到旧中国的边境之外,明王朝追击蒙古人直到蒙古故地。

忽必烈堕落的后人妄想守住甘肃这最后一片中国土地,但他们的抵抗很快被瓦解。退守到戈壁沙漠后,他们别无选择,只能回到蒙古的干旱草原。在那里,一百年前曾是世界焦点的哈喇和林,如今已经变成无关紧要、被遗弃的沙漠城镇,里面有辉煌宫殿的废墟,令人扼腕。

但是,被驱逐的蒙古人不甘接受失败的命运,在元末帝之子脱古思帖木儿领导下,他们重聚力量,试图重新采用祖先的策略，那就是突袭中国的边境省份。然而他们现在面对的是不一样的中国。1388年，明军抵达哈喇和林把它摧毁，追击撤退到克鲁伦河的蒙古人，在捕鱼儿海附近给其致命一击。游牧族群失去了包括牲畜、营帐在内的所有财产，7万人被俘，整个皇族落入胜利者手中。经此一役，蒙古人再也没有恢复。游牧首领宣布独立，整个国家生活重新回到成吉思汗之前的混乱状态。我们在中国史书上看到，蒙古人不再称"蒙古"，而再次使用"鞑靼"这个名字。

虽然明朝统治者驱逐蒙古人之后，试图清除与元朝相关的记忆，但它把自己作为元朝的继任王朝，宣称世界范围内的主权，依然视蒙古故地为中国一省，中国领土向西延伸到察合台领地的一部分。捕鱼儿海战役结束蒙古统治的同年，明朝向忽必烈曾经统治的各国遣使，要求其立即归顺。

这时，金帐汗国在经历长期内讧后，在脱脱迷失带领下重新崛起。

金帐汗国

I

金帐汗国没有外敌威胁,四邻孱弱毫无进攻之力;也没有自然或人为划定的边界,唯有南部狭窄地带与伊利汗国接壤。正是由于上述因素,金帐汗国顺利发展为亚洲西部最为强大的帝国。金帐汗国范围内,没有任何同中华或穆斯林一样高度发达的古代文明。蒙古人虽在东方占领中华,中华文明却改变了占领者的本性;穆斯林文明反对西亚的蒙古占领者,他们对蒙古人的敌意不可消除。拔都建立的金帐汗国是完全依照成吉思汗的制度组织的游牧王国。它同这两种亚洲文明接触的结果是得到了草原游牧族群希望从定居人口得到的一切有利条件。车队把中华和西亚的物品运到伏尔加河。从别儿哥汗时代开始,伊利汗国的死敌——伊斯兰教国家就是金帐汗国忠实的盟友。伊斯兰教也在文化上影响了金帐汗国,伊斯兰工匠修建了别儿哥新萨莱并将其建造成繁华的城市,宫殿、清真寺和浴室随处可见,这是一座由大理石和瓷砖建造的城市,拥有当时所有种类的奢侈品。同大部分蒙古统治者一样,金帐汗国诸汗喜爱艺术和科技并推动它们发展。都城很快就成为伊斯兰文化和亚洲享乐主义的中心——因为它接受伊斯兰教信仰,却不禁止饮酒作乐;国中妇女也无须囿于闺房或头戴面纱,他们自由地和男人们一起作乐。

西方的商品物件几乎同时与这两大亚洲文明的商品一起进入伏尔加河地区。意大利商人从南部来到汗国，可汗在克里米亚开放了几个口岸让他们的使节居住。但威尼斯商人和热那亚商人在这几个口岸城市是完全分开的，以免这两拨爱争吵的西方人在汗国境内相互仇杀；汉莎的商品经北部的诺夫哥罗德和尼金诺夫哥路德到达伏尔加河。

金帐汗国得到多种文明浇灌，享受琳琅满目的各国商品，诸汗仍继承着本民族的古老习俗，保持先辈的模样，依然是游牧统治者。从咸海到喀尔巴阡山区的广袤草原上，没有耕地阻碍，放牧着蒙古牝马，蒙古部落和他们的牧群可以随意游荡。罗斯南部草原上的本土游牧族群，长期以来已被蒙古人同化，作为奴隶照顾牧群或者加入蒙古军队。罗斯南部早期的中心城市（如基辅和契尔尼戈夫）已被遗弃并衰退成比较大的市镇。亚洲草原仅有喀尔巴阡山作屏障，边界地区的土地也起不到保护作用，游牧族群入侵时几乎毫无阻碍。

保加利亚沙皇曾作为臣属，随蒙古人进攻拜占庭帝国；拜占庭大帝也曾派兵攻打罗斯南部的总督那海和他征伐保加利亚的女婿。保加利亚沙皇不久便把女儿嫁给那海的儿子并助他征服塞尔维亚。匈牙利国王应罗马教皇要求拒绝同可汗联姻，因而受到蒙古人多次入侵，整个国家远至佩斯城的领土满目疮痍。

为得到西方庇护，西班牙加利西亚王储宣布皈依罗马天主教。教皇仅授其一顶王冠，并没有进一步施援。最后王储不得不臣服于蒙古人。作为蒙古人的臣属，蒙古人强迫他们随军攻打立陶宛和波兰。在波兰人的不断催促下，教皇的确鼓动日耳曼和波西米亚的十字军参战，并下令让条顿骑士团火速救援波兰，但他们都按兵不动。蒙古人兵至维斯瓦河，攻占圣多米尔，焚毁要塞，克拉科夫也化为灰烬，该国到奥珀伦的领土都成为废墟。最后，蒙古人俘虏成千上万的基督徒后撤退。蒙古将领在返回领地后发现加利西亚城坚河深，便下令拆除防御工事。自大的加利西亚国王别无选择，只得撤销命令，指示从伦贝格到卡梅涅茨和卢茨克的所有城镇居民，拆除所建立的防御工事。如果是木制工事，就要放火烧毁。

拔都在世时，位于罗斯北部斯拉夫人的广大领土都已被并入金帐汗国。拔都从匈牙利返回后，建立了自己的王国，命令罗斯王公们前来朝觐，其中两位——弗拉基米尔大公雅罗斯拉夫和他儿子亚历山大选择无条件服从。他们知道像拔都这样的可汗是"诸王之王"。可汗若想统治不同地方的王公，在某种意义上说，需要依靠他们。他们知道罗斯不能寄希望于西方帮助。蒙古人踩躏罗斯北部公国并撤军后，瑞典和条顿骑士团马上就趁火打劫唯一未受蒙古人侵扰的诺夫哥罗德。亚历山大先是在涅瓦河打退瑞典人保住诺夫哥罗德，而后在楚德湖冰上之战击退条顿骑士团。罗斯处在东方势力和西方势力之间，若想生存必须投靠一方。这对父子相信东方实力更强，因此他们放弃罗斯传统上追随西方的策略，转而投靠东方。因此在接下来的几个世纪，俄罗斯的政治倾向无疑总是具备欧亚双重特征。

雅罗斯拉夫是第一个朝觐拔都并宣誓效忠的罗斯王公。此后他又奉新领主之命，长途跋涉到达哈喇和林。尽管雅罗斯拉夫死于哈喇和林（一般认为是中毒身亡），亚历山大的策略并未变化。他拒绝了教皇的帮助：如果他皈依罗马天主教，教皇会派条顿骑士团协助抵御蒙古人。此举挽救了国家使其免遭厄运，罗斯没有成为亚欧势力争夺的战场。按此发展的话，亚洲势力最终肯定获胜，罗斯也将完全覆灭。亚历山大也像父亲一样，到伏尔加河地区向拔都表示忠心。

随后，他与蒙古人兵合一处，讨伐其他罗斯公国，强迫他们服从可汗，他严厉惩处反抗蒙古人口登记（登记纳税）的诺夫哥罗德人，他还亲自督办以确保贡税（包括人头税）如期足额收缴。亚历山大频繁拜访汗帐，靠他的顺从和谦卑或许能为暴乱的城镇争取宽大处理以免遭灭顶之征伐。他最终说服蒙古可汗，让可汗了解到派一位忠诚且势力强大的大公作为代理人管理被征服领土会有很多优势。因此，蒙古人也用诚意回馈亚历山大的忠心，保护他并且抬高他在其他王公中的地位。所以，人们要感谢亚历山大的策略（那时的罗斯分裂为很多公国），才使一个公国的地位高于其他公国，产生一位类似金帐汗国"罗斯领地"的总督。

正是弗拉基米尔大公国和大公的王位首先保证了这些特权，后来他们才演变为莫斯科公国，莫斯科公国的大公一直遵循亚历山大的策略。在隐忍与可汗的信任下，他们才能"统一罗斯土地"。正是由于这些策略，才最终形成了莫斯科王国，后来才把罗斯从"鞑靼之轭"中解放出来，也继承了金帐汗国的遗产。

II

可汗是"诸王之王"，大公的尊号和王位都不能继承但可成为一种封赏。根据可汗的意志来赐予罗斯王公的封号，这种政策造成的后果是亚历山大去世后，其亲属、后代争相拜访金帐，带着礼物、贿赂和忠顺以获得"敕令"——可汗所发颁发的必要文书。

由于可汗可能随时撤销敕令并支持王公的竞争者，对手会通过各种方式质疑现任者。竞争者可以宣称现任者贪污税款，可以诋毁他的名声和品格，可以支付更高的报酬来获得可汗支持。因此，每个大公为实现自己的利益，必然滥用获得的权力，侵害其他王公的权益，向他们敲诈重税。由于没有约束王公关系的特定法令,专横、暴力和阴谋诡计盛行。每位大公都尽力扩充实力,每次却又招致强烈报复。周边的小公国纷纷结成联盟反抗大公。城镇起义时发,国内战乱不断。据说一些势力弱小的王公将亲自交税给可汗视为神圣的权利,借机挑拨离间,在可汗面前诋毁自己的近亲。

亚历山大的弟弟承袭大公头衔后,亚历山大的儿子德米特里便成为其死敌。德米特里借机成为大公,他的弟弟安德烈便开始向金帐汗进献谗言。安德烈后来得到大汗允许,率领一支蒙古军队抵达罗斯,准备废黜其哥哥。

"拔都时代的罗斯,一片狼藉。城镇和乡村处处火光,不论性别、职位或年龄无人幸免。侥幸逃跑免受刀兵或牢狱之灾的人,躲进森林或草原也有可能冻死或饿死。"

德米特里大公最后只得遁逃,然而他并未离开罗斯,而是南下向当地势力强大的那海寻求庇护。那海带着应有的尊重迎接德米特里并派给他军队。得到那海的蒙古军队的增援,德米特里又返回罗斯北部继续同其兄弟和金帐汗国的蒙古军队作战。

《罗斯编年史》所述以上事件,可让我们大致了解金帐汗国的情况,也向我们描述了内部纷争如何瓦解了金帐汗国。

金帐汗国诸汗除了通过拔都的组织系统获利并没有其他方式。大公只得敲诈一切形式的税收,如金、银、皮毛、牛和人口。其他王公的猜忌和嫉妒让他不能保证途中能留住所有东西。王公间不和时,他们就会带着礼物去金帐。被惩罚远征之后归来,他们也要给汗国的可汗们带礼物。因此,在金帐里高枕无忧的可汗们乐于在罗斯王公间挑拨。罗斯人开始觉醒并关注自身状况,他们也密切关注着蒙古人中间日益增加的分歧。

那海曾效忠三代可汗,在西部和南部守土御敌,防御伊利汗国、拜占庭帝国、波兰和立陶宛。但是，金帐汗国建立后，经过40年的积累，那海的领地已包括黑海北部大片沃土，势力极度膨胀。作为保加利亚和塞尔维亚的统治者、拜占庭帝国大帝的女婿，那海不愿再听从伏尔加河畔金帐下达的命令。德米特里的逃亡和求助给了那海插手金帐汗国事务的机会，实力对比造成双方地位变化，可汗暂且容忍干涉，俄罗斯王公们又一次被迫臣服于德米特里。

金帐汗国内部新兴势力崛起，竞争者之间的公开冲突不可避免。那海插手汗位继承，协助拔都的直系子孙——脱脱继位，他是拔都的四个直系子孙之一。脱脱在打击其他可汗之后成为唯一的可汗。那海已控制了汗位继承，他以为自己能够并希望成为汗国实际的最高统治者，然而他失算了。脱脱汗年富力强，是具备传统品质的蒙古统治者，并不甘于受专横的权臣摆布。他首先血腥镇压罗斯人民寻求自由的起义并摧毁14座城镇。他抓住一切时机动员军队清算那海势力并入侵南部罗斯。他在第聂伯河河畔扎营，等待河水封冻后渡河，但是那年冬天第聂伯河并未封冻，这给了那海充足的准备时间使其得以打败可汗的军队。脱脱败退，但是又带着更大规模的部队卷土重来。那海试图与伊利汗国结盟，但是当时最明智的君主合赞汗统治伊利汗国，那海公开违背《大札撒》的规定并公开起义。

脱脱在第二次对战中获胜，那海受伤败退，在途中去世。那海的儿子们分散开来，有的加入伊利汗国，有的加入拜占庭帝国。那海的势力瓦解，但那海这个名字依旧由克里米亚鞑靼人使用到19世纪。

罗斯王公们满心希望蒙古势力可以长期分裂，却一直未能如愿。脱脱汗全面恢复蒙古传统，甚至舍弃伊斯兰教而回归到祖先信奉的宗教，金帐汗国获得前所未有的发展。随着传统习俗的恢复和《大札撒》重新发挥作用，也出现了重新联合所有蒙古势力的苗头。

三大汗国中，每个汗国都有一位君主会清晰地认识到文化无障碍交流和商业影响的好处。14世纪初，拔都和旭烈兀的曾孙以及忽必烈的孙子铁穆耳统治时期，蒙古帝国重新焕发活力。

III

与和睦暂时占主导的蒙古领土相反，争端和敌对在罗斯的斯拉夫人之间达到高潮。敌对王公们彼此监禁、盗窃和破坏，他们召集蒙古军队进行破坏，废黜另一方的统治。内战造成的恐怖气氛持续了好几代，让国家变成了难以名状的"悲惨国度"，"可怕的自然灾害，比如罕见的大风暴、干旱、饥荒、瘟疫、森林和城内大火，让形势雪上加霜"。

最终罗斯东正教会推动了变革和统一。神职人员认识到，信仰是在外族压迫下唯一能够持续的东西，能够在相互敌对的罗斯领土中间建立信任，也是唯一能够建立共同纽带的东西。古罗斯的波维尔贵族认识到，只有建立强有力的中央政权，才能终止无尽的宿仇，否则罗斯将无法摆脱混乱局面。经过这些思考，大主教最后把眼光从毁坏的基辅放到相对安全的弗拉基米尔。他在那里建立一个信仰中心，获得"罗斯大主教"的称号，引导当地教堂承认自己的无上地位。随着权力加强，他试图建立一个与精神权力匹配的最高世俗权力组织——"罗斯大公国"。

罗斯大公们权力更迭之际，东部、南部的公国和俄罗斯北部边境的森林地区却受到蒙古侵扰，大部分变为废墟。越来越多的居民迁移到更加安全的中部地区公国并定居下来，实际上加强了那些公国的经济和军事实力。西部边境不断与波兰、立陶宛、条顿骑士团和瑞典（有时反抗侵略，有时发动侵略）打仗，希望在纷争中得到其他公国帮助，但他们对更广泛的罗斯事务缺乏兴趣。有能力要求建立大公国的只有位于罗斯最中央位置的两个公国。自拔都时代起，他们就安然无恙，没有受到外敌入侵，这两个公国是特维尔公国和莫斯科公国。

特维尔公国历史最悠久且最富裕，能够通过许诺更多的钱财来保护大公国的敕令或规章。大主教为特维尔的米哈伊尔加冕，封他为第一位"全俄罗斯的大公"。但是，对他不满的人也很快聚集到敌人莫斯科王公尤里那里。脱脱去世后，尤里拜会金帐汗国并在那里居住两年，迎娶年轻可汗月即别的妹妹，她也因此成为莫斯科王妃。可汗的妹夫理所当然会得到大公敕令，尤里率领一支蒙古军队返回俄罗斯。

米哈伊尔召集军队打败蒙古人，俘虏了尤里的妻子即可汗的妹妹。王妃很快在关押期间死亡，这给米哈伊尔招来灭顶之灾。月即别汗召他到大帐处死了他，尤里因此登上王位，成为莫斯科公国的第一任大公，他是亚历山大的后人中比较年轻的一位。然而，莫斯科公国和特维尔公国之间的对抗依然继续。特维尔公国又一次获胜但又一次招致自身毁灭。

那是金帐汗国势力大大增强的时期，士兵们征伐西北最远到达立陶宛，向西南到色雷斯并摧毁了阿德里安堡，在南部占领高加索地区各公国，向东部到达咸海以南的花剌子模。威尼斯和圭亚那的使节到萨莱请求在克里米亚进一步退让，教廷使节也到达月即别的汗廷，罗斯大主教（其女嫁给月即别）受命作为可汗专使出访拜占庭帝国。

在其统治的广阔领土中，月即别的话就是法律，不容反驳。在他统治期间，九位罗斯王公因为反抗而被处死。与此同时，罗斯人组成的兵团在可汗的军队服役并在四周边境作战。为了纪念月即别，帝国东部的蒙古部落自称为月即别人

（乌兹别克人）。可汗皈依伊斯兰教时，金帐汗国的蒙古人也依令仿效他的做法。

那个时期，可汗的一位亲属查访特维尔公国，确保税收足额上缴，城镇里谣传他会强迫罗斯人信奉伊斯兰教。1327年8月15日，圣母升天节那天，斯拉夫人进攻并屠杀蒙古人。月即别的表亲避难的要塞也遭纵火，蒙古人无一幸免。这次"蒙古晚祷"事件，导致特维尔公国的灭亡。月即别传召莫斯科的伊万到金帐，拨给他5万名蒙古兵，派他去复仇。

作为蒙古人在罗斯土地上复仇活动的执行者，伊万开启了持续将近三个世纪的莫斯科统治。他的策略是靠蒙古军队吞并小公国和自由城邦（如诺夫哥罗德和普斯科夫），强制实现可汗的意志。编年史简单记载："当时罗斯大地的人民苦难深重，悲惨异常，蒙古人手上沾满了罗斯人的血。"

接下来的40年间情况一直如此。不管哪位可汗继位，莫斯科大公们都是金帐汗国欢迎的客人。他们带来从城镇和边境掠夺的金银，数量远远超过正常税收所缴。他们贿赂汗妃、蒙古贵族和其他有权势的人，每次拜访返回都能获得新特权和更多权力。很快全罗斯没人能与势不可挡的莫斯科霸主抗衡。莫斯科公国唯一头疼的是罗斯境外的立陶宛。在强有力的统治者领导下，立陶宛的势力范围已经超出基辅。但立陶宛大公把可汗的注意力吸引到莫斯科公国势力膨胀上时，莫斯科大公依旧能够说服蒙古人，表明自己是可汗唯一的保护者，能让"金帐汗国在俄罗斯的采邑领地"不受立陶宛入侵。

在金帐汗国领地内，莫斯科成为仅次于萨莱的重要中心。后者是统治之城，掌握财富及所有通路，成为伊斯兰文化的枢纽。莫斯科在伺机而起，月即别在1340年去世后，蒙古人的势力逐渐削弱。

IV

合赞汗的强力政府用 25 年统一和巩固了伊利汗国领土并保证其政权平稳。月即别汗和合赞汗一样,以杰出的才能造就了平稳发展且非常辉煌的时代,金帐汗国在其儿孙统治下得以延续。然而合赞汗不能长期阻止帝国衰落,汗国分裂为不同的独立省份,总督势力强大,中央政府软弱。月即别汗阻止成吉思汗的后人们纷纷计划独立的时间也没超过两代人。蒙元王朝被赶出中原之后,金帐汗国内不同可汗之间也发生纷争,每个人都想成为最高统治者,蒙古人势力逐渐衰落。个别地方汗王企图通过掠夺罗斯领土来巩固自己的地位,但遇到顽强抵抗后撤退。最终,所有卷入争斗的可汗中,马迈实力变得最强,他着手镇压"罗斯领地"的叛乱者。莫斯科感到自己实力已经强大,大规模反抗的时机已经成熟。蒙古人战无不胜的神话已烟消云散,如今即便在金帐汗国领土内部都特别虚弱。马迈料想立陶宛大公的援助可作权宜之计。莫斯科大公德米特里决定阻止这两对敌人兵合一处,倾全罗斯的军队进攻马迈。

1380 年 9 月 8 日,顿河河畔的库利科沃原野上,一场决定性战役爆发。俄罗斯史学家把那次会战作为罗斯从"鞑靼之轭"下解放的开端。

那时罗斯人已经熟悉蒙古人的策略,蒙古军队中的罗斯人上个世纪已参与太多的战争,完全了解如何瓦解蒙古人的进攻。罗斯军队当时的处境是侧翼进攻已不可能。蒙古人也别无选择,只能试图瓦解罗斯前锋部队,然而以失败告终。蒙古人最终打退罗斯军队一翼,但也伤亡惨重。德米特里早在丛林中埋伏一队骑兵,在侧翼攻打追兵。这种本是蒙古人擅长的战法现在反而使蒙古人深受其害。

马迈最终败退，但罗斯军队也消耗巨大。在顿河与伏尔加河之间的广阔草原上，马迈在游牧大帐所在地组织新的军队并伺机复仇。拔都时代的灾难再次降临罗斯，但是斯拉夫人得到了意想不到的喘息机会。马迈刚准备好发动新的屠杀战争时，消息传来：地方汗王脱脱迷失自立为白帐汗国所有部落的统治者（领土范围东到咸海），准备成为整个金帐汗国的君主。马迈并未北伐俄罗斯，只得向东南讨伐这个意想不到的对手。在迦勒迦河河畔，马迈的军队被歼。160年前，成吉思汗的将领速不台就在那里同罗斯王公决战，并打败了他们，蒙古军队在欧洲让人闻风丧胆。脱脱迷失胜利的原因是其背后有新兴势力支持，那就是在成吉思汗分封的第四块封地（中亚的察合台汗国）崛起的帖木儿帝国。

中部地区

I

蒙古帝国的中部是草原，那是游牧族群的土地，它包括蒙古本土和西边的国家即成吉思汗征服的喀喇汗王朝。在分封土地的时候，成吉思汗把蒙古分给小儿子拖雷，把中亚地区（包括新疆地区）分给了二儿子察合台。直到蒙哥去世，这些地区都输送出最顽强的蒙古勇士，并将这些所向披靡的骑兵派遣到世界各地。

忽必烈从哈喇和林迁往大都的时候，蒙古变成中华帝国的一个省，草原上的蒙古人坚信自己民族传统并团结在窝阔台的孙子海都周围。他是征战波兰的英雄并开始反抗大汗忽必烈，认为忽必烈是叛徒。忽必烈的军队把海都打退到蒙古最远的边境——阿尔泰山后，海都向西方和西南方扩展势力，范围覆盖了整个察合台的封地。

海都自诩为真正蒙古主义的支持者，在忽里勒台大会颁布法令要求严格遵守成吉思汗率领的祖辈们所引领的粗犷的游牧生活。蒙古人要继续生活在草原与高山之中，像以前一样住在蒙古包中，按季节规律赶着牧群跋涉到夏季或冬季草场。在城镇中，在喀喇汗王朝古老的伊斯兰中心，在阿姆河和锡尔河之间——古老的花剌子模帝国东部地区的伊斯兰中心，海都任命了特别总督，总督是穆斯林，负责收税然后交给王公们。除此之外，游牧族群和城镇没有任何瓜葛，以免牧民的举止、习俗和正常的生活方式受到外界诱惑。

这种方式一直持续到 14 世纪初，后来中亚锡尔河附近才重新回到察合台的后人手中。

II

中亚的命运由形势决定。它只不过是强大边境地区虚弱的中心地带，四周受到实力雄厚的"地方汗国"——元朝、伊利汗国和金帐汗国的限制，它不可能扩张。不安于现状的游牧民每次尝试突破受限的边境，都会遭遇惨败。

由于游牧者那时失去了扩张的可能性，他们过剩的精力只能通过无休止的自相残杀释放，因此下半个世纪察合台汗国没有安宁。在无休止的争霸战争中，地方汗王无一愿意放弃毗邻村镇的财富和资源。很显然由于游牧者不断侵扰，占领或者毁灭一座城市并不特别具有破坏性。尽管不断被摧毁，西亚的城镇仍不断恢复生机，破坏者退去后很快从废墟中重建。然而中亚锡尔河附近没有受侵扰的城镇却衰败下去。因为一旦他们获得一些财富，很快被赋税榨干，耕地变成游牧者的牧场，储存的粮食被领主夺去，国家也这样被榨干。当时的旅行家写道："如今，我们看到的只有保存完好或不完好的废墟。远道而来的人们想象着他能够到达秩序井然的定居地带，翠绿环绕。人们满怀着希望能看到一些人烟，但只能看到废弃的房屋。国内唯一的居民是不种地的游牧者。"

本来用于耕作的土地逐渐成为草场，北方的游牧者像一股股洪流取代定居人口。土库曼人与当地占优势的蒙古人融合，这两种人在察合台领地上共同形成了典型的中亚人口，操着一种混合语言，也称为"察合台语"。

III

　　这个汗国作为蒙古帝国中部地区的使者而存在着,并成为成吉思汗遗产中三个更为文明地区的联络站。忽必烈的孙子铁穆耳主导的蒙古重聚,确实在一定程度上提高了察合台地区的重要性。但是与通过该国进行定期贸易获得的不稳定收益相比,半独立的领主们更喜欢抢劫路过的商旅车队以得到稳定收益。由于没有建立一个稳固的王国,被无休止的内战拖垮的察合台地区成为蒙古统一的最大障碍。另外,察合台本身也不是一个统一汗国,它的两个地区,中亚锡尔河附近和河中地区(位于阿姆河与锡尔河之间,原是花剌子模的一部分)矛盾尤其尖锐。1320年,经过30多位可汗的快速更替后,这两个地区彻底断绝联系。

　　中亚锡尔河附近的城市贫穷,领主们依旧是草原上的勇士,他们和成吉思汗时代一样,不断对外发动战争。一个城市如有可能皈依伊斯兰教,就立即开始迫害基督徒;另一个可能保持信仰祖先的萨满教可能迫害穆斯林。一个强大的可汗会时不时出现,在所有人相互反对的战争中暂时扩大对整个地区的统治,然后又立刻开始攻打邻居。自由自在的草原生活在中亚锡尔河附近盛行,这种生活有着无限的不确定性,永远在变化。

　　河中地区的情况非常不同。稠密的人口勤勤恳恳,伊斯兰风情的城镇十分密集,它的可汗们像西亚的伊利汗一样,很快成为埃米尔手中的傀儡。夹在中亚锡尔河附近和伊利汗国之间,它在文化、人才和经济上也有独特的双重特征。14世纪中叶,在这个汗国之外,帖木儿帝国在地理上朝着统一王国的方向发展起来,帖木儿的名字在西方广为流传。

第四部分
帖木儿

汗国之间的土地

I

西亚的历史就是一部鲜活的史诗，是伊朗反抗图兰的战斗史诗，是定居的波斯文明对抗游牧的草原铁骑的史诗。图兰草原的铁骑一次又一次波涛汹涌地涌入波斯的城镇和花园、文明与科学并存的土地；波斯人一次又一次将草原骑兵同化，使之融入波斯的生活、文学和艺术，使铁骑失去斗志，然后波斯人继而开始反抗这些入侵者。虽然波斯人曾被图兰人征服并统治过多次，可他们并不认为图兰人高人一等，即便图兰人是以征服者的身份同化他们的。成书于10世纪末到11世纪初的《列王纪》中记载着帕提亚帝国统治伊朗时的光辉岁月："历史是虚无的，伊朗的王冠不属于任何人，几个世纪以来人们也可以说大地之上没有什么皇帝。"

在玫瑰之城设拉子，波斯民众开始了旨在推翻帕提亚帝国的起义，这些"陌生的帕提亚人"统治了伊朗近500年，当然也保卫了他们免受罗马的侵略。圣战接踵而至，帕提亚人战败被驱逐，波斯的萨珊王朝由此建立。

与萨珊王朝共存了四个世纪的罗马帝国瓦解，而萨珊王朝还在继续抵抗着新的入侵，即图兰游牧族群的侵略，他们的铁蹄已经踏入了伊朗与图兰的边境，踏入阿姆河与锡尔河之间的河中。

阿拉伯人和穆斯林们征服伊朗之后，一个由异族人统治伊朗的新时代开始了。阿拉伯统治者将来自图兰的游牧族群召集到伊朗来牵制当地民众及部落的力量，从而保护了他们自己的军队。但是伊朗人很快将他们全部同化。几代人之前，苏丹人和闪人的前辈唱着波斯诗歌骑着战马向锡尔河之北的草原部落开战，并决心要保护波斯免受自己同胞部落的侵袭。塞尔柱人与花剌子模人作战，花剌子模人又在对抗蒙古的成吉思汗。然而一切战争都是徒劳的。命运早已注定那些在波斯阿拉伯环境下已经变得柔弱不堪的士兵应该屈从于勇敢的草原骑士。

蒙古骑兵踏遍整个亚洲，消除了边界之分，可是伊朗和图兰的疆界线阿姆河依然分割着两片疆域，即西亚的伊利汗国与成吉思汗第二子察合台及其后代掌控的中亚察合台汗国，后者便是如今闻名于世的察合台高地。持续了一个半世纪的斗争在阿姆河周围展开。

蒙古帝国的汗国开始分崩离析，各行省独立。蒙古各部首领混有蒙古、土耳其及其他一些游牧族群的血统，为了保证汗国的正统，根据《大札撒》规定，只有成吉思汗家族的后人才可以称汗，而每个领主在自己的行省内称埃米尔，即可汗封给的称号，几乎每个埃米尔在自己的行省都供养着一位已经驯服的成吉思汗的子孙，这样可以方便行省领主们以可汗之名自行管理本地事务，以可汗之名与其邻省展开斗争。这样的战争变得无休无止。然而此时他们之间的战争已不再是帝国之间的战争了，而是各行省之间的战争，是一个埃米尔反抗另一个埃米尔的战争，是汗国内部的战争。

这样的战争波及整个蒙古帝国，各部落首领之间争斗不断，部落内部旨在推翻自己的埃米尔的内乱也接连不断。

每个埃米尔、每个首领和每个部落都在捍卫自己不受别人掠夺。战争成了生活的基本组成部分，战争创造英雄也摧毁英雄。真主安拉只知晓五件事：未出生婴儿的性别、何时下雨、一个人将何时死去，以及谁能改变自己的命运、谁能抵挡真主的飞弹。安拉手中的长剑可以使埃米尔沦为盗贼，他求生的唯一办法便是躲避敌人。他不得不走向山地，走向辽阔的草原，通过劫持商队或者为牧民放牧来维持生计，蓄积力量。直到有一天，好运降临，他会再次走向成功。成功为他带来了新的支持者，重整旗鼓的自信与意想不到的财富，成功如同一块磁铁，吸引了勇敢的人们前来为他效力。盗贼团伙成长为可以攻占城池的军队，他也再次由盗贼晋升为埃米尔。

II

在这种情况下，河中不再仅仅是伊朗和图兰的边界线，而是遭其东部近邻察合台蒙古人觊觎的土地。察合台蒙古人生活在锡尔河畔，他们推着勒勒车牵着牲畜在草原上到处迁徙，企图牺牲阿姆河南岸和西岸居民的利益来扩张领土。他们想要通过侵占波斯的赫拉特城和大呼罗珊来实现愿望，因为那里有许多察合台蒙古人垂涎已久的城镇。

河中都市林立，文明高度发达，沃野千里，拥有成片的果园和葡萄园，成排的供给养蚕的桑树和辽阔无垠的放牧草场。河中为古代欧亚陆路主商道丝绸之路的重要通道。

波斯的商人、手工艺者和农民穿梭在这条道上，蒙古、鞑靼、图兰等游牧族群的勇士带着他们的奴隶驱赶着马群、骆驼群、羊群也行走在此。他们不再像他们的前辈一样信奉成吉思汗、信奉长生天并信奉萨满巫师，他们现在都是虔诚的穆斯林。他们相信安拉会托梦给他们来宣布他的旨意；随意翻开《古兰经》，苏拉的启示将会告知他们安拉的旨意。但是在其他方面，他们依然按照他们前辈的方式生活、喝酒，妇女可以不带面纱随意出入。

独眼的河中埃米尔迦慈罕是一位强壮暴力而威武的统治者。迦慈罕在一次与合赞汗的战争中中箭导致一只眼睛失明，他弑杀了合赞汗，而且因为傀儡汗想要独立，他将其处死并将第三个有成吉思汗血统的后代扶植到王位上以便许多部落听从他的调遣，巴拉尔斯部落便是其中之一。巴拉尔斯部落常在撒马尔罕以南的沙赫里夏勃兹（也称渴石城）放牧，那里的墙壁每到夏日被草木覆盖，一片碧绿，又被称为绿城。山顶上流下的清泉浇灌着河谷里的草木和牧场里的花朵，使得河谷林木繁茂，牧场鲜花盛开。巴拉尔斯部落首领塔拉盖是个虔诚的信徒，是毛拉和教主的朋友。一天夜里，他梦到一个长着一副阿拉伯面孔的帅气年轻人，年轻人不停地挥舞着手中的长剑，剑光照亮了整个世界。

他请求德高望重的教主帮他解梦，教主告诉他："你的儿子将要出生，他手中的长剑将会征服整个世界，世界上所有的人都将皈依伊斯兰教，他将给世人带来光明和正义。"

就在此时，塔拉盖的妻子产下了一个男孩，他把这个男婴抱给教主看，教主正在诵读《古兰经》，他读到"tamurru"这个词的时候突然受到了启示，便停下来，为这个男婴取名帖木儿，即铁的意思。

帖木儿也称 Tamerlane，他 9 岁时最大的乐趣就是战争游戏，他把他的玩伴分成两队，任命自己为埃米尔指挥作战。12 岁时他已不屑于儿时的游戏，他相信凭借自己的智慧和才能，可以高贵骄傲地面对每个人，他经常去清真寺和信徒们一起学《古兰经》并聆听他们的谈话。他还学会了下象棋，而且大部分时间都在下象棋。15 岁时，他对打猎产生了极大的热情并成为最优秀的骑士。他的自传里是这样记载他 16 岁时的豪言壮语的："在这个年纪，我已经知道世界就像一个金色的盒子，里面全是蛇和蝎子，所以我开始鄙视黄金和名声。"当然这个陈词并不诚实,因为他是一个野心勃勃的掠夺者。

他是最优秀的武士、最勇敢的猎人,是同龄小伙伴的首领。他有一次策马飞奔跨越峡谷,而他的同龄小伙伴们却不敢冒险一试。骏马的前蹄已跨上另一侧的崖壁边缘,摇摇欲坠,帖木儿抓住马头安全地爬上崖壁,而他的骏马却坠入谷底,这次幸存是个奇迹,日复一日克服各种艰难险阻也是个奇迹,从重病中痊愈更是个奇迹。教主预言、星占预言、占卜预言,各种迹象叠加在一起预示着他将会承担崇高使命,骄人的帖木儿立志要成为河中的最高统治者。他想要密谋策划推翻埃米尔迦慈罕的行动,可是没有人加入他的谋划。没有办法他只能带着受人崇拜的教主扎因·艾德丁给他的精神慰藉去投奔埃米尔迦慈罕并为之服务。

他在那儿认识了真正的阴谋家,可以调遣千军万马的极具影响力的部落首领们。每个部落首领都渴望成为新的埃米尔,帖木儿很快意识到他们的密谋对他而言毫无益处,所以他向迦慈罕揭露了他们的阴谋。

迦慈罕不知所措:他应该将所有造反的部落首领镇压掉吗?到底是谁真正忠于他?谁又在暗中反对他?如果战争在他的敌对势力之间展开,那么无论哪一方取胜,自己的势力都必将受到削弱。帖木儿,一个足智多谋的象棋玩家,建议迦慈罕给那些阴谋反叛者分送财物。埃米尔采纳了他的建议,结果那些反叛者因为财物分配不均而引发争执。帖木儿由此迈出了人生的重要一步。

迦慈罕为了答谢帖木儿,把自己的孙女阿黛莎许配给帖木儿做老婆。帖木儿的自传里是这样描写的:"她如同初升的月亮一般美丽,丰韵娉婷。"他还赐给帖木儿丰厚赏赐,包括锦衣、华饰、蚕丝、骏马和奴隶,封其为千户。年轻有为的帖木儿受到了迦慈罕提携,跟随着他上战场拼杀,他冲锋陷阵，勇于厮杀，深谋远虑。帖木儿很快就成了巴鲁剌思部的亲密战友，但是他和那些尽忠职守的战士们不同，他是在为自己铺路，为自己树威，他作战娴熟、耐力持久。他极度渴望类似的战争。

就在这段时间，帖木儿与王子迷里忽辛成就了一段非凡的友谊。他帮迷里忽辛制服了在阿富汗山区制造叛乱的部落首领，雄心勃勃地期盼能够和迷里忽辛共同管理河中。但是迷里忽辛并不想让他的妹夫和他平起平坐，帖木儿一气之下想要立即起兵反抗迷里忽辛，而他的士兵拒绝加入反对他们埃米尔孙子的战斗。他痛苦地报怨，喃喃自语，他已经深刻地领悟了这句谚语的意思"真朋友最可贵"。他隐藏了内心真实的感受，也不想试图去责罚他的战士们。恰恰相反，他开始用糖衣来培育他自己的人。

在河中地区没有战争的时候，人们便会举办大型节庆活动或组织打猎，这些娱乐活动往往比战争更危险，因为那些不安分的人因此有了充足的闲暇时间去制订他们野心勃勃的计划和策划阴谋活动。迦慈罕作为埃米尔而不带身强体壮的陪护是极其不明智的。他的女婿和亲家在他打猎的时候将他射杀，因为他们想要统治河中。他们试图寻找察合台系的一位傀儡承认他们的地位，以便可以亲自进行统治，但他们的计划夭折。其他的部落首领联合起来反对他们，把他们和他们的傀儡汗王驱逐出境。

河中此时处于无政府状态，争夺河中统治权的阴谋活动比比皆是。每一个觊觎最高统治权的部落首领都不愿错过机会，"即使是从未想过要策划阴谋的人，为了自身的安全考虑也必须参与到别人的阴谋计划中"。

自从父亲去世，帖木儿就成了渴石城（也称绿城）真正的君主，他精明强干，在这场战争中挑唆势力强大的首领去攻打势力弱小的部落，然后在小部落中发展自己的势力，悄悄地联合各方势力来巩固自己的力量。不久他便跻身河中最有影响力的三人之中，另外两人一个是定居在锡尔河北岸的速勒都思部巴颜，另一个是帖木儿的叔叔哈吉——巴鲁剌思部首领和撒马尔罕的领主，他拥有更有的追随者。但是塔拉盖虔诚的儿子从小就爱扎进学习教义的人群中，是德高望重的教主扎因·艾德丁的弟子，他在祭司中拥有很多的支持者。

蒙古统治者在他们不计其数的毁灭性征服活动中，唯独对有宗教信仰的信徒予以厚爱，或许是因为对宗教教义的认可，或许是因为对迷信的恐惧。每个城镇之中都有信众们向虔诚的穆斯林寻求庇护，而且他们在一些场合也确实确保了信众的安全。

结果是祭司阶层变成影响当地人的唯一因素。穆斯林的征服者兵败之后，他们的影响力就越来越大。游牧族群依然被看作一半身份的异教徒，他们在每个城镇都有相当力量，他们推崇王子的选择，因为他可以传播和巩固伊斯兰力量。他们相信他们已经找到了这个人，即帖木儿，尽管他的追随者较少，但在他们的影响和支持下，帖木儿足以和速勒都思部巴颜以及他的叔叔哈吉势均力敌。他们三个人决定不再争论，共同统治这一地区。

这一年是帖木儿的幸运之年，他的势力扩大，儿子也诞生了。雄心勃勃的帖木儿为儿子取名只罕杰儿（意为征服世界的人），并且将之视为新计划开始的标志，他要实施他满怀希望的崇高计划了。为了纪念这一时刻，帖木儿举办了重大的庆祝活动，并邀请各部首领，但是速勒都思部巴颜和哈吉态度冷漠。他们似乎在恶意策划着什么。

在新的战争爆发之前，一支劲旅征服了他们并将领土扩展到他们的领地，这个人便是秃忽鲁帖木儿汗，他是察合台蒙古贵族。秃忽鲁帖木儿汗穿过锡尔河，这支来自东部辽阔草原的雄师出现在河中，重新收复了他的先祖们征服过的土地，即几十年前由埃米尔迦慈罕侵占了的土地。

速勒都思部巴颜想要抵抗已经来不及了，因为他的领域在锡尔河沿岸，敌人在此的首次进攻便可以畅通无阻。他立马携带重礼向秃忽鲁帖木儿汗表示敬意，并成为第一个归顺者。作为回报，秃忽鲁帖木儿汗将哈吉的领地撒马尔罕封赐予他。哈吉集合他的军队却没有勇气去收复失地，最终带着他的士兵和财产逃向阿姆河流域。帖木儿不知所措，他去找他的精神之父教主扎因·艾德丁请教，教主告诉他："如果上帝是弓，命运是箭，那么射手便是安拉本人。你将逃往何处。"

事实上，帖木儿想要逃跑也已经完全来不及了，因为敌人的先锋部队已经入侵到帖木儿的领土。

编年史家在传记中写道："周密的策略比勇敢的英雄更有用，机智的主意比强大的军队更有效。箭在弦上，适时而发，便可一举击中敌人要害。"帖木儿作为象棋玩家，在童年时便学会了合理利用策略作为武器的妙用。

他骑马去面见敌人，设盛宴款待指挥官，献重礼来满足他们的贪欲。蒙古人入侵本是想来掠夺的，却发现自己被敬为尊贵的客人。帖木儿这样做其实是在诱导他们写信向秃忽鲁帖木儿汗引荐自己。

帖木儿带着他所有的贵重物品前去朝见可汗。在路途中，他遇到搜刮财物的一支较大的军队和军队的将军，帖木儿奉送给他们比其要求的更多的礼物，换取了他们每人一封的引荐信。

有了这些引荐信，帖木儿隆重地拜在秃忽鲁帖木儿汗的帐下，把他那些珍贵的礼物呈现在可汗面前，并为自己寻找礼物少的借口。他开始搜刮很多更适合的礼物，于是汗王的那些官员们，那些曾经为他写引荐信的官员们便成为他搜刮最为严重的对象。

秃忽鲁帖木儿汗派人给他的将军们传话，要求他们必须把帖木儿之前送给他们的礼物归还，而且要把他们之前掠夺的财物一并上交。被这些无理要求激怒了的将领们，转而开始对付他们的蒙古统治者，他们策马穿过河中，进行掠夺然后再次穿过锡尔河，在他们自己的草原上开始反对要求收回战利品的可汗。秃忽鲁帖木儿汗计划派出他的一支军队去镇压他们，然而帖木儿作为忠实的奴仆，一直留守在王汗的大帐，警示他一定要御驾亲征，否则他的士兵很可能弃战而加入叛乱方。秃忽鲁帖木儿汗接受帖木儿的建议，为了利益亲率大军出征，自己一直行走在队伍前列。

没有谁比帖木儿更明智、更忠诚、更乐于奉献，于是秃忽鲁帖木儿汗任命帖木儿作为总督留守河中。《帖木儿自传》里这样写道："他委我摄政，我可以签发必要的密函，他给我军权，我可以统率万名兵士。在我上台早期我就构思了这个计划并予以实施。经验教会我，一个绝妙的主意会比一支10万人的军队更有效。"直到帖木儿最终成为至高无上的君主，统治着两河之间的大帝国之前，关于这样付诸实践的计谋的描写不少于13次。

速勒都思部巴颜依然作为秃忽鲁帖木儿汗的封臣管控着撒马尔罕，然而秃忽鲁帖木儿汗的军队刚穿过锡尔河，哈吉便率军重新杀回河中。速勒都思部巴颜联合哈吉共同对抗帖木儿，因为帖木儿是如此傲慢地想要命令他们。那些对秃忽鲁帖木儿汗俯首称臣的首领们想要趁着帖木儿作为总督管理期间自立门户并且投敌，帖木儿不得不请求王汗回国。

速勒都思部巴颜再一次臣服于秃忽鲁帖木儿汗，但是为了保险起见，他管理的撒马尔罕依然处于防御状态，这最终使他丢掉了性命。哈吉再次出逃，但是这一次他被可汗的人马追上并处死。可汗的军队穿过阿姆河向迷里忽辛统治的阿富汗山区前行。迷里忽辛是埃米尔迦慈罕的孙子,曾经英勇地与察合台汗国作战,兵败后逃向阿富汗山区。此时帖木儿认为他已经除掉了他所有的敌人,欢喜地认为他已经达到了他既定的目标,然而,令他极度失望的是秃忽鲁帖木儿汗撤军返回伊犁时,将河中的最高统治权交给了他的儿子也里牙思火者,并在撒马尔罕为其留下了一支战斗力很强的军队。帖木儿不过是个军事长官,没有任何实权,而留下的驻军,那些蒙古人又从不听从他的命令。

他们恣意掠夺,肆意挥霍;他们强抢民女,贩卖男奴;他们带走权贵,收取赎金;他们任意折磨权贵以求多金。民不聊生,祭司期望得到帖木儿的帮助,这使得他又想到了重新掌权的新出路。他可以鼓动百姓起义反抗压迫,最终成为河中最高解放官。

他带领着不断壮大的军队去袭击察合台蒙古人并带回70个俘虏,但是他的行为并无影响力,百姓没有跟随他一起起义。察合台蒙古人将此事报告给秃忽鲁帖木儿汗,帖木儿截获了秃忽鲁帖木儿汗的回函,看到了自己的死刑宣判书。

骑士英雄

I

"在你没有能力向比你强大的敌人谈条件的时候,那么最好的办法就是出逃去寻求庇护。帖木儿就做出了这样的决定。"

帖木儿从撒马尔罕逃向山区,变成了一个无家可归的流亡者,一路摸爬滚打,以捕猎为生。他曾经打败所有的敌人,并有望成为统治河中的埃米尔。在山区,他遇到了跟他一样落荒而逃的伙伴迷里忽辛。迷里忽辛是帖木儿妻子的哥哥,是埃米尔迦慈罕的孙子

他俩的随从加在一起有60人,他们组建了一支小军队,带着他们的妻子一起前行。他们策马穿过草原向西北驰去,前往土库曼的花剌子模寻找盟友。在他们靠近希瓦古城的时候,埃米尔派出了一队人马去逮捕他们,因为埃米尔想要把他交给可汗从而得到应有的封赏。他们连夜逃出此地,但是埃米尔派出的人马仍然穷追不舍。

听着急驰而来的马蹄声,他们开始准备迎战。帖木儿把他的60人分成五队,他在高地指挥战役,他的随从们冲向敌人。迷里忽辛的战马中箭倒下了,然而他却成功跨上了敌人的战马。此时他们已被团团包围,是帖木儿的蛮勇拼杀免他不死。

到了宵礼的时间，双方士兵都停止战斗，不约而同地面向圣城麦加，开始他们晚上的祷告。祷告一结束，他们便又精力充沛地投入战斗。夜幕降临，帖木儿和迷里忽辛的60人只剩下7人，而埃米尔的军队也遭受重创，只剩下50人，可这50人仍穷追不舍。两位王妃并骑一马，跑在前头，男人们在后面掩护她们撤退，直到他们跨过草原进入农耕区，追兵才放弃追捕。

除了泉水，这些难民还从牧民那里买到两只阉羊来充饥。他们还得继续前行，又有三人加入他们的队伍，可恶的是天黑扎营后，那三个人偷了三匹马逃走。现在，不仅男人，连女人都得徒步前行。

帖木儿和迷里忽辛并肩逃跑是一件愚蠢的事。因为他们的兵力集合起来已达到一个中队的人数，即60人，状况相当不错。现在他俩利用自己的名字和声望去招兵买马，迷里忽辛的大本营在阿富汗山区，他期望能在那里召集到更多兵马，重整旗鼓。他们就此作别，各自整军备马，约定不日后于阿姆河相聚，以便结成联盟。迷里忽辛走后，帖木儿身边只剩下妻子和一个仆人。

土库曼人以为他们是盗贼便向他们出手，把他们关押起来，安置女人看守，这两个男人决定要拼死抵抗。但是他们万万没想到有一个去过撒马尔罕的土库曼人认出了帖木儿。他劝说帖木儿不要进一步和他的同胞为敌，并乞求埃米尔原谅帖木儿，最终他们得救。

土库曼部落的首领热情地招待他们，他们在此停留了三天，相互交流彼此的所见所闻，之后他们带着首领为他们准备的充足食物和10个随从骑马离去。

然而这个消息在草原上的传播速度是极快的。当一个落魄的埃米尔出现在一个邻邦的时候，民众们开始猜疑。他是想东山再起吗？如果是这样的话他一旦得势便会入侵邻国，占领其领土；或者他依然在被他的敌人追捕，如果这样的话他的行踪一旦暴露，他的敌人将会踏平整个国家。帖木儿希望在这里休整一段时间，而这一地区的领主阿里贝克却不希望看到任何一种可能的灾难降临此地，于是他派出一队人马去抓捕帖木儿，把他绑了起来，和他的妻子、仆人一起关押在一间牛棚改成的牢房里。

时间在流逝，习惯了自由驰骋的游牧人被关在这里的每一天都是极度乏味的，遍布的蟑螂和刺鼻的牛粪味使得待在这里的每一个夜晚都变得更加漫长。帖木儿向安拉发誓他绝不会不做全面而细致的调查就随意把人关进监狱。帖木儿心中有很多疑惑：自己为什么被逮捕？为什么不被审讯？自己还要被关多久？两个月之后，他开始鲁莽地策划逃跑计划，无论以什么为代价，他都要逃走。他要为自由而战，即使在这次行动中被杀，至少他不会被埋在这恼人的监狱里，死在自由的大地上总比在这围栏里腐烂要好得多。

帖木儿从他的一个看守那里抢来一把剑，驱使其他囚犯走在前面来掩护他逃跑，然而紧接着他就听到其他叛逃者的叫喊声："囚犯逃跑了，囚犯逃跑了。"这使得帖木儿恼羞成怒：他帖木儿怎就变成了一个逃犯？帖木儿手握长剑冲向了首领阿里贝克的房间，逼迫其遣散惊慌的仆人，他决定要和把他送进牢狱的人进行一场战斗，让其知道帖木儿是因为战斗胜利而离开的，绝不是从监狱里逃跑的。

阿里贝克曾把帖木儿视为宾客。在过去的两个月里，关于帖木儿被关押的消息四处流传，有人说他是被束缚的英雄，有人说他是被囚禁的勇士，对帖木儿没有敌意的贵族们都在谴责阿里贝克的行为。阿里贝克的亲哥哥把食物和马匹进贡给他，求他放了帖木儿。

如今，阿里贝克面对着眼前这位有着坚毅的骑士精神的帖木儿，决定弥补他曾经的过错。很快，12个勇猛的战士就要和帖木儿同呼吸共命运了，他们拿起武器，跨上战马，他们相信跟随帖木儿可以获得胜利并赢得名望和战利品。他们还未穿过花剌子模草原，又有50个土库曼人和200个从大呼罗珊赶来的骑兵加入他们的队伍，还有一个曾为帖木儿效力过的部落首领带着他的士兵和财物前来投奔帖木儿。

帖木儿发现自己现在已经领导了一队人马，尽管队伍规模较小，却适合各种冒险作战，于是他开始大胆策划各种行动。没有什么能够比征服河中更令他满意的事情了。他把妻子——埃米尔迦慈罕的孙女留在布哈拉附近的一个村子里，让她在这里策划、探秘，煽动村民起来反抗。帖木儿的使者试图拉拢土著部落加入他们的行动。与此同时，帖木儿自己伪装成一个托钵僧，要去撒马尔罕发动起义，因为那里是当时的政权统治中心。他藏身在修女的闺房，并以此为根据地，他的随从们夜以继日地进进出出，收集武器，悄悄地引战士们进城。

年轻的帖木儿的这段浪漫奇缘被编写成许多民谣留传后世，直到19世纪末，欧洲旅行家游历亚洲时，听到吉尔吉斯斯坦和西伯利亚的蒙古人仍在传唱。他们对英雄充满敬佩之情，敬佩他在逆境中仍坚定不移；他们为英雄的爱情而歌，歌颂他英雄救美的善举。史实记载，帅气的帖木儿的二夫人很年轻，曾经贵为公主，却被装在箱子里抛到海里，幸得帖木儿相救，由此成就了一段旷世奇缘。年轻的帖木儿深得民心，民众以他为原型塑造的骑士形象生动地流传长达5个世纪之久，这种骑士形象已经成为亚洲王子的楷模。无畏、浪漫的勇士们已经做好了殊死一搏、失去一切的准备，如果上天眷顾好运降临的话，他们或许可以开辟一片新天地。

帖木儿起义的企图失败了，因为他来此的消息已经走漏。察合台蒙古人已经掌握他的行踪，他不得不再次逃跑，身边仅带了几个随从。但是这一次他的追随者分散在全国各地,他们集合起来跟随帖木儿一路向南,穿过阿姆河,向阿富汗山区前行,迷里忽辛和他的人马在那里等他。他们一行人现已达到千人,他们在寻找可以施展拳脚的场地,他们不想再成为任何军事力量的雇佣兵,他们想要做自己的主人。

机会很快到来,锡斯坦的埃米尔受其邻国围攻,而对他起保护作用的七座主要的城池在此时都发生叛变,关起门来反抗他。锡斯坦的埃米尔愿意倾其所有寻求外援。

帖木儿连夜进攻第一座城池,他指挥战士们从四面八方狂风骤雨般地袭击,他们终于在 24 小时之内攻陷了这座城池,城池里充足的粮食便成了他们的战利品。第二座城池的守军在城墙下与他们开战企图突围,见情势不妙,他们撤回城内,正当帖木儿的士兵准备发起总进攻的时候,他们却投降了。

人们以为第三座城池是坚不可摧的,因为它的守军正闲适地坐在高墙之后。帖木儿吩咐他的兵士铸造织网,它们可以固定绳索并将远处的敌人挂倒。他将这些织网抛向城墙高处,勇敢的士兵抓着绳索向上攀爬。在黎明之前,他们成功爬上城墙,顺利打开大门,吹着胜利的号角,骑马进入该城。

经历这些之后,锡斯坦的居民准备再次承认其埃米尔的统治地位,还交出了其他的城池。民众代表向他们的埃米尔解释道:"如果帖木儿攻占了所有的城池,他不仅会抢走你的锡斯坦,也会杀死我们。"于是埃米尔带着他的臣民连夜偷袭了帖木儿的营地,赶走了他的危险盟友。

一场惨烈的战斗随之而来。帖木儿和他的宗主们的战争总是很激烈。他两次受箭伤,一次在腿上,另一次在右肘上,然而他并未在意。他仍拼杀在战场上,直到击退敌人,他才意识到自己的伤势很重,决定退居山林养伤。然而养伤是一个漫长而又艰难的过程。帖木儿的右臂在很长一段时间内基本不能动弹，而他的腿则留下了终身的残疾。他的土耳其敌人称他为"跛子帖木儿"，波斯人称其为"帖木儿跛子"并说他是被欧洲人打残的。

II

他们在山谷中遇到了一只老虎，帖木儿想要试试自己的运气，自言自语道："如果我能成功杀死这只野兽，那么我所有的行动都将会成功。"他弯弓射箭，当场就把老虎射死了。老虎被杀，士气大增，士兵们决定就此安营扎寨。不满于察合台蒙古人统治的勇士、擅战的牧民、小权小势的首领们带着他们的人马前来投奔。帖木儿热烈欢迎每一股新来的力量，与他们开怀畅饮，把他所剩无几的财物分给他们，把他的短袍分给其中的一支队伍，把他的昂贵的腰带送给另一支队伍，把他镶满珠宝的帽子送给第三支队伍。

帖木儿的兵力迅速增强，他再次占领山岭要塞，并以此为中心展开进一步行动。他出奇制胜地侧面围攻，巴达赫尚的王子惊慌失措，帖木儿再也不用向他隐报自己的战利品了，也不用向他进贡了。

他最后打败了察合台蒙古人的一支分队，顺利穿过锡尔河。但是当权者也里牙思火者派出一支正规军向帖木儿发起进攻，帖木儿阵营中有一半的部落都临阵倒戈了，尽管他很勇武，但是独木难支导致兵败，他撤退到阿姆河一岸。敌人在阿姆河对岸扎营，一个月来无人敢穿过此河。但是帖木儿认为此时的情形对他极为有利，因为他深知他的这些喜欢战争更喜欢战利品的敌人是最缺乏耐心在此坚守的。有一天，这些守军撤岗，通向河中的大道向帖木儿敞开，就在此时，一个背弃过他的首领带着他的人马又要向他效忠。

这一次，当权者也里牙思火者集合他所有的兵力，派出两万人来攻打入侵者。帖木儿仅有6000人，他再一次被迫撤退到河对岸。帖木儿派出2000勇士护卫孤桥，自己带着其他的勇士在夜间潮落时涉水过河。

第二天一早，敌人看到仅有一小队人马在守卫孤桥，他们认为其他士兵肯定是埋伏在什么地方了。他们不敢贸然攻击，一整天按兵不动，等着他们的侦察兵侦破埋伏圈。第三天夜里，营火在察合台蒙古人的后山上亮起，漫山遍野都是，当权者也里牙思火者认为他被包围了，害怕帖木儿会夜袭他们，他叮嘱他的士兵们不到天亮决不迎战。他不知道帖木儿在后山安排了多少人马，也不知道他所面对的敌人有多少，所以此时他下令撤退，撤退到他的势力范围内。

第四天，也里牙思火者在地形极其不利的情况下开战，战争持续了一天一夜。多亏他士兵的超群战斗力，尽管他们损失惨重，还是守护住了自己的阵地。第五天，帖木儿面临着全军覆没的危险，就在此时一个骑兵骑着快马来到营地，给帖木儿带来了一个出乎意料的好消息。

也里牙思火者的父汗——秃忽鲁帖木儿汗逝世。

也里牙思火者现在要做一件更要紧的事情，比打胜这场战役要重要得多的事情：当务之急是在王位争夺战开始之前返回东察合台夺取王位。

帖木儿立即派出一队人马前往他的出生地渴石城，命令他的骑兵们在马鞍两侧绑上树枝，把分叉的树枝拖到地上，树枝摇曳，尘土飞扬，虚张声势，渴石城的居民们认为帖木儿正率领着千军万马驶向该城，于是他们撤离，把城市留给了帖木儿，而帖木儿也只象征性地追逐敌人的主力到锡尔河便返回。《帖木儿自传》中是这样记载的："帖木儿交了好运，通过在后山点营火打败了也里牙思火者的大军，通过搅起的尘土征服了渴石城。"

III

  帖木儿与迷里忽辛再次将河中从蒙古人手中解放出来，摆脱了察合台的统治，然而就像所有游牧部落一样，现在又到了这两个同盟者争夺最高统治权的时候了。现在看来，那些参与了河中解放运动的部落首领们并不愿意让帖木儿或者迷里忽辛一人独大来统治他们，他们是独立的。他们都是自己所统辖省区的领主。帖木儿和迷里忽辛都在寻找自己的支持者，好把另外一个人驱逐出这片土地，迦慈罕的孙子迷里忽辛比帖木儿更占优势。迷里忽辛找到了成吉思汗的后人、当时化装成可怜的僧侣的哈比勒·沙，把他扶上汗位。根据古训，迷里忽辛的做法合法合理，所以大多数的部落首领都站在他这一边。帖木儿不得不臣服于迷里忽辛，甚至向他上缴高昂的税金，这种税金是迷里忽辛强行对每个省的贵族征收的。帖木儿的地位降低成为一个封臣，但是他在表面上没有抱怨。在他的银钱不足以支付税金的时候，他就用妻子即迷里忽辛妹妹的珠宝首饰来抵偿，《帖木儿自传》里这么记载。

  贪得无厌的迷里忽辛接受了这些珠宝首饰，尽管他一定认得出这是他亲妹妹身上之物。

  帖木儿和迷里忽辛没有太多的时间用于解决私人恩怨，因为奥斯曼人又开始了新一轮的入侵，他们必须集中兵力，共抗外敌。帖木儿的爱妻——迷里忽辛的妹妹去世，他们俩之间唯一的纽带也断了。当时是利益把两个雄心壮志的年轻人绑在了一起，迷里忽辛想要利用英勇善战的帖木儿帮他开疆拓土，而帖木儿则期望通过他所谓的好朋友的帮助上位。之后利益再次把他们俩绑在了一起，他们并肩作战，来对付他们共同的敌人，而事实上他们一直视对方为对手或敌人。

他们一个贪婪吝啬，一个慷慨大方；一个小心谨慎，一个鲁莽冲动；他们都想成为河中的最高统治者。迷里忽辛仰仗着从他祖父那里继承的权力，而帖木儿则寄希望于军事战斗的胜利和好运。最终，他们相互的敌意和仇恨鼓动着他们继续拼杀。

接下来的游击战更多的是受一股热情支配，尽管战术灵活，却缺乏有效的战略指导，因为他们并没有什么深谋远虑的计划。敌军已经精疲力竭，他们这里攻陷一座城堡，那里征服一座城市，在遇到帖木儿的军队时还得分散以便各个击破。那些贵族首领们东躲西藏，迷里忽辛和帖木儿心里都清楚，这些外援根本不可靠。然而迷里忽辛仍是真正的统治者，他可以调集更多的大军投入战斗，他将自己的成功归功于自己的兵力优势。帖木儿仍旧带领着自己的人马，凭借着自己的勇武、策略和聪明才智，最重要的是他自己的好运夺取了胜利。在西方历史上，攻占布哈拉的塔什干被看作帖木儿施展拳脚开端的标志。

帖木儿亲自参与了塔什干防御工事的修建，这里城墙坚固，护城河很深，

但迷里忽辛很快就将此城据为己有，并安排他麾下一名叫穆萨的见多识广的老将来管理。帖木儿将他的战利品赠予妻子，并把他的财产转移到安全的地方，在返回塔什干的路上，他得知穆萨占领了塔什干，还派了1.2万人驻守在此，而帖木儿统帅的兵力仅是这个数字的十分之一。

帖木儿假装他已放弃重新夺回塔什干的想法，带着他的人马沿着丝绸之路要道去往大呼罗珊。帖木儿打发人四处散播谣言，他将要攻打赫拉特城，他带着人马穿过阿姆河，派遣使者带着贵重的礼物与和平的意向前往觐见赫拉特城统治者。帖木儿在商道必经之路——阿姆河后岸的平原上驻扎了两个月，这两个月里他靠打猎来消磨时光，直到一个大商队

路过他的营地，这个商队要从赫拉特城途经塔什干前往撒马尔罕。他向商队的头儿打探了赫拉特城的详细情况：军势实力的强弱、防御工事的情况以及中军统帅是谁，之后拔营南下。

商队启程前往塔什干，帖木儿的一名探子与商队同行，与此同时，帖木儿的中军在离塔什干不远处再次安营扎寨。帖木儿则亲率240名精选的信得过的士兵，慢慢地尾随商队，他们抄小道穿过森林。这支队伍扣押了他们遇到的所有路人，携其随行，以防他们将帖木儿和他的兵士们的行动泄露。

商队进入塔什干的时候，正如帖木儿期待的那样，商队的头领将他和帖木儿在阿姆河交谈的内容以及帖木儿如何动身前往赫拉特城的详情告诉了塔什干人。穆萨认为到了该给帖木儿致命一击的时候了，抓住帖木儿就可以结束这场旷日持久的对决。于是他仅留了一小部分兵力驻守塔什干，自己则带了重兵向南边的赫拉特城疾驰而去，他决定包围敌人，包围赫拉特城。而此时的帖木儿已率兵抵达塔什干附近的森林，他们藏身在极隐蔽之处，正全力以赴地修建云梯准备攻城。

一天夜里，帖木儿仅带了一名仆人，骑马前往塔什干。他看到，护城河里灌满河水，河里有个渡槽贯通两岸。渡槽里的水没过膝盖，帖木儿涉水而过，抵达城墙脚下。帖木儿知道有个后门可以进城，便绕了过去，他在外边轻敲后门，发现这个门已被人用石头从里封砌。之后他便绕城墙巡查，在城墙下边发现了几处适宜摆放云梯的有利地形便回营了。

不久，100名肩扛云梯的士兵便从渡槽穿过护城河抵达城墙脚下，与此同时，帖木儿带了另外100名士兵飞骑抵达城门，还有40名士兵牵着马，拖着行李紧跟其后。在无声无息的黑暗里，那100名勇士爬上了城墙，冲进街道，杀死了守城护卫,打开城门。天还没亮,帖木儿就已经带领另外100名士兵进城了。他命令士兵敲锣打鼓,齐鸣号角,敌人在恐慌和害怕中,慌不择路。他们东躲西藏,牛棚里、谷仓里,随便什么地方,就像刚刚发生了场大地震一般。穆萨儿子的居所着火,从大火里逃出来的人全部被捕。太阳还未升起,整个塔什干已落入帖木儿之手。

帖木儿的追随者们现在称其为"基兰阁下",即星宿之神。帖木儿成功掌控了塔什干,他认为是他的幸运星降临了,他相信他能够守护得住这块土地,即便穆萨率领1.2万人的军队包围此城。帖木儿的战士锐气未减、士气高昂,在他的指挥下,无论何时何地,他的士兵们都勇往直前,他们以极小的兵力突袭敌军大营,日夜不辍烦扰穆萨和他的军队,使其损失惨重。他们捕获马匹之后便迅速撤离,那时敌军还未来得及集中兵力抵抗,他们撤回城内,有城墙的庇护便安全了。不知疲倦的勇士们不停地侵扰敌军,这使得他们的兵力看起来比实际兵力要多得多,帖木儿的这一策略使得穆萨损失惨重。

每一个被俘虏的贵族首领都受到帖木儿的热情款待,收获了丰厚的礼品,之后便被释放,可想而知,他们获得自由之后是更愿意跟着穆萨还是效忠帖木儿。那些贵族首领带着他们的人马来投奔帖木儿,壮大了帖木儿的军队。其余的部落首领还未到释放时就已经归降到帖木儿旗下,他们相信帖木儿是颗幸运星。后来,在一次战争中,穆萨受伤,他奋起突围,撤离到阿姆河的另一岸。

这便是历史的转折点。首先,尽管战争的形式没有变化,仍然采取无畏的骑兵突袭的形式,以及不能产生持久影响力和带来最终结果的英雄主义行径,然而越来越多的城池被帖木儿攻占,越来越多的要塞被帖木儿打得措手不及,因此迷里忽辛想要集中兵力收复失地变得越来越困难。在出发之前，帖木儿给他的士兵训话，他说："属于你们的日子就要来了，你们知道战场才是英雄的阵地，在战场上你们可以尽情厮杀，你们的呐喊声便是欢快的歌谣，敌人的鲜血便是你们的美酒。"他带领着他的战士们赢得一次又一次战斗，有过撤退，不过撤退只是权宜之计；有过屈服，屈从于刚刚入侵的城池；也曾逃跑，他们会跑到敌人优势兵力不易追击的荒漠和高山避难。然而一旦有了有利时机他们便会回击，每一场胜仗都使他名声大噪。

后来，察合台治下的两名埃米尔带着7000察合台蒙古人投奔了帖木儿，帖木儿与敌人之间争夺霸权的战争继续着。

迷里忽辛的士兵看到连蒙古人都加入对手的阵营，便临阵脱逃，帖木儿很快就将敌人包围在巴尔特。经过长时间的绝望的斗争之后，"迷里忽辛自己进入他曾经命人在此修建的一座堡垒里，他不再抱有什么希望了，决定放弃他的财富和尊严"。

"伤痛欲绝的迷里忽辛放弃了他的权力，放弃了他的财产，他乞求离开这里去麦加朝圣。"帖木儿同意了他的请求。但是帖木儿的埃米尔们害怕他们会因错过一个机会而懊悔，所以杀了迷里忽辛，使他完全不再有煽动暴乱、开始新的战争的可能。《帖木儿自传》记载："命运之书早已注定迷里忽辛将死于何时何地，没有人可以改变自己的命运。"

河中之王

I

《大札撒》规定，只有黄金家族后人才有资格称汗。帖木儿尽扫对手，占据河中后，怂恿当地领主按蒙古习俗推举他为统治者并发誓效忠。他自己仅接受"大埃米尔"称号，指定黄金家族后人锁咬儿哈的米失享可汗尊号，其名字出现在帖木儿发行的硬币上。

河中地区一直是察合台的封地，但锁咬儿哈的米失并不属于察合台系。察合台仅统治蒙古帝国部分领土，而锁咬儿哈的米失是蒙古帝国第一任大汗——窝阔台的后人，他理所当然地成为蒙古人所征服领土的合法继承人。

帖木儿成为河中的埃米尔，发誓效忠他的首领们相信他能够实现雄心和抱负，因为他比任何埃米尔都强大。他们推举的这位君主35岁，面色深沉，少年白头，事业才刚刚起步。只有帖木儿自己知道，他为何要重提已被遗忘的成吉思汗的法令——蒙古大汗应该由所有部落首领参加的忽里勒台大会选举出来；他也十分清楚要对窝阔台的后人委以重任，因为成吉思汗的传统依旧深深扎根在每个游牧者心中，那就是强人治世，天赋圣权。游牧部落——不管是蒙古、鞑靼或突厥，都与中亚草原保持联系，他们从那里崛起，梦想重铸往日辉煌。

他们中只有少数人保持萨满教信仰，大部分已信奉伊斯兰教、藏传佛教或天主教。除了信仰，他们同根同源，自古以来这些人便持续混战、抢夺、屠杀。他们为最高权力争斗，都想获得汗国最大的领土并控制它，那也仅仅是复兴古代的权力。那是每个入侵河中的可汗所想，也是每个入侵阿富汗的埃米尔所想。帖木儿精于算计，善于作战，他知道国家的所有军政规则。他占领河中后，也渴望利用这些权力。眼前的辉煌成就让其野心继续膨胀。然而，在他所处的时代，没有任何可汗曾幻想完全重建成吉思汗帝国的某一部分。帖木儿"应运而生，注定称霸"，希望再度实现蒙古帝国统一。

这就是他拥立窝阔台后人为大汗，继承整个广阔领土的原因；也是他恢复《大札撒》，根据现实不同情况进行调整的原因；他寻求古老的伊斯兰教的支持也正缘于此。成吉思汗开始征服世界，离开蒙古故土时留下自己的部众和蒙古人。帖木儿必须对战图兰骑兵，他离开河中故土时，留在城镇和乡村的居民迥然不同。伊朗人是虔诚的穆斯林，他们仇视《大札撒》就像仇视压迫自己的异教徒一样。即便异教徒皈依伊斯兰教，也仅仅被认为是半个穆斯林。为约束这部分人，帖木儿要争取神职人员的支持，在他们面前，把自己塑造成伊斯兰的保护者和传播者。

"我从先知的继承者中选取最杰出的一人全权管理穆斯林。他掌管教会财产，任命毛拉，指定城镇和村庄的穆夫提（教法解说人），指派市场管理者，控制称重和测量，负责供给生活必需品；他决定圣徒（先知继承者）、牧师和其他有功德之人的任免和俸禄。"这不是简单的教会自治，而是居民的全部公共生活完全屈服于精神领域的统治者。自那以后，神职阶层团结在帖木儿身边，所有毛拉、僧侣都忠心追随他，他们经验丰富、忠心耿耿并为他监视居民。

这个伟大的设计师就这样把王国建立在两类完全不同和相互敌对的人群之上，建立在两个相互抵触的律书之上。他把社会分为12个等级，处在最高级别的不是将军和官员，而是圣徒、酋长和乌玛理，以及学识渊博、笃信虔诚的人；但删去了《古兰经》中关于军队和游牧部落的规定，在这些领域，《大札撒》占支配地位。实际上，帖木儿采用特殊仲裁手段，"调解士兵和其他阶层的冲突"。

他沉浸在伊朗统治者奢华绚烂的生活之中，召集他们的哲人、诗人和艺术家，背诵他们的诗篇。他按照伊朗的审美标准，把自己画成白皮肤、红脸颊、浓黑胡须的形象。然而，他没有采用任何伊斯兰有关统治权的称谓，比如"信仰保护者""神佑""真理之光"。毫无疑问，随着帝国领土不断扩张，他经常变更称号，但一直追随《大札撒》，用《大札撒》驾驭自己的雄心。即便他最终采用了"苏丹"称号，却从未称汗。傀儡锁咬儿哈的米失去世后，帖木儿又扶植其子马合木继承汗位。

帖木儿的继任者和传记作家都力图证实他是个狂热的穆斯林，通过疯狂征战让所有民族皈依成为穆斯林。但帖木儿大部分的征战针对的是正统的穆斯林，针对标榜"真理卫士"的苏丹，他对穆斯林的态度始终是蒙古式的容忍和淡漠。他从不剃头，佩戴镶金头盔或者又高又尖的蒙古帽子，上面挂满珠宝，而不是穆斯林头巾。他饮酒，允许妃子不戴面纱参加各种节庆活动。他的确修建清真寺，拜访圣地，以"伊斯兰卫士"自居，但那或许仅仅是策略，是志在统治亚洲、重建成吉思汗帝国的人展现的统治艺术。

帖木儿梦想成为新式的"信仰伊斯兰教的成吉思汗"，那是他一生痴迷、故作虔诚所追求的东西，胆识、狡黠和偶尔带有骑士精神的残酷，贯穿始终。在叙利亚的烈日下，在俄罗斯平原的冰雪上，在病榻昏迷中，这种激情未曾褪去。

他年纪老迈、两眼昏花，发动生命中最后一次也是规模最大的远征时，这种激情也未曾褪去。

II

迷里忽辛去世整整 10 年后，帖木儿才正式开始他的伟业。这 10 年中，他五次对中亚锡尔河附近用兵，四次征战阿姆河下游的花剌子模，还平息了国内叛乱。帖木儿多次进入费尔干纳山谷，穿越关隘到达七河地区，打击游牧部落、摧毁帐篷、劫掠牲畜，驱之东去。他多次沿阿姆河进军，破坏平原上的果园，把城镇夷为废墟。每次他都亲自带兵，参与所有战斗，但他的胜利进军都被国内叛乱打断。一些埃米尔和部落首领对跟他们级别相同的人如今成了说一不二的统治者这件事一直耿耿于怀。他们密谋反叛帖木儿，试图逮捕他的亲信，但帖木儿每次都躲过突袭，粉碎了阴谋。

"我赐予他们大量礼物和奢侈品，让渴望成就的人去管理一省，我不吝惜黄金和珠宝。但在他们追逐名利的同时我要让他们心存畏惧，每位要员身边有我派去的大臣对他们进行监督。"

一张精心编制的情报网在笼罩着他们，让帖木儿及时了解情况，让他能够在恰当的时刻干预。"统治的艺术部分在于耐心与坚韧，部分在于佯装不知情，对了解的事情也佯装不知。"他用刑不多，然而一旦用刑便是死刑。祈求宽恕、再次发誓效忠的人，可得宽恕，重获支持。因为帖木儿需要首领，需要他们的强力支持。他意识到，自己掌握这把"魔力钥匙"——征服伊朗，可以最终劝诱他们无条件奉献，让他们在征服伊朗之时仍然无法拥兵自立。

帖木儿为此费十年之功保卫边界，同时争取广泛认同承认他是合法君主。帖木儿公开表现出对显赫君权的痴迷。艺术家和学者随他上战场，帖木儿展示出对西亚生活中所有雅致事物的喜爱。他喜欢围城，郊区果园里第一批瓜果运抵时，他会用金盘装上一个送给要塞中的敌人，"因为如此接近自己的邻居时，不与王公分享新熟瓜果，是没有教养的"。作战的同时他也试图与对手联系。他与被征服的察合台可汗联姻，强迫花剌子模统治者把公主汗查德（美貌远近闻名）嫁给自己的儿子只罕杰儿，力图让迎娶活动和婚庆活动盛况空前，整个河中地区前所未有。地毯和锦缎铺满道路，鲜花布满街区，城中香气弥漫，令人心旷神怡。

　　帖木儿朝廷里庆祝活动不断。每次出征都举行宴会；他建造宏伟建筑来庆祝每次胜利、每次婚礼和每个王子降生；他从城镇中召集最著名的艺术家、最娴熟的工匠，修缮装饰都城撒马尔罕和他的出生地沙赫里夏勃兹（旧称渴石，他把那里封给自己最喜爱的儿子只罕杰儿）。整个国家开始忘记战争的恐怖，忘记首领们相互攻击造成的废墟，出现了繁荣的景象。

　　最后，帖木儿召集首领，召开庄严的忽里勒台大会，在一片欢呼中宣布西征伊朗。200年前，蒙古部落认为中华是伟大世界的典范。如今，波斯对于河中地区的部落来讲，也是如此。尽管经历浩劫和几百年的开发，波斯依旧是一块乐土，遍地珍宝、处处欢愉。他们跟随帖木儿前进，无条件服从，准备经历任何困难并作任何牺牲。

Ⅲ

　　当地王公加秃丁统治赫拉特，早些年间帖木儿帮助埃米尔忽辛征服邻国，就曾与加秃丁作战。如今他邀请加秃丁参加忽里勒台大会，意味着帖木儿宣布赫拉特之主是其臣属。加秃丁在告知使者受邀自己感到很荣幸后，便开始加固赫拉特的城墙并扩大防御工事。帖木儿入侵公国，占据了一些较小要塞，开始进攻都城。他送信通告加秃丁：若不主动投降，便彻底摧毁该城。那时居民正准备防御。赫拉特有25万人口，是拥有数百所学校的庄严巍峨的科学中心，成千上万的沐浴之所见证了其文化，数以万计的商铺和作坊进一步促进其繁荣。帖木儿要把城墙夷平并屠尽居民。势单力薄的加秃丁没有援助，不能抵挡来势汹汹的河中军队，只能"低眉折腰，亲吻御毡"。

呼罗珊的统治者们听从萨尔巴达尔王朝的命令，宣称只要征服者来到边境，就愿意承认帖木儿的统治地位。帖木儿入侵了马赞德朗，仅占据第一批要塞后，埃米尔便赶紧向帖木儿效忠，年老狡猾的国王霍加也向帖木儿派遣使者。他是伊斯法罕、法尔斯以及克尔曼——简而言之，是南波斯的最高统治者。他清楚地知道帖木儿突袭自己美丽富饶的国家，会带来怎样的后果。鉴于自己年老而无法作战，国王霍加提前向帖木儿献上贵重礼物，乞求征服者的保护。因此，帖木儿凭此一战就称霸了整个波斯东部。

帖木儿将目光转向更为遥远的战场寻求新的领土，他的帝国向南扩展至阿富汗的边境山区。他不是年轻时几乎成为锡斯坦的统治者吗？他不是从阿富汗的山区开始走上权力之路吗？那时，喀布尔的统治者已"有幸亲吻御毡"，但是在自己的领土之外，帖木儿遭遇了决心捍卫独立的山区部落。与此同时他还忙于镇压新征服的东波斯领土上的叛乱。赫拉特和呼罗珊的居民拿起武器屠杀驻军，杀死帖木儿指派的管理者，并加强城镇工事。征服者只得再次开始征服。

听闻造反的消息，他停止向山区行军，进行了血腥复仇，这也是他在战争中第一次让自己成为"灭绝风暴"。他第一次采取了残忍的毁灭手段，甚至令本来处在残酷统治下的人们颤抖，带着屠杀和毁灭阴影的帖木儿之名一直萦绕四周。横扫叛乱城市萨卜泽瓦尔之后,他在呼罗珊的首都活活处死2000人,堆起恐怖的人塔,"警告所有意图反叛的人,也作为帖木儿复仇的象征"——这是他第一次这么干。刽子手的剑锋毁灭了赫拉特王朝,摧毁了萨尔巴达尔王朝的城镇。帖木儿又回到阿富汗山区,从撤退处重新开始征伐。

那些英勇反抗的山城头骨成堆。锡斯坦的都城也奋力抵抗,王公向帖木儿投降之后,征服者开始屠杀锡斯坦居民,"百岁以上的老人和襁褓里的婴孩都未幸免"。然后,士兵们掳走一切,"甚至包括门上的钉子",所有的可燃物也都付之一炬。城市和要塞相继落入征服者手中,"直到这些省份再无敌人,所有人都臣服于帖木儿"。

帖木儿后来让士兵和官员休整了3个月,军队才重新开拔,"军队再次渡过阿姆河,所过伊朗之境恐怖再起"。马赞德朗埃米尔所采取的防御措施并无用处,在第一波进攻中就受挫,因此他的勇气和计谋也无用处。帖木儿似乎能洞悉所有可能的危险,士兵总是处于防御状态,随时准备采取紧急行动,为其布置的陷阱也在布置陷阱的人身上奏效——埃米尔从一个要塞逃往另一个要塞,最后逃到西部。为了追捕埃米尔,帖木儿入侵波斯西部苏丹艾哈迈德的领土。他占据了古老的皇城伊利汗国合赞汗建立的辉煌城市苏丹尼亚,而且正准备入侵埃米尔和苏丹逃亡的阿塞拜疆。这时,他出乎意料地遇到了强大的新对手——金帐汗国可汗脱脱迷失。

IV

帖木儿成为大埃米尔时,就对花剌子模和中亚锡尔河附近发动战争,来巩固年轻的政权。腐朽的金帐汗国东部地区分裂出来,也就是后来有名的白帐汗国。白帐汗国的可汗兀鲁思非常精干,为了统治整个国家,接连打败地方汗国并最终打败他的侄子脱脱迷失。脱脱迷失投奔帖木儿，帖木儿认识到这是个千载难逢的机会，于是他抓住机会，干涉大蒙古帝国的北方领土。如果脱脱迷失这个成吉思汗的后人准备臣服于他并成为他的附庸，帖木儿会成为白帐汗国的君主，也许将来会成为整个金帐汗国的君主。脱脱迷失也已准备好效忠他。

脱脱迷失得到了荣誉和贵重礼物，获得了供给，如营帐、马匹、骆驼和奴隶。一些边境的部落也归他统领，他率这些力量进攻兀鲁思可汗，但是战败了。帖木儿又给了他一支规模更大的军队，但是他又一次惨败。他第三次失败投奔帖木儿时，仍然受到帖木儿的款待和厚奖。

几乎与脱脱迷失使节同一个节奏，兀鲁思的使节到达帖木儿处，要求河中的埃米尔迅速交出逃犯，并告知兀鲁思可汗正亲率大军赶来。帖木儿命令士兵把守通往北方的所有道路，傲慢地遣散这些使节，这些使节返回兀鲁思军中时，派侦察队秘密跟踪他们。帖木儿率主力按使者的方向突袭兀鲁思的军队并将其击退。

兀鲁思去世后不久，他的儿子并不好战，只纵情享乐，向脱脱迷失投降，后被处死。现在无人敢反对帖木儿支持的新可汗，所有首领都效忠他。东部领土得到稳固，他就越过伏尔加河和顿河征服了整个金帐汗国。

马迈可汗刚刚在顿河河畔与罗斯联军的交战中败北，还不足以抵抗脱脱迷失的进攻。战败后，他逃到克里米亚半岛向热那亚人寻求庇护，却遭杀害。脱脱迷失仅用5年时间，就从一个孤立无援、不名一文的逃亡者，成为整个金帐汗国的可汗，跻身世界上最强大的统治者。

为了重塑帝国过去的威望，他发动了针对罗斯王公的惩罚性远征，他们仍处在与马迈可汗战争的疲态中，很难形成有效的防御。"田间燃烧的农作物和村庄升起滚滚浓烟，预示着蒙古军队正日夜逼近",他们的目标是莫斯科大公国。经过4天围攻,莫斯科沦陷并遭焚毁。大公国其他7座城池也遭遇相同命运,其他公国像梁赞的遭遇也是如此。脱脱迷失返回都城萨莱的时候,所有的罗斯王公已重新归顺,并保证每年朝贡,王公的儿子们也作为人质被送到脱脱迷失的大帐中,库利科沃战役的成果付之东流。脱脱迷失可汗的野心没有界限,从咸海到第聂伯河西岸都是他的目标,他要求与威尼斯人和热那亚人在克里米亚半岛的殖民地签订新的商业条款。而且,以脱脱迷失的名义在铸币上刻下"公正之汗,世界和信仰的拯救者"。

脱脱迷失统治着罗斯公国的大片土地和诸多人口。作为成吉思汗的后裔——术赤封地的合法继承人,何必再去忍受河中一个傲慢的小埃米尔?帖木儿不过篡夺了本属于成吉思汗的领土——中亚锡尔河附近地区,那本该由察合台的继承者统治,而伊朗则是旭烈兀的领土。帖木儿开始入侵阿塞拜疆,阿塞拜疆也是金帐汗国诸汗垂涎一个半世纪的地方。脱脱迷失这时就派军越过高加索山并阻挡入侵者。

双方先头部队相遇,帖木儿的40名军官阵亡。帖木儿命令勇敢的三儿子密兰沙去复仇,密兰沙打退敌军后一直追到杰尔宾特关隘,那里是濒临灭亡的金帐汗国的实际边境。他俘虏了脱脱迷失最忠实的下属并用镣铐将其带到父亲面前。但帖木儿释放了他们,把他们送回给脱脱迷失可汗,并给予可汗父亲般的责备和劝诫:"我待你如子,你却无故刀兵相见,蹂躏国土,令无数穆斯林万劫不复。今后你停止不当行为,如实履行协议,勿再起纷争。"

帖木儿努力修复与脱脱迷失的关系以达成谅解,但他表现得像一个拙劣的外交家,他已把道路彻底堵死。金帐汗国的可汗收到消息后别无选择,只能开战。"待你如子"表示篡位者埃米尔把金帐汗国的可汗脱脱迷失看作臣属的王公,把自己看作王公的君主。因此,脱脱迷失开始准备大战并寻找同盟,伺机打败帖木儿。

帖木儿却掉以轻心,继续征战伊朗,打败苏丹艾哈迈德在阿塞拜疆的军队,艾哈迈德那时已逃到巴格达。而后帖木儿又入侵格鲁吉亚,袭击其首都第比利斯。格鲁吉亚是个基督教国家,因此,帖木儿宣称他发动的是为了先知信仰的圣战,强迫格鲁吉亚国王信奉伊斯兰教,并命令军队为真正的信仰而战,包围并摧毁了所有小王公的山中要塞。因为这样做是为取悦安拉,信徒应该让无信仰者湮灭。无论何时攻陷一个堡垒,都会将里面的人从城垛扔进壕沟,有时候尸体堆得很高,最后扔下去的人并未直接摔死,而是摔断四肢,在绝望中痛苦死去。昔日繁华之地变成了被死亡笼罩的荒野。

帖木儿率军从格鲁吉亚进入库尔德斯坦,他们在那里依旧野蛮征战,尽管库尔德斯坦军队由穆斯林、土库曼部落以及苏丹艾哈迈德的属下组成。他们的首领卡拉雅瑟夫抵挡了一段时间,由于寡不敌众,绝望地带着帐篷和牲畜转战难以进入的峡谷,甚至山峰绝顶。

这一次,还是勇敢的密兰沙,在这个山地国家四处穿梭,接二连三地打败部落,占领一座座山峰。此时帖木儿正率主力攻掠亚美尼亚。

密兰沙一到那里,就得知老霍加(南波斯国王)去世。他迅速派使者去见国王的继承人,要求他们觐见帖木儿并表示敬意。但是由于"财富和繁荣正与这些统治者背道而驰",他们犹豫不决,没有及时答复,于是帖木儿立即占领波斯南部。狡猾的老国王拥有的国家,作为及时献给帖木儿的礼物,曾经摆脱战争带来的恐怖,这时却将完全陷入恐怖之中。

V

位于果园和秀美乡村间的伟大城市伊斯法罕,在其国王逃亡到侄子曼苏尔所在的野外山城库西斯坦后,未经抵抗便向征服者投降。城中长者认识到,只有高价赔偿才能保全居民性命,因此并没有进行无用的讨价还价。帖木儿提出了需要的数目并任命了占领军,把城镇等分给埃米尔们,供他们收取钱财和珠宝。但伊斯法罕的居民并不理解为何要求他们交出自己拥有的几乎所有财物。暴乱发生了,他们首先驱赶埃米尔,然后杀死全部驻军。帖木儿的3000士兵全部被杀,所有城门都设置了路障。

帖木儿立刻回师,迅速占领伊斯法罕。士兵爬过城墙后,他派遣一支小队保护学者和牧师的住处,然后命令7万名士兵割下伊斯法罕7万名居民的人头。

即便是在帖木儿军中,也有士兵一想起斩首不抵抗居民就会呕吐,很多人情愿向一些不太在乎的同伴购买头颅。在这支满是战利品的军队中,一颗人头值一块金子,钱财易得。但由于供应严重超出所需,一颗人头的价格跌至半块金子,很快没人再买人头了。帖木儿得到7万颗人头,在城墙顶上堆叠成塔。

伊斯法罕的做法产生了应有效果,诗人哈菲兹的不朽诗篇中,称为玫瑰与欢乐之城的南波斯都城设拉子,没有进行任何抵抗,几天内便交齐了帖木儿索要的赔偿,所有王国的领主争先恐后向帖木儿表示敬意。

只有伊斯法罕国王不能来,因为他的侄子曼苏尔抢了他的军队,把他囚禁起来。曼苏尔自己也不来,因为他坚信库西斯坦地处野外山区,即便帖木儿进攻,自己也是安全的。

战争已持续三年,帖木儿马不停蹄,他在设拉子平原上庆祝，接受朝拜，分封领地和辖区。

波斯最伟大的诗人哈菲兹便生活在设拉子，为了"挚爱的设拉子"，他拒绝了一位印度苏丹要求他迁入自己的王国并提供财物的美意；因为对哈菲兹的爱，设拉子最美丽的姑娘拒绝了国王的垂爱。哈菲兹为故乡写下诗行：

> 啊，设拉子，我的挚爱！我栖息在你掌中，布哈拉和撒马尔罕拜伏在你脚下。

但是，撒马尔罕和布哈拉是河中地区的都城，帖木儿把两地作为西亚阿拉伯世界的中心城市，从已征服地区招来最优秀的艺术家和最娴熟的工匠，用最宏伟的建筑装饰。他认为自己的作品受到轻视，东方征服者和诗人最终会面，比拿破仑和歌德在魏玛碰面要早400多年。

帖木儿质问："你怎敢让我的两座城池拜伏在污浊的设拉子脚下？这两座城市是我多年心血用剑征服之地，靠最优秀的工匠装饰它们，傲立于世界城市之林。"

诗人之王在世界统治者面前卑微无用，他衣衫褴褛，毫无惊人之处。他想了一会儿，指着自己的衣服做了个道歉的手势：

"大埃米尔，正是同样的挥霍无度让我落魄如此。"

帖木儿本来要发怒，现在却只能作笑。诗人的冒险活动以及他对设拉子美景的喜爱，是个常见的话题。帖木儿之挥霍，无人能敌，所以他不能限制诗人活动，只能用财富打压他。

他们相互满意地分开了。

但是，哈菲兹并未停笔。这次会面后不久，他又开始创作颂歌，歌颂的不是帖木儿而是帖木儿的敌人——英勇的国王曼苏尔。

对战脱脱迷失

I

设拉子和撒马尔罕之间的商路绵延1500多英里（约2414公里），信使沿此路耗费17天，才能把各路紧急军情带给帖木儿。

此时，金帐汗国可汗脱脱迷失已跨过锡尔河并入侵河中；同时，阿姆河下游的花剌子模人也起兵反叛；察合台汗国的蒙古人也越过山口，进军费尔干纳谷地，他们的可汗希望同脱脱迷失联合并重夺故地，把控制范围扩大到锡尔河右岸。

帖木儿行军之迅速众所周知，编年史家记载帖木儿可在几天内行进他人数周所走的路程。这种情况下，行军时会留下大量疲劳致死的马匹尸体。外敌还未靠近撒马尔罕，他就已抵达河中。

帖木儿突然出现在河中产生了奇袭的效果。没人会料到他的到来，脱脱迷失本想轻松入侵，却仅劫掠边境部落后就匆匆退回草原。察合台的蒙古人消失在群山背后。帖木儿的儿子们在东部山谷击退最后一批入侵者，帖木儿需要做的只是惩罚花剌子模人。他在西部瞅准时机，警告有意叛变的呼罗珊居民，最好不要轻举妄动。以上活动进行时夏季已过。

帖木儿的将领正要进行冬季宿营，享受战果并好好休息，却得到北方传来的消息：一支强军出现在忽毡，开始渡过锡尔河。那是脱脱迷失的强力反击，是对帖木儿的回击。伊朗和河中的游牧部落习惯在马可以找到青草饲料时发动战争，那时待在户外也不至于挨冻。但这批来自北部的蒙古人，保持着冬季进攻的习惯。他们的坐骑是适应性超强的蒙古马后裔，这种马无论严冬还是酷暑，可以耐住饥饿不吃粮食，也可以不在舒服的马厩休息。它们能用蹄子刨开冰雪为自己寻找食物。

脱脱迷失算计很准，那是冰雪严冬，积雪有3英尺（约0.9米）厚。帖木儿召开忽里勒台大会商议战事，将领们都支持按兵不动。如果大埃米尔在这个季节召集远方的军队，马匹到达之前就会筋疲力尽，这个季节不适合作战，在旷野中补给也很困难，最好的应对方案就是退守要塞。脱脱迷失在春天时进攻，帖木儿再组织反攻。

但是脱脱迷失和他的将领都不了解帖木儿，他不会等待。他曾说过，"一百人到达目的地，比一万游兵散勇要好"。此话不虚，他立刻召集周边的军队。率领这支小型队伍，帖木儿穿越深及马腹的积雪，迎战脱脱迷失。他的儿子乌马儿·沙黑率另一支军队从费尔干纳朝锡尔河挺进。

后来帖木儿不再进入正面脱脱迷失的中部地区，而是向侧翼运动，靠两支小队切断从锡尔河来的侵略者。

脱脱迷失料定帖木儿会从河中内部进攻，但是探马回报没有发现敌人踪迹。脱脱迷失发现，有两支小队在自己的侧翼活动并试图插入自己和河流之间。帖木儿的佯攻取得了预期效果，脱脱迷失只能判定，这股入侵军队想包围他拖延时间，等待帖木儿的主力发动正面进攻。但他不敢冒险放任后路被切断或被逼退出锡尔河，只好下令全军撤退。

脱脱迷失的军队慌乱渡河时，帖木儿发动猛攻并打乱他们，追击至讹答剌北部的草原，胜利回师撒马尔罕。河中再次摆脱敌人入侵的恐惧。

II

帖木儿自己也是游牧部落的首领，他知道文明国家城镇富庶、手工业发达而且贸易活跃，这些特点对游牧部落有无尽的吸引力。他们迟早会成为游牧部落的猎物，从而变为防御的一方。因为，游牧部落可以随时蹂躏、劫掠、削弱定居的文明地区，而游牧部落稍一受阻便遁入草原，几乎不会造成任何损失。对于游牧部落而言，进攻就是最好的防御，必须在他们的土地上作战。多数文明国家的辎重部队主要用于在边境内防御，他们并未有效使用进攻战术。但是，帖木儿的军队同敌军一样迅速、机动、敏捷，实际上还优于敌军：敌军受营帐、家庭、勒勒车和牲畜牵绊，他却只需要骑兵队伍就可发动进攻。因此，帖木儿决定在脱脱迷失的领土内打击他。

帖木儿从未如此严肃对待战争，也从未如此全面备战。他并不知道这场战争会把自己带离河中多远，也不能判断战争会持续多久。他离开期间，国内必须要防卫突发事件。他近期才意识到不能依赖身边亲属。他对花剌子模发动惩罚性远征期间，女婿与他争吵然后带着自己的军队离开这个国家，帖木儿追击、逮捕并处死了那个异己者。

经过无数征战，帖木儿的将领变得富有，生活舒适。帖木儿召集他们召开忽里勒台大会，命令他们每人率一支大军进入战场。随后他给将领们高级职位。由于每位将领需要关注并负担所领士兵的开销，他同时提高了将领的军费，让他们可以取用最新战利品。由于每位高级将领需要提供更多的士兵，他也扩充了军队整体实力。

但这还不够，河中两侧也需要护卫。帖木儿春季穿过高山，而后进入七河地区。他们以扇形向四面扩展，队伍按部就班地摧毁该国，所遇部落一概打散，并驱赶牲畜。他们越过喀什噶尔和阿尔马立克，搜寻可汗及其军队，进入准噶尔并穿过额尔齐斯河。中亚锡尔河附近如今已无敌人，但小股危险的游牧部落或许会逃离视线。因此次年春，帖木儿再次命令将领穿过高山。几个月后，他们报告未发现任何武装部落后开始回师。他们穿越关隘回国，遇到帖木儿新召集的军队，再次去中亚锡尔河附近，"搜寻第一批将领没有发现的部落"。

这次彻底清理非常成功，察合台汗派出的使者们请求投降。加上中亚锡尔河附近和河中地区，察合台的整个中亚帝国得以重新建立，帖木儿的所有士兵，不管属于哪个部落，从此都骄傲地自称"察合台人"。

Ⅲ

第三年，所有准备都已就绪。帖木儿得到术赤系与反对脱脱迷失的三位汗王的支持，他们希望参与战斗并相信可以从依旧臣服金帐汗国的部落获得帮助。他任命那海系的一位汗王作顾问，这位汗王统治着克里米亚的蒙古人，克里米亚已成为术赤封地的一部分。他派出将领在所有省份征兵，不得遗漏任何一个可以扛武器的士兵。每个武士需要携带一年的补给、一把弓、三十支箭、一支箭筒和一副盔甲。这些士兵日夜执勤，即便军队很庞大，士兵依旧能够装备马具和盔甲。士兵两人一骑，十人一顶帐篷；每十人一组，配有两把刀、一把镐、一把镰、一把锯、一把小斧头、一把锥子、一百根针、线、捕鸟网和一口大铁锅。帖木儿带上种马，把其他马匹分配给士兵，财物也公开发放，军饷以金银发放。他对将领们说："士兵冒死打仗，应得这些报酬。"帖木儿的军队不像成吉思汗的军队那样，在国家的军队里，每个人必须从年轻时无偿从军直到老去。帖木儿的军队属于雇佣军，每个士兵都相当于一匹马的价值，表现出色的话，就会得到双倍或者四倍的报酬。十夫长的收入是普通士兵的十倍。百夫长的收入是十夫长的两倍，千夫长的收入是百夫长的三倍。朝廷大臣和军队将领的收入相当于1000匹到10000匹马的价值。

  这支军队在河中北部集结，工兵在锡尔河畔搭建浮桥。前一年春天，帖木儿就派农民渡河耕种，如今他秋末出征时，塔什干已到冬季，储备了足够的粮食和饲料。成吉思汗子孙在进行伟大的战争事业时，会回去拜谒成吉思汗陵墓以获得保佑。像他们一样，帖木儿作为穆斯林，现在去拜谒穆圣的陵墓，大量捐献，希望在去塔什干的前线之前，得到上天庇佑。他希望冬初启程，因为面前是一片沙漠，臭名昭著的"饥饿草原"——别特帕克达拉草原，他希望靠春天的积累能够率军再次进入富饶地区。然而就在紧要关头帖木儿生病了，高烧使他卧床40天。

  直到一月他才得以恢复。帖木儿正式宣布讨伐术赤封地，命令全军前进，展示帝国雄风。帖木儿的一位妃子名叫楚潘·梅立克（晨星），是察合台汗的女儿，因此属于成吉思汗家族，她有幸跟随帖木儿出征。

  进军的疲惫刚刚消退，雨夹雪又连续好几周把军队阻滞在锡尔河下游。脱脱迷失一定是得到了入侵威胁的消息，才派出使者抵达帖木儿的军帐。他们带着礼物、骏马和头脚都装饰着珠宝的猎鹰。

  帖木儿用手腕托住猎鹰，全神贯注观察它，全然不顾跪着的使者们正向他表达自己主人的悔意。帖木儿听后做出回复。当时的编年史家一字不漏地加以复述。叙述表明：55岁的帖木儿已经具备亚洲专制君主的特征，他认为自己至高无上，是最高审判者，即使是对成吉思汗家族的汗王也是如此。

他让使者转告脱脱迷失：整个世界都知晓我给予脱脱迷失的恩惠。他受伤严重，来到我们的朝廷，而我们的朝廷总能成为他经历不幸后的避难所，他来这里寻求庇护并恳求保护。我们帮助他，给他军队，出钱、出人，帮他重得王位。我们在损失面前并没有畏缩，一直帮他控制了术赤封地的广大区域。也是自那以后，我们待他如子，但他总是忘恩负义。他傲慢自大，丰富的财产和强大的军力让他忘记了他曾亏欠我们的。他一意孤行，在我们无法备战之时向我们发兵，涂炭我们的边境地区。然而我还是相信他做出这样错误的举动是受侍臣谗言的结果。他的行为该受苛责，我们希望他能感到羞愧来祈求宽恕。然而虚荣和傲慢已经让他头脑发热，以至于他亲自领兵进攻恩人。他入侵我国，屠戮四方，所到之处，满目疮痍。此种行径应受惩罚，迫使我们离开很快就能得到忠诚部众援助的远方领土，驱逐把神圣权力当作儿戏的卑鄙小人。我们到达时，他也没有收手，如今却羞愧遁逃。现在脱脱迷失得知我们要与之开战，故技重施，妄图平息马上降临的暴风骤雨；故作谦卑，幻想用不堪一击的诺言得到宽恕。但他几次三番的伪装和背叛，让我们无法再轻信其巧语花言，在战神面前宣布的决战计划，我们会继续执行。

出于礼节，帖木儿大宴使团。他给使者安排合适的住所，赐予华贵的衣服，但下令严密监视他们，以免其逃跑。

IV

2月21日，帖木儿召集忽里勒台大会，决定继续出征。圣主成吉思汗非常谨慎，深刻分析对手及其国家的情况后才发动战争。与之相比，帖木儿这次征战极其冒险，比其他任何指挥官面临的风险更大。他率领10万军队进入未知地区。他唯一所知的便是他静心搜寻并摧毁的敌人脱脱迷失就在这片区域的某个地方。然而10万军队盲目地信任他们的理想领袖帖木儿。赌徒帖木儿知道这场战争多么危险，但他仍然相信自己的运气。

军队动身后耗时三周穿越草原，又用三周跨越声名狼藉的别特帕克达拉沙漠。过了一个半月，他们到达河边时，马匹都已筋疲力尽。他们却只能在渡河期间短暂休息，然后继续穿越草原。大山阻隔，他们便翻越。帖木儿登上最高峰之一时，下令军队停止前进。海洋般碧绿和广阔的大草原，让每个游牧者心动欢喜。帖木儿在兀鲁塔山的这个山峰上待了一整天，下令军队刻石纪念，石匠刻上日期以长期留念，这个柱形纪念物今天依旧矗立在吉尔吉斯草原中部。

他们漫无目标，行进得越来越远，乡下杳无人烟，土地无人开垦。队伍如无头苍蝇般行进，也看不到其他人，不知脱脱迷失的军队在哪里。食物严重不足，帖木儿命令将领和下层军官确保全军任何人不能单独享用食物，违者将被处死。全部食物被重新分配，将领和王公们所得配额和普通士兵以及奴仆一样，每人所得不超过一碗稀粥。士兵们在草原上搜寻水禽的蛋、四脚动物和可吃的植物，有幸获得一些食物的人可以把稀粥的配额积攒到第二天。

帖木儿最后允许联合捕猎。根据蒙古传统，他们围起一大片地方，把区域内的所有牲畜赶到中间杀死——有羚羊、野驴、雄鹿和草原鸟类。帖木儿的军队第一次捕到麋鹿，麋鹿肉又支持了几天。士气得到提升，他们继续征程。

帖木儿抵达托博尔河河源，他认为进行阅兵可以振奋士气。军队按战斗队形排列，有右翼、左翼、中路军和先头部队，编年史作者绘声绘色地详细描述了阅兵场面。

军队战士的数量和士气都保证了他们可以战胜敌人。他们像暴怒的大象冲向战场，他们装备着矛、剑、匕首、狼牙棒和铸网。他们穿戴皮革甲胄，战马有虎皮马具保护。

帖木儿骑上战马，走向阵中。头上戴着镶着红宝石的金王冠，手持有公牛头像的战棍。他走近时，统帅各部的王公、埃米尔和将领都下马跪在统治者面前。

巡视完各队的装备、武器和战争给养后，他发表了振奋人心的讲话。阅兵持续了两天，"从黎明天空之主太阳升起时，持续到夜晚天穹之主检阅星阵"。

帖木儿到达最后一个方阵，统帅是他的孙子穆罕默德·苏丹。年轻的王子跪在爷爷面前，祈求让他领导先头部队。穆罕默德·苏丹是帖木儿已故爱子只罕杰儿的长子，帖木儿把爱都转移到他身上，有意让他继承王位。帖木儿答应了他的请求，尽管那是非常危险的位置，每天都可能遭遇伏兵，不可见的敌人可能会率优势兵力出现。

军队沿托博尔河北上，依旧不知道目的地，没有一点儿敌人的踪迹。又过了一周，穆罕默德·苏丹报告在河的远处发现火光，军队渡过托博尔河，找到刚熄灭的火堆灰烬，但是点火的人已经不见。

帖木儿派一直在草原上生活的土库曼部下带几个人去侦察，他们在树林里发现废弃的住所，最终逮捕了一个俘虏。土库曼首领把他带到帖木儿面前，俘虏声称自己在那里生活了好几个月，以狩猎为生，但是几天前10个奇怪的骑兵出现在这个区域，藏在附近的树林。于是，军队包围树林，抓捕了骑兵。他们是脱脱迷失的士兵，脱脱迷失向西远遁，在乌拉尔河地区。

行军路线马上改变，他们转而西进，但像以前一样，没有遇到任何人。他们到达乌拉尔河，河里有三个浅滩，但帖木儿命令军队不得靠近。全军必须在已经占领的地点泅渡，这是帖木儿的策略，因为脱脱迷失已经在浅滩周边安置伏兵。现在他们沿河行军。

自离开锡尔河已过三个月，他们继续行进，始终未发现脱脱迷失的踪迹。最后，他们到达萨克马拉河岸边，谨慎行军的先头部队听到敌军活动发出的声响，帖木儿立即停止行军。

他召集大臣和首领，分发礼物、华贵的衣物、昂贵的武器，他释放善意来拉拢他们。尽管他从不放弃任何机会在敌军煽动叛乱，但他也防备己方发生任何叛乱，他尽一切可能赢得感激，在决战之前，增强追随者的信任感。此后，不允许任何人脱离所属部队。每个营地夜晚都有壕沟围绕，有哨兵看守。

为防备突然袭击和逃兵，军队以战斗队形日夜兼程但又扑了个空。在征程的第四个月，兵马劳顿，物资匮乏，敌军持续隐匿让帖木儿的军队有些烦躁。他们抵达某个纬度，好像6月"暮色降临前天空中的光亮完全消逝"。毛拉宣布士兵不必做晚祷。他们穿过草原，进入森林地区，土地多沼泽，还要走多远呢？

被带到帖木儿面前的一个囚犯说，脱脱迷失知道帖木儿的军队已经疲惫，缺少食物，正试图引诱对手深入沼泽地带。帖木儿处死这个人，防止消息传到士兵耳朵里，然后下令快速前进。军队开拔，不惜一切代价与脱脱迷失交战。

他们遭遇小股部队，将其打败后，俘虏了40人带到帖木儿面前，但这些人并不知道脱脱迷失主力的位置。这些俘虏太晚到达集结地点，没有赶上脱脱迷失，后来又在寻找过程中迷路。帖木儿杀死他们，军队进入未知地带，穿过多个沼泽、小湖和河流。

渡河的时候，先头部队突然遭遇一股强大敌军把他们冲散。帖木儿在卫兵之前紧急赶往遭遇战地点，至少能够确定这些袭击者是脱脱迷失的后卫部队。他命令儿子乌马儿·沙黑率两万人追击，迫使脱脱迷失主力参战。

第二天，乌马儿·沙黑赶上脱脱迷失的主力，次日帖木儿到达，现在两军对峙。6月中旬突降暴雨，肆虐6天。第七天放晴，帖木儿准备好决战。

他的军队又累又饿，敌军却精神饱满，数量上也占优势，又在本土作战熟悉战场。但帖木儿别无选择，他需要敌军的牛羊补给军队，胜利对他保持部队信心至关重要。如果他在持续四个月的追踪后撤退，脱脱迷失会打散本就气馁的军队。所以，他必须用战斗了结。

"两军士兵多于沙粒，短兵相接，彼此碰撞，血流迸发，同时战旗舞动、刀戟争锋。双方的战士抽刀战斗，备好锤子和长枪，全身心投入生死战场。大地尘土飞扬，成了愤怒的海洋，逼人的气浪洗涤四方。散发光线的太阳被狂热的骑兵掀起的尘土遮蔽，月亮的光华也被尘土掩埋。天穹发出长长的叹息，世界痛苦地祈求仁慈。"以上是编年史作家有关战争的报告。

战斗持续了三天，他或许可以保存更多的后备力量。帖木儿选择了新的战斗阵型，逐渐把军队从五个部分变为七个部分。脱脱迷失把军队布置成三个大阵列组成的半月形，希望利用力量上的优势。帖木儿很清楚地知道深陷敌方领土作战，如果失败将遭到彻底摧毁。他的儿子和部下们也都清楚这一点。因此，他们背水一战，尽管他们很勇猛，但帖木儿多次差点儿失败，他冲锋在前，一次又一次挽救败局。属于帖木儿阵营的术赤家族的三位王公，在战斗中可以召集所部支援帖木儿，但这并没有阻碍脱脱迷失。第三天，他打垮帖木儿的右翼，威胁帖木儿军队的后方。

眼看就要战败，在这千钧一发之际，帖木儿下令中路士兵下马搭帐篷，看起来像要在战场扎营。就在此时脱脱迷失的王旗却降了下去，因为帖木儿利用暴风雪的 6 天时间，贿赂了脱脱迷失的旗手。接到预先安排的信号，旗手降下王旗，这个信号通常标志着可汗去世。

脱脱迷失在进攻敌人后方时，感觉胜利在望。但就在此时，主力部队离开，他只好查看为什么军队停止进攻并溃败逃亡——由于旗手将战旗降下，士兵们料想可汗已经去世，怎么会继续战斗呢？最后，脱脱迷失不想被俘虏也开始逃跑。

帖木儿的士兵追击敌军至伏尔加河，据说平原上有 10 多万具尸体，所有的妇人、孩子、财宝和牛羊都落入胜利者手中，战利品颇为丰厚。帖木儿的军队受到的苦难、经历的危险和遭受的痛苦一下子得到了补偿。男人们有了大量女人、奴隶和财富，最重要的是有了大量的食物。在遥远的伏尔加河边，敌人领土的腹地，他们大办宴会，用镶嵌珠宝的大盘子盛肉，用金杯装饮品，宴会持续了整整 26 天。

五年战争

I

帖木儿要征服世界的传言遍及亚洲并引起轰动。向西,他已征服了黑海周围的地区;向南,他正率领他的军队踏入印度河平原;向北,他已经抵达北极,那时北极正值极昼时期。然而从伏尔加归来后,帖木儿身患疾病,他已经想到让他的儿子们在帝国的各个区域执政已成必然趋势,与此同时他意识到他的帝国目前主要集中在河中以及与大呼罗珊、赫拉特和阿富汗毗邻的地区,再无更多土地。

帖木儿用他的炮火和利剑摧毁了西方固若金汤的堡垒并攻占了要塞。然而他刚要撤离准备去开疆辟土,格鲁吉亚、土库曼、亚美尼亚和库尔德公国倒戈。在帖木儿打过来之前他们都是苏丹阿合木的属国,现在他们又重新承认苏丹阿合木至高无上的权威,就如同帖木儿从来没出现过一样。

帖木儿砍下反叛者们的头颅并堆成金字塔,以此来恐吓波斯南部的贵族们,使其臣服并发誓效忠于自己。然而他刚一离开,曼苏尔王就从胡齐斯坦省的荒凉山谷归来。当地所有的贵族都将他们对帖木儿效忠的誓言抛之脑后,加入了王公的阵营。帖木儿征服的这些地区没有一块能够真正并入到他的帝国。

在与脱脱迷失的最后一场战役中,帖木儿运用他的计谋在战略上打败了他最大的敌人，取得了最辉煌的军事成就。然而除了寻常意义上的战利品，这场战役还能带给他什么？帖木儿依旧不能通过征服来强迫他们接受他的统治。

尽管脱脱迷失在帖木儿攻来之前就已逃跑，他依然是术赤封地的可汗，在金帐汗国广袤无垠的土地上，他在集聚着新的力量。帖木儿想要重建成吉思汗帝国，他刚将察合台汗国的领土牢牢地把控在自己的手中。那时他已56岁。

即使是屡战屡胜也会使许多人疲惫不堪想要放弃，更不要说是激战连连却毫无战果，然而帖木儿绝不放弃。为了决胜，帖木儿从未放弃过一点一滴的机会。疾病的信号不过是在提醒他，他还有多少事得去做，所剩无多的日子激励着他不能浪费时间。如果说至今为止他所取得的成就依然不够多，那么，在不久的将来，他将要彻底征服那些被他攻陷了的土地，让他们不敢再有背叛他的想法。

从伏尔加归来后，帖木儿用6个月再次整合他的军队并亲自担任最高统帅。他有能干的将领和勇敢的儿子们，他们在无数次战役中已历经考验，然而帖木儿不偏不倚，都给他们分配了艰巨的任务。就像成吉思汗一样，他并没有创立全新的战术，也没有要求所有的将领按他的战术应战。利用如此灵活的战略战术把土地彻底攻陷，亚洲再也没有经历过这样的战役。帖木儿并没有幻想，他知道他的军队和将领并不比敌人强大或弱小。他将胜利归功于他的御驾亲征、随机应变和战略战术。他没有低估敌人，即使是在他第一次收复先前已向他臣服过的波斯南部时，他也没有低估敌人。

8万人的军队兵分三路，一路人直插法尔斯与胡齐斯坦省，阻止王公曼苏尔撤退到伊利斯山脉的要塞；第二路人所向披靡攻破了山地要塞，尽管敌人进行了顽强的抵抗，但仍无济于事；第三路人马由帖木儿亲率，攻打曼苏尔属地的都城设拉子。帖木儿对敌人的预估是正确的。曼苏尔确实勇武过人,他的冲杀势不可挡,即便是在他的军队被打得溃不成军、即将失去一切的时候,他也没有选择逃跑,而是将那些忠诚的士兵聚集到一起,从帖木儿的防线中突围,冲向胆大妄为前来袭击他的世界征服者。曼苏尔知道他的死期将至,他无法逃脱复仇者的剑,但是他希望拖着他可怕的敌人一起上路,他的敌人在西亚征战长达 20 年之久,给西亚带来了毁灭性的破坏。他的剑两次砍向帖木儿的头颅,发出当啷的声响却未能杀死帖木儿,钢制头盔保护了帖木儿,因为剑尖擦过铠甲却未找到能够刺穿的地方。第三剑帖木儿又避开了,是他的侍卫保护了他。王公曼苏尔英勇的士兵一个接一个地倒下,最终连他自己的头颅都如同皮球一样被踢到帖木儿脚下。

II

紧接着帖木儿率军进入美索不达米亚并向苏丹阿合木开战。亚洲人都知道帖木儿喜欢博学和虔诚的人,所以苏丹派出当时西亚最著名的雄辩家作为使者觐见帖木儿,企图在帖木儿攻城之前让其相信阿合木是真的要投降。国王死后,当地贵族再一次向帖木儿表现出他们的敬意,然而这一次帖木儿没有心怀仁慈,而是将他们全部杀死。波斯南部结束了由波斯人自己统治的时代。从此波斯南部被纳入帖木儿帝国,接受帖木儿统治。

帖木儿风度翩翩地接见了来使,给予其应有的荣誉,并以他个人的名义赐予其丰厚礼品,但是对于阿合木投降却未做任何允诺。

帖木儿的探子来报说"阿合木是两眼长肉的怪物",因此他希望帖木儿不要把苏丹当回事。帖木儿直捣阿合木属地的首都巴格达。他嫌大军行进太慢,便从中挑选了几百人,趁着其他人休息的时候向山地进军。白天他们全速前进,天黑后他们点燃火把照明,仍不敢放慢脚步,因为帖木儿命令他的士兵以最快的速度抵达巴格达,杀苏丹阿合木一个措手不及。敢于冒险的帖木儿真是神勇,仅带了几百人就敢直逼敌军首都。这里没有抵抗,因为阿合木得到帖木儿近侍的鸿雁传书后匆忙逃离,在其跨过底格里斯河之后便过河拆桥。

帖木儿想要继续追击,但他的埃米尔们劝阻了他,他们发誓一定把阿合木绑了送到他面前。追兵游过湍急的河流,追击持续了两天一夜。仅仅几小时的行程距离使他们没能追上阿合木的队伍。当然这些人并不具备"成吉思汗四獒"的能力,速不台和哲别为了追击花剌子模的苏丹摩诃末,足迹遍及西亚各地。这些追兵在叙利亚沙漠中迷路,几近渴死,而后偶然间发现苏丹阿合木的行踪,他们抓捕了他的女眷、侍臣,顺带将皇冠珍宝等收入囊中。此时苏丹阿合木已经逃往埃及,埃及正值旭烈兀统治时期,然而埃及的命运将由新的蒙古军团来决定,即帖木儿能否攻陷伊拉克和美索不达米亚之后靠近叙利亚。帖木儿并未就此穿过幼发拉底河。只要他的敌人还在亚美尼亚和库尔德,那么挑起包括叙利亚在内的奴隶制公国同蒙古可汗之间一直存在的争端还为时过早。

尽管埃及苏丹允许为帖木儿的敌人阿合木提供庇护,但是帖木儿派出友好使团向埃及苏丹说明情况,即自从末代伊利汗死后,西亚所有的公国都被宣布是非法的,各个公国的君主不过是僭越皇家头衔的统治者罢了。然而如今帖木儿将他们降服,所以使者给埃及苏丹提出的建议就是他们最好也派出使团,为埃及与帖木儿帝国的自由贸易关系进行友好协商。之后,帖木儿继续北上,去收服之前属于旭烈兀的土地来圆满结束他的征服世界之旅。

幼发拉底河与高加索之间这片不幸的土地血流成河。在这片区域没有敌人强大到需要帖木儿出动全军,所以他将军队分成小队分头出击，占领整个地区，在这片土地上，他们烧、杀、抢、掠，无恶不作。格鲁吉亚编年史记载道："蒙古人无所不用其极，用各种想得到的方式折磨着当地民众，让他们忍饥挨饿，让他们死在尖刀之下，监禁他们并让他们殉葬。他们带走了大量的战利品，监禁了众多俘虏，无人胆敢报告此事，也无人敢描述民众的悲苦。亚美尼亚曾经如此繁华的行省如今变成了寂寥荒漠。据统计，死亡人数超过了生者的人数。"没有人胆敢再去思考是反抗还是屈从，只有帖木儿派出他勇敢的儿子密兰沙去重建伊利汗国，力争登上伊利汗的宝座。后来，在他们庆祝这项重大活动的欢庆宴饮中，一群不速之客来了，这批人是脱脱迷失的敌人之一，他们向南穿越杰尔宾特关口，里海西部的希尔万地区遭到他们的严重破坏。

III

脱脱迷失压倒性的兵力打败了除伏尔加河之外的其他所有地区，而他的军事实力也并未因此削弱。

他将他的遗留部队集中起来对罗斯的领土进行了掠夺性的袭击，并在他的营地里传唤召见了藩属王公。第一位觐见可汗的人是莫斯科王子瓦西里。他带着礼物和贡品呈给大汗，还贿赂了朝臣。他的迅速投诚得到的回报是大汗赐予他一片新的土地，这片土地从未归属过莫斯科公国，包括诺夫哥罗德，戈罗杰茨和穆罗姆的城镇，这些城镇之前都归其他王子管辖，如今他能迅速占领这些地方要归功于蒙古武士的帮助，当然贿赂朝臣也起到了一定的作用。因此，莫斯科公国迅速壮大，当然是以牺牲其他罗斯领土为代价的，作为回报，瓦西里帮助脱脱迷失筹集资金，重振雄风。作为公认的罗斯君主，脱脱迷失很快就重新掌控了所有的汗国，并开始考虑向帖木儿复仇。

然而他周密的计划再一次失败。他未能成功地将帖木儿引诱到希尔万地区,以此来防备其在通往河中道路上进行抵抗,如果帖木儿中计的话将会给脱脱迷失在高加索地区彻底打败自己的机会。帖木儿又不是一个傻子,他静静地等待冬天远去,春天一过他就率兵穿过高加索山脉来与他的敌人交战,他的敌人就在捷列克附近。面对敌人的进攻,这一次脱脱迷失没有撤退,他采取了攻势。蒙古人再次以自相残杀的方式来争夺世界的霸主,这似乎给了其他人可乘之机。同样的情况下,帖木儿之前从未这么快就败北,尽管他的整支军队都还追随着他。脱脱迷失冲破帖木儿的防线,就像曼苏尔之前一样直击世界征服者。帖木儿的矛断成两截,剑也断了,但他再一次幸运逃生,而他的护卫队为了保护他们敬爱的统治者安全逃生,不惜献出自己的生命。他的勇士们跪在盾后在他身边围成了人墙。

一些士兵袭击了脱脱迷失的战车,推回了三辆战车给帖木儿,他们用这些战车来做庇护,藏在战车后,他们可以击退所有的攻击,直到帖木儿的儿子密兰沙前来援助。战场上到处都是激烈的斗争,将领与士兵拳脚相搏。脱脱迷失预计胜利无望遂决定逃离战场,落荒而逃之际他发出指令解散他的军队。帖木儿出乎意料发现自己成了胜利者,他情绪激动,在战场正中央下马,跪在地上感恩真主安拉的垂怜。

这一次,帖木儿下定决心不再给脱脱迷失重组军队的机会。他命士兵一路追捕,从高加索到伏尔加,从伏尔加到卡马河附近的博尔加尔森林。后来,脱脱迷失向西逃走,帖木儿的追兵返回第聂伯河。

帖木儿发现其他蒙古部落在第聂伯河附近安营扎寨便出击驱散了他们。帖木儿在顿河附近发现了第三支军队,并将其击败。许多蒙古部落在帖木儿的勇士们袭来之前就已仓皇出逃。有的部落向东逃向里海；有的部落逃向多布鲁甲；有的部落逃向小亚细亚，并在士麦那附近定居；有的逃往摩尔达维亚；有的在亚德里安堡安家落户；有的则去往立陶宛。他们的后人随处可见，甚至一些村庄和地区仍旧延用蒙古人统治时期的名字。

帖木儿让儿子密兰沙去洗劫乌克兰，自己则领兵北上攻打罗斯公国，然而无人的荒漠、繁密的森林、一望无垠的沼泽和惨遭蹂躏的穷困的城市，这一切都令他很是失望。冬天来临，他在莫斯科稍事停留，便继续南下，前往亚述海岸的热那亚聚集点去寻找更丰厚的战利品，他们的主要目标是塔那，这里本是大型转送港口，是埃及、波斯、印度、西班牙、俄罗斯主要产品的仓储货栈，如今却毁于一旦，城镇被烧毁，居民不是被处以死刑便是被当作奴隶带走。

此后，帖木儿占据了高加索山脉北部的这片荒地，在帖木儿占领之前，这片土地一直处于闲置状态。帖木儿再次起兵出征，这次的目的地是里海周边和被严重破坏的阿斯特拉罕地区。紧接着他向萨莱发起进攻，萨莱曾是金帐汗国繁华的大都市。

这里有两座城市，相距不远，一座是旧萨莱城，一座是新萨莱城。旧萨莱城蓄水池呈阶梯状分布，高处流下的水不停地驱动着铁制水车转动，为各家各户输送水源。这里的店铺鳞次栉比，铁匠铺、砖瓦铺、陶器铺和熔炼炉铺，应有尽有。

新萨莱城里有运河穿城而过并且池塘遍布；房间里有输水管道，地板有拼花图案，墙壁还有各色琉璃瓦装饰。在废墟中还发现了一些精美成衣厂、制鞋厂、珠宝店的遗迹。在其他遗物当中还发现了咖啡，这个奢华的小镇居然14世纪就已经开始喝咖啡。帖木儿将旧萨莱城和新萨莱城彻底摧毁，除了废墟什么都没留下，在一片方圆40英里和另一片方圆20英里的废墟中，没有发现一点生命的迹象，尽管在长达一个半世纪里这里曾是世界的中心。

这次毁灭性的打击之后，金帐汗国就此没落。作为王国之一，它的重要性已经丧失，不再是亚洲文明的一个重要中心了。

蒙古人依然是敢于冒险和好战的游牧族群。帖木儿撤军之后，立陶宛大公维托夫特认为这是吞并这片草原和罗斯公国的大好时机，帖木儿任命他的属臣成吉思德加入发生在第聂伯河支流和沃尔斯克拉河河谷的战斗。受脱脱迷失的鼓动，维托夫特将立陶宛的所有力量聚集起来，并与波兰人和日耳曼人结成同盟。这是一支出色的军队，军备精良，都是按照当时欧洲战争最新标准配备的，并配有数支炮兵。然而，面对蒙古人的攻击，这些装备新奇的枪炮起不到任何作用。在被彻底打败之后，维托夫特出逃，他想要把罗斯公国吞并到波兰-立陶宛辖地的计划泡汤了，而且是无限期地泡汤了。

参加了沃尔斯克拉河河谷战役的脱脱迷失撤退到了草原并在那里离世。

后来，将近一个世纪之后，蒙古人有能力管控藩属大公并让他们屈从；有能力掠夺他们的土地；有能力将这种掠夺性的战争扩展到立陶宛、波兰和波多利亚。但是，由于萨莱城被毁，金帐汗国不再是帝国的中心，与当地汗国相较，如西伯利亚地区、阿斯特拉罕地区、合赞汗地区、克里米亚地区，其重要性可谓日益下降。金帐汗国继续衰败。

花甲之年

I

到目前为止，60 岁的帖木儿已统辖了金帐汗国、伊利汗国和察合台汗国，他的血腥征服史暂且告一段落。他想要通过对被毁坏区的大规模重建来为自己的事业加冕。

重建工作圆满完成。他在征服过的地区和行省建立行政管理系统——依照他的要求，每个城镇必须建有一座清真寺、一所学校、一座寺庙、一个公共浴室、一所旅馆和一所医院。他在每个地方都安置了情报人员，这些情报人员由中央政府任命，他们的工作是向中央政府上报本地区的所有事件。3000 名信使负责传送他们的报告，任何滥用职权的行为都会遭到残酷的惩罚，即便是诬告。

在他统治的区域内人们的生活井然有序，悠然自得；在西亚曾经遭受重创的贫瘠土地上建成的这片墓园，错落有序而且一片祥和；河中地区更是一片繁荣、和平安宁。这个国家就像是一座幸运之岛，陆地被河流围绕，它是真正意义上的岛屿并无桥梁横跨其中，它的一侧是锡尔河，另一侧则倚靠阿姆河。同外部世界往来时会有船只。所有人只要愿意都可以来此，但是只有拿到官方特殊授权的人才可离开此地。帖木儿曾把王公贵族、哲人以及手工业者从世界各处汇集于此，让他们在此定居。这些人没有一个能逃出他的掌控，更没有任何一个生活在这片土地上的间谍能够将他准备战争的消息通知给他的敌人。

为军队撤离而专门修建的浮桥，在军队撤离之后就会被迅速拆毁，拆卸成若干小块。帖木儿的征战已经完全改变了泛亚贸易状况。在彻底征服了伏尔加河畔的萨莱、阿姆河畔的玉龙杰赤、七河地区的阿力麻里城之后，帖木儿封锁了从黑海到中国的商路，取而代之的是他在河中地区开辟的新的商路。由于东部的引力，伊利汗国的中心曾一度向东转移，巴格达的地位已经被大不里士所取代，而在帖木儿的统治下，又出现了新的转移，撒马尔罕取代了大不里士。撒马尔罕是那一时期亚欧大陆最主要的枢纽城市，有从印度而来的满载香料和染料的商队，有从中国运来的丝绸、瓷器、宝石和麝香，也有从金帐汗国带来的价值不菲的毛皮。在撒马尔罕的集贸市场上，各族商人比肩接踵，世界各地的商品汇聚于此，琳琅满目。各式商品在此被重新打包，继续被运往各处。这些商品不仅会被运到亚洲的各个村庄，而且会被运往欧洲。部分商品途经花剌子模、诺夫哥罗德和莫斯科，最终抵达商业同业公会商人之手；部分商品途经赫拉特、大不里士和特拉布松之后转为海洋运输，被装到热那亚人、威尼斯人和比萨人的船上。帖木儿极力推动商业发展，提供额外补助来打压不良商人，通过严厉的惩罚措施打击欺诈行为，并给所有独立王国的王子（法国的查理六世也不例外）写信，敦促他们要推动商业发展，因为贸易发展有利于国家繁荣。

除商业领域外，他强有力的手还延伸到农业和工业领域。人工灌溉使得耕地越来越肥沃。运河、桥梁、果园和作坊如雨后春笋般遍地开花。他推动发展养蚕织丝业，并把波斯和叙利亚最能干的纺纱工和织布工运到撒马尔罕。他命令种植棉花、汉麻和亚麻，并且胁迫最著名的棉花生产商定居撒马尔罕。

不久以后，河中的纺织品便闻名于世，特别是色泽艳丽的红色鹅绒被。来自中国的陶艺工人，来自波斯、土耳其、格鲁吉亚和叙利亚的玻璃匠、军械士和金匠被迫成为撒马尔罕的侨民。手工业者开始成为公众生活的重要组成部分，他们建立行业协会，出席公共仪式和庆祝活动。他们拥有各项特权，但有一项权利他们始终没有——回家的权利。

这些举措有利于商业、农业和工业的发展，帖木儿同时也为艺术和科学的发展倾尽全力。他对士兵的破坏欲并不放纵不管，也不允许他们恣意践踏伊朗城镇。他是个了不起的人物，是伊朗绘画和文学狂热的业余爱好者。他招募最著名的学者到他的朝廷，命令编年史家将每日重要的事件都记录在案。他的每一次军事行动，每一次对古代文明中心的破坏都被记录在撒马尔罕壮丽的纪念碑上。他洗劫了他踏上的所有亚洲土地，并将这些国家的艺术珍宝运回用以装饰自己的国都。他摧毁了最有名的图书馆，将所有的书籍小心打包并由牲畜运回撒马尔罕。帖木儿爱上了绚烂奢华的东方民族的古老文明，他将这些古老文明在原地彻底摧毁，让贫穷在整个亚洲地区蔓延。但他在自己的国都又重建了同样的文明，更为壮观、更为华丽。由那时最著名的建筑家修建的宫殿和纪念碑是迷人的艺术幻境，有其独特的美。

帖木儿对修建宫殿和发动战争一样，有着非凡的冲劲。他想起什么就做什么，常能给人意想不到的惊喜，他一直在追求着自我超越。宫殿如雨后春笋般遍地而起。建筑师们相互竞争，为求拿出最好的草图，帖木儿从中选择最能满足他要求的草图，他主张建筑物必须能在可以想象的最短时间内建成。埃米尔们必须监工，如果未能在规定时间内完工，埃米尔们和建筑师们将会丢掉性命。

这个阶段修建起来的建筑物宏伟壮观：墙体庞大、穹顶极高，每一构成部分按照比例都是扩大数倍，而平面图上的其他部分却又设计成简单透明的古朴美。但是那些简易而挺立的部分，外观却色泽醉人，装饰华丽，给人以迷幻奇异之感。一种中国风和波斯风相结合的新的中亚建筑风格由此诞生，这种风格给人们留下这些围墙是雕刻在石头上的史诗印象。一座清真寺的圆顶直接苍穹，离地160英尺，内庭长300英尺，宽200多英尺，门庭高达45英尺。墙面、门厅、内饰和外饰都像是由釉面砖组成的交响乐团，绿色、蓝色、白色、黄色和粉色交织在一起。圆形、方形、星形和三角形呈螺旋状排列组合形成各种图案花纹，这些图案花纹呈现和谐之美，着色考究。雕饰精美的数百根大理石柱支撑着塔楼，塔楼内部作了镀金装饰。在中亚蔚蓝色的天际下，湖蓝色、紫色、翡翠绿和紫晶色等各色釉光石具有超强的透光率，在阳光下闪烁夺目，观光者不得不闭上眼睛，否则便会眼花缭乱。紧接着观光客会看到白色的宫殿，白得炫目，这座宫殿唯一的装饰便是它自身的高贵典雅。这些高大建筑物的废墟并没有给我们留下太多可供思考的空间，但是所有考查过撒马尔罕的鉴赏家们都为其昔日的荣耀而狂热。

其他可供后世观赏的景物包括专门的清真寺、陵墓以及各种公共建筑。所有这些建筑物中，有帖木儿为自己建筑的魔幻城堡，他的宫殿在《帖木儿自传》中被记载为有史以来最迷人的建筑，然而除了它们的声名远扬，其他建筑能够长存，留存下来的名字有"天堂花园"、"欢心花园"和"世纪花园"。这些建筑物的辉煌源于"花园"的名字并非偶然。废墟中的无数细节比如纵向雕刻的支柱，让我们想起游牧时代的帐篷杆，这些撑杆由散发着香味的刻饰新奇的木头制成，陶瓷饰品就像蒙古人悬挂在帐篷门窗上的绣有图饰的毛毡，这也绝非偶然。

帖木儿修建众多的宫殿，在使用目的上与他祖先使用营帐并无两样。他从一座城堡抵达另一座城堡并不需太多时间，一晚或两晚足矣。在他看来，比这些建筑物更重要的是他所设计的花园布局。他的每次出访都会找到可供5万人居住的帐篷城。这些建筑物无论有多么壮观，真正的蒙古人都不可能在这些石质的居所里举办庆祝活动。墙体和穹顶的颜色无论有多么绚烂，它们都无法与郁郁葱葱的草原上空蔚蓝色的天际和穹宇相比较。尽管他的建筑师们采用了空间延展法，尽可能使建筑物显得宏伟，但是草原游牧族群考虑更多的是快乐，是能看到银河持久闪耀带来的快乐。在这样的宫殿或城市里，没有一个蒙古人可以享受到真正节日的喜庆，唯有在无边无界的自由开阔的疆域，就像他们家乡的自然环境，他们才能真正享受到节日的欢愉，那里一切都充满生机和动感。

他们就像上战场一样去赴宴。桌子和椅子都像他们在部队一样排列着，每个人都有固定的位置，就像战争就要开始一样。他们喝到烂醉，吃到无法移动，最能吃最能喝的那个人便可升职。

对于出席宴会的人来说，这可能是他的最后一场战役，因为帖木儿决定要"奖善惩恶"，所以游戏和盛会无论在哪里举行，台上的表演要取悦大众，而绞刑架也会备在一旁。普通大众获罪将被斩首，受罚者被处以绞刑而死则被认为是对其的尊敬。在目前这种情形下，谁都不能确保这种死法会不会降临在自己身上，因为每个人都有敌人，每时每刻都会处于因征收苛捐杂税、策划阴谋以及滥用职权而被告发的危险之中。

这个判决没有诉讼时效的限制。一个人的罪恶行为将会被永久记录，即使有时帖木儿会原谅他，许多州长和将军也会在宴会期间依照证据被捕，被审讯，被判刑并立即行刑。许多富有而体面的商人和匠人前来赴宴，离开时却变成了乞丐，有的因货物卖得太贵而获罪。帖木儿的臣民都这样生活在恐惧与希望之间。每个位置都有后备人才，没人指望能够得到声援，因为那些试图去收买朋友或者至少寻求一句安慰的人都将为此行为而赔上自己的性命。

II

在宴会演出期间，帖木儿宣布了一场新的战役——进军印度。

帖木儿的首领和将军们从一开始就认为这场战役不合时宜，他们警示帖木儿，前往印度的途中山脉众多，而且大多高耸入云，森林艰险难行，沙漠无法通行，印度河流众多，战士不计其数，并且配有战象。他们还向帖木儿陈情，征服这片人口过剩的土地是无益的，在新的环境里，征服者的子子孙孙会忘记自己的血统、礼仪、风俗和语言。所有反对征战印度的言论都是徒劳的。印度这片半人半神的土地上的财富和黄金对帖木儿产生了极大的诱惑。他贪得无厌的野心敦促他向这个国家进发，目的地是他的先祖成吉思汗都未能征服无功而返的地方。亚历山大曾率军进入印度这片富饶的土地，像他这样的征服者曾在亚洲西部被无与伦比的光环所环绕，成就了他们不朽的荣誉。

帖木儿打开《古兰经》，这本圣书可能会决定他的去留，他翻开一章，祷告道："先知，战胜那些无法无天的狂徒吧。"《帖木儿自传》中还有这样的记载，"埃米尔们垂头丧气地坐在那儿，一言不发，他们的沉默让我很愤怒。起初，我想免去反对我出征印度的所有人的职务，将他们的武器和军队交给副将"。然而他们当中有太多的人在类似的战役中同帖木儿一起出生入死，自传中记载道："在我上台掌权的道路上他们给过我很大的帮助，我实在狠不下心除了他们。我本可以责罚他们，只要他们接受我出征的计划，过往的一切可以既往不咎。"一支3万人组成的右翼军在帖木儿的孙子皮儿·马黑麻的率领下从阿富汗首都喀布尔出发,一路向南,进军旁遮普的木尔坦。左翼军由帖木儿的第二个孙子马黑麻·苏尔坦率领,沿着喜马拉雅山山脚向东南方向的拉合尔进军,主力部队紧随左翼军出发。帖木儿挑出一小队精兵,亲自率领这一小队精兵突袭兴都库什山脉,这里从未被征服者的脚步踏足,哈萨克斯坦的异教徒居住在这里。尽管有人认为,帖木儿出征印度这个富庶的国家可能是出于想要复制亚历山大壮举的原因,因为他喜欢把自己与亚历山大做比较,没有什么地方能比突袭兴都库什山脉更能满足这位老人极度膨胀的野心。帖木儿并未从这个饱受贫寒的山区民众中获得丁点儿财富,征服丁点儿领土。然而为什么留在中亚的那些人并没有向帖木儿卑躬屈膝呢?或许这就是他命令他的远征军进入这片蛮荒之地,进入这片难以抵达的高寒之地的原因吧。

当地居民逃到山顶,死死地守着山顶,帖木儿率军紧追其后。此时正值冰雪融化的季节,战马在冰上打滑。战士们下马,等待夜晚结霜之后再次在冰天雪地里前进,为了给马保持体温,他们白天给马盖上毛毡取暖,夜幕降临后,他们牵着马再次行走在结冰的地面上。只有少数几匹马能够随战士们爬坡上山。当战士们历经艰难抵达峰顶时,当地人已无踪影,他们早已从只有他们自己知晓的隐匿小道下山了。蒙古人在峰顶找不到可行的下山道路。埃米尔们和普通士兵纵身跳向坡面较宽的那侧雪地上,顺势滑到另一侧,彼此靠绳索来维持下山秩序。他们为帖木儿制作了一种雪橇,内设有环,绳索可从中穿过,通过雪橇帖木儿可以滑至用冰斧凿开的平台,他可以在这里站一会儿并休息一下。通过5个这样的平台,帖木儿抵达无须借助工具便可继续下山的地方。他们拉着马儿的缰绳,试着把马儿也拉下山,然而除了两匹马之外其他的全部滑落悬崖摔死。如今部队只能步行前进了，只有年迈的将领可以骑马。他们不仅要克服高寒之地的阴冷气候，还得与山贼争夺要塞，直至他们经过艰苦卓绝的努力抵达印度河附近，两个世纪以前，花刺子模末代国王扎兰丁为了躲避成吉思汗的追捕曾跳入并穿越此河。

帖木儿穿过印度河上的浮桥之后开展了亚洲史上最残忍最疯狂的掠夺战争。旁遮普的印度人努力保卫他们的城镇和他们的财产的行为是徒劳的。土地闲置一片贫瘠，男人、女人和孩子们被带走为奴。那些没有被杀、被俘的人们逃向内陆，无情的侵略者对逃亡者穷追不舍。

帕格尔布尔的防御工事非常坚固，他们拒绝投降，血雨腥风即将到来。居民们生活在绝望当中，有的放火烧了自己的房子，带着他们的妻儿跳入火海。有的为了防止他们的后代被俘为奴而将其杀死，自己置身战场准备决一死战。1万人在这场战役中被屠杀。然后帖木儿的人洗劫了这座城市，放火烧掉了残余的建筑，彻底毁坏了城墙，以致这里看起来像从未有人居住过一样。

之后，这样山崩地裂的破坏之势蔓延至整个印度平原直到首都德里。印度斯坦的财富并非传说。在这场战役中，蒙古人掠夺了很多珍宝，劫获了成群的牲畜，以至于掠夺变成了负担，他们带走的无数奴隶最后成了他们的灾难。抵达德里后不久，帖木儿下令将他们带来的所有印度奴隶通通杀死，因为如果其叛变了，他们将会死得很惨。在这个命令下达的一小时之内，10万名印度人被杀。《武功记》中记载道，一个文雅的学者充满了恐惧和厌恶，他平日里连只羊都不忍杀害，而此时却要勒死15个印度奴隶。

在德里城外，印度的苏丹带着他的战象与敌人开战。他们有先进的武器，将置火的容器和燃烧的沥青装进机器，然后在铁制投射器里将其发射，炮弹着地时便会爆炸。但是印度苏丹没能承受得住帖木儿士兵的猛烈攻击，最终败北并出逃。之后再无抵抗，这座拥有无与伦比的辉煌和财富的城市向征服者敞开大门。

因此，帖木儿和平地进入德里，戴上王冠并成为印度皇帝。州长和埃米尔们前来朝贺，战象列队前进，向统治者行额手礼，低头屈膝跪在他面前，好像是在表示效忠。在巨大的千柱清真寺里，无尽的祷告者以帖木儿之名出来祈祷，祈祷上苍保佑新的统治者。

帖木儿组织了盛大的欢庆活动，他说："既然民心所向，就让我们忘记战争的残酷和战役的辛劳吧。"帖木儿的士兵已经洗劫了德里市郊。他要求他的埃米尔们立即结束这样的乱象，但这一切为时已晚。1.5万人的军队已经进入内城，他们将行将关闭的城门再次打开以此来迎接他们还未进城的战友。士兵的整体感觉是，从阿富汗和哈扎克斯坦的崎岖山路向印度进军的途中他们已经忍受了难以言表的痛苦，成功之后却要放弃这座城市的瑰宝，这是非常荒谬的。他们非常愤怒，因此集结起来与那些试图阻止他们抢夺财物的官兵抗争。军纪彻底败坏，士兵们向手无寸铁的民众发泄怨气。"从未有人听到过这样的残杀，感受到这样的绝望。"这里究竟发生了什么，在历史裁决之前，即便是帖木儿似乎也在回避责任，因为他写道："我真心希望德里的居民应当被保护，免受恶魔的侵害，可是安拉已有神谕，这座城市应该被废弃。"

印度斯坦的穆斯林们隆重而盛大的庆祝活动没几天就要结束。一个半世纪过去了，重建的德里市再次成为当时的政府所在地。在这次放纵的掠夺之后，许多列兵每人从城里带走100~150个奴隶，而另外一些人则满载不计其数的珍珠、红宝石、钻石、金银器皿和银币等离开。一些被砍伤的居民留在大清真寺中避难，另外一些人戴着镣铐被带往城外，按比例，每个埃米尔挑选一支队伍为自己服务。由于这些人中有众多的手工业者和艺人，帖木儿命令将石匠和建筑师留着备用，他们应当为美化撒马尔罕做贡献。

他已决定一回到撒马尔罕，就要以德里千柱清真寺为范本修建一座宏伟的寺院。

在摧毁了首都之后，帖木儿在印度斯坦再未遇到任何有组织的抵抗。他一路向东行进到恒河的另一岸，这不再是战争，而是一个人的猎奇。帖木儿残暴的军队不再有征战任务，但因为他们喜好掠夺的本性，致使他们在路上漫无目的地摧毁了无数印度人的家园。

当士兵们在高温天气下精疲力竭时，他们最终要面对的是，取道恒河上游之后穿过喜马拉雅山山脚，最后返回印度河流域。这一过程恰是一场庞大的民族迁徙。男女奴隶、载货车和牲畜不计其数。许多列兵每人驱赶着 400～500 只牲畜作为战利品。这支以行军迅捷而闻名的军队如今每天居然前进不了 4 英里。木尔坦王公顺从并臣服于帖木儿，因此帖木儿任命其为总督，管理这个惨遭破坏并且荒无人烟的国家。帖木儿并不想把这个国家纳入自己帝国的版图，在行进迟缓的军队出发之前，他就快马加鞭地赶回撒马尔罕，通过动工修建拜拜哈内姆大清真寺来赞颂征战的荣耀，大清真寺里可以容纳所有对他忠诚的人们在同一时间一起祈祷。

Ⅲ

帖木儿极其重视大清真寺的修建并亲自监工。这一举动迫使参与修建清真寺的每一个人——上到首席建筑师，下到普通劳工都极度匆忙和极端紧张。

95 只大象持续不断地将巨石从山上运到选定场址，500

名石匠用手中的錾子日复一日地在这些巨石上精雕细琢。宏伟华丽的架构拔地而起，480根柱子支撑着巨型寺顶，地板由切割整齐、打釉抛光的大理石组成，大门由7种金属合金制成。建筑已完工四分之一，尽管帖木儿召唤王子们和埃米尔们来监督和催促进度，他已经没有时间等到清真寺竣工，因为花剌子模可爱的公主汉萨德即帖木儿最喜爱的儿子只罕杰儿的遗孀要依据现行蒙古习俗改嫁给只罕杰儿的哥哥密兰沙，她在帖木儿面前控告现在的夫君。帖木儿最小的儿子只罕杰儿死后，当时年届四十还只是埃米尔的帖木儿极度难过，他远离人群并辞退公职去悼念亡子。在近花甲之时，帖木儿的二儿子又遭受了致命的箭伤。在这种情况下，世界征服者也只能对他的埃米尔说："真主安拉把他给予我的又带走了。"现在年迈的帖木儿准备让他的三儿子密兰沙掌管行政大权。他是大胆的骑士和勇敢的武士，曾两次救过父亲的性命，当时父亲已成为旭烈兀封地的领主。

汉萨德控告密兰沙为了成为至高无上的统治者，策划起兵造反，然而事实究竟是什么，没有人能分辨得清。密兰沙的所作所为完全不似汉萨德控告的样子，他现在毫不费力地监管自己管辖的领土，他在酗酒、比武和其他荒淫无度的活动上颇为费心。

帖木儿任命他为旭烈兀封地的领主，并训导他"你要保证你的名字永垂不朽，并且你要小心，不论将来发生什么事情，你都不能低迷消沉"。密兰沙希望由父亲的参谋为他做指导。

密兰沙一抵达大不里士，便绝口称赞这座华丽的城市。他开始了解这座城市的历史，了解它的崛起历程，了解它如何成为伊利汗国的驻地，之后他说："确实，我父亲是这世界上最伟大的人，然而为了让子孙后代能记住我，我必须在这些美丽的城市里做些什么。"他开始大规模建设这座城市。

但他很快就意识到,他所修建的建筑物根本没法和伊利汗国首邑已建好的建筑物相比。他在自己的宫殿里踱步,很显然他在思考:"难道这里真没有什么地方让我可以有所建树并让后人记住我?"

突然,他下令:"把清真寺、宫殿、装饰华丽的公共建筑物推倒,全部都推倒。"

后来他在喝醉时会喋喋不休:"人们会以这样或那样的方式来记住我。他们会说:'尽管密兰沙建造不出比其前人更好的建筑物,至少他能够摧毁世界上最好的建筑物。'"

他从大不里士去了苏丹尼耶——伊利汗国最后有如仙境的城市。破坏仍在继续,而他自己却在宫殿里举杯畅饮。后来有人看到他把一大把金片抛向窗外拥挤的人群。

镇外有个雄伟的城堡,它的建造者被埋葬在一个宏伟的清真寺里。密兰沙命人将尸体挖出,抛尸于荒野之中,与此同时清真寺毁于一旦。他还把帖木儿贮藏于此的黄金珠宝全部当作礼物送给奉承他的人。

他的种种疯狂行为已被邻国探得。艾哈迈德苏丹认为时机已到,他可以在埃及的帮助下重新征服巴格达。听到流传的消息,密兰沙跨上马鞍。帖木儿本人曾以行动迅捷而闻名,他的儿子青出于蓝而胜于蓝。密兰沙命令他的军队一日完成两日的骑程,期望能够像一道闪电一样出现在敌人面前。他到来的消息引发了苏丹的恐慌,致使敌人溃逃。

然而正值盛夏,苏丹知道叙利亚的高温和随之而来的干旱使他无法征服这座城市,但是他仍然准备尽全力抵抗而非逃跑。由于密兰沙曾经剥光了波斯士兵的衣服致使起义处处频发,他抵达巴格达两天后,苏丹王子以最快的速度逃往大不里士。

怒不可遏的密兰沙一返回苏丹尼耶就急不可耐地把所有

他认为参与反叛的人都直接处死，略去了审讯的环节，这些被处死的人中有法官和酋长（穆罕默德的后裔）。这导致穆斯林的神职人员公然反对他，但是他根本不在乎。土库曼人已经发动起义，格鲁吉亚人赶走了他们的总督，从叙利亚来的贝都因阿拉伯人入侵波斯，然而勇敢的武士和漫不经心的骑士——密兰沙却毫不在乎，照旧喝酒吃肉，为了与他的酒肉朋友寻欢作乐而挥霍国家钱财。他的父亲——伟大的帖木儿已经把该做的事情全部做好，密兰沙现在所做的一切是为了能够成为一名更加伟大的统治者，他美化他的属地，打败他的敌人，帮他的臣民增加收入，但是所有的一切却走歪了。他甚至不能维持自己家庭的秩序，他的两个年长的儿子阿布别克和穆罕默德阿姆，一个是公主卡黎丽所生，另一个是汉萨德所生，他们俩总是争吵不休。由于有人激起了密兰沙对汉萨德忠诚的怀疑，汉萨德一直坚持她的儿子应被视为众王子之首，这一切使得密兰沙彻底厌恶了汉萨德。

帖木儿为汉萨德在撒马尔罕提供了一处宫殿供其居住，并不指望她再回到她丈夫身边，她带着她的儿子回到波斯。帖木儿抵达大不里士，密兰沙出来拜见父亲，脖子上挂着一根绳子，他希望听到父亲对他的判决。

所有的埃米尔和官员都在为密兰沙开脱。他们说，他的种种愚昧过激的行为都是因为他的马不听驾驭，害他从马背上摔下来导致的。帖木儿会相信他们所说的吗？或者他会发现他不知满足的雄心遗传到儿子这里却变成了毁灭一切的欲望吗？无论如何，就像密兰沙开始预期的那样，他并没有被父亲判处死刑。帖木儿传召密兰沙的长子阿布别克，他想要这个年轻人来统治波斯。但阿布别克在神的面前宣誓，他不会接受本应属于他父亲的职位，并且乞求帖木儿原谅密兰沙，并让其官复原职。之后帖木儿认命卡利利接管这个国家。

密兰沙的那些酒肉朋友全部被处死，只有一个弄臣在上刑架的时候，突然躲闪到一旁向他旁边的一个权贵鞠躬，并说了如下的言语："原谅我吧，陛下您一直是一切的主宰。"帖木儿被这样的巧言令色所抚慰，赦免了那个到鬼门关走了一遭的人。

统治世界的梦想

I

两个世纪前，在中亚伟大征服者的国度，成吉思汗和摩诃末相遇，双方必有一方被踢出局。如今在小亚细亚，同样存在着帖木儿帝国和巴耶塞特一世的奥斯曼帝国在边境对峙。

小亚细亚居住着一个不起眼的土耳其部落，他们为躲避蒙古军队逃到这里。经过四代目标明确、精力充沛的领导者的建设和发展，这些土耳其人建立了能够对欧洲产生威胁的帝国——奥斯曼帝国。其建立者奥斯曼一世着手整顿从各个地方归顺他的土耳其首领，建立了比其他邻国纪律严明、作战勇猛的骑兵队伍，打垮了小亚细亚的国家。他的儿子奥尔汗在骑兵中加入了声名赫赫的步兵队伍——耶尼切亚军团（字面意思是"新军"）。士兵大部分为基督教青年俘虏，他们被培养成为穆斯林狂热者并被编制为中坚团。这些雇佣兵为战争而组织起来，很快横行巴尔干，正是他们帮土耳其主人赢得一场又一场战斗。奥尔汗延续着父亲的胜利，穿越达达尼尔海峡拿下加里波利。他的儿子穆拉德占领阿德里安堡。以此为根据地，他从希腊人、塞尔维亚人、保加利亚人和阿尔巴尼亚人手里接连夺取要塞，把守军变为奴隶，又派土耳其人驻守。古老的拜占庭帝国由于国王向欧洲其他国家求助无果,四面被奥斯曼帝国军队包围,被迫每年进贡换取和平。保加利亚国王和塞尔维亚国王也和拜占庭一样,因此奥斯曼帝国的欧洲部分从萨洛尼卡延伸到多瑙河。在科索沃战役中,土耳其人对抗保加利亚和塞尔维亚联军,他们有匈牙利、波兰和阿尔巴尼亚支持,但还是土耳其人取得了胜利。穆拉德死于战场,他的儿子巴耶塞特一世(杀掉兄弟)继位。他把塞尔维亚变成附属国,派兵偷袭克罗地亚和施第里尔,同时威逼拜占庭和匈牙利。

土耳其危机第一次在欧洲扩散,十字军在各地号召抵抗土耳其人。法兰西骑士团、南德意志王公显要和条顿骑士团都紧急赶往匈牙利,帮助国王西吉斯蒙德。在多瑙河尼科堡,整个基督教军队被切分为很多部分,很多士兵被俘,其他都被土耳其轻骑兵杀死。只有小部分人沿多瑙河逃亡,登上威尼斯的军舰。自从这次关键性的战败,欧洲人始终惧怕土耳其力量,巴耶塞特一世(雷神之锤)成为最可怕的不败征服者的象征。

他先把目光转向小亚细亚,受帖木儿威胁的王公愿意臣服于他,他把帝国向东南扩张到幼发拉底河,帖木儿那时在印度。

帖木儿返回西亚重建秩序时,巴耶塞特返回欧洲并准备在拜占庭决战。什么也不能阻止古老帝国都城的陷落,末日正一天天到来。

这个时候,帖木儿从大不里士向西行军。一听到这个消息,巴格达苏丹艾哈迈德和大臣库尔德斯坦的优素福恐惧逃跑。埃及不可能提供安全庇护,他们向巴耶塞特大帝寻求庇护。帖木儿要求敌人投降但得到答复:"听着,残忍的帖木儿狗贼,土耳其人不惜为保护朋友与敌人作战!"与帖木儿对立的庞大同盟即将形成——美索不达米亚、叙利亚和埃及同奥斯曼帝国结盟。

帖木儿刚刚打败反对密兰沙的格鲁吉亚和叙利亚，听闻此言毫不犹豫立刻进攻。奥斯曼最坚固的边境要塞仅坚持了18天，第二座要塞马拉蒂亚24小时之内就被攻破。巴耶塞特立刻停止包围君士坦丁堡，驰援小亚细亚。

但是帖木儿并不愿与其正面交锋，因为按兵不动的埃及-叙利亚联军威胁他的后翼。他夺取上述两座要塞后保护了自己的右翼，立刻向南急行军到叙利亚。敌人此时已到阿勒颇，敌军在城外被打败，城市被夺，遭到洗劫。

这个可怕的消息在帖木儿南进时已经传开，大马士革的马穆鲁克埃米尔们开始谋划是否可以找到一个更能御敌之人来取代年轻的苏丹。苏丹听到风声以后考虑最好逃往开罗避难。至此，大马士革向征服者投降。

大马士革的命运和德里极其相似。帖木儿注视着城中庄严的建筑，欣羡不已，他想要建造一座洋葱式圆顶陵墓，并下令在撒马尔罕复制一座。这成了中亚许多精美建筑的范本，200多年后沙贾汗仿照这一样式在阿格拉建造了著名的泰姬陵。帖木儿一如既往把艺术家和熟练工匠送到撒马尔罕，向大马士革索要大量战争赔偿，但他要放过这个城市。他强迫毛拉们签署证明书，证明自己宽恕了他们，他作为穆斯林不想因他们的过错就处死他们。但是，他们的军队并不想放弃掠夺如此富庶城市的机会，帖木儿一离开大马士革（被迫向北急行军对抗巴耶塞特），掠夺和屠杀就开始了。结果城中最伟大的部分包括倭马亚清真寺被付之一炬。

与此同时，帖木儿回到幼发拉底。他用不到一年的时间征服叙利亚，像飓风一样席卷大地，极少有城市免遭涂炭，所有堡垒都被摧毁，但始终不见巴耶塞特踪迹。这位土耳其苏丹一定在西方某个地方召集军队，所以帖木儿再次冒险在征服途中停下，决心在与巴耶塞特决战之前摧毁美索不达米亚的抵抗。

5年前他曾率几百人入侵哈里发的城市巴格达,他对这座城市展示出相当的宽容,但现在巴格达关闭城门对抗他。居民在巨大的城墙内感到安全,认为夏季草木枯萎、井水干涸,攻城时酷热难耐。但帖木儿因受到这种蔑视大怒,他的士兵在底格里斯河河谷炙热的太阳下攻城40天,那时天气热到"鸟儿在天空绝迹"。一天下午,抵抗者退到房子里躲避无情的炙烤,头盔支在木头上超过栅栏以欺骗攻城者,帖木儿的士兵爬上城墙,杀出一条路攻入城内。哈里发的古老宫殿成了屠杀场,其程度可根据帖木儿的命令判断:在城市废墟上建120座9万颗人头堆起来的金字塔,城内房屋全部推倒,除清真寺、学校和医院外,不留任何建筑。

在血腥屠杀和大肆破坏过程中,帖木儿召集艺术家、诗人和学者,给他们提供马匹到达其他城镇。人命一般是微不足道的,没有人的地方,也不需要房子和宫殿,唯一不能碰的就是安拉的房子。但艺术和科学必须保留,这位世界征服者喜欢优美的诗篇。

II

这样,两位征服者决战就没有任何障碍了,他们属于同一民族,信仰同一宗教。双方都拥有游牧族群的充沛活力,以伊斯兰的名义争夺胜利。土耳其人的计划是向西方和欧洲征服,而成吉思汗的后人帖木儿对小亚细亚不感兴趣,两者敌对没有足够的理由。但帖木儿把巴耶塞特看作对民族不忠之人,由于军队从欧洲撤走,他在拜占庭和阿拉伯世界影响力下降,在自己本土上作战。巴耶塞特把帖木儿看作野蛮人的领导、亚洲深处的野蛮人。这位土耳其苏丹自认为是在保卫文明的西方,历史的教训是不吉利的,因为适应了西方生活的图兰人总是屈服于东方的疯狂进攻。因此,两个征服者都是被迫参战。

　　双方互派使者进行谈判，但使者也同样是搜集情报的间谍。帖木儿的威信不断增强，他接见了埃及苏丹的使团，他们带来君主投降的消息。来拜见他的热那亚商人和代表们可以带来有关巴耶塞特在欧洲领土大小的详细信息。我们了解到，拜占庭帝国向帖木儿紧急求助，帖木儿也不遗余力地在巴耶塞特领土的另一面与欧洲接触，他和法国的路易六世及恩里克三世互派使者。与此同时，双方都在部署军队，修建器械。双方都不想让一步或向对方表示过多尊重，因此使者的言语变得越来越刻薄，信件措辞越来越无礼。帖木儿称呼巴耶塞特为身世可疑的土库曼杂种，编年史家认为这是与巴耶塞特回信的语气针锋相对的策略。帖木儿在锡瓦斯，巴耶塞特在安哥拉，双方都不退让，退让就意味着示弱。

　　最终，帖木儿拿下一座边境要塞，正式开战。巴耶塞特的军队主要是步兵，以耶尼切亚军团为主力，他沿唯一的军事要道从安哥拉出发，缓缓靠近帖木儿。双方阵营的中心地带，山地较多，草木丛生，似乎对帖木儿的骑兵特别不利。因此，土耳其首领停下等待自己的对手。

　　但帖木儿并未出现。巴耶塞特向四面派出侦察兵，一些人抵达锡瓦斯，没有发现帖木儿。他已弃城很久，在锡瓦斯和巴耶塞特大营之间也没有发现帖木儿的军队。

　　安哥拉的侦察兵没有回报，帖木儿正逼近那里。他从锡瓦斯向南迂回，沿途不犯一城，始终沿河行进。他向西迂回前进，很快全军包括骑兵、步兵、战象和攻城器械全部抵达巴耶塞特的领土腹地。

　　巴耶塞特不能坐视他的国家被毁并被孤立得不到任何援助。他急忙向安哥拉撤退。帖木儿意图攻占安哥拉，但他刚要拿下外城墙时，得知巴耶塞特的军队正在赶来。帖木儿放弃攻城，抵达巴耶塞特废弃的营地，把距离最近的唯一河流改道，这样在营地后面的敌军就不能得到水源，他还填埋了所有水井。几天后，巴耶塞特的急行军顶着7月的热浪抵达安哥拉高原。他们发现敌军在自己的大营中，自己和牲畜都没有水喝，即便军旅劳顿、饥渴难耐，也不得不开战。然而战斗刚刚开始就输了。

土耳其军队是世界上最强悍的军队之一，士兵作战勇猛。战斗从早上六点持续到黄昏，土耳其人的所有努力都于事无补。全副武装的两万塞尔维亚士兵，在国王的率领下白白葬身战场；耶尼切亚军团在原地白白地被消灭。小亚细亚的土库曼士兵被迫加入巴耶塞特的军队，他们看到自己的统帅身陷帖木儿的大军，没有加入战局，这时土耳其人就更没有希望了。西部的图兰人被中亚的图兰人打败了。巴耶塞特不甘失败，继续在耶尼切亚军团中间战斗，准备逃跑时已经晚了，他被俘虏带到帖木儿面前。

帖木儿用惯常礼节接纳自己的对手，让他坐下，给他华丽的衣服，让他住在离自己很近的帐篷中。但是这位年纪大的战士（他已56岁）不能长期忍受失败的屈辱，眼睁睁看着小亚细亚直至海岸全部覆灭、屈服，看着他的儿子苏莱曼逃到奥斯曼欧洲部分，屈辱地承认帖木儿的宗主权。之后他很快就去世了。

帖木儿打败土耳其人，拯救了君士坦丁堡，日薄西山的拜占庭帝国得以存续50年。拜占庭人把安哥拉的胜利当成自己的胜利来庆祝，国王给帖木儿送去礼物，承认其霸权。帖木儿成为基督教世界的救世主，其名声传遍欧洲。

Ⅲ

帖木儿一生一共有19次离开撒马尔罕出征，这次凯旋之后再次回到撒马尔罕。他一生征服了27个亚洲王国，成为整个伊斯兰世界的绝对霸主，但他的钢铁般的天性不知停止。从西班牙使节罗·哥泽来滋·克拉维约的著作中，我们得到完全值得信赖的有关帖木儿及其帝国的记载。当时他被恩里克三世派到帖木儿的帝国。克拉维约穿越整个西亚在撒马尔罕见到帖木儿。他不仅惊讶于帝国的广阔、宫殿园林的壮美，也为这位老人充沛的精力感到震惊。虽然帖木儿几近失明（以至于使者必须特别靠近帖木儿，让他看清自己的脸），不再能够骑马或者走路，但他始终控制着整个帝国的运转。

他以闪电般的速度建造寺院。他对为死在小亚细亚的最喜欢的孙子建造的清真寺不满意，要求推倒并在 10 天内建一座新的。他每天乘轿去查看工程进度，不断督促工人们，以保证工程在规定时间完工。他走过一座又一座花园，穿过一座又一座宫殿，使者们很难在同一地点再次见到他的身影。他组织盛大的节庆活动，宾客们不醉不归，他自己也积极参加各种活动，与人们自由畅饮。即便病得很严重，自知死神将近，他还是召集自己曾率领的 20 多万大军东进，要与中国作战。

所有西亚的编年史家都毫无例外地在帖木儿帝国与中国的关系上保持缄默，希冀后代子孙不会知道君王对"天子"的态度。但是这个例外却印证了中国史学家的一致记载，"世界之王"帖木儿承认自己是中亚王国的诸侯。

经过反对蒙古皇帝的民族反抗运动，中华各地得以休养生息。现在宣称对大汗忽必烈统治的所有蒙古封地有统治权。由于帖木儿宣称自己是察合台封地的合法继承人，扶植懦弱的成吉思汗后人为汗，由后者在名义上进行统治。中国明朝认为自己是元朝的合法继承者，要求帖木儿臣服。帖木儿当时身陷伊朗斗争，不敢反抗势力庞大的中央王朝。他派遣使者去明廷报告自己进行的事业和征战，就像旭烈兀的继任者向忽必烈报告一样。我们了解到三名使者带着贡品,在使馆里帖木儿被封为诸侯,"聆听皇帝的命令"。波斯编年史家明显不太清楚最后的细节,仅仅提到帖木儿接待了一名中国使节,接着就说君主与曼苏尔国王作战时,使用新的绣龙旗。

臣属他人对于骄纵的帖木儿来讲是不可忍受的,他一生中最快乐的时光肯定就是他自在地把卡斯提尔国王的使者放到高于中国使者的地位,如克拉维约叙述,帖木儿派自己的一名官员通知中国使者,帖木儿明确下令中国使者必须坐下等座位,那本来是为强盗或敌人准备的。

毫无疑问,在他实现最长远的目标之前,死亡即将到来。对此的恐惧导致帖木儿在严冬里调军,抱病从撒马尔罕出发,进行伟大的战争(他一定意识到这也是最艰难的),去征服世界上最强大的帝国。严酷的寒霜降临,人和马匹都在路上死去,士兵手脚都生了冻疮。但帖木儿下令拉起战旗,东进开始。他自己穿越锡尔河的冰天雪地抵达讹答剌,但在这个时候"他的帝国和军队对他毫无用处,财富、珠宝、王冠、王位都对他毫无用处"。

尽管发高烧不能下床,受到病痛折磨,他依然坚持了解军队状况、各个军团的部署和持续行进的可能性。直到他了解到自己时日不多时,他的语气才有所变化。他将妻子和埃米尔们召唤至床前,他乞求说:"死后不要发丧或哭闹,这些事情都是徒劳的,尖叫从未吓走死亡。不要身穿丧服像疯子一样到处奔跑,祈祷安拉对我仁慈,默念祝福能让我的灵魂愉悦。"他指定小儿子只罕杰儿的儿子、长孙皮儿·马黑麻继承王位,要求埃米尔们发誓遵守最后的这些安排,服从于皮儿·马黑麻并效忠于他,劝诫他们要团结。埃米尔们想辅佐他的其他孙子,他们正指挥军队的不同部分,他们或许接受他的亲口遗训,但帖木儿知道为时已晚。他说:"我只有一个愿望,就是再见见我的儿子沙哈鲁,但那是不可能的了,安拉不同意,必须等最后审判日,我的愿望才能实现。"

第二天晚上,也就是公元1405年2月18日晚,风暴猛烈,雷电交加,伊玛目和赛义德们不停地诵读祷词,世界的统治者在70岁的时候去世。

IV

几乎没有哪位君主像帖木儿一样既让人痛恨诅咒,又让人热爱钦佩。历史上几乎没有哪位人物像他一样充满矛盾。没有人能够像他一样杀敌众多,毁灭无数,他一生的经历和品质长久以来成为统治者的典范,亚洲没有其他专制君主给欧洲留下如此深刻的印象。几个世纪以来,欧洲君主和俄国沙皇赞扬他的事迹,遍及亚洲的部落,活动范围到达西伯利亚最遥远的地区,一直在传唱他的颂歌,帕米尔高原上的猎人骄傲地指向由帖木儿大帝指挥建造的穿透岩石的灌溉沟渠。在最具破坏性的战斗中,他的士兵一直挖沟渠、改河道并建造水坝。生活在世纪之末,他又一次尝试全力重铸辉煌——但是,他疯狂的行动又毁灭了一切。

他想复兴成吉思汗帝国,但又缺少成吉思汗能够持续的政治理念,那就是促成游牧族群的统一,建立对文明民族的统治。帖木儿不可能接受这样的理念,作为天生的游牧者,他的精神扎根于文化之中。成吉思汗建立了一个国家,其统治扩张到这个国家之外,他是这个国家至高无上的象征。帖木儿利用一群唯他马首是瞻的雇佣军,最幸运和最伟大的雇佣军将他推向权力巅峰,他一生都像战士、统治者和组织者。他一直很幸运也连续取得成功,他知道如何将所有的人和环境为己所用。他毫不顾虑,认为促成自己转变的任何事情——狡猾、背叛和谋杀都理所应当。然而,他做的所有事情都被打上了投机的标签,他在战争中缺乏长久精心的准备,这些是成吉思汗在战前必须要做的。即便他一直打胜仗,但胜利很少有决定性影响。他的帝国没有良好的组织,仅靠统治者的个人品格联结在一起,因为他按照自己的个人情感建立帝国,如同他的野心一样。因此,他本身就很矛盾。尽管周围有学者和哲学家环绕,但他直至去世都没有耶律楚材一样的人辅佐,这位伟大的政治家曾保持了成吉思汗帝国的团结和形式。尽管帖木儿标榜自己重建了成吉思汗帝国,他却成功地摧毁了金帐汗国,那是最后仅存的蒙古汗国。

他想变不可能为可能,想把城市文化和游牧生活融合,把伊斯兰教教义和《大札撒》融合。他相信自己正带着游牧者们走向胜利,实际上却很少招募到图兰游牧力量为伊斯兰服务。带领战士征服时,他把神的启示看得比作战更重,结果就是他本想利用伊斯兰,伊斯兰却享受其征服的益处。他相信在图兰人的协助下,肯定能征服伊朗。但他决定保留的伊朗文明同他对抗,他不过是半个游牧者。他通过征战在中亚散布的归根到底是伊朗文化和伊朗文明,他的后人巴布尔一个世纪后带到印度的正是那种文明。他留下的军事王朝不是由野蛮的征服者统治,而是由优雅的艺术家和学者统治。因此,他本来想重建大蒙古国统治的旧世界,实际上却成为光辉新时代的引领者。

帖木儿认为他会给后人留下一个防守严密的帝国,各个方向都得到保卫。为了考验部下的忠诚,他在病重时发布死亡消息,然后立刻处决所有反叛或者试图自立为王的人。为防止让成吉思汗帝国各个王国覆灭的权力继承斗争,临终前他取消了所有兄弟和儿子都有平等权利的蒙古传统,以长幼顺序继承,指定只罕杰儿的儿子皮儿·马黑麻为继承人。他一去世,就爆发了继承斗争。

皮儿·马黑麻远在阿富汗，部分军队拥护帖木儿的孙子哈里勒登上王位。在波斯，密兰沙的两个儿子为争夺封地斗争。混乱持续了4年，皮儿·马黑麻被暗杀，哈里勒被驱逐。所有这些结束后，帖木儿的小儿子沙哈鲁才成功控制从呼罗珊到阿富汗和河中的地区，而后重新夺回远至阿塞拜疆的西部王国。其他区域则全部丢失，先失去金帐汗国，后来在西方失去对苏丹艾哈迈德，对土耳其人、库尔德人和土库曼人的控制。

沙哈鲁既是军人又是艺术家。他发表了著名的讲话指引士兵："战士必须全力浴血奋战，如果受伤马背就是唯一的营地。乞求敌人仁慈都不配称自己为男人，他活该像狗一样死去。"虽然如此，他却是倾向和平的。在统治的40年间，他明智有远见，帝国达到了巅峰。新生活从废墟中发展起来，除了撒马尔罕，其他城市如赫拉特和布哈拉成了商业和艺术中心。帖木儿发起的文艺复兴在其继任者统治下继续发展繁荣。罗赫的儿子兀鲁伯是伟大的学者，也是历史上最温和的统治者。他在撒马尔罕建立了著名的天文台，他编制的天文表至今还在使用，17世纪时广泛流行于欧洲。但是他太超前于自己的时代，在那个铁血时代缺少成为成功统治者的铁石心肠。他的儿子把他废黜并杀害，之后混乱时期开始。几乎帖木儿的所有后人都渴望最高权力，他们中大部分都成功地在一省或一个城市的王位上待过几年或几个月。他与邻国相互厮杀时，继续吸引艺术家、学者和诗人到自己的宫廷，希望被子孙认为是提倡文化的人。

成吉思汗的王国尽管有其他统治者统治，还是延续了数百年，帖木儿帝国却很快瓦解。但是成吉思汗的后人衰落并成为傀儡国王，帖木儿的后人始终保持着个人的骑士精神。尽管失去权力，他们依旧勇猛大胆，才华横溢有涵养，失去对西亚的统治后，他们获得"游侠骑士"的美誉。帖木儿死后 100 年,巴布尔被新的图兰游牧力量——黄金家族的月即别汗彻底逐出河中,他并没有受命运的恐吓低下头,而是受自己民族的冒险传统鼓舞,梦想再一次征服世界。尽管他被迫逃跑,但他逃离是为新的王国作战。他从喀布尔循着帖木儿的脚步到达印度,在那里按成吉思汗的《大札撒》组织军队,建立了莫卧儿帝国。

但是,即便月即别也没有长期控制河中以外的任何土地,图兰人对西亚的统治结束了。400 年间,他们的营帐在这片土地上游荡,挤进一个又挤走另一个,忙于相互破坏的战争。征服或防卫的统治者和战士不断出现,但没有地方立足。被羞辱、榨干、沦为奴隶的伊朗人继续艺术生活,他们从事手工业和商业,灌溉农田并培育园林。他们从事艺术和建筑实践,最后他们再一次监督国家的管理。不管是作为征服者的亲信或服务安拉,他们都确保《古兰经》得到尊重,甚至对外国人行使部分权利。从宗教上来讲,他们也进行了更新。敌对势力一瓦解,阿塞拜疆的苏菲派就召集伊朗人叛乱,民族运动持续扩大。很快,整个波斯得到解放,苏菲派国王伊斯梅尔率领伊朗军队攻打月即别,于公元 1510 年在梅尔夫打败了成吉思汗后人,重新占领呼罗珊、赫拉特和巴里黑。帖木儿去世后 100 年,现代波斯形成。像以前一样,阿姆河成为伊朗和图兰的界河。

第五部分
遗 产

继承者们

I

蒙古人的势力在世界上所有的文明国家已被彻底摧毁，世界面貌已经改变。

蒙古征服时代的史学家大多属于被征服的民族，他们只能看到强加到人类身上的破坏和毁灭、恐怖与不幸，他们估计不会想到后代人能享受世界帝国带来的好处。伟大文明间的丰富交流在他们的时代结出果实，那或许是下几个世纪大变革和欧洲产生未曾预料的动力所必需的东西。蒙古帝国如今已不复存在，而被征服民族继承的遗产却并未时过境迁。

蒙古入侵者进入中原时，中原被相互敌对的王朝辽、金、宋割据，正处于内战时期。蒙古人重获古代的荣光，彻底地统一这片土地，以至于他们被驱逐后的600年来，那种统一也从未受到过长久叛乱和革命、新入侵和新的异族统治的干扰。

第一次蒙古入侵时期，西亚乱成一团，贪婪的图兰血统首领不放过任何一个机会大肆掠夺，伊利汗统治下那个地区再次完成几个世纪未曾有过的统一。一旦相互的依赖感在伊朗人中间被唤醒，不管是伊利汗国的腐朽还是帖木儿的专制都不能将其摧毁，他们继承蒙古的遗产，形成现代波斯。

尽管内部有很多差异和战争，只要蒙古人行使统治权，大陆就会维持统一。即使他们在排外的明朝建立时被驱逐出中原,即使是中亚的混乱和伊朗反抗帖木儿后代的斗争,都不能够最终摧毁这种跨越大陆的统一,那是蒙古人最杰出的创造。他们开拓的世界贸易能够承受那些巨大的冲击,因为伊斯兰世界并不在意一个国家的政治力量与经济繁荣的紧密联系,这种联系在欧洲后来的历史上才有所体现。

穆斯林商人不依靠任何得势政府提供的帮助,就能到达比任何穆斯林征服者更远的区域。一旦西方通往东方的道路向他们打开,商旅车队便源源不断地从中国行进到中亚和西亚,船只从中国港口和巽他群岛到达印度,从印度到达波斯湾和红海岸边。然而西亚贸易中心和西方世界的进一步联系在14世纪中期的时候已经中断,埃及再一次作为威尼斯和热那亚贸易的中转站居于领先地位。通过克里米亚的意大利人聚居地和金帐汗国领土的曲折路线,他们可以和波斯进行商品交换。然而帖木儿切断了他们的联系,土耳其人占领君士坦丁堡后,黑海就成了土耳其人的内陆湖。

13世纪由成吉思汗的后人们建立的世界(那时欧亚大陆就代表世界)统一被彻底摧毁,当时欧洲人眼中的统一体——印度奇境、香料群岛、中华帝国再次变得模糊。欧洲再也不想囿于中世纪的樊笼,不想与那些充满财富的土地完全失去联系,蒙古统治时代来自远东的刺激因素依旧发挥着作用。

马可·波罗的旅行故事和他对亚洲的描述被翻译为西方世界的所有主流语言,受到学者们异常热烈的讨论。同时,亚洲第一次没有借助欧洲人的文献来展示自己。彼时欧洲人认为靠自己的主观能动性和智慧就能找到通往远东之路。他们曾遭亚洲军队驱逐被迫离开东方,他们也没有强大到可以顺着陆路杀回去开辟商路,他们便开始从海上寻找出路。

热那亚人、威尼斯人还有其他欧洲商人循着马可·波罗的路线到达忽鲁谟斯港，然后走水路经过阿拉伯海到达印度。他们从阿拉伯人那里听说，南部的非洲被大洋包围，发现者们按预定的航线绕非洲航行以便到达阿拉伯海。他们假设非洲向南延伸不会超过赤道，当时地图上的非洲仅仅到赤道而已。有证据表明，马可·波罗相信马达加斯加岛坐落在非洲大陆的南端。

但是对探索未知海域的大胆航行并没有留给威尼斯或者热那亚，而是留给了伊比利亚半岛上有抱负的土地——西班牙和葡萄牙。正当意大利的竞争者们在进行内战，热那亚被打败时，威尼斯扩大其在地中海的影响力，西班牙航海家发现了加那利群岛（这个群岛已为罗马人所知，这次不过是重新发现），葡萄牙舰队在热那亚航海家指引下向大西洋挺进发现了马德拉群岛和亚速尔群岛。15世纪初，葡萄牙亲王航海家亨利王子资助开辟了非洲西海岸。1428年，他的兄弟从威尼斯带回马可·波罗的书和一张展示"地球所有部分"的世界地图，人们到达佛得角和几内亚海岸后，相信他们正在通往印度的正确道路上。

令人沮丧的是通往几内亚湾的道路再一次受阻，非洲海岸看起来一直在向南延伸，没有尽头。

一代人之后，佛罗伦萨的宇宙学家和天文学家保罗·托斯卡内利把一份计划交给葡萄牙政府，计划是从欧洲一直向西航行到达东亚。

托斯卡内利的计划被一个当时非常不起眼但是雄心勃勃的热那亚人克里斯多弗·哥伦布拿到。在1474年的一封信中，佛罗伦萨天文学家托斯卡内利提到马可·波罗，描述中国和半神话般的紫攀谷（马可·波罗对现在日本的称呼），托斯卡内利以最热情洋溢的文字写道："这些岛屿极其富庶，遍地黄金、珍珠和珍贵的石头，那里寺庙和皇宫都有镀金的装饰……这些岛屿当然值得去拜访。"但是首先要寻找马可·波罗提到的这 7440 个不受大汗统治的岛屿，中国从它们那里得到黄金、昂贵木材和所有种类的香料。托斯卡内利的信据说附在标注这些国家位置的草图上。

1492 年，哥伦布为了寻找这些岛屿而出发，他率领三艘帆船想要为西班牙王室占领它们，他们把想象中的香料群岛、印度和中国都当作一个地方。哥伦布出发时带有西班牙国王给大汗的信件，他最初的目标是要到达亚洲大陆，"人们非常容易错过一些岛屿，在中国能得到关于它们详细情况的信息"。事实上，由于马可·波罗把中国描述成世界上最强大的国家之一，他不建议一开始就去中国。他在报告中仅仅提到他发现的岛屿"坐落的位置方便与大汗进行贸易"。

大汗之国已经消失 150 多年，蒙古早已从亚洲王位上消失。然而正是通过寻找"蒙古和平"期间向西方开放的国家，以及马可·波罗为忽必烈效力时曾访问的国家，欧洲人发现了美洲大陆。

哥伦布第一次航行 6 年后，人们还在怀疑这位热那亚航海家是否到过香料群岛。瓦斯科·达·伽马在绕行非洲最南端之后，到达印度马拉巴尔海岸。从那以后 20 年的时间，葡萄牙打败了阿拉伯人在印度洋上的势力，控制了马来群岛周边海域和香料群岛，他们的船只到达广州与中国建立商业联系。

地理大发现时代开始了。

欧洲国家彼此斗争，竭力争夺这些新的财源，荷兰人和英国人紧跟西班牙和葡萄牙的步伐。英国的地理位置不如葡萄牙优越，它制订了一个非常大胆的计划，那在我们的时代才被证明是可行的。由于葡萄牙已在南方占据非洲，英国希望在北部绕欧洲大陆航行，打开通往远东的东北部商路。它的一个发现就是白海，英国船只可以穿过它最远到达阿尔汉格尔斯克，从而找到了通往莫斯科公国的海路，莫斯科王国那时已经取代了金帐汗国。

II

金帐汗国比其他两个蒙古汗国统治时间要长,尽管被帖木儿打败,但它依旧强大到可以击退波兰和立陶宛联军对罗斯的进攻。即便它已衰落也能够威慑邻国,让臣属王公屈服。金帐汗国对"罗斯封地"的统治持续了两个多世纪,其间罗斯除了宗教之外各个方面都受到蒙古影响。这两个世纪中,蒙古的统治给罗斯留下了不可磨灭的印记,决定了罗斯在彼得大帝之前的命运。

蒙古入侵时期,罗斯内部拥有64个独立的公国,上百个王公用强制手段争夺统治权。成为蒙古帝国的次级附庸后,难以管理的独立公国都臣服于可汗,总是不服从君主的自由城邦也变得顺服,习惯了做可汗们的臣属。罗斯编年史家非常形象地评说蒙古人:"他们是上帝之鞭,志在让罪人的步伐走上道德之路。"在蒙古人的高压之下,整个国家陷入混乱,以蒙古模式形成的莫斯科王国已经衰落,他们再次接受金帐汗国的传统。

蒙古的征服把罗斯从西方分离出来,把它纳入蒙古世界帝国系统的财政和交流中。萨莱的统治者决定着罗斯各个方面的命运,它的行为、习俗、思维方式以及生活很大程度上都从萨莱发展而来。莫斯科王公们比其他人适应能力更强,他们吸收了蒙古的君权思想和军事组织制度。

"罗斯封地"发生转变以及莫斯科成为罗斯领土的中心,蒙古人既不认为特别也不认为对他们的体系有害,那只是"可汗的莫斯科总督"权力的自然增长。当然,他们需要监视莫斯科的总督,必须时不时给他一些惩罚。封地必须偶尔受到惩罚,即便罗斯南部的蒙古总督那海的权力已经受到限制。人们认为可汗频繁向罗斯王公发动的征战不是战争,而是带有惩罚性质的远征。

后来,金帐汗国分裂为许多独立的汗国时,正是由于"蒙古"的生活方式、衣着、行为、政治观点和行为的一致性才使得在战争中获胜的可汗的敌人们(被征服的王公、受追击的贵族)能够向莫斯科公国寻求庇护,一如他们早先向那海之类的人寻求庇护一样。莫斯科公国的宗教信仰和蒙古人不尽相同,而且蒙古人已经皈依了伊斯兰教,他们中很多人为了向新领主或保护者表示尊敬准备信仰天主教。

不管蒙古人成为天主教徒还是保持伊斯兰信仰,大公都很宽容地接纳他们。他把罗斯城镇和领土分配给他们管理和开发,因此也为自己培养了蒙古官员和一支蒙古军队。15世纪中叶,罗斯人看到蒙古人在行政领域的影响日益增强,变得越来越疑虑,莫斯科人猛烈批评他们的大公瓦西里,在他统治下蒙古人大量进入罗斯官场。他们问道:"为什么你把蒙古人带到罗斯土地,给他们城镇和纳税区域,给他们财物使其得到支持?为什么你那么喜欢蒙古人和他们的语言?为什么你对待农民过度严苛和残酷,却把黄金和白银之类的所有好东西全部给了蒙古人?"

在边境地区安置蒙古人并在毗邻蒙古当地大帐如喀山和阿斯特拉罕给他们官职,是最好的防御方法。这让敌对部落变弱,越来越倾向于消除俄国大公国的统治和典型蒙古人统治之间的差异,这些举措标志着莫斯科单方面开始反攻的第一步。不仅退出金帐汗国并且摆脱"鞑靼之轭",莫斯科公国还有意识地主动接受它所需要的蒙古遗产和力量,目的是让莫斯科变得强大有力。

莫斯科大公伊凡三世已做好扮演金帐汗国可汗的角色,他支持依附他的蒙古王公们得到当地喀山汗国的王位,派一支军队给他们领导,就像以前蒙古可汗派军队让大公们管理一样。他向蒙古王公们和他们的士兵征税,用来帮助他对抗反叛的俄罗斯城市和不服从管理的波维尔们。在蒙古人的帮助下,他占领了诺夫哥罗德和普斯科夫,打败立陶宛人和条顿骑士团。正是作为金帐汗国的合法继承者,他才首先与西方建立有价值的关系,并快速与东方建立联系。1464年,一个罗斯使团被派往赫拉特。来自特维尔城的商人阿法纳西尼基京随使团旅行,最远到达印度,他在名为《三海旅行记》的书中描述了他的旅行。按以往去萨莱的路线,希尔凡沙派出的使团穿过里海到达莫斯科,这些活动是在西欧和这些地方彻底断绝联系的时代发生的。

只有与东方建立稳固的联系,莫斯科公国才能脱离地方主义,领土突破边境扩展到其他非罗斯国家(延伸到瑞典、丹麦、波兰立陶宛联邦和土耳其)之后,它才进入欧洲政策的视野。

土耳其人已经占领拜占庭,欧洲正寻找应对土耳其威胁的制衡力量。教廷经过讨论认为罗斯能担此任,安排拜占庭末代皇帝的侄女索菲娅·帕列奥罗格与伊凡三世大公成婚的计划就此被推进。两人于1472年完婚,这是罗斯历史上的第二个转折点。如今继承金帐汗国遗产的莫斯科又争夺东罗马或拜占庭帝国的遗产,实现这个诉求的愿望持续了四个半世纪。1914年,俄罗斯帝国内兼并君士坦丁堡的声音再次出现,俄罗斯国务大臣不顾沙皇尼古拉斯反对签发了动员令。

拜占庭帝国的女继承人佐伊或曰索菲娅·帕列奥罗格带着希腊朝廷到莫斯科,莫斯科统治者原始的质朴被拜占庭礼仪替代,呆板的术语自此充斥在政府文件中;意大利建筑师被召集去建造石宫取代克里姆林宫旧式的木质建筑;作为成吉思汗遗产的帝国中,蒙古的理念渐渐被拜占庭和基督教神话修正。

大公变成沙皇,这个称号尽管来自恺撒大帝,在以前的罗斯却只能用来称呼蒙古可汗。沙皇成为独裁者，独裁者曾是拜占庭皇帝的头衔之一。莫斯科接受拜占庭的双头鹰演变成了俄国的盾形勋章，鹰头上有三顶王冠——莫斯科王冠和两个蒙古汗国（喀山和阿斯特拉罕）王冠，直到17世纪晚期，荷兰使节亚当·奥利瑞尔才了解了俄国这种图章的意义。

只有通过这两种遗留我们才能抓住俄国的本质，抓住其政治理想的本质，抓住其沙皇位置的本质。关于沙皇，20世纪的时候司法部长社格特拉维夫对法国大使马莱斯说："在俄国人民眼中，沙皇像西方的基督一样。"

末代沙皇尼古拉斯二世说："上帝给了我们至高无上的权杖，只有在他的王位面前，我们才能肩负起我们的命运。"

源于拜占庭的思想发展起来，俄国沙皇号称"是世界上唯一正统的君主"，莫斯科是"第三个也是最后一个罗马"。蒙古可汗的面貌靠"恐怖伊凡"被宣扬出来，他对波兰国王轻蔑地说："你只是一个被任命的统治者，不是天生的君主。"伊凡也以这样的态度看待瑞典国王，因为他的议员和他地位一样，国王只不过是居于首位的人即"某种高级官员"，他还责备英国的伊丽莎白没有"统治自己的王公，而且允许做买卖的农民干涉政府事务"。他标榜自己是沙皇，"响应上帝的意志，不受难以驾驭的多种欲望束缚"。他仅仅承认诸如"土耳其苏丹"或"克里米亚可汗"为沙皇和"兄弟"。

他以可汗的名义打击波维尔们的权力，屠杀一切威胁自己独裁统治的人，消灭其全部亲属，把城市变为废墟，规定每个人提供的马匹和武器数量。西方战事在边境地带和斯拉夫领土上不断推进时，俄国在东面不承认有任何边界。

俄国进入亚洲既不是作为征服者也不是作为十字军，而是作为金帐汗国自觉的继承者。1570年，使者直接向土耳其苏丹说:"我们沙皇不敌视伊斯兰信仰,他的奴仆赛因·布拉特统治着卡西姆汗国,凯夫拉王公统治着尤里耶夫,昔班尼汗统治着苏罗什斯克,那海王公们统治着罗曼诺夫。"实际情况是鞑靼王公以其"高贵出身"在莫斯科公国内优先成为罗斯波维尔,作为金帐汗国可汗的后人,西美昂·贝克布拉托维奇成为全罗斯大公。鞑靼贵族与罗斯贵族通婚,许多显赫的贵族家庭姓氏都彰显着其蒙古族源。随着费奥多尔(恐怖伊凡的儿子)去世,王朝覆灭,具有蒙古血统的鲍里斯·戈都诺夫经全俄缙绅会议同意加冕成为沙皇,莫斯科是金帐汗国直接的合法继承者。

兼并里海北部的阿斯特拉罕重新打开了通往波斯和中亚的道路,这条道路曾随着蒙古势力的衰落而封闭。早在16世纪上半期,西比尔汗国就自行宣称是莫斯科的属国,这就打开了穿过乌拉尔山的道路。白沙皇时期(西方沙皇,蒙古人用白色标识西方),罗斯君主才进入亚洲部落的意识中,这就解释了罗斯毫不费力地征服北亚最远到达大陆东端,帝国从而占据了世界领土的五分之一。

部落联盟起初非常松散,尽管游牧族群表达了成为白沙皇臣属的意愿,但实际上他们抓住一切时机进攻并烧毁罗斯城镇。因此征召哥萨克人镇压西伯利亚时,这不是西方沙皇单方面发动的殖民战争,而是合理地要求越来越多的远方鞑靼臣属彻底承认他的统治地位。16世纪末17世纪初,俄国东进的步伐加快。哥萨克人、冒险家和农民迁徙到莫斯科公国的边缘地区,定居在广阔的亚洲平原上,与当地居民融合;小股军队在莫斯科沙皇权威的保障下,装备着毛瑟枪,向前方未知的区域前进并占领它。

1609年,一队哥萨克人到达叶尼塞河源,进入蒙古,要求当地的游牧部落向他们进贡——他们以前一直向蒙古阿拉坦汗进贡。1616年,俄国使团到阿拉坦汗处,阿拉坦汗声称自己"为沙皇效力",作为回报发誓"伟大的沙皇会赐予他贵重礼物"。同一世纪中叶,中国在满族皇帝的统治下重新恢复力量,打败了阿穆尔河附近的哥萨克人,阻止了俄国进一步前进。圆环闭合,成吉思汗的遗产分成两个部分,东方的王国和西方的王国再次成为邻居。

黄金家族谱系图

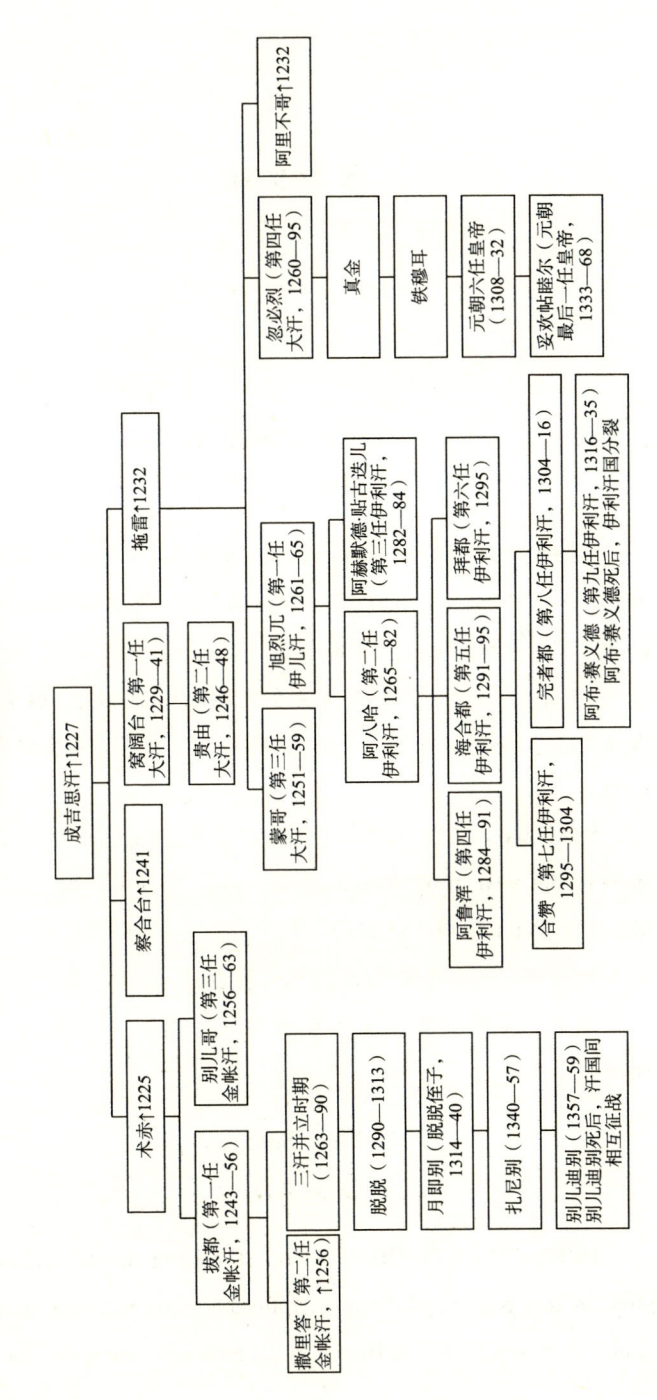

- 成吉思汗 ↑1227
  - 木赤 ↑1225
    - 斡儿答
    - 拔都（第一任金帐汗，1243—56）
      - 撒里答（第二任金帐汗，↑1256）
      - 三汗并立时期（1263—90）
      - 脱脱（1290—1313）
      - 月即别（脱脱侄子，1314—40）
      - 扎尼别（1340—57）
      - 别儿迪别（1357—59）别儿迪别死后，汗国间相互征战
    - 别儿哥（第三任金帐汗，1256—63）
  - 察合台 ↑1241
  - 窝阔台（第一任大汗，1229—41）
    - 贵由（第二任大汗，1246—48）
  - 拖雷 ↑1232
    - 蒙哥（第三任大汗，1251—59）
    - 忽必烈（第四任大汗，1260—95）
      - 真金
        - 铁穆耳
          - 元朝六任皇帝（1308—32）
          - 妥欢帖睦尔（元朝最后一任皇帝，1333—68）
    - 旭烈兀（第一任伊儿汗，1261—65）
      - 阿八哈（第二任伊利汗，1265—82）
        - 阿鲁浑（第四任伊利汗，1284—91）
          - 合赞（第七任伊利汗，1295—1304）
          - 完者都（第八任伊利汗，1304—16）
          - 阿布·赛义德（第九任伊利汗，1316—35）阿布·赛义德死后，伊利汗国分裂
        - 拜都（第六任伊利汗，1295）
      - 阿赫默德·贴古达儿（第三任伊利汗，1282—84）
      - 海合都（第五任伊利汗，1291—95）
    - 阿里不哥 ↑1232

参考文献
（书名为英译）

Mongolian Sources
蒙古文文献

ALTAN TOBCHI. —*The Golden Button*—a Chronicle issued in the year 1604. Translated into Russian by Lama Galssan Gomboeff. (St. Petersburg, 1858.)

《阿勒坦·脱卜赤》（《黄金史纲》），成书于1604年的编年史书，由喇嘛嘎拉桑·贡布耶夫译为俄文。（圣彼得堡，1858）

SSANANG SSECHEN. —History of the Eastern Mongols issued in the year 1662. German translation by Isaac Jacob Schmidt. (St. Petersburg, 1829.)

萨冈彻辰，《东蒙古史》（《蒙古源流》），成书于1662年，由伊萨克·加克·斯齐米德翻译为德文。（圣彼得堡，1829）

Chinese Sources
汉文文献

YUEN-CHAO-PI-SHI. —Secret History of the Mongols compiled in the year 1240. Extracts translated into German with explanatory notes by Erich Haenisch. (Saxon Academy of the Sciences, 1931.)

《元朝秘史》,1240 年成书,由厄里赫·海涅士节译为德文并加注。(萨克森科学院,1931)

YUEN-SHI.—*History of the Mongolian Imperial House*, a fourteenth-century work. The first part translated into German by F. E. A. Krause, and published under the title *Cingis Han*. (Heidelberg, 1922.)

《元史》,成书于 14 世纪。第一部分由 F. E. A. 克劳萨译为德文,书名《成吉思汗》。(海德堡,1922)

HAN-MU.—*General History of China*—and *Yuen-shi*. A Russian translation made by the Archimandrite Hyakinth Bichurin and published as *History of the First Four Khans of Jenghiz' Race*. (St. Petersburg, 1829.)

《通鉴纲目》(《中国通史》)和《元史》,由传教士比丘林译为俄文,出版书名为《成吉思汗家系前四汗史》。(圣彼得堡,1829)

SI-YU-LU.—History of Yeliu-Ch'uts'ai's Journey to the West.

《西游录》——耶律楚材西行记录。

PEI-SHI-KI.—Notes upon an Embassy to the North.

《北使记》——出使北朝(蒙古汗国)沿途的见闻。

SI-YU-KI.—Ch'ang-Ch'un's Journey to Jenghiz Khan.

《长春真人西游记》——长春真人丘处机西行谒见成吉思汗。

Extracts from the three works just mentioned are published in English in *Bretschneider's Mediaeval Researches*. (London, 1888.)

布莱资奈德(E. V. Bretschneider)从以上三部著作中摘录内容,以英文形式收入其著作《基于东亚史料的中世纪研究》。(伦敦,1888)

Moslem Sources
穆斯林文献

JAMI-UT-TAVARIK. —*Rashid-ud-Din's History*. Thirteenth century.

《史集》(《拉施特史》),13世纪。

SHAGARAD TURKI. —*Genealogy of the Turks*, by Abulgazi.

《突厥世系》,阿布尔-哈齐-把阿秃儿汗著。

SHEREF-ED-DIN. —*Zafer name. Traduit par Petits de la Croix*. (Delft, 1727.)

谢里夫·爱丁·耶思德,《帖木儿武功记》(波斯名《柴费那美》),法国学者裴梯·克劳曾由波斯文译成法文。(代尔夫特,1727)

TARIF-I-JAHAN. —*History of the World Conqueror*. A thirteenth-century work, by Juveini.

《世界征服者史》,志费尼于13世纪著。

The three works last mentioned are elaborated, inter alia, in Franz von Edmann's *Temudschin der Unerschütterliche*. (Leipzig, 1862.)

德国人冯·埃尔德曼(旧译哀德蛮·哀忒蛮)在其著作《不动摇的铁木真》一书中,对上述三本著作的记述尤其详尽。(莱比锡,1862)

TUSUKAT-I-TLMURY. —*Tamerlane's Ordinances*. (A Russian Translation by N. Ostroumov.) (Kasan, 1894.)

屠苏卡特-特木里,《帖木儿律令》。(奥斯塔莫夫俄译本,喀山,1894)

Armenian Sources
亚美尼亚文献

MAGAKII. —*History of the Mongols*, translated into Russian by R. P. Patkanoff. (St. Petersburg, 1871.)

马迦基,《僧侣马迦基的蒙古史》, R. P. 帕特卡诺夫译为俄文。(圣彼得堡, 1871)

VARDAN. —*Universal History.*

瓦尔丹,《世界史》。

ORBELIAN. —*History of Siumen.*

奥波利安,《苏门史》。

SEMPAD, CONSTABLE OF ARMENIA. —*Armenian History.*

森帕德,《亚美尼亚史》。

KIRAKOS. —*History of the Armenian People.*

乞剌可思,《亚美尼亚史》。

The four works last mentioned are all of the thirteenth century. Extracts translated into Russian will be found in Patkanoff's *History of the Mongols after Armenian Sources.* (St. Petersburg, 1873.)

上述四部著作都成书于13世纪。R. P. 帕特卡诺夫的《根据亚美尼亚史料的蒙古史》摘译部分内容为俄语。(圣彼得堡, 1873)

Upon Armenian sources is based Georg Altunian's *Die Mongolen und ihre Eroberungen in Kaukasischen und kleinasiatischen Ländern im 13 Jahrhundert.* (Berlin, 1911.)

乔治·阿尔图尼安的著作《13世纪蒙古人在小亚细亚及高加索地区的征服》,就是依据的上述亚美尼亚史料。(柏林, 1911)

More Recent Works
近代史料

(Original titles except in the case of Russian books.)
(出现俄文书籍时省略原标题)

ABEL-REMUSAT, M. —*Mémoires sur les relations politiques des princes chrétiens avec les empereurs mongols.* (Paris, 1822.)

雷慕沙,《基督教国家的君主尤其是法国国王与蒙古皇帝的政治往来情况回忆录》。(巴黎, 1822)

Mélanges asiatiques. (Paris, 1825.)

《亚洲论集》。(巴黎, 1825)

Nouveaux mélanges asiatiques. (Paris, 1829.)

《新亚洲论集》。(巴黎, 1829)

BARTHOLD, W. —*Formation of the Empire of Jenghiz Khan.* (Russian, St. Petersburg, 1900.)

巴托尔德,《成吉思汗帝国的建立》。(俄语, 圣彼得堡, 1900)

Turkestan in the Days of the Mongol Invasion. (Russian, St. Petersburg, 1900.)

《蒙古入侵时的突厥斯坦》。(俄语, 圣彼得堡, 1900)

Nachrichten über den Aral-See und den Unterlauf des Amu-Darja. (Leipzig, 1910.)

《七河流域历史概论》。(莱比锡, 1910)

History of Turkestan. (Russian, Tashkent, 1922.)

《突厥斯坦史》。(俄语, 塔什干, 1922)

History of the Cultural Life of Turkestan. (Russian, Leningrad, 1927.)

《突厥斯坦文化生活史》。(俄语, 列宁格勒, 1927)

BLOCHET, E. —*Introduction à l'histoire des Mongols.* (Paris, 1910.)

伯劳舍,《蒙古史概论》。(巴黎, 1910)

La mort du Kaghan Kouyouk. (Paris, 1922.)

《贵由汗之死》。(巴黎, 1922)

CAHUN, LÉON. —Introduction à l'histoire de l'Asie. (Paris, 1896.)

莱昂·加恩,《亚洲史》。(巴黎, 1896)

CHAVANNES, E. —Inscriptions et pièces de chancellerie de l'époque mongole. (1904.)

沙畹,《元朝汉文碑铭与告示》。(1904)

CORDIER, HENRI. —Mélanges d'histoire et de géographie orientale. (Paris, 1920.)

亨利·考狄,《东方地理学历史》。(巴黎, 1920)

Histoire générale de la Chine. (Paris, 1920.)

《中国通史》。(巴黎, 1920)

CURTIN, JEREMIAH. —The Mongols. (Boston, 1908.)

杰里迈亚·柯廷,《蒙古人史》。(波士顿, 1908)

ERENJAN, CHARA-DAVAN. —Jenghiz Khan. (Russian, Belgrade, 1929.)

额邻真·哈拉-达旺,《成吉思汗》。(俄语, 贝尔格莱德, 1929)

FEER, LÉON. —La puissance et la civilisation mongoles. (Paris, 1867.)

《蒙古权力和文明》。(巴黎, 1867)

GORLOFF, NIKOLAI. —Complete History of Jenghiz Khan. (Russian, St. Petersburg, 1840.)

尼古拉·高尔洛夫,《成吉思汗全史》。(俄语, 圣彼得堡, 1840)

GRIGORJEFF, v. v. —Die Nomaden als Nachbarn und Eroberer zivilisierter Staaten. (St. Petersburg, 1875.)

《征服邻国和文明国家的游牧者》。(圣彼得堡, 1875)

Beziehungen der Nomaden zu zivilisierten Staaten. (St. Petersburg, 1875.)

《文明国家和游牧民族关系》。(圣彼得堡, 1875)

GROUSSET, RENE. —*Histoire de l'Asie.* (Paris, 1922.)

雷纳·格鲁塞,《亚洲史》。(巴黎, 1922)

Histoke de l'Extrême Orient. (Paris, 1929.)

《远东史》。(巴黎, 1929)

HOWORTH, H. H. —*History of the Mongols.* (London, 1880–1888.)

霍渥斯,《蒙古史》。(伦敦, 1880—1888)

HUBRECHT, ALPHONSE. —*Grandeur et suprématie de Péking.* (Peking, 1928.)

斯特,《北京王权的威严》。(北京, 1928)

HUDSON, G. F. —*Europe and China.* (1931.)

赫德逊,《欧洲与中国》。(1931)

HYAKINTH. —*History of the First Four Khans.* (Russian, St. Petersburg, 1829.)

乙阿钦特,《前四汗史》。(俄语, 圣彼得堡, 1829)

Memorabilia concerning Mongolia. (Russian, Berlin, 1832.)

《蒙古大事记》。(俄语, 柏林, 1832)

IVANIN, M. —*Concerning the Art of War and the Conquests of the Mongols.* (Russian, St. Petersburg, 1846.)

伊万宁,《蒙古战争艺术及征服》。(俄语, 圣彼得堡, 1829)

KOTVICH, V. L. —*Kalmuck Riddles and Proverbs.* (Russian, St. Petersburg, 1905.)

科特维奇,《卡尔梅克谜语和谚语》。(俄语, 圣彼得

堡,1905)

KRAUSE, F. E. A. —*Die Epoche der Mongolen.* (Berlin, 1924.)

克劳斯,《蒙古时代》。(柏林,1924)

Geschichte Ostasiens. (Göttingen, 1925, vol. I.)

《东亚史》。(哥廷根,1925,卷 I)

LAMB, HAROLD. —*Genghis Khan.* (New York, 1927.)

哈罗德·莱姆,《征服世界的人——成吉思汗》。(纽约,1927)

MOSTAERT, A. —*A propos de quelques portraits d'empereurs mongols.* (Leipzig, 1927.)

田清波(昂突瓦耐·莫斯特尔),《蒙古大汗像》。(莱比锡,1927)

D'OHSSON. —*Histoire des Mongols.* (Paris, 1824.)

多桑,《蒙古史》。(巴黎,1824)

OPPERT, GUSTAV. —*Der Presbyter Johannes in Sage und Geschichte.* (Berlin, 1864.)

戈斯塔夫·奥波特,《传说和历史上的约翰长老》。(柏林,1864)

PALLADII. —*Notes of Travel in Mongolia.* (Russian, St. Petersburg, 1892.)

帕拉迪,《蒙古行纪注释》。(俄语,圣彼得堡,1824)

POSDNEEFF, A. —*Mongolian Literature.* (Russian, St. Petersburg, 1880.)

POSDNEEFF, A.,《蒙古文学》。(俄文,圣彼得堡,1880)

POSDNEEFF, DMITRI. —*Short History of the Uighurs.* (Russian, St. Petersburg, 1899.)

POSDNEEFF, DMITRI.,《畏兀儿简史》。(俄文,圣彼

得堡,1899)

SCHOTT, WILHELM. —*Die letzten Jahren der Mongolenherrschaft in China.* (Berlin, 1850.)

威廉·硕特,《蒙古在中国的最后统治》。(柏林,1850)

Das Reich Karachatai oder Si-Liao. (Berlin, 1850.)

《西辽哈剌契丹》。(柏林,1850)

STÖBE, RUDOLF. —*Lao-tse.* (Tübingen, 1912.)

斯托比·鲁道夫,《老子》。(图宾根,1912)

VASSILIEFF, v. —*History and Antiquities of Eastern Asia from the 10th to the 13th century.* (Russian, St. Petersburg, 1857.)

瓦西里·巴甫洛维奇·瓦西里耶夫,《10—13世纪中亚东部的历史和古迹》(附《契丹国志》和《蒙鞑备录》译文)。(俄语,圣彼得堡,1857)

WIEGER, LÉON. —*La Chine à travers les ages.* (Hienhsian, 1920.)

戴遂良,《中国通史》。(献县,1920)

Textes historiques. (1923.)

《历史文献》。(1923)

WILHELM, RICHARD. —*Lao-tse.* (Stuttgart, 1925.)

卫礼贤,《老子》。(斯图加特,1925)

WIRTH, ALBRECHT. —*Ostasien in der Weltgeschichte.* (Bonn, 1901.)

卫特,《世界史上的东亚》。(波恩,1901)

VLADIMIRTSEFF, B. Y. —*Jenghiz Khan* (Russian, Berlin, 1922.)

塞弗拉迪米尔特夫,《成吉思汗》。(俄语,柏林,1922)

The Social Order of the Mongols. (Russian, Leningrad, 1934.)

《蒙古人的社会秩序》。(俄语,列宁格勒,1934)

WOLFF, o. —*Geschichte der Mongolen*. (Berlin, 1872.)

沃而甫,《蒙古或鞑靼人史》。(柏林,1872)

ZARNCKE, FRIEDRICH. —*Der Priester Johannes*. (Leipzig, 1879.)

蔡恩克,《约翰长老》。(莱比锡,1879)

BACHFELD, GEORG. —*Die Mongolen in Polen, Schlesien, Böhmen und Mähren*. (1889.)

巴希菲尔德,《蒙古人在波兰、西里西亚、波希米亚和莫拉维亚》。(1889)

KNOBLICH, A. —*Herzogin Anna von Schlesien*. (1865.)

KNOBLICH, A.,《西里西亚女公爵安娜》。(1865)

KUNISCH, J. G. —*Herzog Heinrich II von Niederschlesien*. (1834.)

库尼施,《西里西亚公爵亨利二世》。(1834)

MOREL, H. —*Les campagnes mongoles au XIII siècle*. (1922.)

MOREL, H,《十三世纪蒙古人的征战》。(1922)

SCHNEIDER, FEDOR. —*Ein Schreiben der Ungarn an die Kurie aus der letzten Zeit des Tatareneinfalls*. (1915.)

费多尔·施耐德,《匈牙利人给鞑靼人的信函》。(1915)

STRAKOSCH-GRASSMANN, GUSTAV. —*Einfall der Mongolen in Mitteleuropa*. (1893.)

斯特拉哥什,《1241—1242年蒙古对中欧的入侵》。(1893)

CARPINT, GIOVANNI PIANO. —*Geschichte der Mongolen*. (Translated and elucidated by Friedrich Risch, Leipzig, 1930.)

普兰诺·卡尔平尼,《蒙古史》。(由里希翻译并注释,莱比锡,1930)

KÜLB. —*Missionsreisen nach der Mongolei*. (Ratisbon, 1860.)

库鲁伯,《出使蒙古记》。(雷根斯堡,1860)

PELLIOT, P.—*Les Mongols et la Papauté*. (1922–1923.)

伯希和,《蒙古与教廷》。(1922—1923)

RUBRUQUIS, WILLIAM OF.—*Reise in das Innere Asiens*. (Edited and elucidated by Herrn. Herbst, Leipzig, 1925.)

威廉·鲁不鲁乞,《东游纪》。(由赫恩·赫伯斯特编辑并注释,莱比锡,1925)

LE LIVRE DE MARCO POLO, by A. I. H. Charignon. (Peking, 1924.)

《马可·波罗行纪》,法文本,沙海昂编。(北京,1924)

THE BOOK OF SER MARCO POLO, transl. by Henry Yule. (London, 1926.)

《马可·波罗行纪》,英文本,亨利·玉尔译。(伦敦,1926)

THE TRAVELS OF MARCO POLO, edited with an introduction by Manuel Komroff. (Liveright, New York, 1930.)

《马可·波罗行纪》,英文本,曼纽尔·科姆罗夫编辑并加引言。(利夫莱特出版社,纽约,1930)。

DIE REISE DES VENETIANERS MARCO POLO, edited by Hans Lemke. (Hamburg, 1907.)

《马可·波罗行记》,汉斯·雷姆克。(汉堡,1907)

BALODIS, FRANZ.—*Alt-Sarai und Neu-Sarai*. (Riga, 1926.)

弗朗茨·布洛瓦,《新旧萨莱》。(里加,1926)

BERESIN, Y.—*The Internal Structure of Juji's Fief*. (Russian, St. Petersburg, 1864.)

HAMMER-PURGSTALL.—*Geschichte der Goldenen Horde*. (Pest, 1840.)

哈默尔,《金帐汗国史》。(佩斯,1840)

ILOVAISKI, D. —*Dmitri Donskoi's Victory at Kulikovo.* (Russian, Moscow, 1880.)

伊尔瓦斯克,《季米特里在库里科沃战役的胜利》。(俄语,莫斯科,1880)

KLIUTSCHEWSKII, W. —*Geschichte Russlands.* (Stuttgart, 1925.)

库里托斯车瓦斯基,《俄罗斯史》。(斯图加特,1925)

PAVLOFF, N. G. —*History of Turkestan.* (Russian, Tashkent, 1910.)

帕夫洛夫,《突厥斯坦史》。(俄语,塔什干,1910)

STRAHL, PHTLT. IP. —*Geschichte des russischen Staates.* (Hamburg, 1839.)

菲利普·斯托哈尔,《罗斯国家史》。(汉堡,1839)

VAMBÉRY, A. —*Geschichte Bucharas und Transoxaniens.* (Stuttgart, 1872.)

万贝里,《布哈拉与河中史》。(斯图加特,1872)

VERNADSKI, G. V. —*Sketch of Russian History.* (Russian, 1927.)

维尔纳茨基,《俄国历史概述》。(俄语,1927)

KUGIER, BERNHARD. —*Geschichte der Kreuzzüge.* (Berlin, 1880.)

伯恩哈德·库吉尔,《十字军史》。(柏林,1880)

MÜLLER, A. —*Der Islam im Morgen-und Abendland.* (Berlin, 1887.)

穆勒,《伊斯兰兴衰》。(柏林,1887)

RUVILLE, ALBERT VON. —*Die Kreuzzüge.*

阿尔伯特·冯·鲁维尔,《十字军》。

WEIL, GUSTAV. —*Geschichte der Kalifen.* (Mannheim,

1851.）

古斯塔夫·魏尔，《哈里发史》。（曼海姆，1851）

WILKEN. —*Geschichte der Kreuzzüge.* （1832.）

威尔肯斯，《十字军史》。（1832）

BOUVAT, LUCIEN. —*L'Empire Mongol.* （Paris, 1927.）

布哇，《蒙古帝国》。（巴黎，1927）

Essai sur la civilisation timuride. （Paris, 1926.）

《帖木儿帝国》。（巴黎，1926）

CHARMOY, M. —*Expédition de Tamerlan contre Tochtamisch.* （St. Petersburg, 1881.）

沙尔穆瓦，《帖木儿远征脱脱迷失》。（圣彼得堡，1881）

CLAVIJO, RUY GONZALEZ DE. —*Vita y Hazanas del Gran Tamorlan.* （A Russian translation by Gresnevski, St. Petersburg, 1881.）

罗·哥泽来滋·克拉维约，《克拉维约东使记》。（格莱斯诺夫译为俄语，圣彼得堡，1881）

LAMB, HAROLD. —*Tamerlane, the Earth-Shaker.* （New York, 1928.）

哈罗德·莱姆，《帖木儿：撼动大地的人》。（纽约，1928）

MULFUZAT TIMURY. —*Tamerlane's Autobiography.* （A Russian translation, Moscow, 1934.）

迪姆利·穆尔夫扎特，《帖木儿自传》。（俄译本，莫斯科，1934）

SARKISOFF-SERAFINI, Y. —*In the Realm of Tamerlane and the Burning Sun.* （Russian, Moscow, 1929.）

《帖木儿烈日之国》。（俄语，莫斯科，1929）

SACY, SILVESTRE DE. —*Mémoire sur une correspondance inédite entre Tamerlan et le roi de France Charles VI.* （Paris,

1812.）

西尔维斯特·德·萨西，《帖木儿同法国国王查理六世之间信函》。（巴黎，1812）

SMOLIK, JULIUS. —*Die Timuridischen Baudenkmäler in Samarkand.* (Vienna, 1929.)

朱利叶斯·斯莫利克，《撒马尔罕的帖木儿遗迹》。（维也纳，1929）

CLEINOW, GEORG. —Neu-Sibirien. (Berlin, 1928).

乔治·克雷诺，《新西伯利亚》。（柏林，1928）

EURASIAN ALMANACH. (Russian, seven vols., 1920 – 1929.)

《欧亚年鉴》。（俄语，七卷本，1920—1929）

GRUM-GRSHIMAILO, G. E. —*Description of a Journey to Western China.* (Russian, St. Petersburg, 1899.)

拉什马洛·格莱姆，《中国西部行纪》。（俄语，圣彼得堡，1899）

Western Mongolia and the Urjachansk District. (Russian, Leningrad, 1926.)

《西蒙古和乌尔察斯克地区》。（俄语，列宁格勒，1926）

J. R. —*The Heritage of Jenghiz Khan.* (Russian, Berlin, 1925.)

J. R.，《成吉思汗的遗产》。（俄语，柏林，1925）

IVANOFF, V. —*We.* (Russian, Harbin, 1926.)

伊万诺夫，《我们》。（俄语，哈尔滨，1926）

KOROSTOVICZ. —*Von Tschingis-Chan zur Sowjetrepublik.* (1926.)

廓索维慈（又译廓罗思），《从成吉思汗到苏维埃共和国》。（1926）

LEVINE, J. —*La Mongolie.* (Paris, 1937.)

莱文,《蒙古人》。(巴黎,1937)

CHEREVANSKI, V. —*Two Waves.* (Russian, St. Petersburg, 1898.)

车里万斯基,《两大潮流》。(俄语,圣彼得堡,1898)

译后记

正如法国东方史研究专家杰拉德·恰利昂（Gerard Chaliand）为本书撰写的序言中所言："中亚成为世界的地理轴心地区，其对欧亚大陆的影响在古代和中世纪是巨大的。"中亚登上历史舞台并成为13、14世纪的轴心地区，正是随着蒙古帝国的兴起而开始的。本书作者迈克尔·普劳丁（Michael Prawdin, 1894－1970）是一名俄裔德国历史作家。他生于乌克兰，在俄国"十月革命"之后来到德国，在德国学习，并用德语写作，代表作品有《成吉思汗：来自亚洲的风暴》（1934）、《蒙古帝国的兴起及其遗产》（1937）、《西班牙的疯狂女王》（1938）、《不宜提及的涅恰耶夫》（1961）、《玛丽·德·罗翰：谢弗勒兹公爵夫人》（1971）等。他在1937年以德语著成本书，1938年在德国出版，1940年在伦敦出现英译本，此后多次再版。

作者学识渊博，历史知识丰富，文采卓越，颇具文学叙事天赋。全书分为五个部分，其中着墨最多的是第一部分——"成吉思汗"。这部分占据了将近全书一半的篇幅，讲述了幼年铁木真如何一步一步成长为蒙古帝国的卓越领导者。在这部分中，作者用了13个章节来进行详细的描述，重点叙述了成吉思汗的成长历程，他在统一和平定蒙古各部中的战役与联盟，对蒙古人的军事集训，制定《大札撒》，广纳贤才，最后建立蒙古帝国。第二部分讲述了蒙古帝国对内的统治以及对外的征伐。第三部分讲述了三大汗国内部的统治状况。第四部分讲述了来自察合台汗国兀鲁思部的帖木儿如何将自己塑造成成吉思汗的继承人,一步步征服并统辖了隶属金帐汗国、伊利汗国和察合台汗国的 27 个亚洲王国的历程。第五部分简述了蒙古帝国的遗产,并将其分为有成吉思汗后裔的继承者土地上的遗产和没有继承者土地上的遗产的故事。作者著书,并不仅仅局限于再现历史、重述历史,其中也夹杂了自己对待历史的评论和看法。作为译者,我在翻译的过程中深深为作者对历史事实的娴熟掌握以及对多种著名历史文献的熟稔所折服。作者的行文透露了他对波斯史学家拉施特的《史集》、波斯史书《列王纪》、《元史》、《蒙古秘史》等史学巨著的精读。此外,书中还引用了很多蒙古帝国征服地区的人们撰写的诗歌,文字优美。本书在 20 世纪 30 年代著成,作者的学术观点并不落后,比如作者写道:"亚洲以前从未与欧洲如此紧密联系,多种文明间的交流从未如此规模宏大、多样、丰富。""文化的突发交融产生互惠效果。"物资匮乏的游牧族群的意志和天赋促使野蛮的蒙古骑兵从中亚草原崛起,跨上不知疲惫的战马,在亚欧大陆上驰骋,旧世界的文明以这种被动的方式接触并相互影响,科学勃兴,新艺术出现。所有文化和宗教并肩和平发展了一个世纪,新的漫长商路得以开辟。蒙古史开启了世界史,这是 21 世纪历史学者以及中西交流史学者直到今天仍然在热烈讨论的主题。迈克尔·普劳丁在撰写这部著作时所展现出来的民族国家意识、区域文化认同、想象与历史记忆在当今仍然是重要的学术议题。

  本书是内蒙古自治区哲学社会科学特别规划项目——内蒙古民族文化建设工程翻译项目中的一部。本书作为一部重要译著在 2016 年立项。该书内容历史跨度大,涉及的地域广袤,人名、地名等专有名词繁杂,英文版 20 余万字,篇幅较长，做好本书的翻译有相当大的挑战性。作为从事比较文学与跨文化研究的博士，我撰写的博士学位论文主题恰好是欧洲人特别是传教士群体视野中的蒙古形象，在翻译本书以及撰写博士学位论文的过程中，我阅读了大量蒙古史和中西文明交流史的文献，对蒙古史有了更深层次的认识。译者首先应该是一名研究者，翻译活动本身就是比较文学研究中的重要领域，这本译著恰恰是历史、文学和翻译学科的有机结合，译研并举，实为快事。我的博士生导师——北京语言大学陈戎女教授从事西方古典学研究，陈老师将古希腊历史学家色诺芬的著作《斯巴达政制》从古希腊文翻译成中文，并为这部历史著作撰写译笺，书中一个笺注的撰写就需要花费很多天的时间。导师鼓励我做优秀的翻译，她说："译事不易，好的学术翻译著作对学术研究的贡献无须赘述。"作为《蒙古帝国的兴起及其遗产》的译者，我挑灯夜战，如履薄冰，如今看到这几年的辛勤劳作变成铅字即将出版，欣慰与兴奋兼而有之。惟愿这几年兢兢业业的翻译工作可以为喜欢并想从另一个视角了解蒙古史的读者提供阅读的快乐，也期待史学研究专家亦能在阅读本书后有所斩获。本译著从立项、联系版权到最终出版得到内蒙古自治区社会科学院"内蒙古民族文化建设研究工程"项目组的全力支持，同时获得内蒙古大学"双一流"科研专项高端成果培育项目资助。社会科学文献出版社的赵晨编辑、王展编辑是本书的责任编辑，二位编辑在协助本书出版、文稿校对方面展现了优秀编辑所具备的专业和敬业。在此对协助本书出版的各方谨致谢忱。

赵玲玲

2019 年 12 月 21 日

图书在版编目(CIP)数据

蒙古帝国的兴起及其遗产 /（德）迈克尔·普劳丁
（Michael Prawdin）著；赵玲玲译. -- 北京：社会科
学文献出版社，2020.9
（内蒙古民族文化通鉴. 翻译系列）
书名原文：The Mongol Empire：Its Rise and Legacy
ISBN 978 - 7 - 5201 - 5375 - 1

Ⅰ.①蒙… Ⅱ.①迈… ②赵… Ⅲ.①蒙古（古族名）- 民族历史 - 中国 Ⅳ.①K289

中国版本图书馆 CIP 数据核字（2019）第 173634 号

内蒙古民族文化通鉴·翻译系列
蒙古帝国的兴起及其遗产

著　　者 /〔德〕迈克尔·普劳丁（Michael Prawdin）
译　　者 / 赵玲玲

出 版 人 / 谢寿光
责任编辑 / 赵　晨　王　展

出　　版 / 社会科学文献出版社·历史学分社（010）59367256
　　　　　 地址：北京市北三环中路甲 29 号院华龙大厦　邮编：100029
　　　　　 网址：www.ssap.com.cn
发　　行 / 市场营销中心（010）59367081　59367083
印　　装 / 三河市东方印刷有限公司

规　　格 / 开　本：787mm × 1092mm　1/16
　　　　　 印　张：29.25　字　数：358 千字
版　　次 / 2020 年 9 月第 1 版　2020 年 9 月第 1 次印刷
书　　号 / ISBN 978 - 7 - 5201 - 5375 - 1
著作权合同
登 记 号 / 图字 01 - 2016 - 0704 号
定　　价 / 78.80 元

本书如有印装质量问题，请与读者服务中心（010 - 59367028）联系

▲ 版权所有 翻印必究